HEIMATKUNDE

ARLESHEIM

HEIMATKUNDE

ARLESHEIM

Verfasst von einem Autorenteam

Redaktion

Oscar Studer, Hauptredaktor
Eleonore Hänggi
Paul Menz

1993  des Kantons Basel-Landschaft

Redaktionsschluss: Mai 1993

Umschlagbild: Flugbild Arlesheim von Westen, 19. Oktober 1992
(Foto Felix Heiber)

Gestaltung und Druck: Druckerei Bloch AG, Arlesheim
Einband: Grollimund AG, Reinach
ISBN 3-85673-519-4

Inhaltsverzeichnis

«Es war einmal...»

Arlesheim – die Übersicht

Abb. 1 Die Siedlungsterrasse von Arlesheim. Von Süden nach Norden verlaufen der Autobahn-Zubringer J 18 mit den Anschlüssen Reinach-Süd (Sternenhof) und Reinach-Nord (Wissgrien), die Birs, die SBB-Linie am Terrassenrand mit dem Waldstreifen, dazwischen die Sport- und Industrieanlagen im Tal, rechts der Saum der Arlesheimer Wälder. Im Süden Dornach mit dem Goetheanum, im Westen Reinach und im Norden Münchenstein. Flugbild Photoswissair vom 25. Mai 1993. ➡

8

Zum Geleit

Zu Beginn dieses Jahrhunderts, in den Jahren 1904–1907, hat der Pfarrer und Dekan G. Sütterlin das Leben und die Geschehnisse in unserem Dorf in einer ersten, äusserst lebendigen Heimatkunde beschrieben. Diese von einem einzelnen geschaffene und liebevoll aufgezeichnete Chronik hat von ihrer Faszination bis heute nichts verloren.

Neunzig Jahre sind inzwischen vergangen, Arlesheim hat sich sehr verändert, viel mehr als in all den Jahrhunderten zuvor. Also Zeit für eine Neuauflage aus heutiger Sicht. Heimatkunde ist Geschichte, geschrieben aus der Gegenwart für kommende Generationen – sie werden dieses Zeugnis, verfasst am Ende eines Jahrtausends, dereinst als spannenden, anschaulichen und unterhaltenden Einblick in die Denkweise unserer Tage erleben.

Allen, die beigetragen haben, die vorliegende Heimatkunde entstehen zu lassen, gilt mein herzlichster Dank.

Diese Schrift wird uns mit *Arlese* wieder vertrauter machen, mit seiner Landschaft, seinen Menschen und mit seiner wechselvollen Geschichte. Sie ruft uns auch auf, Sorge zu unserem Dorf zu tragen, zu seinen Besonderheiten und zu seiner Seele, vielleicht gerade weil so vieles anders geworden ist seit der Zeit des Chronisten Sütterlin.

Im Mai 1993   Hannes Hänggi, Gemeindepräsident

Arlesheim – ein Detail

Abb. 2   Venusspiegel, eines der Acker-Wildkräuter als Begleitflora zum Getreide in den Widen (siehe S. 44).

10

Vorwort

Längst ist die legendäre «Heimatkunde des Dorfes und Pfarrei Arlesheim» von Dekan Sütterlin vergriffen. 1962 setzte der Kanton Baselland eine Kommission ein, die aufs neue Impulse zur Schaffung einer Monographie jeder Baselbieter Gemeinde vermitteln sollte. In dieser Reihe legen wir hier den Band über Arlesheim vor, das schmucke Birsecker Dorf mit seiner bewegten Vergangenheit: Denken wir etwa an die Höhlen, die Burgen, den Dom oder die Ermitage.
Im Aufbau halten wir uns dabei weitgehend an die vom Kanton vorgegebene Disposition. Einzelne Kapitel sind indes ausführlicher behandelt, so jene über die Ur- und Frühgeschichte, die Geschichte des Fürstbistums Basel und die Siedlungsentwicklung, andere werden nur gestreift, bestehen doch bereits ausführliche Schriften etwa über den Dom, die beiden Burgen Birseck und Reichenstein oder die Ermitage. Auch in der Gestaltung waltet eine Vielfalt. So sind einige Beiträge streng wissenschaftlich behandelt, andere mehr in feuilletonistischer Art. Immer aber waren wir der Wahrheit verpflichtet, sei es bei den unzähligen Gesprächen mit jüngeren und älteren Gewährspersonen, sei es beim sorgfältigen Studium von Quellen. Auf informative Illustrationen wurde besonderer Wert gelegt.

Die vom Gemeinderat eingesetzte siebengliedrige Heimatkundekommission hat 1989 ihre Arbeit aufgenommen und das Werden dieses Buches begleitet. Zahlreiche Text- und Bildautoren – zum grossen Teil aus Arlesheim – konnten dafür gewonnen werden. Ihnen allen sowie den Kommissionsmitgliedern gebührt grosser Dank für ihr Engagement, ebenso den vielen privaten Auskunftspersonen und Amtsstellen, die durch ihre spontane Mithilfe das Werk gefördert haben.

Während der Arbeit an diesem Buch hat sich die Welt gewaltig verändert. Nach einer Aufbruchstimmung Ende der achtziger Jahre machen zurzeit Kriege und Katastrophen täglich von sich reden, die Wirtschaft kämpft ums Überleben, Menschen verlieren ihre Stellen oder sind auf der Flucht, die Völker Europas schicken sich an, enger zusammenzurücken. Ist es da sinnvoll, ein Heimatbuch herauszugeben? Ich meine ja. Wer irgendwo daheim sein darf, diese Heimat kennt und schätzt, gewinnt auch eher die Kraft, sich den Anforderungen der Gegenwart zu stellen.

Dekan Sütterlin zitierte in seiner Heimatkunde einen Besucher, der von Arlesheim sagte: «C'est un des plus beaux endroits, qu'on puisse s'imaginer.»
So wünschen wir, dass viele Menschen aus Arlesheim und darüber hinaus aus diesem Buche Informationen und Freude schöpfen mögen.

Für die Heimatkundekommission Arlesheim
Oscar Studer

Arlesheim, im Mai 1993

11

Arlesheim und seine Landschaft

Name und Wappen

Für die erste urkundliche Erwähnung unseres Dorfes gibt es interessanterweise zwei Daten: 708 und 1239.

Nach Heinrich Nidecker und W. Bruckner gilt das Jahr 1239, in welchem die Äbtissin Willebirgis von Hohenburg den Hof Arlisheim dem Bischof von Basel verkaufte, als erstes sicheres Datum. Ob das Testament von 708, aus dem hervorgeht, dass die heilige Odilie den Hof von Arlesheim dem Kloster Hohenburg (dem Niedern Münster) vermachte, eine Fälschung sei, ist bis heute nicht eindeutig nachzuweisen. Wie dem auch sei; für die Bedeutung des Namens Arlesheim ist es sicher nicht wesentlich.

Der Ortsname Arlesheim weist auf alemannisch-fränkische Besiedlung hin. Die Zahl der aus dieser Zeit stammenden Ortsnamen, in denen Wörter wie -heim, -haus, -dorf durch den vorangestellten Genitiv eines Personennamens bestimmt werden, ist in dieser Zeit häufig.

In der elsässischen Rheinebene finden wir Hunderte von Ortsnamen auf -heim, die Zeugnis ablegen von dem Mann, der in der Ortschaft oder in der Sippe eine führende Stellung innehatte. Arlesheim ist der einzige Ausläufer dieser Gruppe südlich von Basel.

Ob auf den Personennamen Arnold (Arnoldsheim) oder Arli (Arlisheim, 1239) geschlossen werden kann, ist auch nicht eindeutig festzustellen. Interessant ist aber sicher die Wandlung des Namens im Laufe der Zeit:
708 Arlesheim, 1239 Arlisheim, 1245 Arlosheim, 1267 Arlesheim, 1285 Arlsheim, 1478 Arlassen, 1500 Arlasz, dialektisch Arlese. Sicher haben handschriftliche Eigenheiten zu diesen Veränderungen nicht unwesentlich beigetragen.

Abb. 3
Wappen von Arlesheim

Das Arlesheimer Gemeindewappen ist eng verknüpft mit dem Wappen der ehemaligen Vogtei Birseck. Dieses wiederum geht zurück auf das Adelswappen der Herren von Uesenberg, die zur Zeit des Bistums Basel das bischöfliche Schenkenamt innehatten.

Die Herren von Uesenberg, deren Stammsitz sich bei Breisach am Rhein befand, werden seit dem 11. Jahrhundert bezeugt.

Der Flügel in ihrem Wappen wurde auf zwei Arten dargestellt. Während die Zürcher Wappenrolle (14. Jahrhundert) einen hängenden silbernen Flügel in Blau zeigt, erscheint das Wappen im Lehenbuch des Bistums Basel von 1441 mit einem aufrechten blauen Flügel in Silber.

13

Diese Form des Birsecker Wappens liess Architekt Heman 1913 an den Giebel-
wänden des Domplatzschulhauses anbringen, wo es heute noch gut zu sehen ist.
Bis 1945 verwendete man für das Arlesheimer Wappen den hängenden Flügel
(allerdings Blau in Silber), und seither ist der stilisierte, aufrecht geöffnete Flügel
(auch Blau in Silber) das Hoheitszeichen unserer Gemeinde.

Quellen und Literatur

Bruckner Wilhelm: Schweizerische Ortsnamenkunde, Basel 1945

Suter Paul: Gemeindewappen von Baselland, Liestal 1952

Nidecker Heinrich: Der 1250. Namenstag von Arlesheim 1957

Boos Heinrich: Urkundenbuch der Landschaft Basel, Basel 1881–1883

Spirig Fredy Th.: Der Ortsname Arlesheim, Baselbieter Heimatblätter 1, 1958

Geographische Lage und Relief

Am Osthang des *Birsecks,* des untersten Teils des Birstales, etwa 50 Meter über
der Talsohle, auf der sogenannten Niederterrasse, liegt das Wohn- und Villendorf
Arlesheim, nur wenige Kilometer von Basel entfernt. Es ist der Hauptort des
gleichnamigen Bezirks im Kanton Basel-Landschaft. Das solothurnische Dorn-
ach im Süden, Münchenstein im Norden und Reinach im Westen, auf der andern
Talseite, sind seine unmittelbaren Nachbarn. Es sind ebenfalls Terrassendörfer.
Die östliche Begrenzung bilden die steilen, dichtbewaldeten Abhänge der
Gempner Tafel.

Dekan G. Sütterlin schreibt in seiner Heimatkunde des Dorfes Arlesheim (1910):
*«Arlesheim liegt am Nordwestabhange des Juragebirges, mitten in einem stumpf-
winkligen Dreieck, das einerseits von der Birs und auf den beiden andern Seiten von
Ausläufern des Juras gebildet wird und wohl zunächst den Namen Birseck erhielt,
der sich dann später auf die ganze Landschaft ausdehnte, welche dem Landvogte auf
dem Schlosse Birseck unterstand und die Herrschaft Birseck bildete, nämlich, ausser Arlesheim, auch die Dörfer Reinach, Ettingen, Therwil, Oberwil und Allschwil
mit Schönenbuch und nach der Aufhebung des Fürstbistums auch Aesch und Pfeffingen einschloss, jetzt aber daran ist, der gemeinsame Name für den ganzen untern
Bezirk des Kantons Basel-Landschaft zu werden.»*

Arlesheim liegt *328,75 Meter über Meer (Postplatz).* Seine nördliche geographische Breite beträgt 47 Grad, 29 Minuten und 44 Sekunden, die östliche Länge
7 Grad, 37 Minuten und 12 Sekunden. Der Schnittpunkt der beiden Gradlinien
liegt beim Postplatz.

Das Dorf liegt inmitten eines geographischen Gebiets, in welchem mehrere, ganz
verschiedenartige Landschaften zusammenstossen;

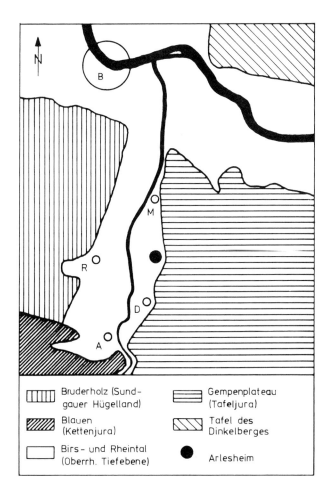

Abb. 4
Die Landschaften
um Arlesheim
(nach H. Annaheim 1975)

Legende:

- Bruderholz (Sundgauer Hügelland)
- Blauen (Kettenjura)
- Birs- und Rheintal (Oberrh. Tiefebene)
- Gempenplateau (Tafeljura)
- Tafel des Dinkelberges
- ● Arlesheim

1. Das *Tal der Birs,* von Angenstein bis Basel, ist der südliche Ausläufer der 300 Kilometer langen *Oberrheinischen Tiefebene* (Grabenbruch).

2. Im Westen erblicken wir den sanften *Hügelzug des Bruderholzes.* Er bildet die westliche Begrenzung des Birstales und ist der östlichste Teil des ausgedehnten *Sundgauer Hügellandes.*

3. Steigen wir über die bewaldeten Hänge des östlichen Gemeindebannes hinauf, gelangen wir auf die Hochfläche des *Gempenplateaus,* das *westliche Ende des Tafeljuras.* An seinem Rande fällt die helle Felswand der Schartenfluh (im Volksmund auch Gempenfluh genannt) mit ihrem weithin sichtbaren Aussichtsturm steil zum Birstal ab.

15

4. Eine weitere Landschaft in unserer Umgebung finden wir im Süden. Der nördlichste *Ausläufer des Kettenjuras,* der Bergrücken des *Blauen,* schliesst das Birseck in dieser Richtung ab. Von der mittleren und höchsten Erhebung des Rückens, dem Hochblauen, senkt sich die Kette zum Plattenpass und setzt sich fort zum Eggberg, dessen äusserste Fluh, die Eggfluh, jäh nach Osten abfällt.

Vier grundverschiedene Landschaften können wir also von Arlesheim aus beobachten und in kürzester Zeit erreichen. Arlesheim besitzt eine geographische Lage und in ihrer Umgebung Landschaften, um deren Vielfalt und Schönheit es mancher Ort beneiden könnte.

Oberflächenformen

Zwischen der westlichen Gemeindegrenze und dem Rand der Niederterrasse liegt der tiefste Teil des Gemeindebannes von Arlesheim, die *rechte Talsohle der Birs,* zwischen der ehemaligen Schappespinnerei im Süden und der Fabrik der BBC im Norden. Der Talboden zieht sich über eine Länge von zwei Kilometern und fällt von 280 m bei Dornachbrugg leicht ab auf rund 275 m an der nördlichen Begren-

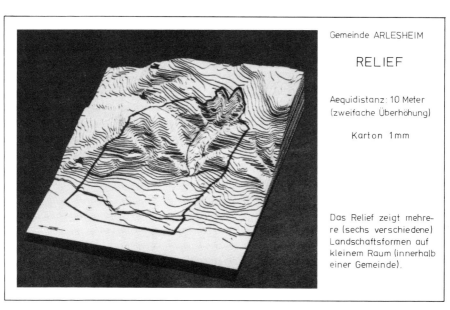

Gemeinde ARLESHEIM

RELIEF

Aequidistanz: 10 Meter
(zweifache Überhöhung)

Karton 1mm

Das Relief zeigt mehrere (sechs verschiedene) Landschaftsformen auf kleinem Raum (innerhalb einer Gemeinde).

Abb. 5 Relief der Gemeinde Arlesheim

zung gegen Münchenstein. Bei Dornachbrugg, etwas unterhalb der Birsbrücke, beträgt die Breite der Sohle zirka 400 m. Auf der Höhe des Widenhofs weitet sie sich auf ungefähr 500 m aus.

16

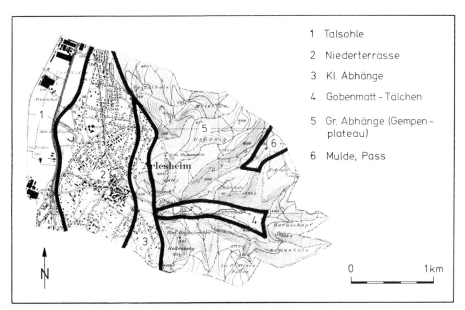

1	Talsohle
2	Niederterrasse
3	Kl. Abhänge
4	Gobenmatt - Tälchen
5	Gr. Abhänge (Gempen - plateau)
6	Mulde, Pass

0   1 km

Abb. 6 Die sechs Landschaftsformen in der Gemeinde Arlesheim

Die im Süden ungefähr 800 m, im Norden 400 m breite, von 360 auf 300 m nach Westen sanft abfallende *Niederterrasse,* mit dem auf ihr lagernden Schutt, bildet das eigentliche *Wohngebiet* der Gemarkung. Am westlichen, 20 m hohen Rand des Terrassenstreifens, etwa in der Mitte der 2000 Meter langen Nord-Süd-Ausdehnung, finden wir die Schlucht des Bachtelengrabens. Sie verbindet die beiden Landschaftsteile durch einen schmalen Weg miteinander.

Den östlichen Abschluss der Terrasse bildet ein von Süden nach Norden verlaufender Streifen. Es sind die *Abhänge vorgelagerter Kämme* des eigentlichen Gempenplateaus (Holle, Schäferrain, Rebberg und das Gebiet beim Spitalholz). Dass die nach West bis Südwest gerichteten Hänge das bevorzugteste Wohngebiet sind, beweisen die vielen Villen, die hier in den letzten Jahren entstanden sind.

Zwischen den beiden Kämmen, dem Hollenberg im Süden und dem Felsen, auf dem das Schloss Birseck steht, im Norden, treten wir in das Gebiet des *Gobenmatt-Tales* mit der *Ermitage.*
Das 1500 m lange und 200 bis 250 m breite, von Ost nach West verlaufende Tal wird eingerahmt von Flühen und dichtbewaldeten Steilhalden. Es beginnt, 450 m ü. M., dicht unter dem Abhang des Hornichopfs und fällt, bis zu seinem Ausgang beim Schloss, auf 350 m ab.
Die fünfte Teil-Landschaft des Bannes bilden die waldbewachsenen, tief zerfurchten nordwestlichen *Abhänge des Baselbieter Tafeljuras.* Ein Teil der Gemeindegrenze verläuft im Südosten ihren oberen Randzonen entlang. Durch die Arbeit des Wassers sind hier steile Flühe und tiefe Gräben entstanden (Plättligraben,

17

Wetzstapfel, Welschelselisgraben, Mönchsgraben, Fleschgraben, Wollgraben, Ruchi Schleife, Mättenbühl, Hintere Hagenbuchen).

Als letzten, wenn auch sehr kleinen Landschaftsteil, können wir das Gebiet der *Ränggersmatt* erkennen. Es ist ein richtiger *Passübergang* in der Nordwestecke der Gemeinde. Eine Strasse führt vom Dorf, links am Schloss Birseck vorbei, auf die Höhe von 500 Metern. Die *kleine Mulde* öffnet sich nordwärts nach Muttenz. Steigen wir in südlicher Richtung noch zirka 100 m höher, über die Gemeindegrenze hinaus, auf dem Weg, der über Schönmatt und Bad Schauenburg nach Liestal führt, so gelangen wir auf die Ebene der Stollenhäuser. Hier erblicken wir den langgestreckten Gempenstollen mit der Schartenfluh, der höchsten Erhebung des Gempenplateaus (759 m). Diese liegt zwar nicht mehr auf Arlesheimer Boden, soll aber ihrer typischen Form wegen, und weil sie zum Bild des Dorfes gehört, erwähnt werden.

Quellen und Literatur

Annaheim Hans: Basel und seine Nachbarlandschaften, Basel 1975

Burckhardt G.: Basler Heimatkunde, Bd I, Basel 1925

Muggli Hugo W.: Arlesheim und seine Landschaft, Verkehrsverein Arlesheim

Sütterlin Georg: Heimatkunde des Dorfes und Pfarrei Arlesheim, 1910

Eidgenössische Landestopographie: Landeskarte der Schweiz 1:25000, Blatt 1067

Sumpf August: Die Flurnamen von Arlesheim, 2. Aufl. 1975

Geologie

Die Geologie der Umgebung von Basel wurde schon im 19. Jahrhundert von verschiedenen Gelehrten erforscht, beschrieben und auf Karten dargestellt. Als Zusammenfassung vieler Beobachtungen konnte dann 1916 von A. Gutzwiller und E. Greppin die «Geologische Karte des Gempenplateaus und des unteren Birstales» veröffentlicht werden.

Eine detaillierte Neukartierung des Gebiets von Arlesheim verdanken wir P. Herzog, der 1956 die Ergebnisse seiner sorgfältigen und gründlichen Untersuchungen über «Die Tektonik des Tafeljuras und der Rheintalflexur südöstlich von Basel» publizierte. 1984 kam das Blatt 1067, Arlesheim, des Geologischen Atlas' der Schweiz mit Aufnahmen von P. Bitterli-Brunner, H. Fischer und P. Herzog heraus, und 1968 verfassten Bitterli und Fischer die Erläuterungen zur Geologischen Karte Arlesheim. Schliesslich erschien 1987 der «Geologische Führer durch die

Region Basel» von P. Bitterli-Brunner. Die darin beschriebene Exkursion 15 führt von Arlesheim nach Schönmatt und zurück über Burg Richenstein nach Arlesheim.

In den folgenden Abschnitten über Stratigraphie (Schichtenkunde) und Tektonik (Gebirgsbildung) des Gebietes von Arlesheim stützen wir uns vor allem auf die Untersuchungen von P. Herzog sowie auf die Erläuterungen zur Geologischen Karte von Arlesheim von P. Bitterli-Brunner und H. Fischer.

Der östliche, hügelige und bewaldete Teil des Gemeindebannes Arlesheim gehört zum Tafeljura. Das westliche, grösstenteils überbaute Gebiet zwischen Waldgrenze und Birs liegt im Rheintalgraben. Tafeljura und Rheintalgraben werden durch die Rheintal-Flexur getrennt, einer Verwerfungszone, die im Süden bei Pfeffingen endet und nach Norden über 300 km verfolgt werden kann. Das Absinken des Rheintalgrabens begann vor 40 Millionen Jahren, und nicht seltene Lokalbeben in der Basler Region zeigen, dass die Bewegungen noch nicht zum Stillstand gekommen sind (z. B. Erdbeben von Basel, 1356).

Die Verschiedenheit der Gemeindegebiete östlich und westlich der Rheintalflexur ist verursacht durch verschiedene Schichtfolgen. Im Arlesheimer Tafeljura finden wir Schichten des Doggers und des Malms, die im Zusammenhang mit dem Absinken des Rheintalgrabens in Schollen zerlegt worden sind. Die heutige Oberfläche im Rheintalgraben besteht zum grössten Teil aus quartären Gesteinen (Schottern und Löss).

Stratigraphie (Schichtfolge, Schichtenkunde)

Jura

Die ältesten zutage tretenden Schichten im Banne Arlesheim sind die Opalinus-Tone des Unteren Aaléniens (Dogger). Wir finden die dunklen glimmerhaltigen Tonmergel nur nordwestlich von Burg Richenstein am Meiertumweg, bei der Quellfassung. Südlich der Quellfassung treten die Murchisonae-Schichten des Oberen Aaléniens zutage. Es sind 15 m mächtige, gelbbraune Sandkalke mit mergeligen Zwischenlagen, nach oben mit harten, spatigen Kalken und braunen Eisenoolithen.

Die festgestellten nächsthöheren Schichten bilden eine Wechsellagerung von Kalkbänken mit teilweise eisenoolithischen Mergeln. Wir können diese oft fossilreichen (Versteinerungen enthaltenden) Schichten (ca. 15 m) westlich von Meiertum und östlich von Gobenmatt am Weg nach Fleschgraben beobachten (Humphriesi-Schichten).

Die darüber folgenden Schichten (ca. 10 m) – graublaue, sandige Mergel, nach oben zunehmend in oolithische Kalkbänke übergehend – finden sich nördlich des Weges nach Ränggersmatt im Gstüd und am Fusse des Abhanges nordöstlich von Finsterboden.

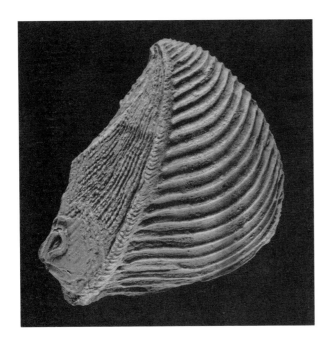

Abb. 7
Versteinerung einer
Muschel (Trigonia denticu-
lata AGGASSIZ, Unterer
Dogger [unteres Bajocien,
Humphriesi-Schichten]),
beim Schiessstand Goben-
matt gefunden
von Walter Bodmer, Arles-
heim, 1952 dem Naturhi-
storischen Museum Basel
geschenkt.

Weitverbreitet sind die Schichten des Hauptrogensteins. Diese ca. 100 m mächtigen Ablagerungen setzen sich zusammen aus dem Unteren Hauptrogenstein (ca. 50–70 m, Oberes Bajocien), den Homomyen-Mergeln (ca. 2,5 m, Bathonien) und dem Oberen Hauptrogenstein (ca. 35–40 m, Bathonien). Die gut gebankten, bräunlichen, oolithischen Kalke des Unteren und Oberen Hauptrogensteins lassen sich kaum unterscheiden; sie sind im alten Steinbruch nordöstlich von Arlesheim gut aufgeschlossen. Die Bausteine der alten Häuser von Arlesheim wurden hier gebrochen.

Den oberen Abschluss des Hauptrogensteins bilden die ca. 10 m mächtigen Movelier-Schichten (graue, fossilreiche Mergel und Mergelkalke) und der 4–8 m mächtige rötlichbraune Ferrugineus-Oolith (eisenhaltig, Oberes Bathonien). Die Schichten des Oberen Doggers sind meistens schlecht aufgeschlossen und nur im Verwitterungsschutt feststellbar. An der Basis des Malms – der jüngsten Serie der Jura-Formation = weisser Jura – finden sich im Oxfordien ca. 100 m mächtige, graublaue Mergeltone (Renggeri-Tone) und darüber Mergel mit Bändern von Kalkknollen (Terrain à chailles). Die meist von Gehängeschutt überdeckten Mergel konnten an der Strasse nordwestlich von Schloss Birseck und im oberen Teil des Grabens östlich vom Hollenberg sowie nördlich von Burg Richenstein nachgewiesen werden. Die jüngste Stufe des Malms in unserer Gegend (Oberes Rauracien) besteht aus hellen, klotzigen Korallenkalken und bildet die markanten Felsrippen von Hollenberg, Schloss Birseck und Richenstein.

Abb. 8 Der ehemalige Arlesheimer Steinbruch ist heute ein Rebberg.
Rechts grüsst die Burg Reichenstein aus dem Wald.

Tertiär

In spärlichen Aufschlüssen nördlich Schloss Birseck und unterhalb vom Stein-bruch konnten marine, küstennahe Konglomerate beobachtet werden, die während der grossräumigen Ausdehnung des Meeres (Oligocaen, Rupélien) ab-gelagert worden sind.
In einer Baugrube unterhalb des Hollenberges fanden sich feinkörnige Sandsteine der «Molasse Alsacienne» (Oligocaen, Unteres Chattien). Gut zu beobachten sind diese glimmerigen Sandsteine mit Abdrücken von Pflanzenresten am linken Birsufer unterhalb des Wehrs von Dornachbrugg.
Der Tüllinger Süsswasserkalk (Oberes Chattien) – hellbeige Kalke und bunte Mergel – findet sich einzig in einem guten Aufschluss am linken Birsufer westlich von Wissgrien.

Quartär

Zeugen der Riss/Würm-Interglazialzeit sind bei Arlesheim die Hochterrassen-schotter, die auf 320 m Höhe westlich der reformierten Kirche beobachtet worden sind.

21

					Mio. Jahre
Oberer Malm und Kreide fehlen, nicht abgelagert oder erodiert					151
J U R A	Malm	Rauracien	helle, klotzige Korallenkalke		40–70
		Mittleres Oxfordien	Mergel mit Kalkknollen	Terrain àchailles	100
		Unteres	Graublaue Mergeltone	Renggeri Tone	
					157
	Dogger	Callovien	Tone und plattige Kalke, rotbraune Oolithe graue Mergel hellgelber – braungelber oolithischer Kalk	Varians Schichten	30–60
				Ferrugineus Oolith	
				Movelier Schichten	10
		Bathonien		Ob. Hauptrogenstein	40
				Homomyenmergel	2.5
		Bajocien		Unterer Hauptrogenstein	60–70
			Sandkalke	Murchisonae Schichten	15
		Aalenien	dunkel graublaue Tone	Opalinus Ton	100
					167
					172

Abb. 9 Jura-Formationen und Gesteine im Gebiet von Arlesheim (nach P. Herzog und P. Bitterli)

Niederterrassenschotter, abgelagert während und nach der letzten, der Würm-Eiszeit, bilden die breiten Terrassen entlang der Birs (300 – 275 m). Die Komponenten beider Schotter bestehen hauptsächlich aus jurassischen Gesteinen. Löss und durch Verwitterung entstandener Lösslehm bedecken die Terrassen und Abhänge von Dornach, Arlesheim und Münchenstein. Die äolische (vom Wind verfrachtete) Ablagerung, äusserst feinkörnig und mit hohem Karbonatgehalt, erfolgte während und nach der Riss- und Würm-Eiszeit.

Als jüngste Ablagerungen lassen sich am Fusse der Steilhänge Gehängeschutt und im Gebiet des Dorfes sowie nordwestlich davon auf der Niederterrasse und im Bachtelengraben Anschwemmungen des Dorfbaches beobachten.

Tektonik (Gebirgsbildung)

Die grossen tektonischen Einheiten – Tafeljura und Rheintalgraben – haben wir schon eingangs erwähnt, und die mehrheitlich nordnordöstlich – südsüdwestlich gerichteten Brüche, Gräben und Horste sind ohne gründliche Kenntnisse der Stratigraphie und wegen der oft fehlenden Aufschlüsse schwer zu erkennen. Der interessierte Leser sei auf die Arbeit Herzogs verwiesen.

Abb. 10 Geologisches Profil: Birstal–Arlesheim–Gempenplateau (nach P. P. Epple) ◆

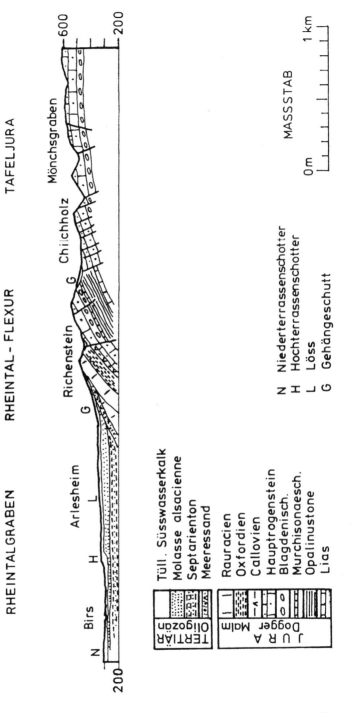

Geologisches Profil: Birstal – Arlesheim – Gempenplateau

RHEINTALGRABEN   RHEINTAL–FLEXUR   TAFELJURA

N Birs   Arlesheim   Richenstein   Chichholz   Mönchsgraben

H L   G   G

TERTIÄR
Oligozän:
- Tüll. Süsswasserkalk
- Molasse alsacienne
- Septarienton
- Meeressand

JURA
Malm:
- Rauracien
- Oxfordien

Dogger:
- Callovien
- Hauptrogenstein
- Blagdenisch.
- Murchisonaesch.
- Opalinuston

Lias

N Niederterrassenschotter
H Hochterrassenschotter
L Löss
G Gehängeschutt

MASSSTAB

0m   1 km

Besonders erwähnen möchten wir allein den Westnordwest-Ostsüdost streichenden Bruch nördlich von Schloss Birseck. Hier ist die Rauracien-Rippe von Richenstein ca. 100 m weiter nach Westen verschoben gegenüber dem Rauracien-Klotz von Schloss Birseck.

Literatur

Bitterli-Brunner Peter und Fischer Hermann: Geologischer Atlas der Schweiz, 1 : 25'000, Blatt 1067 Arlesheim, Schweizerische Geologische Kommission 1984

Bitterli-Brunner Peter und Fischer Hermann: Erläuterungen zu Blatt 1067 Arlesheim des Geologischen Atlas' der Schweiz 1 : 25'000, Nr. 80, Landeshydrologie und -geologie 1988

Bitterli-Brunner Peter: Geologischer Führer der Region Basel, Basel 1987

Herzog Peter: Die Tektonik des Tafeljuras und der Rheintalflexur südöstlich von Basel mit geologischer Karte 1 : 25'000, Eclogae geol. Helv. 49/2 1956

Gewässer

Birs

Die Mitte der Birs bildet nicht, wie vielfach angenommen, die Westgrenze der Gemeinde Arlesheim. Arlesheim hat lediglich im nördlichen Bereich auf einer Länge von ca. 800 m einen Anteil an diesem Fluss, und bei der «Schappe» stösst es auf ca. 260 m Länge an ihn.

Die Birs entspringt bei Tavannes im Berner Jura und mündet in Birsfelden in den Rhein. Ihre Länge beträgt (bis Arlesheim) rund 70 km. Trotz dem ansehnlichen Einzugsgebiet von rund 900 km² weist sie starke Schwankungen der Wasserführung auf (Beobachtungsperiode 1917–1988):

– Durchschnittliche Jahresabflussmenge: 15,3   m³/s
– Grösste mittlere Jahresabflussmenge: 28,2   m³/s   (1939)
– Kleinste mittlere Jahresabflussmenge: 6,1   m³/s   (1921)
– Maximum: 350,0   m³/s   (23. Juni 1973)
– Minimum: 0,83 m³/s   (Juli 1921)

Die Birs war – bis sie zum Schutze vor Hochwassern durch mehrere Korrektionen in ihr heutiges Bett gezwungen wurde – ein Fluss, der sich durch die Auenniederungen schlängelte, Inseln und Sandbänke bildete und sich in mehrere Arme aufteilte. Von dieser idyllischen Landschaft ist wenig erhalten geblieben. Heute wird versucht, die Birs im Gebiet der Reinacher Heide wieder zum Teil zu renaturieren.

Abb. 11 Die Birs beim «Heidebrüggli»

Schon früh wurde die Wasserkraft genutzt. Gemäss Plan von Jakob Meyer befand sich bereits 1665 bei der «Schappe» eine Mühle, genannt Dornachmühle. In der ersten Hälfte des 19. Jahrhunderts wurde die Birs in Dornachbrugg gestaut und durch die Industriegesellschaft für Schappe mechanisch und später zur Erzeugung von elektrischem Strom genutzt. Beim heutigen «Heidebrüggli», das zur Reinacher Heide führt, befand sich ebenfalls ein Stauwehr. Das Wasser wurde durch Kanäle den Kraftzentralen der in der Talsohle angesiedelten Industrie zugeführt. Die Einrichtungen zur Stromerzeugung wurden nach Ablauf der Konzessionsverträge in den 1970er Jahren stillgelegt. Übriggeblieben sind Teile des Wuhrs (heutiger Fussgängersteg) und die Fischzuchtbecken, welche im ehemaligen Industriekanal angelegt wurden. In nächster Zeit soll die natürliche Staustufe in Dornachbrugg wieder zur Stromerzeugung genutzt werden. Geplant ist ein Kleinkraftwerk mit einer mittleren Jahresproduktion von 7,35 Millionen kW/h.

Dorfbach

Der Dorfbach hat für einzelne Teilstücke auch andere Namen:
Fleschbach, Weiherbach, Mühlibach, Altenbach, Neubach, Neumattbüntenbach, Griebenbach sowie Wässesrbach.

Abb. 12
Der Dorfbach
am Weg zur
Ermitage
mit Schleife
und Schloss Birseck

Er entspringt in den Gräben, die zur Gobenmatt führen, und fliesst frei und unge-
zwungen durch das reizvolle Tal zur Ermitage, wo er die drei Weiher speist. Sein
Wasser wurde früher in der «Oele», der «Mühle» und der «Schleife» genutzt. Im
Dorf teilte er sich in zwei Arme auf und floss noch in diesem Jahrhundert zum
grossen Teil offen durch die heutige Ermitagestrasse respektive die Dorfgasse.
Zur Beschaffung von Löschwasser konnte er aufgestaut werden. Der eine Arm
floss durch den Bachtelengraben in die Widen. Da dieser Hauptzweig Altenbach
genannt wurde, kann daraus geschlossen werden, dass der andere Arm Richtung
Gerenmatt/Hofmatt künstlich angelegt worden war. Im Bereiche der Griebengasse wurde der Bach zeitweise in einen Holzkanal gezwängt.

Bereits anfangs dieses Jahrhunderts war in unserer Gemeinde Gewässerschutz ein
Thema. Ein Experte stellte 1915 in seinem Bericht fest: «Der Bach scheint heute
mehr die Kehrichtgrube der Anstösser zu sein als etwas anderes. Kessel und
defekte Haushaltungsartikel etc. liegen in Massen im Bach.»

Im Verlaufe der Jahre wurde der Bach eingedolt; dies vor allem aus hygienischen
Gründen, da er als Kanalisation diente. Bis zur Eindolung wurde das Wasser in
den Widen zur Bewässerung verwendet.

Heute existiert nur noch der südliche Arm des Dorfbaches. Da keine häuslichen
Abwässer mehr in den Bach geleitet werden, war es möglich, 1971 den unteren Teil
des Bachtelengrabens und 1984 den Teil westlich der Bahnlinie wieder freizulegen
und ein reizvolles Biotop zu schaffen.

Schwinbach

Der Schwinbach bildet die Grenze zu Dornach (siehe S. 198). Sein Name hat
nichts mit Schweinen zu tun, sondern kommt vom mundartlichen schwiinen
(schwinden). Das Wasser versickert zum Teil, so dass bei geringer Wasserführung
das Bachbett stellenweise trocken liegt. Im Verlaufe der Jahre wurde der Bach
begradigt, und die sumpfigen Stellen wurden drainiert.

Partie aus Arlesheim

Abb. 13 Der offene Dorfbach oben an der Ermitagestrasse, Ende der vierziger Jahre

Die Schwinbachquellen fasste man zum Teil zur Beschaffung von Trinkwasser. Eine dieser Quellen, die Bärenbrunnenquelle, gehörte laut einem Servitut aus dem Jahre 1892 der Familie von Sury; heute speist sie den Brunnen in der Überbauung zum weissen Segel. Die anderen gefassten Quellen werden durch die Gemeinde Dornach genutzt.

Der Schwinbach wird oberhalb des Grenzweges gesammelt und in die Kanalisation geleitet. Seitens der Gemeinde Dornach bestehen Pläne, Kanalisation und Bach zu trennen und den Bach soweit wie möglich wieder offen zu führen. Die Gemeinden Dornach und Arlesheim versuchen das Gebiet entlang des

Abb. 14
Im Bachtelengraben ist der Dorfbach wieder freigelegt.

27

Schwinbachs möglichst naturnah zu erhalten, mit unterschiedlichem Erfolg. Eine Parzelle von 2045 m² unterhalb des Goetheanums konnte grundbuchrechtlich als Naturschutzgebiet gesichert werden. Das Feuchtbiotop entwickelt sich erfreulich gut. Andere Grundeigentümer zeigen leider weniger Verständnis für den Natur- und Landschaftsschutz.

Klima

Die Region Basel liegt im vom Golfstrom geprägten feucht-gemässigten Klima Mitteleuropas. Sie weist ein für schweizerische Verhältnisse trockenes, mildes und – im Vergleich zum Mittelland – nebelarmes Klima auf. Dies ist vor allem auf ihre niedrige Lage und ihre relativ grosse Entfernung von den Alpen zurückzuführen. Arlesheim befindet sich in der Übergangszone zwischen dem Regionalklima der oberrheinischen Tiefebene, das sich vor allem durch Trockenheit und hohe Sommertemperaturen auszeichnet, und demjenigen des Juranordfusses, wird jedoch von letzterem, bedeutend feuchteren Klima, etwas stärker beeinflusst. Die klimatischen Verhältnisse der Stadt Basel sind dank meteorologischer Beobachtungsstationen, die seit Jahrzehnten Messdaten aufnehmen und auswerten, bestens bekannt. Die zuverlässigsten Werte liefert das Observatorium auf dem Bruderholz in Binningen.

Bei der Darstellung der einzelnen Klimaelemente im Raume Arlesheim gilt es vor allem die topographische Lage unseres Dorfes und die lokalen Windsysteme zu berücksichtigen.

Temperatur

Als Grundlage dienen die Messwerte der automatischen Station beim Observatorium. Das Jahresmittel beträgt dort + 9.2 °C. Kältester Monat ist der Januar mit + 0.2 °C, wärmster der Juli mit + 18.4 °C (Periode 1901–1960).

Der Höhenunterschied zwischen Arlesheim und dem Bruderholz ist sehr gering und darf daher vernachlässigt werden. Wegen stärkerer Bewölkung in Juranähe und grösserer Entfernung vom Oberrhein, wo im Sommer tagsüber eine starke Erwärmung auftritt, könnte man die Monatsmittel der warmen Jahreszeit für Arlesheim etwas tiefer vermuten als für die Stadt. Diese Annahme konnte ich mit eigenen Messungen, die ich während drei Jahren durchführte, allerdings nicht bestätigen, was daran liegen dürfte, dass die in Arlesheim etwas kühleren Nachmittage sogleich wieder mit milderen Nächten kompensiert werden. Das ist ein für wenig exponierte Lagen bekanntes Phänomen.

Im Winter sind die Verhältnisse ähnlich, die Unterschiede sogar noch schwächer ausgeprägt. So verzeichnet die Messstation auf dem Bruderholz nur an sehr kalten Morgen etwas tiefere Temperaturen als unser Dorf.

Zusammenfassend ist folgendes festzuhalten: Das Jahresmittel sowie die einzelnen Monatsmittel der Temperatur sind für Basel und Arlesheim annähernd gleich, hingegen zeichnen sich Unterschiede im täglichen Temperaturverlauf ab. Besonders im Sommer hat die Stadt einen stärkeren Tagesgang, während die ziemlich windgeschützte Terrassenlage Arlesheims gemässigtere Temperaturschwankungen zwischen Tag und Nacht hervorruft (Abb. 15). Dies gilt jedoch nicht für die exponierten Quartiere im Tal (siehe nächsten Abschnitt).

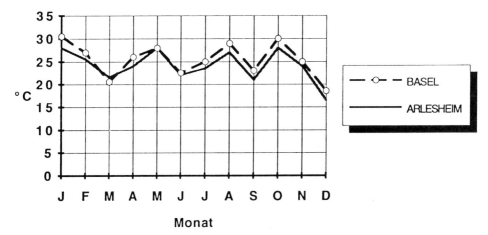

Abb. 15 Monatsamplituden der Temperatur für Arlesheim und Basel 1985

Frost und Nebel

Bereits angesprochen wurden die im Tal gelegenen Wohnquartiere. Da kalte Luft abwärts fliesst, sind sie bedeutend stärker frostgefährdet als das Dorfzentrum oder gar die Hangquartiere am Hollenberg. Dies lässt sich besonders gut an klaren Wintermorgen beobachten, wenn die tiefgelegenen Wiesen recht lange mit Reif bedeckt bleiben.

Beim Observatorium in Basel werden pro Jahr durchschnittlich 82 Frosttage (Minimumtemperatur $<0°$ C) registriert. Arlesheim muss im Oberdorf mit kaum über 70 Tagen rechnen, während ausgesprochene Talgemeinden wie Reinach (Schüepp 1975) und Aesch und somit wohl auch die Talgebiete unserer Gemeinde auf knapp 100 kommen.

Entsprechendes gilt für den Strahlungsnebel (im Volksmund meist als Bodennebel bezeichnet), welcher durch starke Abkühlung der untersten Luftschichten entsteht. Die kälteste Luftschicht ist zuerst an Wasser übersättigt und scheidet Nebeltröpfchen aus. Bodennebel finden wir also vor allem in den frostgefährdeten Talregionen.

Für unser Dorf ist aber noch eine zweite Art von Nebel von Bedeutung: Der soge-
nannte orographische Nebel, welcher sich bildet, wenn feuchte Luftmassen ein
Hindernis, also einen Berg, überströmen. In unserem Falle sind es Westwinde, die
am Gempen gestaut werden. Nach längeren Niederschlagsperioden verbleiben
oft Nebelschwaden an den Hängen dieses Berges, wobei diesmal nun die höheren
Dorfgebiete betroffen sind. Alles in allem dürfte die in Basel gemessene Anzahl
Nebeltage (41 im Jahr) aber recht gut auf unser Dorf übertragbar sein. Diese Zahl
(Bodennebel wird nicht mitgerechnet!) setzt sich zum grössten Teil aus Tagen mit
Hochnebel zusammen, der sich unter stabilen Hochdruckwetterlagen im Spätherbst und Winter bildet, bei uns jedoch – im Gegensatz zum Mittelland – nur
selten tagelang erhalten bleibt.

Wind

Die vorherrschende Windrichtung ist – bezeichnend für unsere Breitenlage –
West. Föhn und Bise sind nur schwach ausgeprägt. Die topographische Lage
Arlesheims bringt zudem einen Schutz gegen Ostwinde und zum Teil auch gegen
Südwinde mit sich.
Die durchschnittliche Windgeschwindigkeit beträgt knapp 2 m/s, ein, verglichen
mit der übrigen Schweiz, tiefer Wert. Er ist, wie bereits erwähnt, vor allem auf das
Fehlen der im Mittelland oft kräftigen Bisenströmung zurückzuführen.
Die kräftigsten Winde treten bei uns im Frühjahr und im Herbst auf, gemäss der
planetarischen Zirkulation. Sturmschäden kommen aber nur selten vor und sind
weniger gravierend als in den stärker windausgesetzten Gemeinden des Leimentales.
Im Winter haben wir wegen häufiger Inversionslagen (stabile Luftschichtung)
die geringsten Luftbewegungen zu verzeichnen.
In Arlesheim nur selten spürbar ist ein hochsommerlicher Nordwind, welcher
stark erwärmte Luft aus der oberrheinischen Tiefebene südwärts transportiert
und dafür verantwortlich sein dürfte, dass in Basel mehr Tropentage (Höchst-
temperatur $\geq 30°$ C) gezählt werden als anderswo in der Nordschweiz.
Auch die schwachen nächtlichen Südwinde aus dem Laufental werden nur in den
im Tal gelegenen Wohnquartieren wahrgenommen.

Niederschlag

Die grössten klimatischen Unterschiede zur Stadt Basel weist Arlesheim sicher
beim Niederschlag auf! Die mit westlichen Winden herangeführten Regenwolken
werden durch den Gempen (759 m ü. M.) zum Aufsteigen gezwungen, was ein –
wenn auch meist nur schwaches – Ausregnen zur Folge hat.
Die jährliche Niederschlagsmenge ist denn mit durchschnittlich 910 mm auch um
10% höher als beispielsweise in Therwil und um 20% höher als in Basel. In unse-

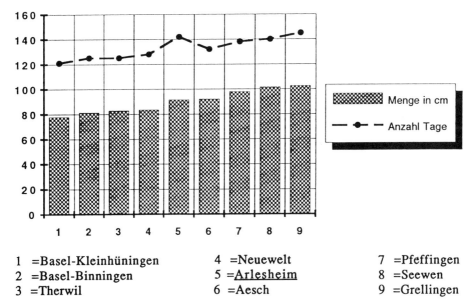

1 =Basel-Kleinhüningen	4 =Neuewelt	7 =Pfeffingen
2 =Basel-Binningen	5 =Arlesheim	8 =Seewen
3 =Therwil	6 =Aesch	9 =Grellingen

Abb. 16 Zusammenhang von Niederschlagsmenge und Anzahl Niederschlagstagen pro Jahr

rem Bezirk weisen nur Aesch und Pfeffingen eine noch höhere Summe auf, was auf Wolkenstauungen am Blauen und bei der Klus von Angenstein einerseits und auf Gewitterregen anderseits, welche am Blauen stets ausgiebiger fallen als bei uns, zurückzuführen sein dürfte.

Arlesheim hat jedoch die meisten Regentage in unserem Bezirk (142 Tage im Jahr mit mehr als 1 mm Niederschlag). Eine Zusammenstellung von Niederschlagsmenge und -tagen für einige Gemeinden finden wir in Abb. 16.

Entsprechend sind auch die Schneemengen in unserem Dorf etwas beachtlicher als in den Niederungen des Birsecks und des Leimentales, wobei diese Unterschiede nicht allzu gross sind, da die Hauptniederschlagszeit auf den Spätfrühling und den Sommer fällt.

Schnee liegt bei uns an etwa 30 Tagen im Jahr; die mittlere maximale Schneehöhe beträgt kaum 15 cm. Die lokalen Unterschiede im Dorfgebiet können oft beträchtlich sein, denn die Nullgradgrenze liegt im Januar im Mittel auf etwa 400 m ü. M! (Arlesheim: 300 – 400 m ü. M.).

Grosse Schneehöhen sind aufgrund der milden Westwinde, welche in unserer Region fast jede längere Niederschlagsperiode begleiten, äusserst selten. In neuerer Zeit sind auch praktisch schneefreie Jahre keine Ausnahme mehr.

Die mittlere Bewölkung liegt bei 65%; im Winter höher als im Sommer. Über ihren Aussagewert lässt sich jedoch streiten. Sicher ist nur, dass sie in Arlesheim etwas stärker ist als in der Stadt, da unser Dorf von Hügeln umgeben ist, welche

Wolken stauen oder auch direkt solche hervorrufen können (Steigungsregen, orographischer Nebel, Thermik etc.).

Kräftige Gewitter und Hagel sind sehr selten, denn sowohl die thermischen als auch die topographischen Gegensätze sind in unserer Region nicht allzu gross.

Zusammenfassung

Die klimatologischen Daten der Stadt Basel bilden die Grundlage für alle Aussagen über das Arlesheimer Klima. Durch seine topographische Lage weist es einige Besonderheiten auf: ausgeglichenerer Temperaturverlauf als die Stadt, mehr Niederschlag, weniger Wind und Frost; alles Faktoren, die für eine bewegte Topographie in niederer Höhenlage sprechen.

Für mikroklimatologische Betrachtungen (Einstrahlungsverhältnisse in den Rebbergen, lokale Frostgefahr, Nebelbildung, Schneeschmelze etc.) ist hier leider kein Platz vorhanden. Dazu müssten wohl auch zuerst an mehreren Standorten innerhalb des Dorfgebietes weitere Messungen vorgenommen werden.

Quellen und Literatur

Annalen der Schweizerischen Meteorologischen Anstalt (Daten)

Menz Marius: Eigene Messungen und Beobachtungen während der Jahre 1985–87 (Standort: Bromhübel)

Schüepp W.: «Klima» in: Heimatkunde Reinach, 1975

Tier- und Pflanzenwelt

Ausgewählte Vertreter aus Tier- und Pflanzenwelt

Tierwelt

Schmetterlinge

Tag- und Nachtfalter stellen vielfältige und fest umrissene Ansprüche an ihre Lebensräume. Ihr Dasein, in vier Erscheinungsformen aufgegliedert (Ei, Raupe, Puppe und Vollinsekt), verläuft kompliziert und gefahrvoll, ist es doch in eine Nahrungskette eingegliedert, welche mehr Feinde als Freunde aufweist. Für viele von ihnen bedeutet eine Veränderung ihres Lebensraumes den Tod, andere, die Ubiquisten oder Allerweltsfalter, erschliessen als gewandte Flieger neue Lebensräume, wobei das Falterbiotop nicht unbedingt mit dem Raupenbiotop identisch sein muss.

Abb. 17 Trauermantel auf Sommerflieder

Abb. 18 Apollo

Abb. 19 Fledermausschwärmer

Abb. 20 Nachtkerzenschwärmer

Der Landschaftswandel hat auch die Schmetterlingsfauna von Arlesheim in Mitleidenschaft gezogen: Ein offensichtlicher Artenrückgang, verursacht durch die rasante Bautätigkeit und die Mechanisierung der Landwirtschaft während der fünfziger und sechziger Jahre unseres Jahrhunderts, hat stattgefunden.

Das Erlöschen der Apollo-Population an den «Hohlen Felsen» zeigt die enge Verflechtung von Leben und Lebensraum. Wohl gedeiht an den kahlen Malmkalkflühen des Birseckgrates, in Rissen und Spalten, die Nahrungspflanze der Raupe, die Weisse Fetthenne zuhauf, die benachbarte Schlosswiese mit ihrer einstigen Blütenpracht der Magerwiese musste einer gedüngten und beweideten Fettwiese weichen.

Witwenblumen, Skabiosen, Disteln und Flockenblumen, die Nektarquellen, welche dem enormen Nahrungsbedarf des *Apollos* Rechnung tragen, verschwanden; mit ihnen der Märchenfalter, dessen Flügel, «weiss wie Schnee», dessen Hinterflügelocellen, «rot wie Blut» und dessen Vorderflügelflecken «schwarz wie Ebenholz» leuchten.

Das letzte Exemplar seines ausseralpinen Lebensraumes in Arlesheim wurde im Juli 1960, blütenbesuchend auf dem Dorffriedhof (!) gesichtet.

Das Beispiel zeigt, dass Biotop- und Habitatschutz das einzige taugliche Mittel darstellt, wenn es um die Erhaltung einer Falterart geht.

Artenschutz gemäss der Natur- und Heimatschutzverordnung vom 16. Januar 1991 des BUWAL (Bundesamt für Umwelt, Wald und Landschaft) ist mehr als fragwürdig.

Erhalten geblieben sind uns auf der Schlosswiese hingegen der Märzenbecher, die Weinbergtulpe und eine üppige Lerchensporngesellschaft. Als Frühblüher entgehen sie dem später einsetzenden Weidgang.

Tagfalter

Abb. 21 Tagpfauenauge. Militärhöhle

Alte Reinacher Weinbauern behaupten, der Frühling käme aus Arlesheim, und in der Tat: Blickt man vom Reinacher Rebberg aus gegen Osten, so sieht man im Vorfrühling hellgrüne Flecken aus dem winterkahlen Waldgebiet des Fleschgrabens leuchten. Der Schneeballblättrige Ahorn entfaltet seine Blütenknospen und kündet den nahenden Frühling an.

Die wärmende Sonne lockt die überwinternden Tagfalter aus den Winternischen hervor. Der *Kleine Fuchs,* das *Pfauenauge* und der *Zitronenfalter* sind häufig; sie flogen 1992 schon am 9. Februar vor dem Bienenhaus an der Ränggersmatt auf und ab. Der *C-Falter,* der *Grosse Fuchs* und der *Trauermantel* sind seltener, aber alljährlich

34

in der Ermitage zu beobachten. Alle saugen an den Blüten der weiblichen Salweide. Wenn das Wiesenschaumkraut die Matten füllt, erscheinen die Weisslinge in Feld und Garten; auffällig das morgenrotbeschwingte Männchen des *Aurorafalters,* schlichter gekleidet sein Weibchen, weiter der *Rapsweissling,* der *Kleine Kohlweissling* und etwas später sein grösserer Bruder, der *Grosse Kohlweissling,* sowie der kleinste aller Weisslinge, der *Senfweissling.* Ihm folgt die erste Generation des *Landkärtchens.* Sein Lebensraum sind die Wiesen hinter der Ermitage bis hinauf zur Ränggersmatt.

Anfangs Mai treffen aus dem Süden die eiligen Wanderfalter ein, der bunte *Distelfalter,* der rotbindige *Admiral,* der orangefarbene *Postillon* und der funkelnde *Kleine Feuerfalter.* Sie sind entweder auf hurtigem Durchzug oder verweilen auf dem Blütenflor der Gartenlandschaften rings um den Dorfkern. Der *Mauerfuchs* beschliesst den Reigen der Frühjahrsfalter. Er liebt heisse Raine mit kargem Pflanzenbewuchs.

Der Sommer beschert uns die eigentlichen Sommervögel, den *Kaisermantel,* den *Grossen* und *Kleinen Perlmutterfalter.* Sie naschen zusammen mit dem stolzen *Schwalbenschwanz* auf den Blüten des Sommerflieders. Längs der gemähten Wiesen suchen das *Kleine* und das *Grosse Ochsenauge,* beides genügsame Lebenskünstler, in lustigem Hüpfeflug den Mattenrand nach spärlichen Blumenkelchen ab.

Hochsommer – die Zeit der Waldschmetterlinge!

Auf dem Waldweg durch das «Gstüd» hat das *Waldbrettspiel* seine Reviere. Die Männchen sitzen auf einem Blatt etwa in Kopfhöhe inmitten einer besonnten Lichtung.

Reviersuchende andere Männchen werden vehement verjagt, Weibchen hingegen stürmisch umbalzt. Schlussendlich setzt sich der «Platzhalter» wieder auf seine Blattwarte und lauert auf das nächste Abenteuer. Der *Waldmohrenfalter,* schwarz, mit rotbetupfter Rostbinde und schwarzweissen Randfasern, ist ein typischer Waldbewohner. Er gaukelt gemütlich und öfters verweilend durch die Waldgrasfluren im «Meierturm» und im «Gspänig». Das «Gstüd» ist ihm zu trockenheiss. In den Strauchgesellschaften der Kahlschläge des Spitalwaldes ist der *Braune Waldvogel* heimisch. Ebendort segelt seltenerweise der *Kleine Eisvogel,* ein den Schillerfaltern verwandter Tagfalter, den Waldwegen entlang. Auch der *Grosse Schillerfalter* ist in der Ermitage und an der Birs zu Gast. Seine Art ist stark gefährdet. Die Weibchen heften ihre Eier an Pappelarten. Sie vermögen jedoch einheimische Pappeln von fremdländischen nicht zu unterscheiden, die Jungräupchen hingegen können die Blätter der letzteren nicht benagen, da diese zu hart sind. Auch das Aufhängen von Meisenkästen wirkt sich verheerend aus. Die Jungraupe des Schillerfalters bleibt während des ganzen Winters frei in einer Zweiggabel angesponnen, sie wird von den systematisch suchenden Meisen unweigerlich gefunden und weggepickt.

Lediglich vier Bläulingsarten befliegen den Arlesheimer Bann. Der *Faulbaumbläuling* bummelt in Gärten und an Waldrändern, der *Gemeine Bläuling* liebt das offene Gelände, der *Himmelblaue Bläuling* fliegt in den Widen, der *Winzige Bläuling* im Steinbruch.

Auf den Krüppeleichen der Felsgrate fressen die Raupen des *Eichenzipfelfalters,* während an den Schwarzdornhecken am Schäferrain am Südhang der Ränggers-matt gegen den Welschelselisgraben, am Mühleboden und beim Alemannengrab im Winter die Eier des *Birkenzipfelfalters* zu finden sind. Der Falter selbst ist selten zu sehen; er schwebt meist über den Buschwipfeln. Von den *Dickkopffaltern* sind ebenfalls vier Arten heimisch, während die *Blutströpfchen* mit nur zwei Arten vertreten sind. Um die 30 Tagfalterarten beleben die Arlesheimer Natur. Sie zu erhalten oder gar zu vermehren ist eine dringende Aufgabe unserer und kommender Generationen.

Nachtfalter

Abb. 22 Zackeneulen, Militärhöhle

Die Basler Region beherbergt ca. 700 Nachtfalterarten, wobei die Famile der Eulenfalter gegen 350 Arten, diejenige der Spanner um die 250 Arten aufweist. Die restlichen Arten werden den Schwärmern, den Spinnern und weiteren Kleinfamilien zugeordnet. Wohl liegen einige Untersuchungen über das Vorkommen von Nachtfaltern im Arlesheimer Bann vor; sie sind, da nicht abgeschlossen, lückenhaft und wenig repräsentativ. Der Laie empfindet ihre Anwesenheit im Wohnbereich als störend, während der beschauliche Naturbetrachter sich ihrer Faszination nicht zu entziehen vermag.

Einige Nachtfalter sind auffallende Tagflieger. So torkelt schon im April der braune *Nagelfleck* durch den lichtgrünen Buchenwald, oder das *Taubenschwänzchen,* im Volksmund als «Nägelistächer» bekannt, schwebt wie ein Kolibri vor den duftenden Blütenkelchen der Nelken und des Sommerflieders in Arlesheims Gärten, während sein grosser Vetter, der *Windenschwärmer,* ebenfalls ein Sommergast aus Afrika, die Abenddämmerung und das Nachtdunkel zum Besuch der Tabakblüten und der Nachtkerze vorzieht. Ihre einheimischen Verwandten, der exotisch anmutende *Nachtkerzenschwärmer,* malachitgrün die Vorderflügel, schwefelgelb die Hinterflügel, und der modisch erscheinende *Fledermausschwärmer,* mit mausgrauen Vorderflügeln und dezent malvenrosigen Hinterflügeln, kämpfen im Steinbruch ums Überleben. Die Umfunktionierung der Bruchsteinflur in ein Feuchtbiotop verminderte das Nahrungsangebot ihrer Raupen, das Rosmarinblättrige Weidenröschen, auf einen kärglichen Rest. Eine Erweiterung der Offenfläche wäre zur Erhaltung dieser beiden Schwärmer und für die Wiederansiedlung des *Silberblauen Bläulings* unumgänglich. In den Höhlen und Spalten der Felsabbrüche übertagen und überwintern neben einigen Tagfaltern auch Eulen- und Spannerfalter. So sind alljährlich in der Militärhöhle am Birseckgrat das *Tagpfauenauge,* die *Zackeneule,* der *Höhlen-* und der *Kreuzdornspanner* zu beobachten.

Abb. 23 Rosmarinblättriges Weidenröschen, Steinbruch, Futterpflanze seltener Raupen

In Entomologenkreisen war das Vorkommen des *Augsburger Bärenspinners* im Spitalwald bekannt. 1954 flog das letzte gesichtete Exemplar ans Licht der Tramhaltestelle Neue-Welt. Ob die Verjüngung des Spitalholzwaldes der Art wieder zum Erstarken verhilft, bleibt abzuwarten. Erfreulicherweise hat sich jedenfalls die *Hirschkäfer*population in diesem Gebiet prächtig erholt.

Ein weiterer Bärenspinner, die *Hofdame,* wird vermisst. Sein Vorkommen im Plättli wurde vom Basler Bankier F. Riggenbach-Stehlin in den siebziger Jahren des vorigen Jahrhunderts erwähnt (in Vorbrodt/Müller-Rutz, S. 235).

Die landschaftliche Vielfalt auf kleinstem Raum widerspiegelt sich in der Reichhaltigkeit der Nachtfalterfauna von Arlesheim.

In der Auenlandschaft entlang der Birs finden sich die Ordensbänder, worunter das seltene *Schwarze Ordensband.* Die kiesigen Felder beim Widenhof mit kärglichen Resten von Magerrasen beherbergen die trockenliebenden Falter, während die Gartenlandschaften von vielen kommunen Arten bevölkert werden.

Die Ermitage mit ihren Fliess- und Ruhegewässern, mit Schlamm- und Verlandungszonen, bildet einen für die Region einmaligen Lebensraum für viele feuchtigkeitsliebende Nachtfalter aus der Gattung der Schilf- und Rohrkolbeneulen. Hier wurde im Sommer 1992 die *Grosse Goldeule* (Plusia chryson) erstmals in Arlesheim gesichtet.

Kathrin Hartmann und Eva Sprecher untersuchten im Jahre 1990 in der Eichmatt die Nachtfalterfauna des Waldes. Sie weist neben 350 Käferarten 107 Nachtfalterarten auf.

Fledermäuse

Wo Nachtfalter fliegen, sind auch ihre Feinde, die Fledermäuse, nicht fern. Diese Handflügler stellen ebenfalls vielfältige Ansprüche an ihren Lebensraum.
Am Arlesheimer Nachthimmel fliegen *Bartfledermäuse, Mausohren, Wasserfledermäuse, Zwergfledermäuse, Rauhhautfledermäuse, Waldfledermäuse, Abendsegler* und *Braune Langohren.*
Am Wetzstapfel bewohnt eine nicht identifizierte Fledermausart eine hohle Buche. Die östlich des Dorfes gelegenen Höhlen und die verkarsteten Jurakalkpartien bieten diesen interessanten Tieren die notwendigen Überwinterungs- und Übertagungsquartiere an. Aber auch das Schloss Birseck und der Dom beherbergen einige Individuen, während die Burg Reichenstein scheinbar für Fledermäuse keine Attraktion ausübt.

Die Vogelwelt

Im Jahre 1972 erstellte Ernst Fritz aus Arlesheim eine Bestandesaufnahme über die Vogelwelt seiner Wohngemeinde. Sie enthält die erstaunliche Anzahl von 73 Vogelarten, datierend aus der Zeitspanne vom 1. April bis 30. Juni 1972!

Die aktualisierte Liste für das Jahr 1992 zeigt Veränderungen bei den von E. Fritz nicht erfassten Wintergästen wie *Tafelente, Reiherente, Zwergtaucher* und neuerdings den *Gänsesäger,* alle auf der Birs.

Diesen erfreulichen «Neuerwerbungen» steht das Ausbleiben des *Kuckucks* gegenüber, auch die *Feldlerche* jubiliert im Widenhofgebiet nicht mehr.
Die 1972 geäusserte Hoffnung auf Ansiedlung der *Wachholderdrossel* hat sich erfüllt, ebenso die Zunahme des *Singdrossel*bestandes. Seit der Inbetriebnahme der J 18 ist das Lied der *Nachtigall* in der Reinacherheide verklungen.

Die *Gartengrasmücke,* im Volksmund «Schnelle Amsel» genannt, weil sie das Liedmotiv der Amsel im verdoppelten Tempo vorträgt, ist aus dem Felsgrat oberhalb der Mühle in der Ermitage zu hören.
Alljährlich sind auch die *Zaunammer* im Widenhofgebiet und die *Saatkrähe* beim Gerenmattschulhaus Wintergäste.

Amphibien und Reptilien

«... und in der hinteren Gartenecke errichten wir einen Kompost und vor dem Zaun ein Biotop!»
Ein freudiges «Hurra» der Kinder folgt auf diese Eröffnung des über die Gartenplanung referierenden Vaters.

Der Begriff «Biotop» gilt landesüblich für Feuchtlebensraum mit stehendem Gewässer. Dass dieser Ausdruck für jeglichen Lebensraum anwendbar ist, wird von Laien mit Erstaunen zur Kenntnis genommen.

Immerhin, ein erfreuliches Umdenken hat in unserer Region stattgefunden. Anstelle des fehlenden Naturverständnisses ist der Wille zur Naturbereicherung getreten. Die einst «garstige» *Kröte* ist einem bestaunenswerten Geschöpf mit Goldaugen und einer 30 Millionen Jahre alten Vergangenheit auf dieser Erde gewichen.

Private und Behörden schaffen Lebensräume und Laichplätze für feuchtigkeitsliebende Lebewesen, teilweise leider ohne ausreichende Kenntnisse über die erforderlichen Pflegemassnahmen. So entstehen vielfach veritable Todesfallen, wenn die Tümpel zu flach, der Wassernachfluss zu gering oder die Verschlammung zu stark sind. Gärgase entstehen durch ein Zuviel an Sinkstoffen wie Laub und Blattwerk. Sie lösen sich im kalten Wasser, verdrängen den Sauerstoff; im Tümpelschlamm überwinternde Lurche ersticken, im Frühjahr schwimmen sie bauch oben inmitten blubbernder Methangasblasen.

Die grossen Weiher der idyllischen Ermitage bilden neben ihrer reizvollen Vielfältigkeit das Zentrum der Laichplätze. Der Salamanderteich unterhalb der Mühle trägt diesen Namen seit dem Entstehen dieses «Englischen Gartens»; er weist auf das Vorkommen seines Namengebers in jener Zeit hin. Weitere Laichplätze finden sich im hintersten Teil der Ermitage östlich des Weiherweges, im Wetzstapfel, im Steinbruch und längs des ausgedolten Dorfbaches in den Widen. Die beiden letzteren sind Neuanlagen und gelten als Schwerpunkte für ein Vernetzungskonzept, wie es Prof. Dr. Heinz Durrer in Reinach wegweisend ausführt.

Im Jahre 1967 verfasste Hans Schweizer, der unvergessene «Schlangenhansi», ein Manuskript über die Amphibien- und Reptilienfauna von Arlesheim und Umgebung. Er erwähnt den *Feuersalamander*, den *Bergmolch*, den *Fadenmolch*, die *Gelbbauchunke*, die *Erdkröte*, den *Laubfrosch*, den *Wasserfrosch* und die *Geburtshelferkröte*, im Volksmund «Glögglifrosch» genannt.

Nachdem letzterer aus der Ermitage und dem Wetzstapfel verschwand, wurde er im neuen Steinbruchbiotop wieder eingesetzt. Dort flötet er in lauen Sommernächten sein Glockenlied, dessen Monotonie einer hinreissenden Sinfonie weicht, sobald mehrere Exemplare in verschiedenen Tonhöhen miteinander musizieren. Ebenfalls im Steinbruch eingesetzt wurde die *Gelbbauchunke*, während der *Laubfrosch* nicht mehr vorkommt.

Unter den Reptilien führt Hans Schweizer die *Blindschleiche*, die *Zauneidechse*, die *Mauereidechse*, die *Glatt-* oder *Schlingnatter*, die *Barrenringelnatter* und die *Juraviper* an. Die heutige Existenz dieser einzigen Giftschlange unseres Bannes erscheint fraglich, während für die Schlingnatter (1992 am Schloss) und die Ringelnatter (1992 am Schäferrain) aktuelle Funde vorliegen.

Etwas weiter zurück liegt die eigene Beobachtung eines *Feuersalamanders* («Rägemol») unter den Steinen einer alten Feuerstelle zuoberst auf der Kuhstelle im Chilchholz (Punkt 523) vom 4. Juli 1961.

Die Art ist in der der Gobenmatt nicht selten. Erwähnenswert ist der Fund jedoch, wenn man bedenkt, dass das träge Tier eine Höhendifferenz von 112 m vom Gobenmattbach, dem nächstliegenden möglichen Laichplatz, zu überwinden hatte.

Eine ähnliche Leistung beschreibt Hans Schweizer von einem *Fadenmolch,* welcher, 1966 im Steinbruch hausend, eine Distanz von ca. 400 m und eine Höhendifferenz von 90 m durchkrochen haben muss.

Fische

Augenfällig sind die Fische im mittleren Ermitageweiher. Gewichtige *Schuppen-, Leder-* und *Spiegelkarpfen* gleiten majestätisch durch aufgeregte *Rotfederschwärme,* an riesigen, starr lauernden *Hechten* vorbei.

In der Birs tummeln sich nach neuesten Erhebungen (Januar 1993) 19 Fischarten. *Bachneunauge* und *Laube* sind verschwunden. (Am 8. Mai 1993 wurde das Bachneunauge jedoch wieder festgestellt.) Neben den trivialen Fischarten unserer Gewässer ist der *Strömer,* eine grosse Rarität, im Schappe-Kanal zu verzeichnen. Seine Anwesenheit an dieser Stelle ist durch den Bau eines Kleinkraftwerkes und eines Regenwasserklärbeckens für die Gemeinde Dornach bedroht. Gegen das letztere Projekt hat die ebenfalls tangierte Reinacherheide-Kommission Einsprache erhoben, wodurch Naturschutz und Umweltschutz auf Kollisionskurs geraten.

Pflanzenwelt

Die Pilze

«Ohne Pilz kein Wald»; ein Naturgesetz, welches die Wichtigkeit dieser blattgrünlosen Erscheinungsformen der Abteilung Lagerpflanzen hervorhebt. Wie ein Spuk erscheinen und verschwinden sie wieder. Auch im Arlesheimer Bann werden sie gesammelt, zwar nicht in Mengen wie im artenreicheren Schwarzwald, dessen Urgesteinsboden eine viel grössere Vielfalt an Mineralstoffen aufweist als das mineralisch monotone Kalkgestein des Juras.

Im Frühjahr beginnt die Pirsch auf *Morcheln* und *Mairitterlinge, etwas später erscheinen jahrweise die Junisteinpilze.* Es folgt die pilzlose Sommerpause, das «Juliloch», wie sich Lokalkenner ausdrücken.

Der Spätsommer beschert dem Sammler *Kapuziner* und *Rotkappen,* seltenerweise eine *Krause Glucke* und noch seltener eine Handvoll *Eierschwämme. Stoppelpilze, Stockschwämmchen* und ein zweiter Schub *Steinpilze* verkünden den nahenden Herbst. Dieser wartet mit einer Fülle von *Reizkern, Butterpilzen, Ziegenlippen* und *Rotfussröhrlingen* auf. Letztere bringen die ergiebigste Ernte ein. Von der

40

Vielzahl der Täublinge finden der *Frauentäubling* und der *Speisetäubling* den Weg auf den Esstisch. Der kulinarische Pilzgeniesser verschmäht den essbaren *Brätling* mit seinem Heringsgeruch – er will Pilz, nicht Fisch.

Das Massenvorkommen der geschätzten *Totentrompete* gehört der Vergangenheit an, dafür nimmt der *Reizker* mengenmässig zu. Er bevorzugt Rottannenmonokulturen, und daran herrscht wahrhaft kein Mangel.

Massenernten von *Hallimasch*pilzen werden vornehmlich von italienischen Gastarbeitern eingebracht und als Pizzabeilagen gedörrt oder tiefgefroren. Wenn herbstliche Nebelregen den dichten Buchenwald durchfeuchten, wenn Verlaines Herbstgedicht die Seele beschwert, ist die Zeit der *Nebelgrauen Trichterlinge* gekommen. Sie schiessen im Meiertum und im Gspänig in mächtigen Hexenringen aus dem dunkelbraunen Buchenfallaub hervor. 1985 erreichte ein solcher, hart an der Münchensteiner Grenze zur «Hintern Ebni», den imposanten Durchmesser von 22 Schritten. Wie Derwische standen sie da, in Zweier- und Dreierreihen, jung und satt, noch madenfrei mit eingerollter Krempe. Hunderte an der Zahl, eine mykologische Sternstunde!
Obwohl dieser Pilz nur gekocht geniessbar ist, wird er gesammelt und als Saucenpilz gedörrt. Der Riesenring lockte einige Pilzfreunde an, er wurde bestaunt, ausgemessen und ausgezählt und – unberührt stehengelassen; das ist die Ethik der Mykophilen! *Blaugestiefelter Schleimkopf, Violetter Ritterling, Maskenritterling* und *Riesentrichterling* beschliessen die herbstliche Pilzsaison, in einer Flut von minderwertigen *Orange-, Elfenbein-* und *Wohlriechenden Schnecklingen,* sowie weissmilchenden *Milchlingen.* In der Eichmatt herrschen *Korallenschwammarten* vor. *Haarschleierlinge* bevölkern alle Waldungen, ausgenommen dunkle Tannichte. Jahrweise ist im oberen Teil des Spitalwaldes der seltene *Riesenritterling* zu bestaunen; obwohl essbar, wird er vom Eingeweihten als Schmuck des Waldes geschont.
Giftige *Knollenblätter-* und *Risspilze* gelangen immer wieder in die Plastiktaschen von Sammlerneulingen. (Der Pilzkenner verwendet Körbe!) Es ist die Aufgabe des Pilzkontrollatros, in der Amtssprache «Ortspilzexperte» genannt, das giftige Pilzgut vom geniessbaren zu trennen.
In Arlesheim versieht Dölf Capeder seit 35 Jahren (!) dieses verantwortungsvolle Amt. Umfassende Kenntnisse, aber auch didaktisches Geschick, befähigen ihn, raffgierige Anfänger zum umweltbewussten Pilzesammeln anzuregen.

Lebensräume

Die Pflanzenwelt Arlesheims besiedelt infolge der vielfältigen Landschaftsstruktur vier streng gegeneinander abgegrenzte Lebensräume.

1. Die Hügelzone

Die Hügelzone, im Höhenbereich von 400– 600 m ü. M. und mehrheitlich bewaldet, weist sanfte Hügel, steile Grate, felsige Abstürze, sonnige Felsköpfe, schattige Gräben und langgezogene Kulturwiesen (Ränggersmatt, Gobenmatt und Yschlag) auf. Sie umschliesst eine besonders reizvolle Weiheranlage, die idyllische Ermitage.

Für dieses Waldgebiet liess die «Inge Kober-Schwabe Stiftung» 1987 eine floristische Bestandesaufnahme erstellen mit dem Ziel, bedrohten Tieren und Pflanzen das Überleben zu ermöglichen.

Der Botaniker sei auf diese fundiert wissenschaftliche Arbeit von Dr. Michael Zemp verwiesen, während die vorliegenden Zeilen das Auffallende vermitteln sollen, so etwa die *Zahnwurz*flur im kleinen Wäldchen südlich des mittleren Weihers, das *Felsenmispel*gebüsch am Gobenrain und in der Eichmattsüdseite, den *Blauen Steinsamen* im Chilchholz und auf dem Gspäniggrat, den *Hirschzungen-Ahornwald* im «Finsteren Boden» und im Armenholz, die *Märzglöcklein*gesellschaft am Hollenberg, das *Weisse* und das *Rote Waldvögelein* sowie grossflächige blütenlose *Maiglöcklein*(Maierysli)-fluren im Gstüd, den *Waldgeissbart* im Wollgraben, den giftigen *Gelben Eisenhut* im Meiertumgraben oder die klebrige *Salbei* im Welschelselisgraben und im Mönchsgraben.

Abb. 24 Bergkronwicke auf Chilchholzchopf

Abb. 25 Bergkronwicke, Detailaufnahme

Wenn auf den Felsköpfen des Chilchholzes die tiefgelben Blüten der *Bergkron-wicke* aufleuchten und der leise Aufwind des besonnten Hanges provenzalischen Duft verströmt, erlebt der Naturfreund unvergessliche Augenblicke gemütvollen Verweilens und inniger Beschaulichkeit.

Späht er durch das Zaungebüsch am Weiherbach unterhalb der Öli, gewahrt er Gruppen der *Roten Lichtnelke* und einen Horst des *Eisenhutblättrigen Hahnenfus-ses*. Nicht weit davon entfernt, aber sehr versteckt, entfaltet alljährlich die seltene *Schachbrettblume* ihr Tulpenglöcklein. Letztere ist bislang im Arlesheimer Bann nicht beschrieben und dürfte ein Novum darstellen. Dasselbe gilt auch für die *Al-penwaldrebe* am Schlosseingang (wahrscheinlich eingepflanzt) und für die im Kahlschlag des Spitalholzes plötzlich aufgetretene *Kermesbeere*, welche den wei-ten Wert von ihrer nordamerikanischen Heimat nach Arlesheim irgendwie be-werkstelligt hat.

Pflanzen auf Wanderschaft; Endstation Arlesheim!

Kahlschläge, von der sensiblen Bevölkerung verpönt, stellen wohl eine optische Katastrophe dar, sind jedoch für die Regeneration des Waldbodens unerlässlich. Aus dem plötzlich belichteten Waldgrund brechen *Türkenbund, Akelei* und *Bee-renruten* hervor, so im Wetzstapfel am Nordhang gegen das Chilchholz. Nach zwei Jahren verschwindet die Blütenpracht unter einer schattigen Strauchschicht. Am Südhang desselben Hügels erfreut uns ein reicher Bestand des seltenen *Wun-derveilchens*.

Auch im Waldgebiet hat eine neue Philosophie Einzug gehalten. Dem stehenden und liegenden Totholz wird endlich die ihm zustehende Bedeutung zugemessen, als Nische für jedwelche Lebensform, insbesondere aber für Wildbienen, deren wichtige Funktion als Blütenbestäuber, selbst an regnerischen Tagen, wenn die Hausbiene ihren «Betrieb» einstellt, langsam erkannt wird.

Das Aufstellen von Hausbienenstöcken in einem Naturschutzgebiet (Steinbruch) konkurrenziert das Nahrungsangebot an die Wildbienen in misslicher Weise.

2. Die Wohnzone

Die Wohnzone zwischen Hügelstufe und Talebene bietet einen botanisch völlig verfälschten Aspekt dar. In dieser Garten- und Parklandschaft herrscht eine durchwegs fremdländische Flora vor. Grossblumigkeit, Üppigkeit und Farben-pracht sind Trumpf. Unscheinbares und Einheimisches ist weitgehend verdrängt. Kostspielige und defizitgarantierte Gartenschauen tragen das Ihre bei. Das *Wohl-riechende Veilchen*, einst ein Frühjahrsschmuck der Gärten, musste gefüllten *Osterglocken* und einer vielfarbigen *Tulpen*pracht weichen. Die Nase hat den Naturbezug verloren.

Und doch hat Fremdländisches auch einen Vorteil. Der allüberall blühende *Som-merflieder*, ein Gast aus Japan, füllt eine klaffende Ernährungslücke. Er bietet den zum Glück häufigen Wanderfaltern den ihnen zusagenden Nektar an.

3. Die Talebene

Die Talebene (277 m ü. M.) wird durch einen markanten, 20–30 m hohen, mit Eichen, Eschen und Hagebuchen bestandenen Waldgürtel gegen die Wohnzone abgegrenzt. Ihm entlang verläuft die Bahnlinie mit ihrer kiesigen Böschung. Eine reiche Krautflur hat sich auch hier breitgemacht. *Nachtkerze, Seifenkraut* und *Natternkopf*bestände wechseln mit *Brombeer-* und *Waldreben*gestrüpp. Bahnlinien bilden wichtige Zugstrassen wärmeliebender Insekten wie Eulenfalter und Schwärmer, ebenso für eine vielfältige Ruderalflora (Pflanzenflora der Schuttplätze). Auch der *Spitze Knöterich* aus Japan hat sich hier eingefunden. Industriekomplexe, Sportplätze und Hunde, deren Hinterlassenschaft die Wege (über dem Grundwasser) säumen, dominieren den flachen, grienigen Talgrund. Als Kompensation zu den der Natur entzogenen Flächen realisierte die Gemeinde ein naturkundliches Pilotprojekt in Form einer altherkömmlichen Ackerbewirtschaftung. Abgegrenzt von einer üppig spriessenden Hecke, längs des ausgedolten Dorfbaches angelegt und kleine Weiher umschliessend, wird im Nordteil der Ebene zwischen Sportanlagen und Widenhof alemannische Dreifelderwirtschaft betrieben.

Zur Einsaat gelangen alte Getreidesorten. Längst verschwundene Ackerwildkräuter (Unkräuter wäre ein Fehlbegriff!) wie *Mohn, Kornblume, Kornrade, Rittersporn, Wilderbse* und *Venusspiegel* bilden die Begleitflora und setzen längst vergessene, für unsere Jugend völlig neue Farbakzente. Das Brachfeld wird von *Wicken* und *Klee* beherrscht.

4. Die Birsuferzone

Die Birsuferzone beim Schappe-Areal (250 m) und längs der Kanalstrasse (800 m) beherbergt ebenfalls einen Mischwuchs von Fremdlingen. Efeubehangene *Robinien* überdachen einen Wildwuchs von *Kanadischem Springkraut* und anderen Balsaminengewächsen sowie der alles verdrängenden *Kanadischen Goldrute.*

An den kiesigen Wegrändern flammen in der Abenddämmerung *Gelbe Nachtkerzen* (ebenfalls Amerikaner) auf, während am späten Vormittag die *Wegwarte,* die Symbolblume der Treue, für einige Stunden ihr zartes Blauröcklein entfaltet.

Das Birsufer, nur 1,5 km vom Arlesheimer Steinbruch entfernt, vom kantonalen Amt für Flussbau mit Granitblöcken aus dem Kleinen Wiesental verbaut, zeigt nach Hochwasserfluten, während der Schneeschmelze und der Zenitalregenzeit ein farbiges, doch wenig erfreuliches Spiegelbild unserer Zivilisation. Bunte Plastikreste und schmutziges Schwemmgut aus Industrie und Haushalt verfangen sich am Ufersaum unter den mächtigen *Bruchweiden.* Eine üppig spriessende Krautgesellschaft verhüllt während der Vegetationszeit das Fehlverhalten gedankenloser Menschen gütig mit ihrem grünen Flor. Einsichtigerweise renaturierte anfangs der neunziger Jahre das Wasserwirtschaftsamt Baselland auf Antrag der Reinacherheide-Kommission die Birsufer.

Die Qualität des Birswassers hat sich seit der Inbetriebnahme der Kläranlagen stetig verbessert. In den «Oberen Widen» schwirren und gaukeln 15, am Schappekanal 11 Libellenarten. *Blauflügel-* und *Gebänderte Prachtlibellen,* während Jahrzehnten vermisst, patroullieren wieder längs des Ufermantelgebüsches, *Graureiher* stehen – zum Leidwesen der Fischer – stoisch im Seichtwasser, der *Eisvogel* hat sich wieder eingestellt, und über allem kreisen *Rot-* und *Schwarzmilane.*

Die Arlesheimer Natur liegt in guten Händen. Die *Inge Kober-Schwabe Stiftung* setzt sich für einen verantwortungsvollen Umgang mit dem uns allen anvertrauten Lebensraum ein. Die hochherzige Initiantin der Stiftung formulierte ihre Zielvorstellung mit den Worten: «Es darf bei uns keine einzige Pflanzen- oder Tierart mehr aussterben.»

Schliessen wir uns diesen Worten mit Taten an!

Literatur

Vorbrodt Karl und Müller-Rutz J.: Die Hofdame (H. aulica). In: Schmetterlinge der Schweiz, Bd. 2, S. 235, Bern 1911

Schweizerischer Bund für Naturschutz: Tagfalter und ihre Lebensräume, Basel 1987

Blattner Samuel: Die Geometridenfauna von Basel und Umgebung, Naturforschende Gesellschaft, Liestal 1975

Blattner Samuel und de Bros Emmanuel: Lepidopterenliste von Basel und Umgebung, III. Teil, Noctuidae. Mitteilungen der Entomologischen Gesellschaft Basel, 1965

Hartmann Kathrin und Sprecher Eva: Beitrag zur Insektenfauna des Arlesheimer Waldes unter besonderer Berücksichtigung der holzbewohnenden Käfer, Naturforschende Gesellschaft Baselland, Liestal 1990

Gebhard J.: Die Fledermäuse der Region Basel, Basel 1984, Verhandl. Naturf. Ges. Basel, Bd. 94, S. 1-42

Eckerlin J. und Schaufelberger F. A.: Die Arlesheimer Waldungen. Ein Leitbild für deren Pflege, Arlesheim 1973

Fritz Ernst: Der ornithologische Stand im Arlesheimer Wald, in: Die Arlesheimer Waldungen, Anhang zum Leitbild, Arlesheim 1973

Schweizer Hans (Schlangenhansi): Die Amphibien- und Reptilienfauna von Arlesheim und Umgebung, in: Die Arlesheimer Waldungen, Anhang zum Leitbild, Arlesheim 1973

Ritter Markus: Arlesheimer Wald 1987–1988, Kurzbericht, Arlesheim 1989

Zemp Michael: Arlesheimer Wald 1987–1988, Anhang zum Kurzbericht, Arlesheim 1989

Küry Daniel: Lebensgemeinschaften wirbelloser Tiere in den Gewässern des Gebietes Reinacherheide, Basel 1993

Der Wald

Die Gemeinde Arlesheim gehört mit 50 % bewaldetem Gebiet zu den waldreichsten Gemeinden unseres Kantons. Dementsprechend prägt der Wald das Landschaftsbild. Die tiefsten Lagen befinden sich an der Birs, wo auf den ehemaligen Auenwaldstandorten heute verschiedene Weidenarten, Pappeln, Robinien, Ahorn und Eschen auf ca. 270 m ü. M. stocken. Die höchsten Lagen im Gebiet Gspänig zeigen auf 609 m ü. M. typische Jurawälder mit vorherrschender Buche. Der Arlesheimer Wald, an den Ausläufern des Juras liegend, wächst auf steilen Hängen und in tiefen Gräben. Die ganze Topographie dieser Landschaft ist sehr markant mit den Felskuppen und den fünf Gräben: Welschelselis-, Mönchs-, Flesch-, Wollgraben und der Ruchi Schleifi. Als geschichtliches Zeichen ragen die beiden Burgen Birseck und Reichenstein über den Wald hinaus.

Areal- und Besitzverhältnisse aus dem Leitbild 1973

Bann Arlesheim	692,77	ha
davon Wald	344,57	ha = 49,74 %

Waldeigentümer:

Bürgergemeinde Arlesheim	219,06	ha
Einwohnergemeinde Arlesheim	7,78	ha
Bürgergemeinde Münchenstein	4,00	ha
Bürgergemeinde Muttenz	0,22	ha
Bürgerspital Basel	35,38	ha
Gemeinde Dornach	0,12	ha
Stiftung Burg Reichenstein	54,00	ha
Ermitage	14,89	ha
übriger Privatwald (18 Besitzer)	9,12	ha

Die Qualität der Bäume auf diesen extremen Standorten ist nicht hervorragend. In vergangenen Zeiten war der Wald jedoch wichtiger Brennholzlieferant. Ortsnamen wie das «Armenholz» deuten darauf hin, dass die weitabgelegenen Bestände von der ärmeren Bevölkerung genutzt werden durften.
Im Arlesheimer Wald gibt es sagenumwobene Orte. Es sei bei dieser Gelegenheit nur gerade an zwei Geschichten erinnert, die Sage über das umhergeisternde Welschelseli im gleichnamigen Gebiet oder die Sage über das Klösterchen im Mönchsgraben, dem Ursprungsort der Gemeinde Münchenstein (siehe S. 353,354). Wegen der Steilheit des Geländes war eine intensive Nutzung der Waldungen nicht möglich, so dass sich bis heute eine artenreiche Flora und Fauna erhalten konnte. Mit Rücksicht auf diese Vielfalt wird unser Wald sehr zurückhaltend und naturnah bewirtschaftet.

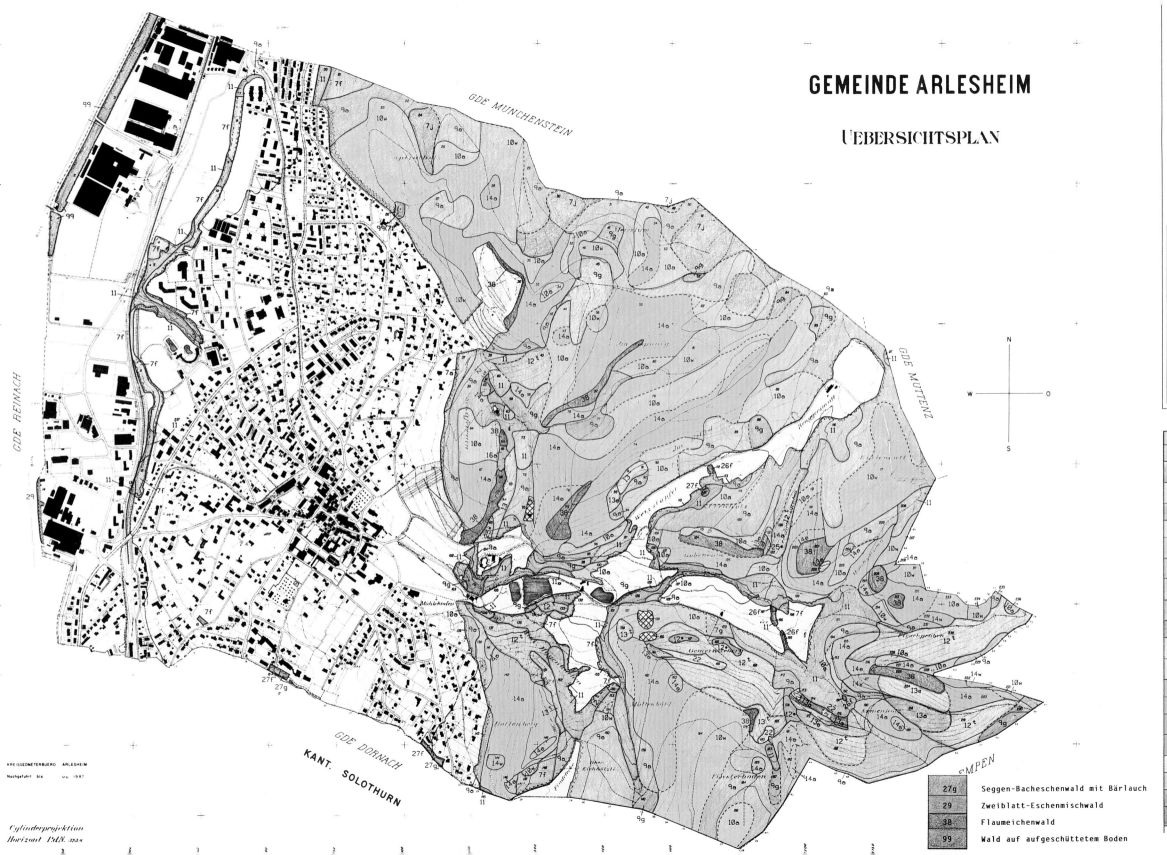

GEMEINDE ARLESHEIM

UEBERSICHTSPLAN

GDE MUNCHENSTEIN

GDE REINACH

GDE DORNACH

KANT. SOLOTHURN

GDE MUTTENZ

Kreisgeometerbuero Arlesheim
Nachgefuhrt bis   Ma. 1987

Cylinderprojektion
Horizont PdN. 373.4

Vegetationskundliche Kartierung
der Wälder des
Kantons Basel-Landschaft

1 : 10'000

Gemeinde Arlesheim

 Herausgeber:
Forstamt des Kantons
Basel-Landschaft
4410 Liestal

Leitung und Ausführung:
Beratungsgemeinschaft für
Umweltfragen (BGU)
8002 Zürich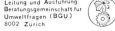

Waldgesellschaften und ihre Standorte

Aufnahmen 1986

Legende:

Grenze zwischen zwei Gesellschaften
Undeutliche Grenze
Rutschender Hang
7^a Pflanzensoziologische Gesellschaft
(9)   Gesellschaftszahl in Klammer : Gesellschaft in Entwicklung
7(9) Zweite Zahl in Klammer : Uebergang Schwergewicht bei 1. Gesellschaft
8/11 Zwei Zahlen : Mosaik von zwei Gesellschaften
      Kein Wald

Indizes: Abweichung vom Typus der Gesellschaft a

b - g : Bodeneigenschaften

	trockener als a		
		d	e
	c	a	f
	feuchter als a	b	g
		saurer als a	basischer als a

h : Ausbildung höherer Lagen
l : Ausbildung luftfeuchter Lagen
t : Ausbildung tieferer/wärmerer Lagen
w : Ausbildung wechselfeuchter/wechseltrockener Lagen

7a	Typischer Waldmeister-Buchenwald
7f	Waldmeister-Buchenwald mit Lungenkraut
7j	Waldmeister-Buchenwald, Ausbildung auf Jurahochflächen
9a	Typischer Lungenkraut-Buchenwald
9g	Lungenkraut-Buchenwald mit Gold-Hahnenfuss
10a	Lungenkraut-Buchenwald mit Immenblatt
10w	Lungenkraut-Buchenwald mit Immenblatt, Ausbildung mit "kriechendem" Liguster
11	Aronstab-Buchenwald
12t	Typischer Zahnwurz-Buchenwald, artenarme Ausbildung
12*	Zahnwurz-Buchenwald mit Weisser Segge
13a	Linden-Zahnwurz-Buchenwald
13e	Linden-Zahnwurz-Buchenwald, Ausbildung mit Immenblatt
13t	Linden-Zahnwurz-Buchenwald, artenarme Ausbil
14a	Typischer Weissseggen-Buchenwald
14e	Weissseggen-Buchenwald, Ausbild. mit Blaugras
14w	Weissseggen-Buchenwald, Ausbildung mit "kriechendem" Liguster
16a	Blaugras-Buchenwald
22	Hirschzungen-Ahornwald
25*	Ahorn-Lindenwald
26f	Ahorn-Eschenwald mit Lungenkraut
27f	Seggen-Bacheschenwald mit Riesen-Schachtelhalm

27g	Seggen-Bacheschenwald mit Bärlauch
29	Zweiblatt-Eschenmischwald
38	Flaumeichenwald
99	Wald auf aufgeschüttetem Boden

Die Waldnutzung

Das Waldgesetz von 1902 verlangt von den Eigentümern eine nachhaltige Nutzung ihrer Wälder, das heisst der Wald muss alle seine Funktionen – Holzproduktion, Wasserreservoir, Lebensraum für Pflanzen und Tiere, Luftreinigung und Erholungsfunktion – auf Generationen hinaus erfüllen können. Damit die Nachhaltigkeit gewährleistet ist, sind besonders zwei Kriterien zu beachten: es darf nicht mehr genutzt werden als zuwachsen kann, und die verschiedenen Entwicklungsstufen müssen gleichmässig vertreten sein. Grundlage dieser Kriterien sind periodische Inventaraufnahmen. Die erste Inventur wurde in Arlesheim 1885 durch Stadtoberförster Bär durchgeführt. Alle Bäume über 16 cm Durchmesser auf Brusthöhe (1,30 m) wurden gemessen. Diese aufwendigen Arbeiten der sogenannten Vollkluppierung wurden jeweils mit Bürgern und Schülern in Fronarbeit ausgeführt. In den Jahren 1905, 1915, 1925, 1936, 1949, 1959 und 1971 wurden die bestehenden Wirtschaftspläne revidiert.

Verteilung der Entwicklungsstufen und «nachhaltiges Modell» (Sollbestand), Stand 1990

Ganzer Wald	mittlere Umtriebszeit 153 Jahre					
Entwicklungsstufe	Fläche ha	%	Sollbestand ha	%	Differenz ha	%
Jungwuchs/Dickung	20,39	9,2	30,37	13,7	– 9,98	– 4,5
Stangenholz	21,55	9,8	37,20	16,9	–15,65	– 7,1
Schwaches Baumholz	30,32	13,8	37,20	16,9	– 6,88	– 3,1
Mittleres Baumholz	72,30	32,8	50,89	23,1	21,41	+ 9,7
Starkes Baumholz	61,99	28,1	50,89	23,1	11,10	+ 5,0
Ehemaliger Niederwald	13,40	6,1	13,40	6,1		
Unbestockt	0,50	0,2	0,50	0,2		
Total	220,45	100 %	220,45	100 %		

1989/90 wurde wieder eine Inventur durchgeführt, aber neu nach dem Stichprobenverfahren. Nach diesen Erhebungen im Bürgergemeindewald sind die Holzarten wie folgt am Holzvorrat beteiligt: total 82 555 Bäume mit ca. 54 380 m³ Vorrat.

✦   Abb. 26 Waldgesellschaften und ihre Standorte 1986

Holzart	mittlere Standorte	schlechte Standorte
Fichte	2 %	2 %
Tanne	0 %	0 %
Föhre	3 %	9 %
Lärche	0 %	1 %
Buche	71 %	60 %
Eiche	8 %	16 %
Ahorn	5 %	4 %
Esche	6 %	4 %

Das ergibt auf den schlechten Standorten einen Nadelholzanteil von 12 %, auf den mittleren einen von 5 %. Was auffällt, ist der hohe Anteil der Eichen und Föhren auf schlechten Standorten. Die Zusammensetzung auf diesen mageren Standorten ist natürlich geblieben, weil in schwierigem Gelände schlecht genutzt werden konnte.

Ziel der heutigen Forstwirtschaft ist es, den Laubwaldcharakter zu erhalten und die Pflanzengesellschaften naturnah zu nutzen und zu pflegen. Die aus der Brennholzbewirtschaftung hervorgegangenen Bestände weisen zum grössten Teil schlechte, schwer verkäufliche Sortimente auf, die zudem im steilen Gelände auch heute noch nur schwer geschlagen werden können. Somit ist eine kostentragende Pflege und Nutzung der Waldungen schon seit Jahren nicht mehr möglich. In früheren Jahren war der Anteil an Stammholz 5 %, durch gezielte Pflege der besten Bäume und bessere Verwertungsmöglichkeiten auf dem Stammholzmarkt, zum Beispiel für die Verpackungsindustrie, konnte das ökonomisch interessante Sortiment «Stammholz» auf durchschnittlich 53 % gesteigert werden. Die übrigen, meist defizitären Sortimente, werden in der Zellstoffindustrie, den Spanplattenwerken und als Brennholz abgesetzt. Seit 1975 wird der Bürgergemeindewald gemeinsam mit den Waldungen der Bürgergemeinde Münchenstein und der Stiftung Burg Reichenstein von der gleichen Forstequipe gepflegt und genutzt, wobei der Holzeinschlag im Arlesheimer Revierteil, der jährlich 1 300 Silven beträgt, zum grössten Teil von Forstunternehmern ausgeführt wird. Eine Silve ist das Schätzmass stehender Bäume und entspricht etwa 1 m³. Trotz diesen Rationalisierungsmassnahmen übersteigen die Kosten der Pflege des Waldes dessen Ertrag. Ohne namhafte finanzielle Unterstützung durch die Einwohnergemeinde wäre die naturnahe und schonende Bewirtschaftung nicht möglich. Ein wichtiges Arbeitsmittel bei der naturnahen Verjüngung der Waldungen stellt die 1986–1990 erstellte pflanzensoziologische Karte dar (Abb. 26).

Die häufigsten Waldgesellschaften sind die Seggen- und Lungenkraut-Buchenwälder. Als seltene Gesellschaften finden wir in Arlesheim den Aronstab-, den Linden-Zahnwurz- und den Blaugras-Buchenwald, den Bacheschenwald, den

Abb. 27 Der Schneeballblättrige Ahorn blüht vor Blattausbruch.

Zweiblatt-Eschenmischwald und den Flaumeichenwald. Diese Gesellschaften zeichnen sich durch spezielle und hochinteressante Flora und Fauna aus. Diesen Artenreichtum gilt es unbedingt zu erhalten. Man denke dabei nur gerade an die besonders seltenen Arten Speierling und Schneeballblättriger Ahorn. Der Speierling ist in einzelnen Exemplaren über ganz Arlesheim verteilt und wurde in den vergangenen Jahren auch in die Verjüngungen eingepflanzt. Der Schneeballblättrige Ahorn ist relativ häufig auf den trockenwarmen Felskuppen Chilchholzkopf, Eichmattkopf, Hornikopf sowie im Schäferrain und Plättli vertreten und tritt vor allem während seiner Blütezeit, vor Blattausbruch, auffällig in Erscheinung.

Weitere bemerkenswerte Arten sind: Die Felsenkirsche, die Holzbirne, der Holzapfel, der Alpenkreuzdorn und viele andere mehr. Die Fauna ist in diesen Gebieten auch besonders reichhaltig. Vor allem sind an den warmen Standorten verschiedene Reptilien und Amphibien vertreten. Früher waren sie häufiger, aber die zunehmende Beschattung der überhandnehmenden Buche verdrängt die wärmeliebenden Arten. Noch vor Jahren konnte regelmässig die Juraviper nachgewiesen werden. Als häufigste Schlangenart lässt sich heute noch die Ringelnatter beobachten. Regelmässig können die Blindschleiche und die Mauereidechse und bei den Amphibien die Erdkröte, der Grasfrosch, der Feuersalamander und der Bergmolch gesehen werden. Um der zunehmenden Beschattung Einhalt zu gebie-

49

ten, könnte der Baumbestand aufgelockert werden, was nicht nur den Tieren zugute käme, sondern auch der reichhaltigen Krautschicht.

Um die ganze Artenvielfalt der Pflanzen in Arlesheim auch in Zukunft zu erhalten oder gar wieder zu schaffen, bedarf es, neben einer naturnahen Waldnutzung, der nach ökologischen Gesichtspunkten ausgerichteten Bejagung des Rehwildes, wobei die Jagd nicht nur als «Schädlingsbekämpfung» angesehen werden darf, sondern auch als uraltes Kulturgut, das weiterhin gepflegt und erhalten werden soll.

Planungsgrundlagen

Arlesheim kann im Naturschutz als sehr fortschrittlich bezeichnet werden. Neben dem Waldwirtschaftsplan schuf man im Jahre 1973 ein Waldleitbild, in dem die naturnahe Pflege und Nutzung unseres Waldes postuliert wurde und alle Interessengruppen ihre Anliegen an die Lebensgemeinschaft Wald vorbringen konnten. Der Zonenplan Landschaft wies in Arlesheim die naturschützerisch wichtigen Gebiete der Naturschutzzone zu und regelte die Nutzung und Pflege des Waldes als landschaftsgestaltendes Element. Die eingehendste Untersuchung fand in den Jahren 1987/88 statt. Daraus resultierte der Bericht «Arlesheimer Wald 1987–88», der von der Kober-Schwabe-Stiftung finanziert worden ist. Er enthält grundlegende Darstellungen des Gesundheitszustandes, der Artenvielfalt im Pflanzen- und Tierreich und stellt Forderungen für weitere Naturschutzgebiete auf.

1989/90 wurden die Erhebungen für den neuen Wirtschaftsplan gemacht. Sie bilden die Grundlage für die Wirtschaftsperiode 1990 – 2005. Die reichhaltigen Untersuchungen über die Arlesheimer Waldungen müssen unbedingt in den neuen Wirtschaftsplan Eingang finden, damit für die nächste Periode nur noch eine Planungsgrundlage gilt.

Der Wald als Erholungsgebiet

Wie schon dargestellt, gehört der Arlesheimer Wald zu den artenreichsten Lebensräumen im Kanton Baselland. Dieser Lebensraum ist jedoch starken Veränderungen unterworfen. Denken wir nur an die verschiedenen Naturereignisse, den Eisregen im Februar 1978 oder an die schweren Sturmschäden der Jahre 1986 und 1990. Diese verursachten vor allem im Altholz grössere Schäden. Diese Ereignisse dürfen jedoch nicht überbewertet werden, denn ein Wald ist nichts Stabiles. Sein steter Wandel wird von den eigenen Verjüngungsmechanismen, von Naturereignissen und Eingriffen des Menschen bestimmt. Viel problematischer hingegen sind die negativen menschlichen Einflüsse auf die komplexe Lebensgemeinschaft Wald. Man denke nur an das «Waldsterben» durch sauren Regen und Luftverschmutzung oder an die übermässige Beanspruchung durch den Erholung suchenden Menschen. Bis jetzt hat sich das Waldsterben zwar in engeren Grenzen gehalten, als die Prognose lautete, hat aber doch die Vitalität der Bäume und die Qualität des Holzes beeinträchtigt, vor allem diejenige der Buche. Massenveranstaltungen im Wald und sportliche Betätigung belasten die Lebensgemeinschaft stark.

Diese Belastung erzeugt zum Beispiel beim Wild Stress, weshalb es mehr Nahrung aufnimmt. Daraus resultieren Verbissschäden an Nutzpflanzen und Krautschicht. Seltene Pflanzen können dadurch in ihrem Bestand gefährdet sein. Zudem sind die wildtauglichen Flächen durch die Masse der Erholungssuchenden um die Gebiete «Widen», «Hagenbuchen» und Teilgebiete des «Spitalholzes», des «Schäferrains» und des «Hollenberges» reduziert worden. Der Weg zu artenärmeren Gebieten ist somit vorgezeichnet. Um diese Gefährdung zu reduzieren, bedarf es eines umweltgerechteren Verhaltens von uns allen. Gefordert sind eine geringere Produktion von Schadstoffen und eine rücksichtsvolle, beschauliche Erholungstätigkeit in unserem schönen Wald. Nur dann haben wir Gewähr, dass nachfolgende Generationen noch eine vielfältige, erlebenswerte Natur vorfinden werden.

Abb. 28 Sportliche Erholung – der Mensch im Einklang mit der Natur?

Relikte von Naturwiesen

Wiesen in Arlesheim

Mündlich überliefert vernimmt man von etlichen älteren Personen, die in Arlesheim aufgewachsen sind, dass in unserer Gemeinde vor Jahrzehnten blumenreiche Wiesen existiert und verschiedene Wanderer verlockt hatten, Blumensträusse voller Schlüsselblumen, Wiesensalbei, Orchideen, Margriten u. a. zu sammeln. Leider ist schriftlich nichts von derartigen Wiesen festgehalten, so dass ein seriöser Vergleich zwischen einst und heute nicht möglich ist. Sicher aber ist die Vermutung angebracht, dass die rationelle Landwirtschaft der vergangenen Jahrzehnte die feucht- und trockenliebenden Arlesheimer Magerrasen fast vollständig in Fettwiesen und in Fettweiden umgewandelt hat. Nur noch an extremen Standorten sind heute vereinzelte Pflanzenarten vorzufinden, welche die ursprüngliche Pflanzengesellschaft verraten.

In den Jahren 1985/86 untersuchte der Schreibende, angeregt durch die Naturschutzkommission Arlesheim, sämtliches offene Grünland, mit dem Ziel, allenfalls naturnahe Flächen zu erhalten bzw. relativ fette Wiesen zu renaturieren. Rund 70 Flächen, in denen noch Magerkeitszeiger vorkamen, wurden darauf gemeinsam an Ort genauer betrachtet und im Hinblick auf Renaturierung theoretisch bearbeitet. Einige davon sind inzwischen unter Schutz gestellt worden. Für die – aus der Sicht der Artenvielfalt – interessantesten Flächen wurden Pflegepläne erarbeitet, die darauf hinauszielen, dass sie zumindest in der heutigen Form erhalten bleiben bzw. wieder artenreicher werden. Da eine Renaturierung von Flächen, die wirtschaftlich rentabel sein sollen, oft mit Ernteeinbussen verbunden ist, erweist sich die Realisierung solcher Pflegepläne als äusserst schwierig, selbst wenn Landwirte für solche Massnahmen vom Kanton und von der Gemeinde finanziell unterstützt werden. Den Bemühungen und dem Verständnis der Naturschutzkommission sowie den die entsprechenden Flächen bearbeitenden Personen ist es zu verdanken, dass in Zukunft verschiedene Flächen weniger gedüngt, extensiver beweidet und je nach Standort ein- bis zweimal pro Jahr gemäht werden.

Wenn wir heute Massnahmen ergreifen, um artenreichere Wiesen anzustreben, müssen wir uns bewusst sein, dass wir kaum mehr für unsere Generation, sondern für nachfolgende Generationen planen. Wir müssen Geduld üben, denn was Düngemittel in wenigen Jahren verursachten – nämlich die Umwandlung von Magerrasen in Fettwiesen und in Fettweiden –, ist nahezu irreversibel. Die Rückkehr von Fett- zu Magerrasen wird nie mehr vollständig gelingen. Eine solche Entwicklung mit der nur annähernden floristischen Zusammensetzung ursprünglicher Magerrasen wird mehrere Jahrzehnte beanspruchen. Der Renaturierungsprozess wird in der heutigen Zeit dadurch erschwert, dass aus der abgasgeschwängerten Luft annähernd soviel Stickstoff in den Boden eingetragen wird, wie dies mit der Verteilung von Düngemitteln der Fall ist. Ausserdem werden sich Pflanzen, die in der weiteren Umgebung nicht mehr oder sehr spärlich vorkommen (u. a. verschiedene Orchideen-Arten), selbst bei idealster Pflege der Wiese kaum mehr ansiedeln.

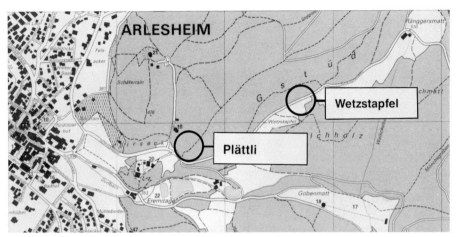

Abb. 29 Plättli und Wetzstapfel (Planausschnitt)

Im folgenden möchte ich auf zwei Wiesenflächen, die dank der Naturschutzkommission der Gemeinde Arlesheim unter Schutz gestellt worden sind, etwas näher eingehen. Die beiden Flächen verraten einem, wie es ursprünglich im offenen Grünland der Gemeinde vorwiegend ausgesehen haben mag. Die eine Fläche («Plättli») liegt nördlich der Schönmattstrasse, nördlich der Ermitage-Weiher (Koordinaten: 614,51/260,225; vgl. Landeskarten der Schweiz, 1 : 25 000, Blatt 1047 Arlesheim) in einer Waldlichtung. Die andere Fläche («Wetzstapfel») liegt südlich der Schönmattstrasse zwischen Ermitage-Weihern und Ränggersmatt (Koordinaten: 615,125/260,475). Beide Standorte wurden vom Schreibenden in den Jahren 1985, 1986 und 1989 zu verschiedenen Zeiten besucht. Im Jahre 1992 wurden diese Flächen während der Vegetationsperiode zwischen 21. März und 18. September an zehn zeitlich regelmässig auseinanderliegenden Daten untersucht. Es wurden auch Angaben (Exkursionsprotokoll von T. Brodtbeck und M. Zemp aus den Jahren 1981–86) der im Entstehen begriffenen «Neuen Flora von Basel und Umgebung» benutzt. Aus Platzgründen kann hier nicht detailliert auf die ganze Pflanzenzusammensetzung eingegangen werden. Die Beschreibung beschränkt sich auf das Hervorheben einiger Besonderheiten. Interessentinnen und Interessenten sind eingeladen, Näheres bei den in diesem Beitrag erwähnten Personen einzusehen.

Felstreppenrasen «Plättli»

Das «Plättli»-Areal (400–430 m ü. M., in Richtung Südwest exponiert, an 40–45° geneigtem Hang) ist ein landwirtschaftlich nie genutzter Felstreppenrasen in offener Waldfläche, in die viel Licht einfällt, weil die Bäume sehr locker wuchsen und auf der geringen Humusschicht als eigentliche Kampfformen die Grenze ihrer Existenzfähigkeit erreichen. Wahrscheinlich haben solche Felstreppenrasen, wie sie auch in der näheren Umgebung an extremen Standorten (u. a. Felskuppe bei Schloss Richenstein, Schartenflue bei Gempen, Schlossruine Dorneck, Schlossruine Pfeffingen, Falkenflue bei Duggingen, Ruine Bärenfels östlich von Aesch, Schauenburgerflue südlich von Pratteln) vorkommen, seit jeher existiert. Da sie meist sich selbst überlassen bleiben, sind sie heute und in Zukunft wertvolle «Inseln» von bedrohten Pflanzen, also Orte, von denen aus sich Arten wieder ausbreiten können. Solchen Standorten sollten wir besonders Sorge tragen.

Die Pflanzen des Felstreppenrasens kommen mit einem Minimum an Nährstoffen aus. Sie ertragen hohe Temperaturen und grosse Temperatur-Extreme. Beim «Plättli» setzt sich die Unterlage (Malm) vor allem aus Kalkgestein zusammen, die jedoch, infolge starker Auswaschung an der Oberfläche, teilweise sauer reagiert. Ab und zu kommt geröllartige Unterlage in Bewegung.

Auf rund 1000 m² sind 115 verschiedene Pflanzenarten (davon ungefähr ein Drittel bestehende bzw. zukünftige Baum- und Straucharten) gefunden worden. Sowohl die reiche Artengarnitur der Holzpflanzen als auch der Krautpflanzen ist einzigartig! Die Artenvielfalt ist um so eindrücklicher, als sie sich fast ausnahmslos aus Magerkeitszeigern zusammensetzt.

Dominierend unter den Holzpflanzen sind:

Waldföhre	(*Pinus silvestris*)
Schwarzdorn	(*Prunus spinosa*)
Liguster	(*Ligustrum vulgare*)
Mehlbeerbaum	(*Sorbus aria*)
Traubeneiche	(*Quercus petraea*)
Flaumeiche	(*Quercus pubescens*)
Wolliger Schneeball	(*Viburnum lantana*)
Rotbuche	(*Fagus silvatica*)

Weitere Holzpflanzen, Begleiter, die auf mageren, flachgründigen Böden verbreitet sind:

Felsenmispel	(*Amelanchier ovalis*)
Gemeiner Kreuzdorn	(*Rhamnus catharticus*)
Strauchwicke	(*Coronilla emerus*)
Buschrose	(*Rosa corymbifera*)
Elsbeerbaum	(*Sorbus torminalis*)
Felsenkirsche	(*Prunus mahaleb*)

Filzige Rose	(*Rosa tomentosa*)
Wein-Rose	(*Rosa rubiginosa*)

Die Wein-Rose ist in der näheren Umgebung eine selten vorkommende Art.

Dominierende, niederwüchsige Arten sind:

Edel-Gamander	(*Teucrium chamaedrys*)
Weidenblättriges Rindsauge	(*Buphthalmum salicifolium*)
Ästige Graslilie	(*Anthericum ramosum*)
Blaugras	(*Sesleria varia*)
Gemeiner Löwenzahn	(*Leontodon hispidus*)
Dost	(*Origanum vulgare*)
Berg-Aster	(*Aster amellus*)

Abb. 30 Berg-Aster   Abb. 31 Hummel-Ragwurz

Weitere «kostbare» Arten verdienen hervorgehoben zu werden, wie:

Berg-Gamander	(*Teucrium montanum*)
Hummel-Ragwurz	(*Ophrys holosericea*)

Gamander-Sommerwurz	(*Orobranche teucrii*)
Rundblättrige Glockenblume	(*Campanula rotundifolia*)
Pfirsichblättrige Glockenblume	(*Campanula persicifolia*)
Sichelblättriges Hasenohr	(*Bupleurum falcatum*)
Florentiner Habichtskraut	(*Hieracium piloselloides*)
Schopfige Kreuzblume	(*Polygala comosa*)
Ovalblättriges Sonnenröschen	(*Helianthemum nummularium*)
Hügel-Waldmeister	(*Asperula cynanchica*)
Heide-Wachtelweizen	(*Melampyrum pratense*)
Gemeiner Bergflachs	(*Thesium alpinum*)
Heide-Augentrost	(*Euphrasia stricta*)
Hufeisenklee	(*Hippocrepis comosa*)
Gemeine Kugelblume	(*Globularia punctata*)
Braunrote Sumpfwurz	(*Epipactis atrorubens*)
Gemeine Kreuzblume	(*Polygala vulgaris*)
Bittere Kreuzblume	(*Polygala amarella*)
Langspornige Handwurz	(*Gymnadenia conopsea*)
Kleine Bibernelle	(*Pimpinella saxifraga*)
Gemeine Skabiose	(*Scabiosa columbaria*)
Aufrechte Trespe	(*Bromus erectus*)

Die meisten der erwähnten Arten sind charakteristisch für offene Felstreppen-rasen. Für das Weidenblättrige Rindsauge, welches zur Zeit seiner Blüte rund 5% der Fläche einnimmt, ist das «Plättli» gar die einzige bekannte Fundstelle in der näheren Region.

Das Blühen der Pflanzen setzt im Vergleich zu andern Wiesen relativ spät ein. Ende Juli, wenn andere Rasen schon seit einiger Zeit gemäht sind und fast nur noch ein grünes «Kleid» tragen, erreicht die Vegetation des «Plättli»-Areals ihren Blüte-Höhepunkt und bleibt bis Mitte September, trotz wochenlanger Trocken-heit und zahlreichen Hitzetagen, sehr bunt. Verschiedenste Schmetterlinge, Bienen und Hummeln besuchen fleissig die sie einladenden Blüten. Das Zirpen der Feldgrillen, aber auch der Föhren-Duft, erinnert einen an südliche Regionen. An sonnigen Tagen können auch Mauereidechsen beobachtet werden.
Verschiedene Jahres- und Tageszeiten vermitteln dem Naturfreund immer wieder neue Eindrücke. Wanderer mögen aber – falls sie sich die Mühe nehmen möchten, den steilen Weg zu erklimmen – in Erinnerung behalten, dass dieses Kleinod in der Gemeinde Arlesheim einzigartig ist und dass die Pflanzen nur dann überdau-ern, wenn sie im Boden verwurzelt bleiben und wenn ihnen die Ausreifung ihrer Samen ermöglicht wird.

Die Feuchtwiese «Wetzstapfel»

Ursprünglich ist die Wiese Wetzstapfel (450 m ü. M., in Richtung Südwest expo-niert, an einem unregelmässig geneigten Hang mit 20°–25°Neigung), umgeben von Sträuchern und Bäumen, sicher durch Rodung des Waldes entstanden. Würde sie nicht jedes Jahr von freiwilligen Helferinnen und Helfern geschnitten, wäre sie in wenigen Jahren überschattet von aufkommenden Sträuchern und Bäumen. Verschiedene Wasseradern durchziehen das Gelände von der Ränggersmatt her, so dass unterschiedlich feuchte bis durchnässte Stellen im rund 20 Aren umfassenden Areal vorkommen. Da das Wasser durch Drainage teilweise kanalisiert wird, können auch wärme- und trockenliebende Arten an verschiedenen Stellen gedeihen.

Pflanzensoziologisch ist diese Wiese sicher dem Molinion (= Pfeifengraswiesen, feuchte Streuwiesen) zuzuordnen, dem aber auch Vertreter des Mesobromions (= Halbtrockenrasen) angehören.

Auch auf dieser Wiese gelangen die verschiedenen Arten spät zur Blüte. Eine reiche Artengarnitur, insgesamt 120 verschiedene Arten, konnte dennoch im Laufe der Vegetationsperiode beobachtet werden. Ein Sechstel davon besteht aus künftigen Strauch- und Baumarten. Von Juli bis September wechselt die üppig wachsende Wiese ständig ihr Farbkleid. Wer zum ersten Mal die Wiese bei mehreren Begehungen in gleichmässigen Abständen das Jahr hindurch besucht, erlebt immer wieder Überraschungen und staunt, was alles, lange verborgen geblieben, plötzlich – mehr oder weniger üppig sich präsentierend – sichtbar wird.

Die Wiesenfläche wird *stark dominiert* vom *Strand-Pfeifengras (Molinia arundinacea)*. Auffallend *häufig* kommen auch vor:

Rohr-Schwingel	*(Festuca arundinacea)*
Riesen-Schachtelhalm	*(Equisetum telmateia)*
Mittlerer Klee	*(Trifolium medium)*
Fieder-Zwenke	*(Brachypodium pinnatum)*
Gemeines Fingerkraut	*(Potentilla erecta)*
Wiesen-Platterbse	*(Lathyrus pratensis)*

Folgende Arten zeigen trocken-magere Verhältnisse an:

Berg-Klee	*(Trifolium montanum)*
Bunte Kronwicke	*(Coronilla varia)*
Berg-Segge	*(Carex montana)*
Kleiner Wiesenknopf	*(Sanguisorba minor)*
Kriechende Hauhechel	*(Ononis repens)*
Bienen-Ragwurz	*(Ophrys apifera)*
Aufrechte Trespe	*(Bromus erectus)*
Hufeisenklee	*(Hippocrepis comosa)*
Dornige Hauhechel	*(Ononis spinosa)*

Eine weit grössere Gruppe von Arten deutet auf *feucht-magere Verhältnisse* hin:

Zittergras	*(Briza media)*
Hosts Segge	*(Carex hostiana)*
Hirse-Segge	*(Carex panicea)*

Strand-Pfeifengras	(*Molinia arundinacea*)
Ross-Minze	(*Mentha longifolia*)
Ross-Kümmel	(*Silaum silaus*)
Gelbes Labkraut	(*Galium verum*)
Langspornige Handwurz	(*Gymnadenia conopsea*)
Weiden-Alant	(*Inula salicina*)
Gewöhnlicher Gilbweiderich	(*Lysimachia vulgaris*)
Pyramiden-Kammschmiele	(*Koeleria pyramidata*)
Davalls Segge	(*Carex davalliana*)
Seegrüne Binse	(*Juncus inflexus*)
Filzfrüchtige Segge	(*Carex tomentosa*)
Abbisskraut	(*Succisa pratensis*)
Bach-Minze	(*Mentha aquatica*)
Grosses Zweiblatt	(*Listera ovata*)
Frühlings-Schlüsselblume	(*Primula veris*)
Grosses Flohkraut	(*Pulicaria dysenterica*)
Knollige Spierstaude	(*Filipendula vulgaris*)
u. a.	

Abb. 32 Weiden-Alant

Abb. 33 Grosses Flohkraut

Besondere Erwähnung verdienen auch drei sehr seltene Arten:

Violettrote Sumpfwurz	(*Epipactis purpurata*)
Knollige Kratzdistel	(*Cirsium tuberosum*)
Färber-Scharte	(*Serratula tinctoria*)

Insgesamt sind auf dieser Wiese immerhin vier verschiedene Orchideen-Arten beobachtet worden, zwei davon (Langspornige Handwurz, Grosses Zweiblatt) sind sogar (mit je 15–30 Individuen) recht gut vertreten!

Würde eine vergleichbar grosse Wiesenfläche mit ähnlichen Gegebenheiten intensiv gedüngt, wäre mit grösster Aufmerksamkeit vielleicht nur ein Viertel der hier tatsächlich gefundenen Arten zu entdecken. Noch im 19. Jahrhundert hatten laut floristischen Angaben Magerwiesen 25–50% der Grünflächen innerhalb der Stadtgrenzen Basels eingenommen. Heute ist dieser Anteil infolge rationeller Landwirtschaft im Schweizer Jura auf weniger als 1% des Grünlandes zusammengeschrumpft (vgl. Zoller/Bischof, 1980). Innerhalb dieses verschwindend kleinen Anteils sind die Magerwiesen meistens Trockenrasen. Feuchte Magerrasen sind in unserem Land die seltensten Pflanzengesellschaften geworden. Dies unterstreicht die Bedeutung und den Naturschutzwert der Feuchtwiese Wetzstapfel. Die Pflege dieser Wiese im bisherigen Rahmen, aber auch die Ehrfurcht der ganzen Bevölkerung für das leider rar Gewordene können dazu beitragen, diese besondere Pflanzenfamilie in der Gemeinde zu erhalten.

Die beiden hier beschriebenen Wiesen sind ein echtes und unersetzliches Kulturgut in unserer Gemeinde. Von ihnen aus können sich dereinst vielleicht wieder einmal seltene Pflanzen ausbreiten!

Für die wertvollen Anregungen und für die Gespräche, bei denen floristische Vergleiche möglich wurden, möchte ich meinem Kollegen Thomas Brodtbeck herzlich danken.

Literatur

Binz A., Heitz Chr.: Schul- und Exkursionsflora für die Schweiz, Basel 1986

Ellenberg H.: Vegetation Mitteleuropas mit den Alpen, Stuttgart 1978

Gut B.: Vegetation und Jahresverlauf. Betrachtungen am Chilchholz bei Arlesheim, Tätigkeitsberichte Naturforschende Gesellschaft Baselland, Bd. 33, Liestal 1985

Hess E., Landolt E., Hirzel R.: Bestimmungsschlüssel zur Flora der Schweiz und angrenzender Gebiete, Basel 1984

Landolt E.: Ökologische Zeigerwerte zur Schweizer Flora, Veröffentlichungen des geobotanischen Instituts der ETH, Stiftung Rübel, Heft 64, Zürich 1977

Lauber K., Wagner G.: Flora des Kantons Bern, 2. Aufl., Bern 1992

Moor M.: Einführung in die Vegetationskunde der Umgebung Basels, Lehrmittelverlag des Kantons Basel-Stadt, Basel 1962

Thommen E.: Taschenatlas der Schweizer Flora, Basel 1983

Wilmanns O.: Ökologische Pflanzensoziologie, Heidelberg 1973

Zoller H., Bischof N.: Stufen der Kulturintensität und ihr Einfluss auf Artenzahl und Artengefüge der Vegetation, Phytocoenologia, 7 (Festband Tüxen), S. 35 – 51, Stuttgart-Braunschweig 1980

Flora von Basel und Umgebung, in Vorbereitung, Arbeitsgemeinschaft für Vegetationskunde, Basel

Die Jagd

Die Jagd in Arlesheim wurde durch das kantonale Gesetz vom 11. April 1859 geregelt, wonach die Gemeinden bestimmen konnten, ob die Jagd von einer Person oder durch Abgabe von Jagdpatenten durch mehrere Personen ausgeübt wird. Seit dem Jahre 1926 ist die Jagd durch das Reviersystem organisiert, das heisst, die Gemeinde verpachtet ihr Gebiet an mehrere Jäger, an eine sog. Jagdgesellschaft. Die Anzahl der Jäger wird im Jagdgesetz umschrieben. Dafür erhält die Gemeinde einen Pachtzins, der durch die Revierschätzungskommission festgelegt wird.

Das Jagdrevier Arlesheim mit einer Fläche von 473 ha zählt heute acht Pächter, inkl. Jagdaufseher. Grösstenteils handelt es sich um Bürger oder Einwohner der Gemeinde Arlesheim. Jeder Jagdberechtigte muss die seit 1959 eingeführte kantonale Jägerprüfung bestanden haben.

Als hauptsächlichste Wildart gilt das Rehwild, aber auch Hase, Fuchs, Steinmarder und Wildschweine als seltenes Wechselwild werden erlegt, selten jedoch der Edelmarder und der Iltis. Da man den Feldhasen bei uns immer weniger sieht, wird er seit einigen Jahren nicht mehr gejagt.

Die ganze Tierwelt hat darunter zu leiden, dass wir Menschen uns die Natur immer mehr zu eigen machen. Stadtnahe Waldgebiete werden von Erholungssuchenden immer stärker beansprucht, wodurch das Wild stets weiter zurückgedrängt wird. Die ruhigen Einstandsgebiete werden rarer. Das Wild wird immer nachtaktiver. Die häufigen Störungen zwingen zu vermehrter Nahrungsaufnahme, wodurch das Angebot schwindet und der Jungwald geschädigt wird.

Hier für einen vernünftigen, artenreichen und gesunden Wildbestand zu sorgen, ist eine wichtige Tätigkeit des Jägers. Diese Aufgabe erfordert neben genauen Kenntnissen der örtlichen Verhältnisse auch eine tiefe Beziehung zur Natur.

Das Eingreifen mit der Waffe heisst Verantwortung tragen mit dem Ziel, die freilebende Tierwelt in der heutigen Vielfalt unseren Nachkommen zu erhalten (schwache, kranke und ältere Tiere sollen der jungen künftigen Generation Platz machen). In diesem Sinne sind die Aufgaben des Jägers zu verstehen.

Historische Schwerpunkte

Zeittafel – ein historischer Überblick

Mit dieser Zeittafel sollen die wichtigsten Daten der Geschichte Arlesheims chronologisch und übersichtlich dargestellt werden, dadurch entsteht eine Art vertikaler Abriss; die einzelnen Aspekte werden in den diversen Beiträgen zu diesem Buch von verschiedenen Blickwinkeln aus miteinander – quasi horizontal – verbunden. Wiederholungen von bereits Gesagtem sind daher unvermeidlich.
Die Zusammenstellung erwuchs aus den historischen Publikationen (vgl. Literaturverzeichnisse S. 101, 131, 364).

ca. 10 000 – 800 v. Chr.	(Magdalénien bis Bronzezeit) Alt-Steinzeitliche Siedlungen lassen auf eine frühe Besiedlung des Gebiets um das Gempenplateau schliessen; drei bedeutende Siedlungsplätze – Höhlen des Hollenbergs und Birseckhügels sowie Felsdach beim Hohlefels – sind zu vermerken.
708	Erste schriftliche Erwähnung Arlesheims, allerdings in einer wahrscheinlich gefälschten Urkunde (Schenkung der Äbtissin Odilia von Hohenburg und Niedermünster).
Um 1200	erbauten die Grafen von Frohburg die Birseckburgen; die genaue Gründungszeit bleibt unsicher.
1239	Die Äbtissin des Klosters Hohenburg/Odilienberg, Willebirgis, veräussert den Hof «Arlisheim», der seit dem 8. Jahrhundert dem Kloster gehört, an den Bischof Lütold II. von Basel.
1245	Die Frohburger verzichten gegenüber dem Bischof auf ihre Ansprüche an den Birseckburgen und das Dorf. Da der Bischof die nördliche Feste dem Geschlecht der Reich zu Lehen gibt, wird diese in der Folge Burg Reichenstein genannt.
1341	Erste Erwähnung der Pfarrkirche Arlesheims (Odilienpatrozinium); vorher mussten die Arlesheimer nach Pfeffingen zur Kirche gehen, seit 1396 werden sie von einem eigenen Pfarrer betreut.
1373	Der Bischof verpfändet Arlesheim und die Burg Birseck an die Herren von Ramstein, er kann beide
1435	zurückerwerben, seither gehört Arlesheim bis 1792 zur Vogtei Birseck des Fürstbistums Basel.
1529	nimmt Arlesheim, wie die übrigen Birsecker Dörfer, den reformierten Glauben an, es schliesst jedoch – im Gegensatz zu Therwil – kein Burgrecht mit der Stadt Basel ab und wird daher bereits
1581	von Bischof Jakob Christoph Blarer von Wartensee rekatholisiert. Die Gegenreformation der übrigen Birsecker Gemeinden betreibt der Bischof von Arlesheim aus.

61

1616	Das Flachsländisch Schlösslein, später Andlauerhof genannt, wird neu erbaut.
1618–1648	Im Dreissigjährigen Krieg wird Arlesheim – wie das gesamte Birseck – des öftern geplündert, verwüstet und gar gebrandschatzt. Das Dorf fällt in Armut.
	Die Reinacher Kirche wird von Kriegstruppen eingeäschert, so dass Reinach kurzfristig der Pfarrei Arlesheim einverleibt wird.
1625–1629	Die Pfarrkirche St. Odilia wird mit Ausnahme des Turms neu erbaut und 1682 um drei Schuh erhöht.
1678	Die neu erbaute fürstliche Trotte in Arlesheim ist mit einem Schindeldach gedeckt. Weitere bischöfliche Trotten der Herrschaft Birseck stehen in Aesch und Reinach, dazu existiert in Therwil die Zehnttrotte, die von allen Zehntherren benützt wird.
1678	übersiedelt das Domkapitel, welches nach der Reformation aus der Stadt Basel nach Freiburg i. Br. geflohen war, nach Arlesheim; ausschlaggebend für die Dislozierung ist vermutlich die Nähe zu den Einkünften des Domkapitels. Als vorrangige Aufgabe der Domherren gilt die Wahl des Bischofs.
	Auf Befehl des Bischofs (22. November 1678) müssen sich die in Arlesheim «in grosser Menge» anwesenden Juden innert 14 Tagen wegbegeben, da sich ihr weiterer Aufenthalt am designierten Sitz des Domkapitels nicht gezieme.
	Dank der Residenz des Domkapitels in Arlesheim erlebt das kleine Weinbauerndorf einen gewaltigen wirtschaftlichen Aufschwung, es wird zum kulturellen Zentrum von Adligen, Geistlichen, Diplomaten, Künstlern und Handwerkern. Die Domherrenhäuser (1680–1687) und der Dom (1679–1681) werden erbaut.

Abb. 34 So sah Emanuel Büchel 1756 den Dom von Süden; 25 Jahre später wurde er beim Rokokoumbau von sechs auf sieben Fensterachsen verlängert.

1722 / 1723	Bei der Zählung in der Vogtei Birseck werden in Arlesheim 70 Häuser registriert.
Seit 1726	befindet sich die bischöfliche Geldschaffnei in Arlesheim, sie gilt als fürstliche Zahlstelle für Einnahmen und Ausgaben. Als weitere Verwaltungsgebäude befinden sich das Amtshaus (heute Fallerhof, Hofgasse), die Trotte (heute Ortsmuseum) und die Lehenmühle in Arlesheim. Den akzisefreien Weinverkauf, d. h. ohne Weinabgabesteuer, beanspruchen die Domherren als eines von zahlreichen Privilegien für sich.

Abb. 35 Bischof Simon Nicolaus von Montjoie erliess 1768 die erste Arlesheimer Schulordnung.

1776 bestimmt der Bischof per Mandat, dass inskünftig nur noch der Pfründenwein, nicht aber der Eigengewächswein der Domherren, akzisefrei sei.

1759–1761	Rokoko-Umbau der Domkirche durch den Baumeister Franz Anton Bagnato. Eine Orgel des berühmten Johannes Silbermann wird installiert.
1763	Landvogt Franz Carl von Andlau zieht vom Schloss Birseck ins Dorf hinunter, ins Flachsländisch Schlösslein, das von nun an Andlauerhof heisst.
1768	erlässt Bischof Simon Nicolaus von Montjoie die älteste tradierte Arlesheimer Schulordnung (siehe S. 265).
1785	lassen Balbina von Andlau, Gemahlin des Landvogts, und Domherr Heinrich von Ligerz nach dem zeitgenössischen Motto der Romantik «zurück zur Natur» (Rousseau) die Ermitage, den grössten englischen Garten der Schweiz, anlegen. Damit wird Arlesheim zum beliebten Ausflugsziel von (wohlhabenden) Reisenden und in ganz Europa berühmt.
1792/1793	Französische Truppen besetzen das Fürstbistum Basel und proklamieren die Raurachische Republik.
1793–1815	Das Birseck und damit Arlesheim werden Frankreich einverleibt: 1793–1800 im Departement du Mont-Terrible, von 1800 bis 1815 im Departement Haut-Rhin.
1798	versteigern die Franzosen den Dom als Nationalgut an Private und

1815	erwirbt ihn die Kirchgemeinde Arlesheim; sie bewahrt das Monument vor dem Abbruch.
1814/1815	residiert der alliierte Gouverneur fürs Bistum Basel, Freiherr Conrad Ferdinand von Andlau, in Arlesheim.
1815	Die Siegermächte teilen am Wiener Kongress das Birseck dem Kanton Basel zu; Arlesheim kommt erstmals zur Eidgenossenschaft. Dass die Basler Regierung die unter der französischen Herrschaft abgeschafften Bodenzinsen wieder einführt, erregt den Unwillen der Landbevölkerung. Arlesheim zählt 616 Einwohner.
1816	Abbruch der Pfarrkirche St. Odilia.
1817	In einem von der Basler Armenaufsichtskommission angeforderten Rapport bezüglich der Armut in Arlesheim berichtet Pfarrer Gürtler über die grosse Not im Dorf, da nur geringe Verdienstmöglichkeiten – Taglöhnen und Spinnen – bestünden; die momentane hohe Teuerung verschärfe die Situation zusehends.
1830	18. Oktober. Im Bad Bubendorf versammeln sich Baselbieter Politiker und Militärs, um über Verfassungsänderungen zu debattieren, die politische Leitung übernimmt der Therwiler Stephan Gutzwiller, die militärische obliegt dem Aescher Anton von Blarer. Die Petenten verlangen von der Basler Regierung insbesondere die Abschaffung der Bodenzinsen sowie die proportionale Vertretung der Landbevölkerung im Grossen Rat; letzteres hätte bedeutet, dass der Landschaft zwei Drittel der Ratssitze zustehen. Dazu ist die Stadt indes nicht bereit, so dass sich der Konflikt zu einem Bürgerkrieg ausweitet; im Sommer
1831	treten die Basellandschäftler Abgeordneten aus dem Rat. Freiheitsbäume werden als Symbole der Revolution in einigen Landgemeinden aufgerichtet.
1831	November. An einer Volksabstimmung sprechen sich 46 Gemeinden gegen die bestehende Verfassung aus, worauf die Stadt Basel diesen die staatliche Verwaltung entzieht (1832, 15. März). Die solcherart aus dem Staatsverbund ausgestossenen Dörfer (darunter Arlesheim) konstituieren sich am 17. März 1832 zum Kanton Basel-Landschaft, dessen Verfassung am 4. Mai 1832 von den Stimmbürgern angenommen und von der Tagsatzung – in welcher die regenerierten Kantone die Mehrheit erlangten – akzeptiert wird. Arlesheim wird Bezirkshauptort des gleichnamigen Bezirks.
1833	26. August. Die Tagsatzung anerkennt die völlige Trennung von Stadt und Landschaft Basel: Jedem der beiden Halbkantone steht fortan eine halbe Stimme auf der Tagsatzung zu.
1830	Johann Sigmund Alioth disloziert die erste schweizerische Schappe-Fabrik von Basel nach Arlesheim an die Birs, die erste Fabrik entsteht im jungen Kanton Basel-Landschaft. Arbeit und Ver-

dienst werden dringend benötigt, da Arlesheim nach der Flucht der Domherren während der französischen Besatzung in eine wirtschaftliche Baisse zurückfiel.

1837   wird zum ersten und letzten Male ein Vieh- und Warenmarkt in Arlesheim abgehalten.

1851   In einem Steinbruch nahe der Burg Reichenstein kommen römische Münzen zum Vorschein, die aus der Zeit um 250 n. Chr. datieren.

1856   Da mit der Schappe-Fabrik viele reformierte Arbeiter aus der Stadt Basel ins katholische Arlesheim ziehen, baut deren Besitzer Daniel August Alioth eine Kapelle zur Abhaltung des reformierten Gottesdienstes in seinem privaten Garten (Bruggweg) und führt damit die damals in der Schweiz einzige Patronatskirche ein, d. h. der Fabrikant bestimmt und wählt als Geldgeber den Pfarrer selbst. Nach einer längeren Debatte genehmigt der Regierungsrat des Kantons Basel-Landschaft 1858 dieses Vorgehen. Von Arlesheim aus wird jetzt die Pastoration der noch wenigen reformierten Familien des Birsecks an die Hand genommen.

1873   Der Kulturkampf (Abgrenzung des säkularisierten Staates gegen die von Rom aus zentralistisch verwaltete Kirche) und die Abspaltung der Christ-Katholiken von den Römisch-Katholiken erhalten im Birseck zusätzlich politisches Gewicht (katholischer Bezirk im reformierten Kanton). Die Versammlung der Christ-Katholiken in Arlesheim wird von einigen hundert Römisch-Katholiken gestört. Die basellandschaftliche Regierung setzt reformierte Oberbaselbieter Soldaten zur Herstellung von Ruhe und Ordnung ein.

1875   Die Jura–Simplon-Bahn wird eröffnet, wobei Arlesheim – nebst Münchenstein, Aesch und Dornach – die Bahnstation «Dornach-Arlesheim» erhält.

In der zweiten Hälfte des 19. Jahrhunderts entwickelt sich Arlesheim wegen seines milden und sonnigen Klimas zum beliebten Wohnort von Fabrikanten, welche in den Rebhügeln ihre Villen erstellen.

1876   die Spar- und Leihkasse des Bezirks Arlesheim wird gegründet – 1910 von der Kantonalbank übernommen.

1880   entsteht in Arlesheim die erste Arbeiter-Wohnsiedlung ausserhalb des Dorfes zwischen dem Bahnhof und der Schappefabrik.

1882   konstituiert sich die reformierte Kirchgemeinde in Arlesheim, als deren erster Präsident amtiert Fabrikdirektor F. W. Brüderlin. Die enge (finanzielle) Verknüpfung zwischen Industrie und reformierter Konfession manifestiert sich.

1891   14. Juni. Das Eisenbahnunglück von Münchenstein fordert 73 Tote.

Abb.36   Der Dorfplatz um die Jahrhundertwende

1898	Arlesheim wird ins Stromnetz der Elektra Birseck aufgenommen.
1900	Arlesheim zählt 1599 Einwohner.
1902	Die elektrische Birseckbahn Basel–Arlesheim–Dornach nimmt ihren Betrieb auf. Arlesheim besitzt nun einen guten Anschluss an die Stadt Basel. Mit der Bahn- und Tramerschliessung kommen dringend benötigte wirtschaftliche Impulse ins Dorf, neue Industrien (z. B. 1892 Elektrizitätsgesellschaft Alioth, spätere Brown Boveri) und Gewerbebranchen (z. B. 1921 Weleda) siedeln sich an. Immer mehr Arlesheimer arbeiten zudem in der Stadt (Wegpendler), und Städter wandern ins wohnliche Dorf.
1912	Die reformierte Kirche ist fertiggestellt.
1918	Die Raiffeisenkasse formiert sich in Arlesheim, vorerst unter dem Namen Darlehenskasse. Ein freisinniger Gemeinderat klagt gegen den Kirchenrat und den Pfarrer, da trotz des Ausgangsverbots wegen der grassierenden Grippe-Epidemie zur Sonntagsmesse geläutet und gerufen wurde.
1914–1918	und 1939–1945. In den beiden Weltkriegen kommt Arlesheim – wie die Schweiz insgesamt – mit dem Schrecken davon.
1940	Am 29. Juli 1940 erkranken infolge einer unbeabsichtigten Verwechslung von Maschinenöl mit Speiseöl 98 Wehrmänner, worunter fünf von Arlesheim; diese «Ölsoldaten» blieben teilweise gelähmt.

Arlesheim - Tramstrasse

Post

Abb. 37 Wachhäuschen an der Ermitagestrasse während der Grenzbesetzung 1915

1952	Das reformierte Kirchgemeindehaus wird eingeweiht (1992 renoviert).
1960	zählt Arlesheim 5 219 und zehn Jahre später bereits 8 038 Einwohner (Zuwachs von 54 %). Die Sogwirkung der Stadt Basel und die zunehmende Mobilität lassen die Bevölkerungszahl anwachsen, was einen Bauboom auslöst, denn Wohnungen, Schulen, Einkaufsmöglichkeiten, Strassen etc. müssen erstellt werden. Arlesheim entwickelt sich zur Wohngemeinde.
1961	Arlesheim feiert sein eigenes Realschulhaus (heute Sekundarschulhaus).
1962	Die Arlesheimer Jugendmusikschule nimmt ihren Unterricht auf.
1965	Das Alters- und Pflegeheim «Obesunne» wird eröffnet (1974 und 1982 erweitert).
1965 + 1973	entstehen die Primarschulhäuser Gerenmatte 1 und 2.
1971	Ortskernplanung: Der historische Kern sowie Wohnqualität und dörflicher Charakter sollen bewahrt und gefördert werden.
1977	Die älteste Industrie Arlesheims, die Schappespinnerei, schliesst ihren Betrieb.
1978	Überbauung Schneckenbünten.
1979	Neubau des Werkhofs.
1980/1981	Der Dom und der Domplatz werden renoviert bzw. umgestaltet.

67

1981	Ortsmuseum Trotte eröffnet.
	Zum 300-Jahr-Jubiläum des Doms wird ein grosses Dorffest organisiert.
1982	Die Eröffnung der durchgehenden T 18-Autobahn (heute J 18) zwischen Aesch und Hagnau bringt Arlesheim die gewünschte Entlastung vom Durchgangsverkehr.
1983	Erstmals wird eine Frau in den Arlesheimer Gemeinderat gewählt.
1984/1985	Die Sportanlagen Widen und Hagenbuchen sind erstellt.
1986	Das Jugendhaus wird eröffnet.
1987	Die Zusammenarbeit zwischen Arlesheim und Dornach über die Kantonsgrenzen hinaus trägt Früchte, die beiden Gemeinden nehmen eine zentrale Sirenensteuerungsanlage in Betrieb.
1988	Die zum Teil seit der Jahrhundertwende existierenden kirchlichen Organisationen schliessen sich zum Kranken- und Hauspflegeverein Arlesheim zusammen.
1987	und 1991 Dorfplatzsanierungen.

Von der Steinzeit bis zum Frühmittelalter

Ur- und frühgeschichtliche Funde in der Gemeinde Arlesheim

Für den stressgeplagten Stadtmenschen des 20. Jahrhunderts bildet die reizvolle Landschaft am westlichen Rand des Basler Tafeljuras zwischen Muttenz und Aesch ein bevorzugtes Naherholungsgebiet. Inmitten dieses markant ansteigenden Geländeabschnittes befindet sich bei Arlesheim zudem ein Ort, der durch seine idyllische Lage auf den heutigen Menschen eine besonders starke Anziehungskraft ausübt – Birseck-Ermitage. Der Schlossfelsen mit seiner romantischen Gartenanlage aus dem 18. Jahrhundert, die mittelalterliche Burgruine, die künstlich angelegten Weiher im Talgrund, die alte Mühle und weitere historische Bauten sowie die mit vielen Höhlen, Felsdächern (Abris) und Nischen durchsetzten Felspartien an den Talhängen machen diesen Ort zu einem beliebten Ausflugsziel für Erholungssuchende von nah und fern.

Die von weitem sichtbare Burgruine (Abb. 38) und die vielen historischen Bauten in ihrer Umgebung erlangten dadurch bei der Bevölkerung einen hohen Bekanntheitsgrad. Weit weniger bekannt, weil oft nur für den Spezialisten erkennbar, sind die vielen prähistorischen Bodendenkmäler. Besonders die steinzeitlichen Höhlen- und Abrifundstellen im Gebiet von Birseck-Ermitage fristeten in der Öffentlichkeit bis vor kurzem ein Schattendasein, obwohl diese Fundstellen schon seit dem Beginn unseres Jahrhunderts systematisch erforscht und dabei zahlreiche Funde von teilweise herausragender wissenschaftlicher Bedeutung gemacht wurden.

Abb. 38 Blick vom Birstal nach Osten auf das Dorf Arlesheim und die bewaldeten Abhänge des Basler Tafeljuras. In dem markanten Taleinschnitt ist hinter dem Dorf der Schlossfelsen mit der mittelalterlichen Burgruine Birseck erkennbar. Am linken Bildrand liegt inmitten des Abhanges der Steinbruch, in dessen Bereich 1851 der römische Münzschatz gefunden wurde (Foto J. Sedlmeier)

Um diesem Mangel abzuhelfen, wurden im Jahre 1984 sämtliche ur- und frühgeschichtlichen Funde aus dem Gebiet von Birseck-Ermitage zusammengetragen und mit den bisherigen Forschungsergebnissen im Arlesheimer Ortsmuseum Trotte der Öffentlichkeit vorgestellt. Das grosse Interesse an der damaligen Ausstellung zeigte den Nachholbedarf an Informationen zu diesem Thema und führte nun, sozusagen als Folgeerscheinung, zur Ausarbeitung dieses Aufsatzes. Bis heute sind weitere Erkenntnisse hinzugekommen, so dass nun ein umfassender und aktueller Überblick über die Ur- und Frühgeschichte im Gemeindegebiet von Arlesheim gegeben werden kann.

Überblick

Mit dem Begriff «Ur- und Frühgeschichte» bezeichnen wir zusammenfassend die vorwiegend schriftlose Vergangenheit und Geschichte des Menschen. Als erster und zugleich längster Abschnitt der Menschheitsgeschichte ist die Steinzeit von besonderer Bedeutung. Sie begann mit der Herausbildung des frühen Menschen vor mehr als 2 Millionen Jahren und endete vor etwa 4 200 Jahren. In dieser Zeit führte die Entwicklung von den afrikanischen Urformen (z. B. Homo habilis) bis zum weltweit verbreiteten modernen Menschen (Homo sapiens sapiens).
Bereits während den Anfangsphasen der Menschheit standen roh zugeschlagene Steingeräte im Gebrauch. Im Laufe der Zeit wurde die Steinbearbeitung immer mehr verfeinert, so dass schon der Neandertaler (Homo sapiens neanderthalensis) vor etwa 70 000 bis 35 000 Jahren über eine ausgeklügelte Technik verfügte,

Abb. 39 Die Höhle Birseck-Ermitage am Fusse des Schlossfelsens von Birseck, wie sie sich um 1935 präsentierte (Foto C. Lüdin)

mit der spezielle Steingeräte hergestellt werden konnten. Die Verstorbenen wurden schon damals mit Beigaben in Körpergräbern bestattet, was für den Neandertaler eine stark entwickelte Geisteswelt bezeugt.

Vor etwa 35 000 Jahren übernimmt in Europa der Homo sapiens sapiens endgültig die Geschicke der menschlichen Gesellschaft. Seine nomadisierende Lebensweise war nach wie vor durch die Jagd auf Wildtiere und das Sammeln von pflanzlicher Nahrung bestimmt. Erst gegen Ende des 6. Jahrtausends v. Chr. begann vermutlich auch bei uns der Übergang vom Wildbeutertum zum Bauerntum. Der steinzeitliche Mensch wurde sesshaft. Ausgehend vom Vorderen Orient löste das neu auftretende Bauerntum eine weiträumige Umstrukturierung der menschlichen Gesellschaft aus, die in den metallzeitlichen Epochen ihren Fortgang findet. Diese nehmen jedoch gegenüber der Steinzeit einen relativ kurzen Zeitraum ein. In knapp 3000 Jahren führte die Entwicklung von der Bronzezeit über die Eisenzeit und die Römerzeit bis zum Frühmittelalter, welches zwischen ca. 400 und 700 n. Chr. den hier zur Sprache kommenden Themenbereich abschliesst. Erst seit der Römerzeit stehen dem Archäologen auch schriftliche Quellen zur Verfügung.

In der Schweiz sind bisher keine gesicherten Nachweise für den Aufenthalt von frühen Urmenschen gefunden worden. Die ersten aussagekräftigen Hinterlassenschaften stammen vom Neandertaler aus der ersten Hälfte der letzten Kaltzeit (Würm-Eiszeit). Sie dürften ein Alter von etwa 35 000 bis 70 000 Jahren aufweisen. Für den anschliessenden Zeitraum, der etwa 15 000 bis 35 000 Jahre zurückliegt, besteht für die gesamte Schweiz eine Fundlücke. Es ist daher nicht erstaun-

70

Abb. 40 Der Eingang zur Hollenberg-Höhle 3 oberhalb einer steil abfallenden Felswand am Nordhang des Hollenberges (Foto J. Sedlmeier)

lich, wenn die ur- und frühgeschichtlichen Nachweise auf Arlesheimer Gebiet erst vor etwa 12 000 Jahren einsetzen. Erstaunlich ist hingegen die Vielfältigkeit und Reichhaltigkeit der Arlesheimer Funde. Besonders den steinzeitlichen Höhlen- und Abrifundstellen kann diesbezüglich aus der näheren und weiteren Umgebung nichts Vergleichbares gegenübergestellt werden. Diese günstige Fundsituation erlaubt uns auch im folgenden, der aus heutiger Sicht oft schwer verständlichen steinzeitlichen Vergangenheit besondere Aufmerksamkeit zu schenken.

Die ur- und frühgeschichtlichen Funde in der Gemeinde Arlesheim

Altsteinzeit

Das Leben der altsteinzeitlichen Menschen war untrennbar mit dem mehr als zwei Millionen Jahre dauernden Eiszeitalter verbunden. Starke Klimaschwankungen führten im Laufe dieser letzten erdgeschichtlichen Periode zu einer Abfolge von Kalt- und Warmzeiten. In den Kaltzeiten bildeten sich zeitweise riesige Gletscher, die sich von den Alpen bis weit nach Norden ausbreiteten. Die Spuren eines solchen Gletschervorstosses sind noch heute bei Möhlin und in der Nähe von Liestal zu sehen. Geringfügigere Klimaschwankungen bewirkten auch innerhalb der Kaltzeiten einen ständigen Wechsel zwischen kälteren und wärme-

71

ren Abschnitten. Am besten erforscht ist diesbezüglich die letzte Kaltzeit, die sog. Würm-Eiszeit, die vor 10 000 Jahren von der bis heute andauernden Nacheiszeit abgelöst wurde.

In der Endphase der Würm-Eiszeit setzten zum ersten Mal Menschen den Fuss auf Arlesheimer Boden. Es waren magdalénienzeitliche Wildbeuter, die vor etwa 12 000 Jahren ihre unverkennbaren Spuren in der Höhle Birseck-Ermitage (Abb. 39) und in der Hollenberg-Höhle 3 (Abb. 40) hinterliessen. Die Kultur des Magdalénien breitete sich gegen Ende der Altsteinzeit über weite Teile Europas aus und erfasste auch die Nordwestschweiz. Damals gehörten die kältesten Abschnitte der Würm-Eiszeit bereits der Vergangenheit an. Auch die Gletscher waren schon weit in die Alpentäler zurückgewichen. Dennoch wurde das Landschaftsbild von einer vorwiegend kälteliebenden Vegetation geprägt. In der Umgebung von Arlesheim bedeckten mehr oder weniger dichte Birken- resp. Föhren-Birkenwälder die Hochflächen, Talhänge und Niederungen. Sie wechselten ab mit unbewaldeten Gebieten wie z. B. dem ausgedehnten Überschwemmungsbereich der frei dahinfliessenden Birs.

Abb. 41 Fast vollständig erhaltenes Rentiergeweih (Länge 63 cm) aus der Magdalénien-Fundschicht der Hollenberg-Höhle 3 (Foto H. Härter)

Die mannigfaltige Tierwelt war ebenfalls durch kälteliebende Arten gekennzeichnet. Rentiere und Wildpferde zogen in stattlichen Herden durch die späteiszeitliche Landschaft (Abb. 41). Ausserdem lebten nebst zahlreichen anderen Tierarten auch Eisfüchse, Schneehasen und Schneehühner in der Umgebung von Arlesheim. Sie alle waren nicht nur begehrtes Jagdwild zur Deckung des täglichen Nahrungsbedarfs, sondern sie lieferten dem Menschen zugleich eine Fülle unentbehrlicher Rohstoffe wie Geweih, Sehnen, Felle, Häute etc.

Die Jagd auf diese Tiere erforderte von den Magdalénien-Jägern eine grosse Mobilität und eine optimale Anpassung an die natürliche Umwelt. Zur Sicherung des Jagderfolges war zudem der Einsatz wirksamer Jagdwaffen unerlässlich. Es überrascht uns deshalb nicht, wenn wir mit der Speerschleuder ein ausgereiftes Jagdgerät nachweisen können, das den menschlichen Wurfarm künstlich verlängerte und dadurch die Reichweite und die Durchschlagskraft der Jagdspeere erhöhte (Abb. 42). Als Überreste solcher Speere sind in der Höhle Birseck-Ermitage und in der Hollenberg-Höhle 3 mehrere geschnitzte Speerspitzen aus Rentiergeweih zum Vorschein gekommen (Abb. 43, 1).

Abb. 42 Der Wurf eines Speeres mit der Speerschleuder. Am Ende der Speerschleuder ist ein Haken herausgearbeitet, in welchem der Holzschaft des Speeres vor dem Abwurf aufgesetzt wird (nach U. Stodiek 1990)

Die im Jahre 1910 von F. Sartorius-Preiswerk entdeckte Höhle Birseck-Ermitage und die von M. Herkert 40 Jahre später erstmals untersuchte Hollenberg-Höhle 3 enthielten auch zahlreiche Gegenstände aus Feuerstein. Diese wurden mit komplizierten Schlagtechniken aus Feuersteinknollen herausgearbeitet. Für den täglichen Gebrauch bevorzugte man langschmale Klingen, die mit ihren scharfen Kanten als Messer dienten und damit einen vollwertigen Ersatz für das damals noch unbekannte Metallmesser darstellten (Abb. 43, 2–3). Das nachträgliche Überarbeiten von Feuersteinklingen ergab ausserdem weitere Geräteformen, die bei der Bearbeitung von Holz, Geweih, Leder etc. gute Dienste leisteten (Abb. 43, 4–6). Eine Besonderheit für das schweizerische Magdalénien sind die in der Höhle Birseck-Ermitage gefundenen Dreiecke (Abb. 43, 7–8). Wie die Rückenmesser und die Rückenspitzen (Abb. 43, 9–10) wurden wohl auch diese Dreiecke mit einer natürlichen Klebemasse als schneidende Teile in Geräte und Jagdwaffen aus Holz, Knochen und Geweih eingesetzt.

Als weitere Funde sind die aus unterschiedlichen Materialien hergestellten Schmuckanhänger zu erwähnen (Abb. 43, 11–15). Aufgrund von Vergleichsfunden in altsteinzeitlichen Gräbern weiss man, dass diese Objekte als Schmuckgehänge oder als Zierbesatz auf Kleidern und Kopfbedeckungen getragen wurden. Von besonderem Interesse sind die Schmuckanhänger aus Schnecken- und Muschelschalen. Ihre Herkunft gibt uns wichtige Informationen über die Fernverbindungen der damaligen Menschen. So sind z. B. die 34 Exemplare aus der Hollenberg-Höhle 3 alle aus der Gegend von Mainz bis nach Arlesheim gebracht worden. Leider ist der Verwendungszweck der Rondelle (Abb. 43, 16) und des einmaligen zigarrenförmigen Stabes (Abb. 43, 17), beide aus fossilem Holz geschnitzt, unbekannt.

Mit der Veröffentlichung der Untersuchungen in der Höhle Birseck-Ermitage wurde von F. Sarasin schon zu Beginn unseres Jahrhunderts eine wichtige Grundlage für die Altsteinzeit-Forschung in der Nordwestschweiz geschaffen. Diese frühen Erkenntnisse tragen zusammen mit den modernen Forschungsergebnissen dazu bei, unser Wissen über den urgeschichtlichen Menschen ständig zu erwei-

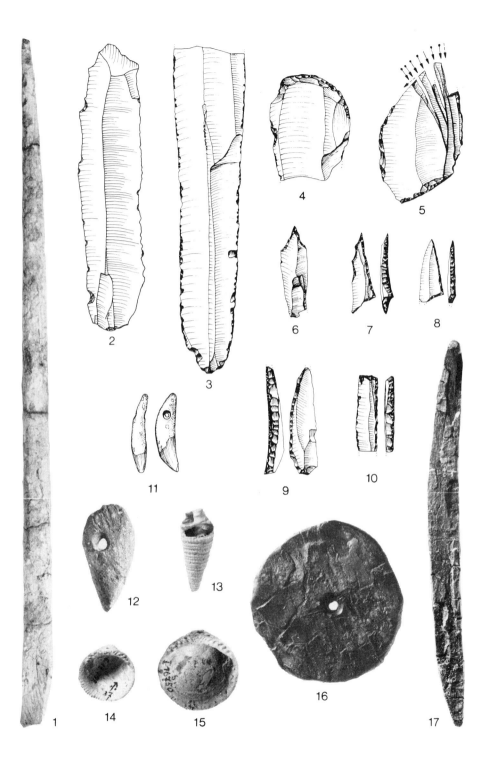

tern. Eines dieser Forschungsergebnisse zeigt heute klar, dass sich die Menschen des Magdalénien weitaus häufiger in der offenen Landschaft niedergelassen haben, als dies bisher angenommen wurde. An ausgewählten Stellen wurden zeltartige Behausungen errichtet, die der wildbeuterischen Lebensweise entsprechend leicht demontiert und an anderer Stelle wieder aufgebaut werden konnten. Das auch heute noch weit verbreitete Bild vom reinen «Höhlenbewohner» ist deshalb nicht mehr zutreffend.

Dem Magdalénien folgte in unserer Gegend vor etwa 11 000 bis 9 800 Jahren die Späte Altsteinzeit, welche bisweilen auch als «Azilien» bezeichnet wird. Diese letzte altsteinzeitliche Phase markiert den Übergang von der Würm-Eiszeit zur Nacheiszeit und damit gleichzeitig den Wechsel von der Altsteinzeit zur Mittelsteinzeit. Während dieser Zeitspanne mussten die wildbeuterischen Menschen sich den langsam ändernden ökologischen Verhältnissen anpassen. Die fortschreitende Klimaverbesserung am Ende der Würm-Eiszeit führte zu einer immer dichter werdenden Waldvegetation, die schliesslich zu den ausgeprägten Wäldern der Nacheiszeit überleitete. Anstelle der kälteliebenden Tierarten standen den Jägern mehr standorttreue Waldtiere (z. B. Hirsch und Reh) zur Verfügung, die vermutlich bereits mit Pfeil und Bogen erlegt wurden.

Die spektakulärsten Funde aus dieser Zeit sind die sogenannten «galets coloriés» aus der Höhle Birseck-Ermitage. Es handelt sich hierbei um wurstförmige oder flache Kalkgerölle, die mit rötlichem Farbstoff streifenartig bemalt sind (Abb. 44). Neuere Untersuchungen zeigen, dass die Gerölle nach dem Bemalen absichtlich zerbrochen wurden. Zusammen mit den bemalten Geröllen kamen auch wenige Feuersteingeräte zum Vorschein. Leider wurde die Fundzone mit den «galets coloriés» durch spätere Eingriffe teilweise gestört und mit jüngeren Funden durchmischt.

Bereits während dem internationalen Kongress für Anthropologie und Archäologie in Genf im Jahre 1912 zeigten die anwesenden Fachgelehrten grosses Interesse an den neuen Geröllfunden. Dieses Interesse hielt bis heute an. Immer wieder beschäftigten sich Wissenschaftler mit den rätselhaften Objekten, wobei stets auch die Frage des ehemaligen Verwendungszweckes gestellt wurde. Auf der Suche nach einer Antwort wurde nicht selten auf völkerkundliche Parallelen hingewiesen. Auch F. Sarasin deutete die Funktion der bemalten Gerölle auf dieser theoretischen Grundlage. Er verglich die Exemplare aus der Höhle Birseck-Ermitage mit den verblüffend ähnlichen «Seelensteinen», die beispielsweise von den australischen Ureinwohnern noch bis vor kurzem bei mythisch-religiösen

♦ Abb. 43 Magdalénien-Funde aus der Höhle Birseck-Ermitage (1, 3–10, 12, 15) und aus der Hollenberg-Höhle 3 (2, 11, 13–14, 16–17). 1 Speerspitze aus Rentiergeweih, 2–3 Klingen aus Feuerstein, 4–10 Geräte aus Feuerstein (4 Kratzer, 5 Stichel mit angepassten Stichelabschlägen, die zur Nachschärfung der Kanten regelmässig abgeschlagen wurden, 6 Bohrer, 7–8 Dreiecke, 9 Rückenspitze, 10 Rückenmesser), 11–15 Schmuckanhänger (11 Fuchszahn, 12 Roteisenstein, 13 Schneckenschale, 14–15 Muschelschalen), 16 Rondelle aus fossilem Holz, 17 Stab aus fossilem Holz. Massstab 3:4 (Fotos H. Härter, Zeichnungen J. Sedlmeier)

Fig. 23

Fig. 24

Fig. 25

Fig. 26

Fig. 27

Fig. 28

Fig. 29

Fig. 30

Fig. 31

Fig. 32

Fig. 33

Fig. 34

Fig. 35

Handlungen (Ahnenkult) verwendet wurden. Bedauerlicherweise sind wir auch heute noch nicht in der Lage, diesen frühen Deutungsversuchen konkrete archäologische Ergebnisse aus modernen Grabungen gegenüberzustellen.

Mittelsteinzeit

Die Umwelt der mittelsteinzeitlichen Jäger und Sammler wurde nun vollends durch die günstigeren Klimaverhältnisse geprägt. Die nacheiszeitliche Temperaturzunahme führte zur Ausbreitung dichter Wälder, die dem Menschen ein breites Nahrungsangebot zur Verfügung stellten. Das Sammeln von pflanzlichen Nahrungsmitteln ging einher mit dem Fischfang und der Jagd auf grössere Waldtiere wie Hirsch, Reh und Wildschwein. Die mit Pfeil und Bogen ausgerüsteten Wildbeuter durchstreiften vor etwa 8 000 bis 7 000 Jahren auch die dichten Laubwälder auf dem Gemeindegebiet von Arlesheim. Die Überreste ihrer Aktivitäten fand man unter einem schützenden Felsüberhang beim Hohlefels (Abb. 45) und in der Höhle Birseck-Ermitage (Abb. 39).

Das von F. Sarasin im Jahre 1905 ausgegrabene Abri Hohlefels enthielt u. a. nur wenige mittelsteinzeitliche Feuersteinobjekte, unter denen sich einige charakteristische Klingengeräte befinden (Abb. 46). Entsprechende Geräte sind auch in der teilweise gestörten Fundzone der Höhle Birseck-Ermitage zum Vorschein gekommen. Dort konnte von F. Sarasin zudem eine menschliche Bestattung ausgegraben werden, die bisher der Jungsteinzeit zugeordnet wurde. Eine vor kurzem durchgeführte Datierung ergab jedoch für das geborgene Skelett das über-

---

◆ Abb. 44 Eine Auswahl der streifenartig bemalten Kalkgerölle («galets coloriés») aus der Höhle Birseck-Ermitage. Massstab ca. 4:5 (nach F. Sarasin 1918)

Abb. 46 Bruchstücke von Feuersteinklingen aus der mittelsteinzeitlichen Fundschicht des Abri Hohlefels. Massstab 1:1 (Foto R. Leuenberger)

raschend hohe Alter von etwa 7200 Jahren. Die Bestattung dürfte somit aus dem in unserer Gegend noch weitgehend unerforschten Zeitraum stammen, welcher von der Mittelsteinzeit zur Jungsteinzeit überleitete.

Jungsteinzeit

Mit der Jungsteinzeit hielt auch in der Schweiz die bäuerliche Lebensweise Einzug. Nach einer Dauer von rund 2800 Jahren wurde dieser bedeutende Abschnitt der Menschheitsgeschichte vor etwa 4200 Jahren von der Bronzezeit abgelöst. Die vorwiegend produzierende Wirtschaftsweise der jungsteinzeitlichen Bauerngemeinschaften wurde durch den Anbau von Getreide und durch die Viehzucht geprägt. In geringerem Masse wurden weiterhin Wildtiere gejagt und auch Sammelwirtschaft betrieben. Die notwendigen Siedlungsflächen mussten allerdings der Natur mühsam abgerungen werden. Äcker und Wohnbauten konnten erst angelegt werden, nachdem an geeigneten Stellen entsprechende Waldflächen gerodet waren. Einhergehend mit der veränderten Gesellschaftsstruktur wurde somit vom Menschen erstmals in grösserem Ausmass in die natürliche Umwelt eingegriffen.

Die sesshafte Lebensweise des jungsteinzeitlichen Menschen hatte auch wichtige Neuerungen in seinem Geräteinventar zur Folge. Für die Zubereitung und Aufbewahrung von Speisen dienten nun Keramikgefässe, die ohne Töpferscheibe aus Ton geformt und anschliessend gebrannt wurden. Zum Fällen von Bäumen und für die Zurichtung von Bauhölzern wurden ausserdem geschliffene und in Holzstiele eingesetzte Steinbeilklingen verwendet. Mehrere solcher Beilklingen kamen auch in der Gemeinde Arlesheim zum Vorschein (Abb. 47). Daneben wurden weiterhin zahlreiche Geräte und Waffen aus Feuerstein hergestellt. Die fünf vollflächig überarbeiteten Pfeilspitzen aus der Dachsenhöhle am Hohlefels sind ein eindrückliches Beispiel dafür (Abb. 48).

Die Dachsenhöhle wurde 1952 von M. Herkert, B. Hesse und A. Schwabe ausgegraben und fachgerecht dokumentiert. Zwei Jahre später entdeckten dieselben Personen in der ebenfalls am Hohlefels gelegenen Kleinen Höhle weitere jungsteinzeitliche Funde. Wie in der Dachsenhöhle kamen auch hier menschliche Skelettreste zum Vorschein. Damit entpuppten sich die beiden kleinräumigen Höhlen ganz unerwartet als urgeschichtliche Begräbnisstätten, in denen während

78

Abb. 47 Oben: Zwei jung-steinzeitliche Steinbeilklin-gen aus dem Gebiet von Birs-eck-Ermitage. Die zuge-schliffenen Schneiden sind nach unten gerichtet. Mass-stab 2:3 (Foto R. Leuenber-ger). Unten: In einem Holz-schaft eingesetzte Steinbeil-klinge, wie solche bisweilen unter sehr guten Erhaltungs-bedingungen (beispielsweise in jungsteinzeitlichen See-ufersiedlungen) zum Vor-schein kommen. Massstab ca. 1:10 (nach H. Müller-Beck 1965)

der Jungsteinzeit jeweils mehrere Kinder beerdigt wurden. In unmittelbarem Zu-sammenhang mit den Kinderbestattungen stehen einige Objekte des täglichen Gebrauchs, die den Toten wohl als Grabbeigaben mitgegeben wurden. In der Dachsenhöhle waren dies die schon erwähnten Pfeilspitzen aus Feuerstein, in der Kleinen Höhle hingegen ein Keramikgefäss. Letzteres kann aufgrund seiner Form und Machart der Horgener Kultur zugeordnet werden, welche vor etwa 5000 Jahren über weite Teile der Schweiz verbreitet war.

Bronzezeit und Eisenzeit

Mit dem Auftreten der Bronze, einer Legierung aus Kupfer und Zinn, begann bei uns vor etwa 4200 Jahren die Bronzezeit, der nach etwa 1400 Jahren die Eisenzeit folgte. Das neue Material hatte einen wesentlichen Anteil an den gesellschaftli-chen Veränderungen in dieser Epoche. Mit der Gewinnung und Verarbeitung des

*Abb. 48 Links: Jungstein-
zeitliche Feuerstein-Pfeilspit-
zen aus der Dachsenhöhle am
Hohlefels. Massstab 2:3
(Foto E. Schulz).
Rechts: Eingang der Dach-
senhöhle vor der Ausgrabung
im Jahre 1952
(Foto A. Schwabe)*

neuen Werkstoffes entwickelten sich spezialisierte handwerkliche Tätigkeiten, die schliesslich zu Umstrukturierungen im wirtschaftlichen Bereich und im Sozialgefüge führten. Hinzu kommt die aufblühende Tätigkeit der Händler, die mit ihren weiträumigen Beziehungen ein Weiteres zu den damaligen wirtschaftlichen Veränderungen beitrugen. Im Gemeindegebiet von Arlesheim ist die Bronzezeit allerdings nur mit vereinzelten und oft unsicheren Funden nachgewiesen. Zahlreiche Siedlungs- und Grabfunde aus der näheren und weiteren Umgebung belegen jedoch besonders während der Spätbronzezeit eine intensive Besiedlung dieses Raumes.

Eine ähnliche Fundsituation trifft man für die darauffolgende Eisenzeit an. Während aus der Gemeinde Arlesheim keine eisenzeitlichen Funde bekannt sind, kann in den umgebenden Gebieten für die Ältere Eisenzeit (Hallstattzeit) und für die Jüngere Eisenzeit (La-Tène-Zeit) eine mehr oder weniger starke Besiedlung nachgewiesen werden. Die durch weitere technische, wirtschaftliche und soziale Entwicklungen gekennzeichnete Eisenzeit endete nach einer Dauer von knapp 800 Jahren etwa um 15 v. Chr. unter den ersten Einflüssen römischer Verwaltung.

Römerzeit und Frühmittelalter

Die Römerzeit kann in Arlesheim mit zwei Funden von ganz unterschiedlicher Art dokumentiert werden; mit dem Rest einer Wasserleitung am Suryhofweg und mit dem Münzschatz von Reichenstein (Abb. 49). Die 1967 bei Bauarbeiten in

*Abb. 49 Ein Teil des römischen Münzschatzes von Reichenstein auf der Originalabbildung von
W. Vischer aus dem Jahre 1852 (Foto J. Sedlmeier)* ◆

Taf: I.

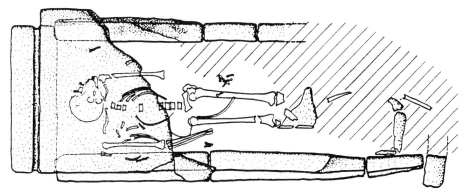

Abb. 50 Beigabenloses frühmittelalterliches Plattengrab mit dem Skelett einer etwa 40jährigen Frau (7. Jahrhundert n. Chr.?). Die schraffierte Fläche markiert den zerstörten Teil des 1965 am Mattweg gefundenen Grabes. Massstab 1:20 (nach S. Kilcher / M. Martin 1965)

1,45 m Tiefe lokalisierte Wasserleitung könnte zu einem noch nicht entdeckten römischen Gutshof östlich der Birs gehören. Mit solchen Gutshöfen wurde das südliche Hinterland der städtischen Siedlungen bei Basel und Augst seit dem 1. Jahrhundert n. Chr. systematisch erschlossen.

In etwas anderem Zusammenhang steht der spätrömische Münzschatz, der 1851 beim Steinbruch nördlich von Schloss Reichenstein zum Vorschein kam (Abb. 38). Dort fanden Arbeiter beim Ausgraben einer Baumwurzel ein Keramikgefäss, in dem sich etwa 3 000 römische Münzen aus legiertem Silber und Kupfer sowie ein silberner Fingerring befanden (Abb. 49). Die Prägungen der heute in Basel, Solothurn und Liestal aufbewahrten Münzen verteilen sich auf 24 römische Herrscher und Herrscherinnen von Gordian III. (238–244 n. Chr.) bis Diocletian (285–305 n. Chr.). Somit dürfte der Münzschatz von Reichenstein – wie auch der sog. Hardfund aus der Nachbargemeinde Muttenz – frühestens um 285/286 (?) n. Chr. in den Boden gelangt sein.

Die relativ häufigen Münzschätze dieser Kategorie stellen wohl die «Sparbüchsen» von Personen bescheideneren Ranges bzw. Einkommens dar. Die Münzen aus dem Münzschatz von Reichenstein könnten vom Inhaber eines kleineren Geschäftes oder, was wahrscheinlicher ist, vom Besitzer eines landwirtschaftlichen Betriebes stammen, der während etwa 20–25 Jahren kontinuierlich seine Überschüsse beiseitegelegt hat. In unruhiger resp. kriegerischer Zeit wurden die Münzen schliesslich dem Boden anvertraut und später nach dem (gewaltsamen?) Tod des Besitzers nicht mehr abgeholt. Wie die ermittelten Daten zeigen, wurden diese Münzschätze des öfteren im Zusammenhang mit dem Eindringen der Alamannen in der zweiten Hälfte des 3. Jahrhunderts n. Chr. vergraben.

Nach der Aufgabe der römischen Verteidigungslinie am Rhein zu Beginn des 5. Jahrhunderts n. Chr. lebten in unserem Gebiet weiterhin die Romanen als Nachfahren der provinzialrömischen Bevölkerung. Zudem entstanden auf der rechten

Rheinseite – anscheinend in friedlicher Koexistenz mit den Romanen – erste alamannische Niederlassungen; die Epoche des Frühmittelalters begann. Die Spuren aus dieser bewegten Zeit sind zur Hauptsache in Form von Gräbern überliefert. Auch in Arlesheim sind mehrere frühmittelalterliche Bestattungen zum Vorschein gekommen. Die beigabenlosen und häufig mit Steinplatten umschlossenen Gräber fanden sich bei Bauarbeiten an der Baselstrasse, an der Kreuzung Hauptstrasse/Ermitagestrasse und am Mattweg (Abb. 50). Eines dieser Steinplattengräber wurde schon vor einiger Zeit am Eingang zur Ermitage aufgestellt und ist noch heute dort zu sehen. Obwohl nicht mehr an seinem ursprünglichen Fundort, fügt sich dieser Zeuge unserer Vergangenheit dennoch gut in die geschichtsträchtige Gegend von Birseck-Ermitage.

Dank

An dieser Stelle danke ich allen Personen, die mich bei der Ausarbeitung dieses Berichtes unterstützten. Im speziellen danke ich Hannes Hänggi, Gemeindepräsident von Arlesheim, und den Mitgliedern der Heimatkundekommission für ihr Interesse und ihren Entschluss, diese Arbeit in der neuen Arlesheimer Heimatkunde aufzunehmen. Dank gebührt auch Dr. Jürg Ewald und Dr. Jürg Tauber vom Amt für Museen und Archäologie des Kantons Basel-Landschaft für die Beschaffung wichtiger Funde sowie für die vielseitige Hilfe in technischer und administrativer Hinsicht. Einen ganz besonderen Dank richte ich schliesslich an Marcus R. Weder, Pratteln, für die bereitwillig erteilten Informationen und für die Publikationserlaubnis seiner z. T. noch nicht veröffentlichten Forschungsergebnisse über den römischen Münzschatz von Reichenstein sowie für die kritische Durchsicht des Kapitels über die Römerzeit.

Literatur

Drack W.: Zur Wasserbeschaffung für römische Einzelsiedlungen, gezeigt an schweizerischen Beispielen, Provincialia, Festschrift für Rudolf Laur-Belart, Basel/Stuttgart 1968, S. 249–268

Furger A. R.: Die ur- und frühgeschichtlichen Funde von Reinach/BL (Neolithikum bis Hochmittelalter), Basler Beiträge zur Ur- und Frühgeschichte 3, Derendingen/Solothurn 1978

Kilcher S., Martin M.: Ein frühmittelalterliches Plattengrab in Arlesheim, Baselbieter Heimatblätter 30, 1965, S. 362–364

Leuthardt F.: Neue prähistorische und frühgeschichtliche Funde aus Baselland. 5. Die Steinkistengräber von Arlesheim, Tätigkeitsbericht der Naturforschenden Gesellschaft Baselland 8, 1926–1930, 1930, S. 145–148

Müller-Beck H.: Seeberg Burgäschisee-Süd. Teil 5. Holzgeräte und Holzbearbeitung, Acta Bernensia 2, Bern 1965

Sarasin F.: Les galets coloriés de la grotte de Birseck près Bâle. Congrès International d'Anthropologie et d'Archéologie Préhistoriques, Compte rendu de la XIVe session, Genève 1912, Genève 1913, S. 566–571

Sarasin F.: Die steinzeitlichen Stationen des Birstales zwischen Basel und Delsberg, Neue Denkschriften der Schweizerischen Naturforschenden Gesellschaft 54/2, Basel, Genf und Lyon 1918

Sedlmeier J.: Die Hollenberg-Höhle 3. Eine Magdalénien-Fundstelle bei Arlesheim, Kanton Basel-Landschaft, Basler Beiträge zur Ur- und Frühgeschichte 8, Derendingen/Solothurn 1982 (mit weiterführender Literatur zu allen steinzeitlichen Fundstellen in der Gemeinde Arlesheim)

Sedlmeier J.: Jungpaläolithischer Molluskenschalen-Schmuck aus nordwestschweizerischen Fundstellen als Nachweis für Fernverbindungen, Archäologisches Korrespondenzblatt 18, Mainz 1988, S. 1–6

Sedlmeier J.: Urgeschichte des Laufentals. Auf den Spuren steinzeitlicher Jäger und Sammler, Laufentaler Museumsheft, Laufen 1990

Stodiek U.: Jungpaläolithische Speerschleudern und Speere – ein Rekonstruktionsversuch, in: Experimentelle Archäologie in Deutschland, Archäologische Mitteilungen aus Nordwestdeutschland, Beiheft 4, Oldenburg 1990, S. 287–297

Vischer W.: Der Münzfund von Reichenstein, Mittheilungen der Gesellschaft für Vaterländische Alterthümer in Basel, Heft 5, 1852

Weder M. R.: Voruntersuchungen der spätrömischen Münzschätze aus Baselland (unpubliziertes Manuskript im Amt für Museen und Archäologie in Liestal), 1984/85

Odilia

Die Geschichte von Arlesheim ist eng mit Odilia, der Schutzheiligen des Elsass und später auch unseres Dorfes, verbunden. Nach einem – wahrscheinlich zwar gefälschten – Dokument im Urkundenbuch der Landschaft Basel übergab die Äbtissin Odilia von Hohenburg im Elsass im Jahre 708 n. Chr. testamentarisch eine Reihe von Besitzungen, darunter auch den Dinghof in Arlisheim, ihrem Kloster Niedermünster («Untere Hohenburg»). Dinghof nannte man früher das Gebäude, in dem der Landesfürst Gericht (Thing) hielt.

Die älteste beglaubigte Beschreibung des Lebens der Heiligen Odilie stammt aus dem Jahre 900 («Vita Sanctae Odiliae aus dem Kloster St. Gallen). Sie muss von 660 bis 720 gelebt haben. Ihr Vater, Herzog Adalrich oder auch Etticho genannt, erhielt vom fränkischen König Childerich Gebiete im Elsass zu eigen. Zu seiner Verwaltung gehörten auch der Sundgau, der Breisgau und Gebiete in Schwaben sowie in der heutigen Schweiz. Er war von edler Abstammung und gläubiger Christ, aber ein kriegerischer und gewalttätiger Mann. Seine Gattin Bereswinda stammte aus edlem Geschlecht. Sie war eine Verwandte des heiligen Leodegar, Bischof von Autun, und eine fromme und mildtätige Frau. Das Herzogspaar lebte vornehmlich auf Hohenburg, einem schönen Berg mit weiter Rundsicht ins Elsass.

Nach einigen Jahren der Kinderlosigkeit gebar Bereswinda ihr erstes Kind, ein Mädchen. Es war blind. – Ausser sich vor Zorn befahl der Vater, das Kind zu töten. Die verängstigte Mutter übergab es einer Amme, die zu Füssen des Hohenbergs lebte. Aus Angst, Etticho könnte das herangewachsene Mädchen entdecken, liess sie es zu ihrer Schwester ins Kloster «Beaume les Dames» bringen, die dort Äbtissin war und das Kind liebevoll erzog.
Die Legende erzählt, dass ein Engel Bischof Erhard von Regensburg im Traume erschien und ihn aufforderte, nach Palma (Beaume) zu reisen, um dort ein blindes Mädchen zu taufen. Dies geschah, und als das Mädchen ins Taufbecken stieg und das Taufwasser über sein Angesicht floss, öffneten sich seine Augen; es konnte sehen und erhielt den Namen Odilia. Noch einige Jahre blieb es im Kloster, um sich weiterzubilden.
Ein grosser Schmerz für Odilia war, dass sie fern von der Heimat leben musste. Sie bat ihren Bruder Hugo in einem Schreiben, er möge sie holen. Voll Mitleid schickte dieser ohne Wissen des Vaters einen Wagen, der sie heimholen sollte. Als der Vater die Heimgekehrte entdeckte, erschlug er im Zorn seinen Sohn. Nach der Überlieferung soll Gott ihn auf das flehende Gebet Odilias hin wieder zum Leben erweckt haben.
Odilia war zu einer schönen jungen Frau herangewachsen. Der Vater wollte sie mit einem jungen Fürsten verheiraten. Doch sie widerstand diesem Plan; denn sie wollte sich Gott weihen und den Armen und Kranken dienen. Als das Drängen

Abb. 51 Die heilige Odilie, Holzfigur von 1450 in der ersten Nordkapelle im Dom. In ihrer Linken hält sie ein Buch und eine Schale mit einem Augenpaar, auf das sie mit der Rechten zeigt.

und der Zorn des Vaters immer stärker wurden, verliess Odilia in der Nacht heimlich die Burg und floh in die Wälder.

Die eine Überlieferung spricht von der Überfahrt über den Rhein in den Breisgau, die andere (nach Jülich), dass sie sich nach Süden gewandt, die Birs überquert und in ihrem Dinghof Arlesheim Schutz gesucht hätte. Als sie nun vernahm, dass der Vater sie verfolgte, flüchtete sie weiter dem Bach entlang in den Wald (Ermitage). Schon wollten die Knechte sie ergreifen. In ihrer Not flehte sie Gott um Hilfe an; da spaltete sich ein Fels, und sie konnte sich in seiner Höhle verbergen.

Nach diesem Geschehen änderte sich die Haltung des Vaters. Er übergab Hohenburg mit all seinen Einkünften seiner Tochter Odilia, so dass sie daselbst ein Kloster errichten lassen konnte.

Unter ihrer Leitung blühte das Klosterleben auf Hohenburg. Im Laufe der Zeit lebten dort 130 Nonnen. Sie pflegten Kranke und Arme. Odilia war ihnen in Gebet, Wort und Tat ein Vorbild. Sie lebte von Gerstenbrot und Gemüse und schlief auf einer Bärenhaut.

Der Weg zur Hohenburg war für viele Kranke und Gebrechliche zu beschwerlich. So liess Odilia zu Füssen des Berges ein zweites Kloster mit einem Spital und einer Pilgerherberge erbauen und nannte es Niedermünster. Die beiden Klöster bildeten bald ein Zentrum religiösen Lebens im Elsass. Leider fielen sie des öftern Bränden, Kriegen und Verwüstungen zum Opfer.

Odilia starb am 13. Dezember 720 und wurde in der Kapelle des heiligen Johannes des Täufers auf Hohenburg bestattet, wo ihr Leichnam heute noch ruht.

Seit ihrem Tode wird Odilia verehrt. An ihrem Grabe sollen Wunder geschehen sein. Die Hohenburg erhielt den Namen «Odilienberg» (Mont Saint-Odile bei Strassburg), und nach wenigen Jahren war dieses Kloster zu einem berühmten Wallfahrtsort geworden. Odilia wurde zur Patronin des Elsasses und wird besonders bei Blindheit und Augenkrankheiten um Hilfe angerufen (Odilienquelle auf dem Odilienberg).

Nach der Überlieferung soll schon um 708 eine Pfarrei in Arlesheim bestanden haben. Sicher wissen wir, dass im 15. Jahrhundert hier eine Kirche mit einem Kirchherren gestanden ist. Sie war der heiligen Odilia geweiht. Am Patronsfest

(13. Dezember) wird der Odiliensegen gespendet: «Durch die Fürbitte der heiligen Odilia bewahre Dich Gott vor der leiblichen und seelischen Blindheit.»
Im Dom steht heute die schöne, geschnitzte Figur der heiligen Odilie aus dem 15. Jahrhundert. Sie stammt aus der alten Dorfkirche, die 1816 abgebrochen worden war. Die Odilienstatue wurde von einem Pfarrer ans Historische Museum Basel verpfändet. Durch Zufall wurde der Pfandbrief entdeckt, und vor einigen Jahrzehnten wurde die Figur mit Freude nach Arlesheim zurückgeholt.

Literatur

Hurter Josef: St. Odilien Pilgerbüchlein, 1987

Jülich Hermann: Arlesheim und Odilie. Historie und Legende eines Dorfes und seines guten Geistes, Dornach 1946, 3. Aufl., 1967

Maurer Theodor: Die heilige Odilie, Legende und Geschichte, Dornach 1982

Sütterlin Georg: Heimatkunde des Dorfes und Pfarrei Arlesheim, Arlesheim 1910

Das Fürstbistum Basel und das Domkapitel von Arlesheim

Das Fürstbistum

Der Begriff «Fürstbistum Basel» mutet uns heute sonderbar an. Geistliche Staaten sind eine Besonderheit des Heiligen Römischen Reiches Deutscher Nation. Vor der Reformation war ein Sechstel des Reichsgebietes in der Hand geistlicher Fürsten. Die Bedeutendsten sassen als Reichsfürsten im Reichstag von Regensburg. Auch der Basler Fürstbischof gehörte dazu. Diese besondere Form staatlicher Organisation hatte in Deutschland bis zur Säkularisation von 1803 und in der Schweiz bis 1798 Bestand. Mit «Fürstbistum» wird einerseits der kirchliche Bereich der Diözese, andererseits der weltliche der politischen Herrschaft angesprochen. Beiden steht der Bischof als Oberhirte und als Herrscher vor. Beide Organisationen waren im Basler Fürstbistum gebietsmässig nicht deckungsgleich. Die *Diözese* ist in der ersten Hälfte des 8. Jahrhunderts in den Grenzen entstanden, wie sie – mit wenigen Veränderungen – bis zur Französischen Revolution erhalten geblieben sind. Im Hochmittelalter umfasste sie im Norden das ganze linksrheinische Gebiet bis zum Landgraben zwischen Colmar und Schlettstadt (Sélestat), schloss im Westen den grössten Teil des Elsasses und des Sundgaus ein, klammerte das Elsgau aus (dieser Teil kam erst im Tauschvertrag von 1779 zur

Diözese), folgte im Süden dem Lauf des Doubs und verlief oberhalb des St.-Immer-Tals, Biels und Solothurns. Hinter Solothurn bildete die Aare die Grenze bis zu ihrer Einmündung in den Rhein. Im Nordosten war der Rhein die Grenze über Basel hinaus bis zum Landgraben. Die Entwicklung des *«Fürstbistums»* Basel verlief in drei grossen Etappen.

1. Aufbau der weltlichen Herrschaft (10. bis 12. Jahrhundert)

Bereits zu karolingischer Zeit übte der Basler Bischof vermutlich gräfliche Rechte über die Stadt Basel und ihre Umgebung aus. Die daraus sich ergebenden Einkünfte flossen zum einen Teil in die Mensa episcopalis (bischöfliches Tafelgut) des Bischofs, zum anderen wurden sie vom Domkapitel verwaltet und genutzt. Im Jahr 999 erhielt Bischof Adalbert von König Rudolph die Abtei Münster-Granfelden (Moutier-Grandval) zum Geschenk.

Diese grosszügige Vergabung begründete die weltliche Herrschaft der Basler Bischöfe im Jura. Die Abtei besass ausgedehnte Ländereien in der Propstei von Pierre-Pertuis bis nach Courrendlin, im Elsgau (Ajoie) und im Delsberger Tal. Wie ein grossmaschiges Netz waren die bischöflichen Besitzungen über den Jura verteilt, ein Netz, das sich im Laufe der Jahrhunderte auffüllen sollte. Weitere Klöster kamen im 11. Jahrhundert zur Basler Herrschaft: Die kleinen Abteien von St. Ursitz (St-Ursanne) und St. Immer (St-Imier), Sulzburg i. Breisgau, St. Blasien im Schwarzwald und Pfäfers. Um 1100 hatte sich das Fürstbistum Basel zum grössten Teil konstituiert. 1141 gelang dem Bischof ein geschickter Tausch: er verzichtete vollständig auf St. Blasien und erhielt dafür vier Herrschaften, unter anderem Laufen an der Birs. Dieses Gebiet entwickelte sich später zur Herrschaft Zwingen und bildete eine Brücke zwischen dem Bischofssitz Basel und den jurassischen Besitzungen. Nun fehlte nur noch das Birseck zur ununterbrochenen Verbindung der Stadt mit dem Jura.

2. Konsolidierung der Herrschaft und erste Verluste (13.–15. Jahrhundert)

Im Bestreben, den weltlichen Herrschaftsbereich zu festigen, befassten sich die Basler Bischöfe im 13. Jahrhundert vor allem mit ihren peripheren Lehen Pfirt, Rappoltstein, Sisgau und Buchsgau. Zudem verstärkten sie ihren Einflussbereich im Jura. Einen wichtigen Kauf tätigte der Bischof 1239, als er von der Äbtissin von Hohenburg die Herrschaft Arlesheim mit den dazugehörigen Dörfern erwarb. Damit war die Verbindung zwischen Basel und dem Jura geschlossen. Die Herrschaft über das Elsgau (Ajoie) konnte nach zahlreichen Streitigkeiten gefestigt werden.

Im 14. und zu Beginn des 15. Jahrhunderts waren das Avignoneser Papsttum (1305–77), gefolgt vom grossen Schisma 1378–1414 (Zeit der Kirchenspaltung mit zwei oder mehr Päpsten), die Auswirkungen des Hundertjährigen Krieges sowie die Emanzipation der Städte Faktoren, die sich ungünstig auf eine Festigung der fürstbischöflichen Herrschaft auswirkten. Die Avignoneser Päpste versuchten mit unterschiedlichem Erfolg, dem Basler Kapitel das Bischofswahlrecht streitig zu machen und eigene Kandidaten als Bischöfe zu nominieren. Erst 1420 konnte das Basler Fürstbistum aus der Krise herausgeführt werden, die seine Existenz während eines halben Jahrhunderts gefährdet hatte.

3. Die Herausbildung des «modernen» Fürstbistums Basel

Zu Beginn des 16. Jahrhunderts gelangen den Fürstbischöfen mit dem Erwerb der Herrschaft Burg und Schloss Pfeffingen noch kleine Gebietsarrondierungen.
Die Reformation liess den Fürstbischof nicht nur seine Stadt verlieren. Einige Teile des Fürstbistums bekannten sich bald zur Reformation. Erst mit Jakob Christoph Blarer von Wartensee, der 1575 zum Fürstbischof gewählt wurde, begann eine neue Ära für das Fürstbistum. Hoch verschuldet gelang es Blarer, seine Besitzansprüche auf Basel und dessen nähere Umgebung geltend machen. Im Vertrag von Baden bezahlte Basel 1585 für die Abtretung der fürstbischöflichen Rechte an die Stadt 200 000 Pfund. Nachdem mit der Hälfte der Summe die Schulden des Fürstbistums getilgt werden konnten, blieb eine solide Geldreserve übrig. Das Domkapitel dagegen wollte nicht auf seine Ansprüche auf das Basler Münster und den Domschatz verzichten und nahm die gebotenen 50 000 Pfund nicht an. Einige Zeit nach Abschluss des Vertrages suchte Jakob Christoph Blarer von Wartensee die protestantisch gewordenen Gebiete zu rekatholisieren.
Unter ihm und seinen Nachfolgern festigten sich die Verwaltungsstrukturen. Das Fürstbistum entwickelte sich zu einem modernen Staatswesen.[1]

Das Domkapitel während seiner Residenzzeit in Arlesheim 1678–1793

1. Verlegung der Residenz von Freiburg i. Br. nach Arlesheim

Ursprünglich wohnten das Domkapitel und der Bischof in der Stadt Basel. Als die Reformation die Oberhand gewann, verliessen Bischof und Kapitel Basel fluchtartig. Der Bischof zog sich zuerst nach Altkirch zurück, dann liess er sich definitiv in Pruntrut nieder. Das Domkapitel, dessen Mitglieder zum grossen Teil aus vorderösterreichischem oder elsässischem Adel stammten, bezog den Löwenanteil seiner Einkünfte aus dem Elsass, dem Breisgau und dem Sundgau. Da die Nähe zu den Einkünften wichtig war, drängte sich Freiburg i. Br. als Residenzort auf. Kaiser Ferdinand I. und der Bischof von Konstanz sicherten dem Kapitel gleiche Rechte und Freiheiten wie in Basel zu. Die Stadt stellte ihm das Münster für den Gottesdienst zur Verfügung. Dank dieser günstigen Bedingungen blieb das Kapitel in Freiburg. Eine Rückkehr nach Basel verhinderte der 1585 zwischen

Abb. 52 Diözese und Fürstbistum Basel vor der Französischen Revolution. Die Namen der Vogteien des Fürstbistums sind grau unterlegt.

Bischof Jakob Christoph Blarer von Wartensee und der Stadt Basel abgeschlossene Vertrag von Baden. Während fast 150 Jahren war das Domkapitel in Freiburg i.Br. wohlgelitten. Mit dem Westfälischen Frieden von 1648 begannen sich jedoch ernsthafte Schwierigkeiten abzuzeichnen. Die habsburgischen Hoheitsrechte im Elsass gingen an Frankreich über. Die Einkünfte des Kapitels lagen nun also im französischen Gebiet und waren bei Spannungen zwischen Kaiser und Frankreich der Willkür des französischen Königs preisgegeben. Diese Situation trat im Pfälzischen Krieg ein: 1675 konfiszierte Frankreich die Kapitelseinkünfte mit der Begründung, das Kapitel sei in den Augen der Krone keine neutrale Körperschaft des Bistums Basel, solange es sich im kaiserlichen und damit feindlichen Herrschaftsgebiet aufhalte. Falls es seine Residenz verlege, sichere die Krone die Rückerstattung der Einkünfte zu. Nach langen Verhandlungen wurde dem Kapitel nach dem Frieden von Nymwegen der freie Abzug gewährt. Im Dezember 1678 bereitete es sich auf die Übersiedlung in das Fürstbistum Basel vor. Bischof Johann Konrad von Roggenbach hatte ihm Arlesheim als neuen Aufenthaltsort zugewiesen. Drei Gründe waren für diese Wahl ausschlaggebend.

1. Arlesheim lag in der Nähe der Einkünfte des Domkapitels.

2. Der Ort war Sitz des bischöflichen Vogts von Birseck.

3. Er lag im weltlichen Herrschaftsbereich des Fürstbischofs und gehörte gleichzeitig auch zur Diözese Basel.

Im Oktober 1679 entschloss sich die Mehrheit des Kapitels definitiv, in Arlesheim zu bleiben.[2]

2. Organisation und Verwaltung des Kapitels, Rechte und Pflichten der Domherren

Wichtigste Aufgabe des Domkapitels war es, die Wahl des Basler Bischofs durchzuführen und das Fürstbistum während der Sedisvakanz (Zeitraum zwischen dem Tod eines Bischofs und der Wahl seines Nachfolgers) zu regieren. Das Kapitel sorgte durch seine Existenz für die Kontinuität des Fürstbistums wie eine Dynastie für den Weiterbestand einer Monarchie. Seit 1261 sicherte es sich seine Rechte, Privilegien und seinen Einfluss auf die weltliche Regierung durch Wahlkapitulationen (vor der Wahl vertraglich festgehaltene Abmachungen). Diese Abmachungen wurden im allgemeinen vor einer Bischofwahl von allen Domherren beschworen, unterzeichnet, besiegelt und danach vom neugewählten Fürsten bestätigt. Eigentümlicherweise hatten die Landstände daran keinen Anteil oder Einfluss, obwohl das Bistum eine landständische Verfassung hatte. Das Domkapitel selber gehörte nicht zu den Landständen. Es nahm eine Position zwischen Landesherrn und Ständen ein. Der Umzug des Kapitels nach Arlesheim erhöhte die Einflussmöglichkeiten auf die Landesregierung. Nach dem langen Exil in Freiburg i.Br. bot sich nun die Gelegenheit einer starken Präsenz des Kapitels in der Regierung des Fürstbistums. Seit 1678 lässt sich denn auch feststellen, dass Domherren in regelmässigen Zeitabständen in Pruntrut weilten. In Krisenzeiten hielten sich minimal zwei Domherren ununterbrochen am fürstbischöflichen Hof auf.

Zu den Pflichten der Domherren gehörte die Anwesenheit am Ort des Kapitels während neun Monaten im Jahr. Seit 1612 durfte ein Basler Domherr während dieser Zeit einen Monat für eine Bäderkur oder einen Verwandtenbesuch verwenden. Die Residenzpflicht begann jeweils am 1. September, an welchem Tag auch der Rechnungsabschluss der Gesamteinkünfte vorgelegt werden musste. Mit Ausnahme der Festtage, der Weihnachts-, Oster- und Sommerferien fanden wöchentlich zwei Kapitelssitzungen statt (Dienstag und Samstag). Bei dringenden Geschäften berief der Dekan eine Sondersitzung ein, der alle residierenden Domherren Folge zu leisten hatten. Gemäss Statuten, die nach der Niederlassung in Arlesheim neu bearbeitet wurden und am 26. Oktober 1681 ihre endgültige Form erhielten, war jeder Domherr verpflichtet, täglich den Chorgang zu leisten, der in Matutin (nächtliches Stundengebet), Messe und Vesper (abendliche Gebetsstunde) bestand. Wenigstens an den wichtigsten Kirchenfesten sollten die Domherren beichten und kommunizieren. Für den Kirchgang trugen sie den violetten Talar und als Kopfbedeckung das schwarze Barett, im Alltag war schwarze Kleidung vorgeschrieben. Im Kapitel gab es sechs Dignitäre (Würdenträger der katholischen Kirche), die besondere Aufgaben zu erfüllen und spezielle Kompetenzen hatten. Meist waren damit auch zusätzliche Einkünfte verbunden.

Der *Propst* nahm den höchsten Rang ein. Er verwaltete spezielle Einkünfte, aus welchen er den residierenden Domherren jährlich einen Anteil an Wein und Getreide austeilen lassen musste. Diese Einkünfte wurden als Claustralien bezeichnet. Der Probst wurde in geheimer Wahl bestimmt und musste sich vom Papst bestätigen lassen.

Als nächster Rang folgte der *Dekan*. Er war der eigentliche «Manager» des Kapitels. Die Führung der Kapitelsgeschäfte unterstand ihm, er hatte auch gerichtliche Befugnisse über die anderen Dignitäre, Domherren und Kapläne und die Oberaufsicht über den Arlesheimer Dom. Der grossen Verantwortung entsprechend war der Dekan zu dauernder Residenz verpflichtet und musste Priester sein. Seine Aufgaben und Pflichten gegenüber seinen Mitkapitularen waren wie auch jene des Propstes in Wahlkapitulationen festgehalten. Solche Wahlgedinge (Abmachungen) waren zwar schon von Papst Pius V. am 31. Mai 1570 verboten worden, im Basler Bistum aber noch bis ins 18. Jahrhundert hinein gebräuchlich. Der Dekan wurde vom Kapitel gewählt, musste sich aber im Fall einer Vakanz in einem Kapitelmonat (gerader Monat) vom Bischof, in einem ungeraden Monat vom Papst bestätigen lassen.

Der *Kantor* war für den Kirchendienst verantwortlich. Zukünftige Kapläne prüfte er im Singen und sorgte für die Organisation des Chordienstes.
Der *Archidiakon* trug diesen Namen im 17./18. Jahrhundert fast nur noch als Ehrentitel. Bis zur Mitte des 13. Jahrhunderts war er für die Gerichtsbarkeit in der Stadt Basel und ihrer näheren Umgebung zuständig gewesen. Die Statuten von 1681 dachten ihm den Vorsitz über die Bruderschaft St. Johann auf Burg in Basel zu.

Der *Kustos,* der seit 1400 gleichzeitig auch das Amt des Schatzmeisters (Thesaurars) verwaltete, war für den Schmuck in der Kirche, den Kirchenschatz, die Anschaffung neuer Paramente (Messgewänder), für Kerzen und Öl sowie Wein und Brot für die Messfeier zuständig. Darüber hinaus verwaltete er das Siegel des Kapitels. Kantor, Archidiakon und Kustos wurden vom Bischof ernannt.

Der rangniedrigste Dignitär war der *Scholaster*. Gemäss den Statuten von 1681 hatte sich sein Pflichtenheft gegenüber dem Mittelalter beträchtlich verringert: er musste nur noch die Weiterbildung und den sittlichen Lebenswandel der Kanoniker überwachen, die noch nicht in den geistlichen Stand getreten waren. Nach Auseinandersetzungen über das Wahlrecht zwischen Bischof und Kapitel wurde die Scholasterei alternierend von diesen beiden Stellen besetzt. Neben den sechs Dignitären wurde 1710 das Amt des *Cellars* wieder eingeführt, der den Wein und die Früchte aus der Domprobstei zu verteilen hatte.

Den Dignitären standen sechs Kapläne zur Seite, die für die Aufgaben des Chordienstes besorgt waren. In den eigentlichen Kapitelsgeschäften wurden die Domherren durch den *Syndikus* (Rechtsbeistand) und seinen Sekretär unterstützt. Den Syndikus würde man heute wohl als Geschäftsführer bezeichnen. Er war zuständig für alle Geldanlagen, das Eintreiben der Zinsen und sämtliche Rechtsgeschäfte, die nicht den geistlichen Bereich betrafen. Bauarbeiten wurden ebenfalls von ihm überwacht. Er war an den Kapitelsitzungen anwesend und führte mit dem Sekretär das Protokoll. Jeder Domherr hatte Anrecht auf ein Kapitelshaus, das er instand zu halten verpflichtet war.[3]

3. Zahl der Domherrenstellen, Aufnahmbedingungen, Besetzungsmodalitäten

1678 existierten achtzehn Domherrenpfründen, wovon fünf Bürgerssöhnen mit einem abgeschlossenen Universitätsstudium, den sogenannten Graduierten, vorbehalten waren. 1682 beschloss das Kapitel, inskünftig nur mehr drei Graduierte aufzunehmen. Diesem Entscheid wurde aber nur von 1704 bis 1713 Folge geleistet. Danach kam man wieder auf die in den Statuten festgelegte Zahl zurück. Da 1696 die Versorgungslage des Kapitels schlecht war, gab Fürstbischof Wilhelm Jakob Rinck von Baldenstein sein Einverständnis, die Kanonikate vorübergehend auf zwölf zu reduzieren. Zwischen 1696 und 1704 ging die Zahl der Domherren langsam zurück. Einzig während der Jahre 1704 und 1705 waren zwölf Kanonikate besetzt. Danach besserte sich die wirtschaftliche Lage allmählich, und es gab wieder achtzehn Domerrenstellen. Beizufügen ist, dass nie achtzehn Domherren in Arlesheim anwesend waren. In dieser Zahl sind nämlich auch die Kanoniker inbegriffen, die noch nicht Sitz und Stimme im Kapitel hatten, also noch nicht vollberechtigte Mitglieder waren. Da sie noch keine Einkünfte beziehen konnten und über keinen Einfluss verfügten, drängte sich eine Residenz nicht auf. Während der weiteren Arlesheimer Periode des Kapitels blieb die Anzahl der Stellen unverändert. Erst mit der Französischen Revolution drängten sich einschränkende Massnahmen auf. Seit 1790 fielen die elsässischen Einkünfte aus, worauf bei der Kurie um die Erlaubnis nachgesucht wurde, freiwerdende Domherrenstellen nicht mehr besetzen zu müssen. 1794 wurde der letzte Kanoniker aufgenommen.

Wer wurde Domherr und wie? Wodurch konnte man sich Eintritt in diesen geschlossenen und elitären Kreis verschaffen? Eine Voraussetzung war adelige Abstammung, die mittels einer ritter- und stiftsmässigen Ahnenprobe bewiesen werden musste. Seit der Statutenrevision von 1681 verlangte das Basler Kapitel die Ahnenprobe für sechzehn Vorfahren mütterlicher- und väterlicherseits. Damit wurde dem Briefadel der Zugang zum Basler Kapitel versperrt, gleichzeitig aber auch den aus der Eidgenossenschaft stammenden Anwärtern. Die Aufnahme ins Kapitel ist nach dieser Statutenänderung keinem Schweizer mehr gelungen. Eine ähnliche Entwicklung zur Exklusivität lässt sich im Konstanzer Domkapitel und im Malteserritterorden feststellen. Das Basler Kapitel gesellte sich mit seiner Forderung unter die illustren Stifte von Mainz, Bamberg, Würzburg, Trier, Speyer und Worms. Domherren rekrutieren sich vor allem aus dem Fürstbistum, dem Oberrheinischen Kreis, dem Sundgau und dem Elsass, vereinzelt auch aus dem südschwäbischen Raum. Dom- und Chorherrenstellen boten für nachgeborene Söhne kinderreicher katholischer Adelsfamilien ähnliche Versorgungsmöglichkeiten wie die Armeee für den lutherischen Adel.
Fünf der Domherrenstellen waren jungen Bürgerlichen vorbehalten, die sich über ein mindestens vierjähriges Studium ausweisen konnten und in Theologie oder in

den beiden Rechten promoviert hatten. Von neunzehn Graduierten des Domkapitels der Jahre 1678 bis 1828 stammten mindestens neun aus dem Briefadel und neun aus der bürgerlichen Mittel- bis Oberschicht. Neben den genannten Bedingungen mussten die Anwärter auf ein Kanonikat mindestens vierzehn Jahre alt sein und die Tonsur erhalten haben, ebenso war ein Zeugnis über abgelegte Studien beizubringen. Für die Adligen wurde aber keine Studiendauer festgesetzt.

Der typische Ausbildungsweg eines adligen Domherrn verlief etwa folgendermassen: Die ersten Schulkenntnisse wurden durch einen Hauslehrer vermittelt, danach folgte die Gymnasialzeit in einer höheren Lehranstalt. Das Jesuitenkolleg in Pruntrut erfreute sich regen Zuspruchs. Gegen Ende des 18. Jahrhunderts war auch die Schule der Prämonstratenser in Bellelay beliebt. Danach schloss sich ein Studium am Collegium Germanicum in Rom oder an einer der benachbarten Universitäten wie z. B. Freiburg i. Br. oder Strassburg an. Die Unversitätzeit wurde meistens ohne Abschluss beendet, erstreckte sich aber bei ungefähr 40% der Domherren über eine Dauer von drei bis fünf Jahren. Die Krönung der Ausbildungszeit war für die jungen Adligen die sogenannte Kavalierstour, die den letzten gesellschaftlichen Schliff, Weitblick sowie Gewandtheit in fremden Sprachen vermitteln sollte.

Zeitlich fand die Aufschwörung bzw. erste Besitznahme (1. Prossess) eines Kanonikates meist gegen das 20. Lebensjahr eines Anwärters statt. Zwischen Aufschwörung bzw. erster Possess und der zweiten Aufnahme, die einen Domherrn zum vollberechtigten Mitglied des Kapitels machte, mussten minimal drei Jahre liegen. In dieser Zeit bezog ein Kanoniker keine Einkünfte. Bis zur zweiten Possess musste er mindestens 24 Jahre alt sein und die Subdiakonatsweihe empfangen haben. Wie aus den Weihedaten festgestellt werden kann, waren fast 60% aller Domherren Priester. Studien und Weiheangaben lassen den Schluss zu, dass die Basler Domherren gebildete und zum grossen Teil zum geistlichen Beruf bestimmte Personen waren. Sicherlich spielte die materielle Versorgung eine Rolle, war aber nicht allein ausschlaggebend. Für die graduierten Domherren war ein Kanonikat vielfach die Krönung ihrer Laufbahn. Bevor die jungen Kanoniker in den Genuss von Einkünften kamen, mussten sie Gebühren und Beiträge anlässlich der ersten und zweiten Possess entrichten, die annähernd den Lebenshaltungskosten eines Jahres entsprachen (zwischen 590 und 770 rheinischen Gulden).[4]

Der Zugang zum kleinen Kreis der Domherren war selbst bei Erfüllung aller Voraussetzungen schwierig. Es gab seit dem Wiener Konkordat drei Möglichkeiten, ein vakantes Kanonikat zu besetzen: War der Vorgänger in einem geraden Monat gestorben, wurde der Nachfolger vom Kapitel in freier Wahl ernannt. War der Tod in einem ungeraden oder päpstlichen Monat erfolgt, stand dem Papst das Recht zu, einen Nachfolger zu ernennen. Die dritte Möglichkeit waren die kaiserlichen Erstbitten, die ein neugewählter Kaiser für jedes Stift einmal aussprechen durfte.

Im Basler Kapitel gab es zudem ein Kanonikat, die sogenannte Priesterpfründe, die dem Fürstbischof zur Besetzung zustand. Den Domherren blieb eine weitere Möglichkeit, um ein Kanonikat in der Familie zu belassen: die Resignation zugunsten eines Verwandten. Diese Form wurde weitaus am häufigsten in einem päpstlichen Monat praktiziert. Bei allen diesen Besetzungsarten waren Beziehungen ein wichtiger Faktor. Familienverbindungen spielten denn auch eine entscheidende Rolle. Für Schüler des Collegium Germanicum war es wichtig, massgebliche Persönlichkeiten an der Kurie auf sich aufmerksam zu machen. Um Erste Bitten zu erhalten, waren ausserordentlich gute Verbindungen zum kaiserlichen Hof nötig. Es lassen sich Strategien der einzelnen Familien verfolgen, um Kinder, Neffen und andere Familienangehörige richtig zu versorgen. Eine Grundvoraussetzung war sicher eine weitblickende Heirats- und Patenpolitik der Familie. Im wesentlichen können für die Oberschicht des Basler Fürstbistums zwei Wege nachgezeichnet werden:

Entweder war ein Mitglied einer Familie im Fürstbistum ansässig oder kam durch Heirat dorthin. Durch Beziehungen der eigenen oder der angeheirateten Familie schuf es sich eine Stellung in der Regierung des Fürstbistums und suchte dann den Kindern ähnliche Stellen und Pfründen zu verschaffen. Diese Taktik war vor allem in den Adelsfamilien häufig. Beispiele sind die Familien von Neveu, Blarer von Wartensee, Rinck von Baldenstein und Ligerz. Bei den Bürgerlichen fand der Zugang zum Fürstbistum oft über das kirchliche Benefizium statt, dem dann der Dienst in der Regierung, allerdings auf mittlerer Ebene, für Brüder, Neffen und andere Verwandte auf dem Fuss folgte. Typische Beispiele sind die Familien Haus/Gobel und Schnorf/Mahler.[5] Die Bezeichnung Nepotismus für die Besetzungspolitik der Kanonikate ist zutreffend. Sie muss aber dahingehend differenziert werden, dass nur Verwandte ins Domkapitel aufgenommen wurden, die auch den Ausbildungs- und Weihebedingungen entsprachen, das heisst die Kandidaten brachten für den Posten die Eignung mit. Aufdringliche Empfehlungen zeigten beim Kapitel oft gerade eine der Absicht entgegengesetzte Wirkung. Verallgemeinernd gesprochen, waren die Basler Domherren besser als der Ruf, den die Kanoniker im ausgehenden 18. Jahrhundert im Heiligen Römischen Reich Deutscher Nation genossen.[6]

4. Demographische Veränderung in Arlesheim durch den Umzug des Domkapitels, Lebensweise der Domherren

Arlesheim, ursprünglich eine Siedlung mit Dorfcharakter, erhielt mit dem Bau des Domes und der Domherrenhäuser einen imposanten Schwerpunkt und ein zweites Zentrum. Das Dorf wurde zur Verwaltungszentrale des Kapitels, in der auch wichtige diplomatische Fäden zusammenliefen. Demographische Veränderungen im Dorf, die durch den Umzug des Kapitels verursacht wurden, können nur vermutet werden, da die erste Volkszählung, in der Arlesheim aufgeführt wird, von 1722/23 stammt und somit keine Vergleichszahlen von der Zeit vor 1678 vorliegen.[7] Jeder Domherr, der Residenz leistete, beschäftigte normalerweise einen Diener, eine Köchin und eine Magd in seinem Hausstand. Häufig stand dem Haushalt eine unverheiratete oder verwitwete Verwandte vor.[8] Im Durchschnitt wohnten ständig zehn Kapitulare in Arlesheim, dazu kamen sechs Kapläne, der Stiftssyndikus, der Stiftssekretär und der Hofschaffner mit ihren Familien. Schätzungsweise dürfte die Bevölkerung von Arlesheim durch den Umzug des Kapitels um mindestens dreissig Personen gewachsen sein. 1770/71 zählte man 198 Leute, die zum Kapitel gehörten oder zumindest von ihm abhängig waren.

Noch schwerer messbar als die demographischen sind die kulturellen, geistigen und wirtschaftlichen Veränderungen, die die Ankunft des Kapitels bewirkte. Mit der adligen Herkunft war auch eine entsprechende Lebensart der Domherren verbunden. Sie hatten das Jagd- und Fischregal in der näheren Umgebung von Arlesheim. Jeder Domherr besass deshalb auch eine entsprechende Ausrüstung, die aus einer oder mehreren Jagdflinten bestand. Pferde und Kutsche gehörten ebenfalls zur Ausstattung eines Domherrenhaushaltes. Da ein grosser Teil der Einkünfte in Naturalien, vor allem Getreide und Wein bestand, waren die Häuser mit entsprechenden Räumen oder Nebengebäuden für die Vorratshaltung ausgerüstet. Die Domherren hatten das Recht, in ihren Häusern Wein auszuschenken, da die Einkünfte den Eigenbedarf bei weitem überstiegen. Je nach Neigung und Vermögenslage der einzelnen Domherren besassen sie eine Bildersammlung, eine grosszügig ausgestattete Bibliothek oder eine andere Liebhaberei. Jeder Domherr verfügte über einige theologische Werke, das kanonische Recht, Wörterbücher und häufig auch Anleitungen zur Jagd sowie Kochbücher. Manchmal waren auch belletristische Werke vorhanden. Die Bibliothek und das Naturalienkabinett des Dompropstes Franz Christian von Eberstein waren bedeutend. Die Bibliothek umfasste über tausend Werke und befindet sich heute zum Teil in der Bibliothek der Kantonsschule von Pruntrut.[9] Häufig kamen Besucher nach Arlesheim, um die stattliche Sammlung zu sehen und Kontakt mit dem Gelehrten zu pflegen. Eberstein war nicht nur an deutscher, sondern auch an französischer, englischer und italienischer Literatur interessiert und verschaffte sich die neuesten Werke. Domherren legten auch Wintergärten mit südländischen Pflanzen wie Orangen- und Zitronenbäumen und Oleander an und pflegten sie. Zudem

Abb. 54 Johann Konrad von Roggenbach, der Bischof des Dombaues von 1681

hatte jeder Domherr einen eigenen Gemüsegarten und hielt vermutlich auch Kleintiere. Mit den Naturaleinkünften und dem eigenen Garten, der Jagd- und Fischbeute waren die Domherren zum grossen Teil Selbstversorger. Wildbret, Lachse und Krebse gehörten zu den täglichen Genüssen. Holz erhielt das Kapitel aus den fürstbischöflichen Wäldern. Tuch wurde auf dem Jahrmarkt eingekauft. Anhand der Verlassenschaftsakten lassen sich reich ausgestattete Haushalte feststellen. Die grosse Menge von Geschirr lässt auf gastliche Häuser schliessen. Die Adligen und Honoratioren der näheren und weiteren Umgebung pflegten bei den Domherren und nicht im Wirtshaus abzusteigen. Seit 1785 stellte der Englische Garten, den Balbina von Staal zusammen mit ihrem Verwandten, dem Domherrn Heinrich von Ligerz, auf dem Burghügel der Burg Birseck hatte anlegen lassen, ein attraktives Ausflugsziel dar, das auch für den Weitgereisten einen Halt lohnte. Zeugnis von vielen illustren Besuchern geben die im Andlau-Archiv vorhandenen Gästebücher.[10]

Durch die Bedürfnisse des Domkapitels wurde das einheimische Handwerk gefördert. Zeugnis vom Kunstsinn der Domherren geben die geschmackvoll ausgestatteten Domherrenhäuser.[11] Künstler wurden nach Arlesheim geholt, Aufträge an Gold- und Silberschmiede in Augsburg und anderen Städten vergeben. Einige Gemälde des zeitweise in Arlesheim lebenden Malers Jean Baptiste Stuntz sind in den Verlassenschaftsverzeichnissen der Domherren aufgeführt.[12] Dem Kapitel stand ein Physikus (Arzt) zur Verfügung. Sicher war auch ein Perückenmacher im Dorf. Mit dem Zuzug des Kapitels hatte das ruhige Dorf Arlesheim plötzlich Anteil am Hofleben, wenn dieses, an europäischen Massstäben gemessen, auch bescheiden war. Diplomaten machten hier Halt, um dem Domkapitel ihre Reverenz zu erweisen. Der kaiserliche Gesandte war ein oft und gern gesehener Gast bei den Domherren.

5. Das Domkapitel als politische Kraft

Die wichtigste politische Aufgabe des Kapitels war die Bischofswahl. Hier trat das Kapitel als gestaltende Kraft in seiner Gesamtheit in Erscheinung. Acht Bischofs- bzw. Koadjutorwahlen (Wahl eines Hilfsbischofs mit Nachfolgerecht) fallen in die Arlesheimer Residenzzeit:

> Koadjutorwahl von Wilhelm Jakob Rinck von Baldenstein am 3. August 1688 in Arlesheim,

> Bischofswahl von Johann Konrad von Reinach-Hirtzbach am 11. Juni 1705 in Arlesheim

> Koadjutorwahl von Johann Baptist von Reinach-Hirtzbach am 2. September 1724 in Arlesheim

Bischofswahl von Jakob Sigismund von Reinach-Steinbrunn am 4. Juni 1737 in Arlesheim

Bischofswahl von Joseph Wilhelm Rinck von Baldenstein am 22. Januar 1744 in Arlesheim

Bischofswahl von Simon Nikolaus von Montjoie-Vaufrey am 26. Oktober 1762 in Arlesheim

Bischofswahl von Friedrich Ludwig Franz von Wangen am 29. Mai 1775 in Arlesheim

Bischofswahl von Franz Joseph Sigismund von Roggenbach am 25. November 1782 in Pruntrut.

Nur der letzte Fürstbischof, Franz Xaver von Neveu, wurde am 3. Juni 1794 in Freiburg i. Br. gewählt.

Das Fürstbistum Basel war als Reichsstand seit 1648 ein Sonderfall. Es hatte keine gemeinsame Grenze mehr mit dem Reich, im Süden und Osten grenzte es an die Eidgenossenschaft, im Westen an Frankreich. Mit anderen Worten, es war zur Vormauer gegen Frankreich sowohl für die Eidgenossenschaft im Nordwesten als auch für das Reich im Südwesten geworden. Diese Rolle als Drehscheibe verschiedenster Interessenbereiche spiegelte sich auch in den Wahlen. Kaiser und Reich, Österreich sowie Frankreich suchten ihren Einfluss geltend zu machen und Kandidaten ihrer Wahl zum Sieg zu verhelfen. Dabei konnte es sich um Bewerber innerhalb des Kapitels handeln, die als kaisertreu bzw. französischgesinnt bekannt waren, oder um solche von ausserhalb, die man mit dem Fürstbistum Basel für irgendwelche Dienste zu belohnen suchte. Manchmal waren es auch nachgeborene Prinzen regierender Familien selbst, deren Versorgung sichergestellt werden sollte. Dem Domkapitel gelang es jedesmal trotz massiver Beeinflussungsversuche, sich seine Unabhängigkeit zu erhalten und einen Kandidaten aus den eigenen Reihen zum Bischof zu erküren.

Die gesamte Politik des Fürstbistums stand im Zeichen verschiedener Polarisierungen, die sich aus den Zeitumständen ergaben. Im 17. Jahrhundert lehnte sich Wilhelm Jakob Rinck von Baldenstein an die Eidgenossenschaft an und suchte ein Bündnis mit den XIII Orten abzuschliessen. Unter dem absolutistischen Regime von Johann Konrad von Reinach-Hirtzbach suchten die Untertanen, die sich um ihre alten Freiheiten betrogen fühlten, ihr Recht beim Reichskammergericht in Wetzlar und beim Reichshofrat in Wien. Der Fürstbischof ging letztlich siegreich aus diesen Auseinandersetzungen hervor. Nachdem er vergeblich Unterstützung bei den ehemals verbündeten VII katholischen Orten und beim Kaiser gesucht hatte, konnte sein Nachfolger mit Frankreich einen Vertrag abschliessen.[13] Dank militärischer Hilfe Frankreichs konnten die Untertanen zum Nachgeben gezwungen werden. Die Anführer wurden hingerichtet oder schwer bestraft.

Die fürstbischöfliche Politik trug deshalb in den folgenden Jahrzehnten französische Akzente. Nach der Umkehrung der Bündnisse 1756 vereinfachte sich die Situation, weil Frankreich mit dem Kaiser im gleichen Lager stand. Erst unter Fürstbischof Roggenbach folgte wieder eine intensive Annäherung an den Kaiser und die Schweiz.[14] Die Aussenpolitik des Fürstbistums kann man gemeinhin mit einem Balanceakt vergleichen, der Ausgewogenheit nach allen Seiten verlangte. Das Domkapitel selbst bestand aus zwei bis drei Faktoren (Parteien). Je nach Familienzugehörigkeit bildeten sich sogenannte «deutsche» oder «französische» Allianzen, die über ein Beziehungsnetz zum kaiserlichen oder französischen Hof verfügten. Diese Gruppierungen waren von flüchtiger Natur, sie wechselten je nach Ereignissen oder verbindenden Interessen. Vor allem in der Zeit der Landesunruhen 1732–1737 kam es zu problematischen Polarisierungen. Ein Teil des Kapitels zeigte viel Verständnis für die Anliegen der Untertanen. Dies führte dazu, dass der Fürstbischof nur noch einige wenige Domherren, denen er sein Vertrauen schenken zu dürfen glaubte, in seine Vorhaben einweihte. Das Domkapitel in seiner Gesamtheit hatte während einiger Jahre keine Einsicht mehr in die Rechnungsführung des Fürstbistums.[5] In den letzten fünf Regierungsjahren von Johann Konrad von Reinach-Hirtzbach wurde sein Einfluss weitgehend ausgeschaltet.

6. Die Flucht des Domkapitels aus Arlesheim

Die Französische Revolution hatte ihre Schatten schon einige Zeit vorausgeworfen. Vergeblich suchte Fürstbischof von Roggenbach Hilfe beim Kaiser und der Eidgenossenschaft. Der einzige Ausweg im Konflikt zwischen Kaiser, Reich, Preussen und Frankreich schien eine streng beobachtete Neutralität zu sein. Wie wenig erfolgreich diese Politik war, zeigte die Kriegserklärung Frankreichs an Fürstbischof und Domkapitel vom 9. Dezember 1792, und nachdem es bereits im April 1792 einen grossen Teil des Fürstbistums besetzt hatte. Der Fürstbischof war schon nach Biel geflüchtet, das Kapitel hatte im Sommer und Herbst 1792 in Arlesheim ausgeharrt. Am 23. November rückten zwei französische Kompanien im Dorf ein. Die Domherren flüchteten zwar Archiv und Domschatz nach Basel, setzten aber den Chorgang unbehelligt fort. Nach der Kriegserklärung wurden die Domherren unter Hausarrest gestellt und die Auslieferung von Archiv und Domschatz verlangt. Als das Kapitel diesem Befehl nicht Folge leistete, nahmen die Truppen Domdekan Rosé und Domherrn Rinck den Älteren als Staatsgeiseln und trennten sie vom Kapitel. Am 23. Dezember 1792 wurden beide zusammen mit Domkantor von Blarer und Domkustos von Reinach unter militärischer Bewachung nach Pruntrut geführt. Dort wurden sie zuerst im Gefängnis, danach in der Offizialität festgehalten. Die Gefangenschaft fiel in die Machtkämpfe zwischen den Gemässigten und den Jakobinern in der Raurachischen Republik. Die Stellung des Generals Demars in Pruntrut war schliesslich derart geschwächt, dass er die Domherren nach Bezahlung der Kosten während der Gefangenschaft freiliess. In dieser Zeit sassen die übrigen Domherren immer noch unter Hausarrest in Arlesheim. Als Gerüchte umgingen, sie sollten nachts von den Franzosen umgebracht werden, flohen Andlau, Rotberg und Rinck der Jüngere nach Schliengen. Die restlichen Domherren setzten sich nach und nach in die Schweiz ab. Im Februar 1793 weilten nur noch Dompropst Eberstein und Domherr Reibelt, der mit den Franzosen fraternisierte, in Arlesheim. Erst am 9. Mai 1793 flüchteten beide mit den Kaplänen, um einer drohenden französischen Deportation zu entgehen.[15] Das Domkapitel hatte seine Residenz für immer verloren; es existierte noch weiter bis zur im Reichsdeputationshauptschluss vom 25. Februar 1803 ausgesprochenen Säkularisation der geistlichen Staaten.[16]

Anmerkungen

1 Für die Entwicklung des Fürstbistums habe ich mich auf die Nouvelle Histoire du Jura, S. 64–113, gestützt.

2 Heyer Hans-Rudolf: Die Übersiedlung, S. 175–183

3 Bosshart-Pfluger Catherine: S. 31–49

4 Aufstellungen der entrichteten Gebühren, vgl. Generallandesarchiv GLA Karlsruhe, 85/128

5 Kammerer Louis, S. 115–126

6 Vgl. Bosshart-Pfluger Catherine, S 17–31, 49–55

7 Mattmüller Markus, S. 621–647

8 Vgl. GLA, Verlassenschaftsakten der Domherren 85/28–42.

9 Catalogus Librorum

10 Staatsarchiv Freiburg i. Br., Familienarchiv von Andlau

11 Heyer Hans-Rudolf: Kunstdenkmäler, S. 127–161

12 Vgl. GLA 85/31 Gantregister von Franz Sigismund von Froberg vom Januar 1789

13 Zu den Vertragsverhandlungen vgl. Rébétez-Paroz Pierre, S. 111–163

14 Zur Politik Roggenbachs vgl. Jorio Marco, S. 1–229

15 Bosshart-Pfluger Catherine, S. 196

16 Vgl. dazu Jorio Marco, S. 58–65

Quellen und Literatur

Cercle d'études historiques: Nouvelle Histoire du Jura, Porrentruy 1984

Heyer Hans-Rudolf: Die Übersiedlung des Basler Domkapitels von seinem Exil in Freiburg i. Br. nach Arlesheim im Jahre 1678 und das Schicksal seines Archivs während der Französischen Revolution, in: Basler Zeitschrift für Geschichte und Altertumskunde 67 (1967)

Bosshart-Pfluger Catherine: Das Basler Domkapitel von seiner Übersiedlung nach Arlesheim bis zur Säkularisation (1678–1803), Basel 1983 (Quellen und Forschungen zur Basler Geschichte, Bd. 11)

Generallandesarchiv Karlsruhe (GLA): Verlassenschaftsakten der Domherren

Kammerer Louis: Népotisme et cumuls dans l'ancien diocèse de Bâle au XVIIIe siècle, in: Archives de l'eglise d'Alsace 47 (1988)

Mattmüller Markus: Bevölkerungsgeschichte der Schweiz, Basel 1987, Bd. I

Catalogus Librorum quos collegit Chistianus Franciscus Baro ab Eberstein (...) Arleshemij 1777, Bibliothèque cantonale de Porrentruy

Staatsarchiv Freiburg i. Br.: Familienarchiv von Andlau

Rébétez-Paroz Pierre: Les relations de l'évêché de Bâle avec la France au 18e siècle, St-Maurice 1943

Jorio Marco: Der Untergang des Fürstbistums Basel (1792–1815). Der Kampf der beiden letzten Fürstbischöfe Joseph Sigismund von Roggenbach und Franz Xaver von Neveu gegen die Säkularisation, in: Zeitschrift für Schweizerische Kirchengeschichte 75 (1981)

Heyer Hans-Rudolf: Die Kunstdenkmäler des Kantons Basel-Landschaft, Bd. 1, Bezirk Arlesheim, Basel 1969

Die Siedlung

Vom Hof «Arlisheim» zur Basler Vorortgemeinde
Ein Beitrag zur Siedlungsentwicklung

Vom Hof «Arlisheim» zum Flecken Arlesheim

Abb. 55 Die Post-Werbeflagge

«Arlesheim – sein Dom, seine Burgen», verkündet die Arlesheimer Postwerbeflagge, welche die Arlesheimer Postsendungen zeitweilig ziert. Der kurze Text trifft ins Schwarze: herrlich gelegen ist die Gemeinde im südlichen Birseck. Unter dem Gempenstollen, bewacht vom ehemals bischöflichen Schloss Birseck und der zu Lehen gegebenen Burg Reichenstein, steht am oberen Ende des Dorfkerns der bekannte Dom mit seiner Silbermannorgel. Nicht weniger berühmt ist die Ermitage, geschaffen von der letzten «Landvögtin» Balbina von Andlau zu einer Zeit, als das Motto «zurück zur Natur» englische Gärten in ganz Europa entstehen liess (siehe S. 168).

Das Bemerkenswerteste an Arlesheim ist die Tatsache, dass schon «immer» Menschen in dieser Gegend gewohnt haben. So lassen sich hier, geschützt am Westfuss des Gempenplateaus, Spuren mehrerer Jahrtausende zurückverfolgen in die jüngere und ältere Steinzeit, in die keltische und römische, alemannische und fränkische Epoche. Hiervon zeugen etwa alte Höhlensiedlungen an den Hohlen Felsen, am Schlossfelsen und am Hollenberg, Alemannengräber oder der bekannte Fund römischer Münzen bei Reichenstein[1] (siehe S. 81, Abb. 49).

Auch wenn es sich beim Testament der Äbtissin Odilia von 708, das den Hof «Arlisheim» ihrem Kloster Hohenburg vermachte,[2] tatsächlich um eine Fälschung handelt, so darf doch getrost angenommen werden, dass sich solches oder ähnliches zugetragen hat. Immerhin lässt die Endsilbe «-heim» in unserem Ortsnamen vermuten, dass es sich bei Arlesheim um eine alemannisch-fränkische Hofsiedlung aus dem 5. oder 6. Jahrhundert gehandelt haben muss. Ein weiteres Indiz dafür, dass die Fälschung inhaltlich nicht so abwegig ist, besteht darin, dass die heilige Odilia auch Patronin der ehemaligen Pfarrkirche war.

Das Kloster Hohenburg im Elsass (heute Odilienberg) scheint somit rund vierhundert Jahre Besitzerin der Kleinsiedlung Arlesheim gewesen zu sein. Um aber das südliche Birseck vor den Ansprüchen der Froburger zu schützen, wurde im

Abb. 56 Das Dreisässenhaus von Robert Leuthardt an der Dorfgasse 8 im Blumenschmuck

12. Jahrhundert vom Kloster veranlasst, den Bergrücken hinter Arlesheim zu befestigen.[3] So entstanden die Burgen *Ober Birseck* (später Reichenstein, siehe S. 157), *Mittel- und Äusser Birseck* (im Erdbeben von 1356 zerstört) sowie *Unter Birseck* (heute Birseck, siehe S. 162). Da aber diese Befestigungen offenbar die Froburger nicht abschreckten, das Birseck zu beanspruchen, verkaufte die Äbtissin Willebirgis von Hohenburg am 27. Juni 1239 all ihren Besitz und ihre Rechte an ihrem «Flecken Arlisheim» an das Bistum Basel, dem es bis 1792 angehörte. Während der Bischof von nun an «Unter Birseck» für seine eigenen Zwecke nützte, gab er «Ober Birseck» der Familie Reich zu Lehen, die das Schloss von da an Reichenstein nannte.

Nicht direkt an den wichtigeren Nord-Süd-Transitrouten durchs Ergolz- oder Birstal gelegen, gehörte Arlesheim vermutlich jahrhundertelang zu den bescheideneren Flecken des Birsecks. Trotz allem wurde es 1373 urkundlich zum ersten Mal als *Dorf* erwähnt.[4] Dies ist wohl dem Umstand zu verdanken, dass sich Arlesheim sehr früh von der eigentlichen Birsecker Urpfarrei Pfeffingen – damals Hauptsitz der Grafen von Thierstein, Lehensträger des Bischofs von Basel – löste und spätestens seit 1341 eine eigene Kirchenpfründe bzw. seit 1396 einen eigenen Pfarrer besass.[5] 1585 zählte das liebliche Winzer- und Bauerndorf aber immer

104

Abb. 57 Der Sundgauerhof an der Hauptstrasse 43

noch nur 31 Häuser mit 200–250 Einwohnern. Unter den Häusern, die sich dem schwach eingesenkten Dorfbach anschmiegten, war das *Dreisässenhaus* vorherrschend, das Wohnung, Tenn und Stall, häufig sogar auch den Weinkeller,[6] unter einem Dach vereinigt. Aber auch der sogenannte *Sundgauerhof,* der die Nebengebäude in einem Hof anordnet, erfreute sich insbesondere nach dem Dreissigjährigen Krieg (1618–1648) zunehmender Beliebtheit,[7] vor allem darum, weil die Viehhaltung in der Landwirtschaft immer wichtiger wurde.

Eine Viehhaltung mit viel Grossvieh darf man sich allerdings nicht vorstellen. Bis zum Dreissigjährigen Krieg war der Acker die eigentliche Erwerbsquelle des Bauern. Von diesem Acker wurden die Zehnten erhoben, und an ihm wurde das Ansehen des Bauern gemessen. Um den landwirtschaftlichen Boden vor Zersiedelung zu schützen, wurde er durch den Etter, meist ein grüner Lebhag, vom Dorf abgetrennt. Auch der Flurzwang (Dreifelderwirtschaft) diente dazu, Verluste der Ernteerträge möglichst gering zu halten.

Nach dem Dreissigjährigen Krieg bahnte sich jedoch eine bedeutende Umwälzung an: die *Agrarreform.* Schrittweise wurde nun die Methode der Dreifelderwirtschaft verlassen und die Brache mit Kartoffeln oder Klee angepflanzt.[8] Alte Ackerböden wurden mit Bewässerungsanlagen in Heumatten verwandelt und der allgemeine Weidgang zugunsten des zweiten Schnittes eingeschränkt. Dieser landwirtschaftliche Umbruch widerspiegelt sich in Siedlung und Flur von Arles-

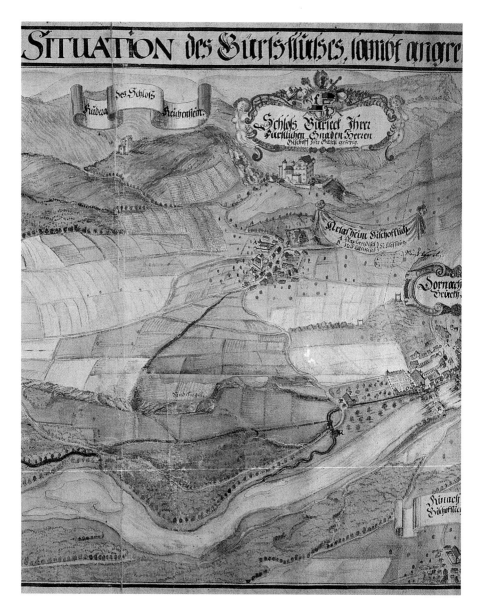

Abb. 58 Ausschnitt aus dem Plan von Jakob Meyer, 1665: «Geographische Verzeichnus der SITUATION des Bürsflusses, sambt angrenzender Landschaft von dem Schloss Angenstein an, biss unter Mönchenstein» (Staatsarchiv Baselland).
Links oben «Rudera (= Ruine) des Schloss Reichenstein», rechts daneben «Schloss Bürseck, Ihrer Fürstlichen Gnaden Herren Bischoff zue Basell gehörig», darunter «Arlasheim Bischofflich. A Flaxlandisch, B New Osteinisch Schlösslein» (heute Andlauerhof und Sonnenhof), im Dorf die Odilienkirche, der Dom steht noch nicht.

106

heim: Der Sundgauerhof wird zu einem neuen dörflichen Element. Der Neubach, ursprünglich ein Rinnsal, das sich oberhalb des heutigen Rössli vom eigentlichen Dorfbach trennte, wird ausgetieft und als Wässerbach der Neumatte zugeführt.[9] Schliesslich werden die Weiden in der immer wieder überschwemmten Birsaue zum Zweck der Bodengewinnung für Äcker oder Heumatten stückweise zurückgedrängt.

Seit dem ausgehenden Mittelalter muss das Dorf zu Füssen von Birseck als privater Wohnsitz bei verschiedenen *Adelsfamilien,* die am bischöflichen Hofe Dienste leisteten, sehr beliebt gewesen sein. So bestanden am östlichen Rande von Arlesheim zwei stattliche, von Gärten umgebene Landsitze: östlich des Dorfbachs befand sich an der Stelle des heutigen Andlauerhofes das Schloss der Familie von Flachslanden, und hoch über dem linken Ufer, wo heute der Sonnenhof liegt, das Schloss der Herren von Ostein. Beide Landsitze sind in den Karten des Basler Geometers Jakob Meyer, der in den Jahren 1659 und 1665 die Landschaften im Birstal von Angenstein bis gegen die Birsmündung im Massstab 1:5000 dargestellt hat, eingezeichnet. Noch nicht sichtbar ist dort indessen, dass der heute eingedolte Bach sich oberhalb des Dorfs teilte und so zwei parallele Strassenzüge, die heutige Ermitagestrasse und die Dorfgasse, entstehen liess. Einzig die Dorfgasse ist als enge Gasse erkennbar, während sich die Ermitagestrasse vor dem ehemaligen Pfarrhaus, der Kirche mit dem Friedhof, der Trotte, dem Amtshaus und den Gasthöfen nur erahnen lässt. Erst später, mit der Eintiefung des Neubachs, entstand die uns so bekannte Häuserdoppelzeile. Dasselbe gilt für die in Nordsüdrichtung verlaufende Hauptstrasse, die Verbindungsstrasse nach Münchenstein und Dornach.[10]

Dorferweiterung durch die Ansiedlung des Domkapitels

Eine neue Ära in der Geschichte von Arlesheim begann, als am 22. November 1678 das Dorf vom französischen König und dem deutschen Kaiser die Erlaubnis erhielt, das *Domkapitel* von Basel aufzunehmen. Nachdem sich dieses ein Jahr später entschieden hatte, hier eine neue Residenz mit Kirche, Kapitelhaus und Domherrenhäusern zu erbauen, erwarb der Fürstbischof Johann Konrad von Roggenbach auf einer Anhöhe südlich des Dorfes ein riesiges Grundstück, auf dem die Anlage entstand. Den Auftrag, die Pläne dafür zu erstellen, erhielt Jakob Engel (1631–1714), ein gebürtiger Bündner aus dem Misox und damals Hofbaumeister des Fürstbischofs von Eichstätt.[11]

Vor dem 1681 eingeweihten *Dom* entstand in der Folge eine kleine, städtisch anmutende Anlage, geprägt von den acht im Grundriss etwa gleich grossen Domherrenhäusern.[12] Die Fortsetzung des «Stadtplanes» in westlicher Richtung war möglicherweise auch geplant und auf irgendeinem Riss festgelegt, denn seltsamerweise fügen sich das Schwabesche Haus (Domstrasse 3) an der Nordseite bzw. gegenüber das Ehingersche Haus (Domstrasse 2), beides Gebäude, die um die Mitte des 18. Jahrhunderts entstanden, nahtlos in die Anlage ein. Zur kleinen

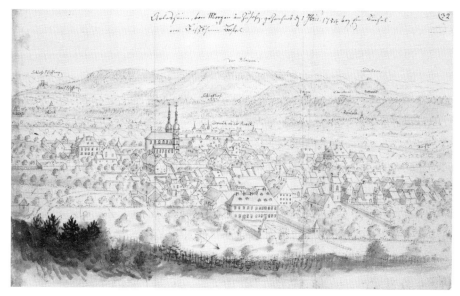

Abb. 59 Emanuel Büchel, 1754: «Arlesheim, von Morgen anzusehen» (Staatsarchiv Baselland)

Arlesheim einst und jetzt – zwei Ansichten

Abb. 60 Arlesheim 1992, vom gleichen Standpunkt aus fotografiert

Stadtanlage muss auch der erst 1761 ausserhalb der Residenz erstellte Bau gezählt werden, der das heutige Bezirksstatthalteramt (Kirchgasse 5) beherbergt.[13] Die Übersiedlung des Domkapitels verhalf Arlesheim zu neuem Aufschwung und zu manchen Vorteilen.[14] Ein buntbewegtes Leben begann – mit einer andern Zusammensetzung der Bevölkerung: neben den ehemals fast durchwegs bäuerlichen Bewohnern finden sich nun in grosser Zahl Adlige und vornehme Geistliche; aber auch eine bunte Palette verschiedenster Handwerksleute, die durch die Bau- und später auch Renovationsarbeiten ein Auskommen haben. Die räumliche Trennung der beiden heute noch klar erkennbaren Zentren von Arlesheim, die auf leichter Anhöhe errichtete *Residenz des Basler Domkapitels* und das zu ihren Füssen gelegene *bäuerliche Haufendorf,* widerspiegelt indessen unzweideutig die damalige soziale Trennung zwischen klerikalem Adel und Handwerker- bzw. Bauernstand. Diese war denn auch im Alltag deutlich spürbar.[15]

Mit der *französischen Revolution* 1792 fand diese Situation ein jähes Ende. Das Domkapitel wurde vertrieben und der Herrschaft des Bischofs ein Ende gesetzt. Die bischöflichen Besitzungen, und mit ihnen Arlesheim, kamen zur neugegründeten Raurachischen Republik und 1793 sogar zu Frankreich. Innerhalb der folgenden fünf Jahre wurden Dom und Domherrenhäuser als Nationaleigentum versteigert und gelangten so in private Hände, was zur Folge hatte, dass der Dom beinahe abgebrochen und die südlichen Domherrenhäuser fast allesamt in Badeanstalten, Gasthöfe oder Kurhäuser umgewandelt wurden.[16] Mit viel Glück konnte der Dom jedoch wieder von der Gemeinde als zukünftige Pfarrkirche übernommen werden, weshalb die alte Odilienkirche 1814 auf Abbruch verkauft und 1816 schliesslich abgebrochen wurde.[17] Am Wiener Kongress wurde Arlesheim 1815 zum Kanton Basel geschlagen und bekam als Hauptort des Bezirks Birseck das Bezirksgericht, das Statthalteramt und die Bezirksschreiberei zugewiesen. Ausserdem wies nach J. K. *Kölner* (1823) das damals etwa 120 Häuser und etwas mehr als 600 Einwohner zählende Arlesheim «ein eigenthümliches Pfarrhaus, eine gut eingerichtete Schule, ein wohlangelegtes Curhaus (Domplatz 12, heute Domhof) mit trefflichen Badeanstalten (Badhof), drey ordentliche Gasthöfe und einen Landjägerposten von 2 Mann» auf.

Die Industrie kommt nach Arlesheim

Wann die dritte Siedlungsperiode begonnen hat, lässt sich nicht so genau bestimmen wie bei der Domherrenzeit. Auf jeden Fall gründete die Familie Alioth im Jahre 1826 in Basel die *Schappespinnerei* und verlegte sie 1830 nach Arlesheim. Diese Fabrik lag weitab vom Dorf am äussersten Ende des Gemeindebannes. Sie brachte wohl zahlreichen Arlesheimern den bitter nötigen Verdienst, doch stieg die Bevölkerungszahl nur minim. Auf verschiedensten Karten und Plänen lassen sich zwischen 1828 und 1875 kaum neu erbaute Häuser erkennen.[18] Arlesheim erschien auch in den ersten paar Jahrzehnten nach der Ansiedlung der Schappe als

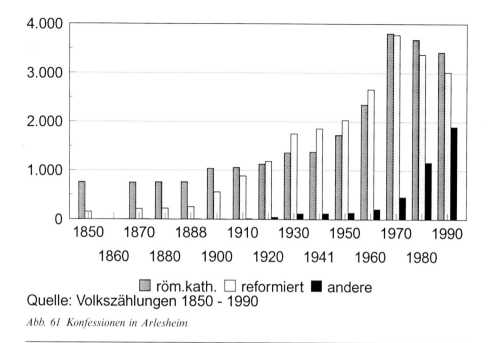

röm.kath. ☐ reformiert ■ andere

Quelle: Volkszählungen 1850 - 1990

Abb. 61 Konfessionen in Arlesheim

Immer mehr «Andere»

War die Arlesheimer Bevölkerung als ehemaliges fürstbischöfliches Dorf bis 1850 noch vorwiegend römisch-katholisch, änderte sich dies im Zuge der Industrialisierung und der überörtlichen verkehrsmässigen Anbindung beträchtlich. Die Zuwanderung insbesondere aus dem reformierten Basel war so gross, dass bereits 1910 die Zahl der Katholiken und Reformierten ausgeglichen war. In der Folge – bis etwa 1960 – verschob sich das Gleichgewicht aufgrund weiterer Zuwanderung leicht zugunsten der Reformierten. Ab 1960 treten in der Statistik nun vermehrt die «Anderen» auf, nebst Christ-Katholiken, anderen Christen (Anglikaner, Orthodoxe u.a.), Mitgliedern der anthroposophischen Christengemeinschaft und Israeliten auch die Konfessionslosen. 1971 waren es gemäss Gemeindestatistik bereits 445 Konfessionslose, im Jahr 1980 778, per Ende 1990 gar 1140 und am 30. September 1992 schliesslich 1302 von insgesamt 1977 «Anderen». In der Gemeindestatistik machen sich die ersten Kirchenaustritte bzw. auch der Zuzug von Konfessionslosen erstmals anfangs der siebziger Jahre bemerkbar. Durchschnittlich nahm nun die konfessionslose Bevölkerung pro Jahr um 35 Personen zu. Geht man von jährlich rund 10 Kirchenaustritten in jeder der beiden grossen Kirchgemeinden aus, so macht der Anteil der konfessionslosen Zuwanderer rund die Hälfte aus. Von den heute rund 1300 Konfessionslosen stammen etwa 200 Personen ursprünglich nicht aus Westeuropa. Die Zahl der «anderen» Christen betrug per 30.9.1992 354, diejenige der anthroposophi Christengemeinschaft 178. Die Zahl derjenigen Personen schliesslich, die offiziell einer nicht-christlichen Konfession angehören, beziffert sich auf 121.

110

verhältnissmässig kompakter, attraktiver Siedlungskörper. F. A. *Stocker* schreibt beispielsweise 1886:

«Es (das Dorf) *steht gleichsam in einem Baumgarten voll der prächtigsten Obstbäume. Hübsche Gartenanlagen schmücken das Dorf, das sich auch durch schöne breite Strassen, eine musterhafte Ordnung und Reinlichkeit auszeichnet. Die prachtvolle Natur, die herrliche Luft, die gesunden hübschen Wohnungen, die Höflichkeit und konfessionelle Friedfertigkeit der Landwirtschaft und Weinbau treibenden Einwohner ziehen im Sommer jährlich eine grosse Anzahl Naturfreunde nach Arlesheim, theils zu Spaziergängen und zur Besichtigung der Schlossanlagen, theils zum Sommeraufenthalt auf Wochen und Monate.»*

Auch die 1892 von der gleichen, damals wohl bedeutendsten, Familie Alioth gegründete *elektrotechnische Fabrik* (später Brown-Boveri & Co.) nahe bei der Grenze zu Münchenstein hätte keinen übermässig starken Bauboom ausgelöst, wären da nicht wichtige Entwicklungen auf dem Gebiet des Verkehrs gewesen. Bis zur Eröffnung der *Bahnstrecke Basel–Delsberg* im Jahre 1875 war die Entfernung nach Basel so gross, dass nur etwa 20 wohlhabende Basler Kaufleute und Industrielle hier Villen, meist Sommersitze, erbaut hatten, namentlich südwestlich des Domplatzes und südlich vom Hirsland. Erst nach dem Bahnbau entstanden in den 1880er Jahren Arbeiterviertel in Neu-Arlesheim bzw. zehn Jahre später in der Kreuzmatt an der Grenze zu Münchenstein.

1902 kam die *Birseckbahn* (siehe S. 224) dazu, die auf ihrem Weg nach Dornach den westlichen Rand von Arlesheim bildete und hier, zum Unwillen verschiedener Einheimischer, Verwaltung und Tramdepot errichtete.[19] Seit Arlesheim diese Tramverbindung mit Basel besitzt, haben sich zahlreiche Arbeiter mit ihren Familien – auch ausländischer Herkunft – hier niedergelassen, was zu einer massiven *Bevölkerungszunahme*, einer Überlastung des damaligen Schulwesens (1904 wurden 170 Primar- und 30 Sekundarschüler gezählt[20]) und zu einer allmählichen konfessionellen Umschichtung der Bevölkerung führte. Der Bau des geräumigen Domplatzschulhauses (Bezug 1914) bzw. der reformierten Kirche[21] (Einweihung 1912) zeugen von der damaligen Umbruchsphase.

Aber nicht nur die Arbeiterbevölkerung wurde in jener Zeit von der Wanderbewegung erfasst. Auch wohlhabende Städter verlegten ihre Wohnsitze hinaus aufs Land[22] und wurden so – im Gegensatz zu den meisten Arbeitern – zu *Pendlern*. Ihre Villen mit den prächtigen Parkanlagen entstanden vornehmlich südlich der

---

Nächste Doppelseite:

Arlesheim einst und jetzt – zwei Pläne

Abb. 62 1915 waren die eng parzellierten Flächen noch weitgehend unbebaut. ✦

Abb. 63 Der gleiche Planausschnitt 1991. Die Gemeinde ist dicht besiedelt. Links oben die Überbauung «Schneckenbünten» und «Dürrmatt», das Schwimmbad, die Curlinghalle und die Schulanlage Gerenmatte, rechts oben die Überbauung «im Lee», unten die «Obesunne» und die Überbauung «zum wisse Segel», in der Bildmitte noch das alte Tramdepot, rechts davon der Dorfkern (Vermessungsamt Baselland). ✦✦

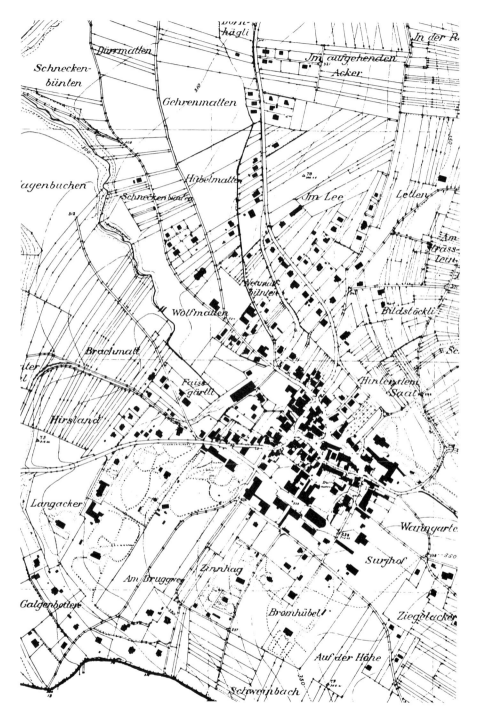

Dürrmatten

Schnecken-
bünten

agenbuchen

Gehrenmatten

Hübelmatten

Schneckenbünten

Wolfmatten

Brachmatt

ter

Faist-
gärtli

Hirsland

Langacker

Am Bruggwe

Galgenbotten

Dorn-
kägli

Im aufgehenden
Acker

In der Fi

Im Lee

Letten

Am
rass-
leu

Neumatt
bünten

Bildstöckli

Sc

Hinterdem
Saat

Waingarte

Surjhof

Zinnkag

Bromhübel

Ziegelacker

Auf der Höhe

Schweinbach

112

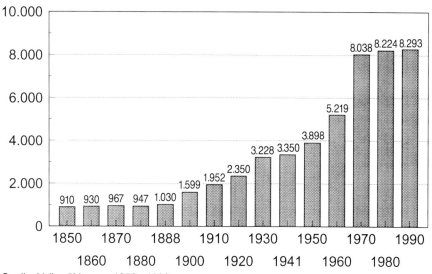

10.000

8.000

6.000

4.000

2.000

0

910 930 967 947 1.030 1.599 1.952 2.350 3.228 3.350 3.898 5.219 8.038 8.224 8.293

1850   1870   1888   1910   1930   1950   1970   1990
    1860   1880   1900   1920   1941   1960   1980

Quelle: Volkszählungen 1850 - 1990

Abb. 64 Bevölkerungsentwicklung von Arlesheim

Linie Stollenrain, Domplatz, Mühlebodenweg hinauf bis zum Hollenweg, zerstreut über das gesamte, gegen Dornach hin ausgerichtete Gemeindeareal. Dazu siedelten sich hier nach dem Bau des ersten Goetheanums (Eröffnung 1920) auch immer mehr Anthroposophen an, deren Baustil vielen Arlesheimern ein Dorn im Auge war.[23]

Damit war Arlesheim, gut 100 Jahre nach der Ansiedlung des ersten Industriebetriebs, mit einem zunehmenden Wachstum konfrontiert.[24] Entsprechend musste das Strassennetz ständig den Bedürfnissen der Gemeinde angepasst und vergrössert werden. Um 1924 erhielt das Dorf mit der *Birseckstrasse* eine Umfahrungsstrasse, die allen unnötigen Verkehr vom Dorfkern abhalten sollte. Zur gleichen Zeit wurde auch das Grundwasser im Talboden der Birs erschlossen, nachdem bereits 1894 die Gobenmattquellen gefasst und diese Quellwasseranlage 1904 schon erweitert worden waren. Dazu entstand das erste Pumpwerk mit Druckleitung beim Widenhof.[25]

Die Entwicklung und Zersiedelung Arlesheims ging nun so rasant voran, dass sich schon 1923 kritische Stimmen erhoben: «*Es besteht wirklich Gefahr, dass die einzigartigen Lagen so entwertet werden könnten; denn die Wohnquartiere sind daran, die ganze Dorfflur zu besetzen*».[26] In der Tat! Hatte das Wachstum der Siedlung in den letzten beiden Jahrzehnten des vorigen Jahrhunderts vor allem entlang der Baselstrasse, des Finkelerwegs und des Stollenrains stattgefunden, so erfolgte dieses zwischen 1900 und 1930 flächenhaft, und zwar ausgehend von eben diesen Ausfallstrassen bzw. entlang neu erstellter Stichstrasen.[27] All dies geschah völlig ungeordnet während der grossen Depression der dreissiger Jahre und auch

114

des Zweiten Weltkrieges, dort allerdings in vermindertem Ausmass. Die Bevölkerungszahlen sprechen hier für sich: 1888 lebten in Arlesheim um die 1000 Personen, zwanzig Jahre später hatte sich die Einwohnerschaft schon fast verdoppelt (1952 E.), und 1930 lebten hier gar mehr als dreimal soviele (3228 E.) wie 1888. Im Jahre 1950 schliesslich zählte man 3898 Bewohner.

Wer nun aber erwartet hat, dass die Mehrzahl dieser Zuzüger Wegpendler[28] gewesen seien, sieht sich getäuscht. Von den 780 Personen, die 1910 berufstätig waren, gingen nur 138 oder 17,7% einer auswärtigen Tätigkeit nach. Im übrigen Birseck war dieser Anteil mit rund 40% ungleich grösser. Auch 1930 waren nur 30,1% aller Arlesheimer Berufstätigen an einem andern Ort tätig (übriges Birseck: 46,3%), und noch 1960 gingen mehr als die Hälfte der Berufstätigen ihrer Arbeit in Arlesheim nach.

Zu jener Zeit war Arlesheim also nicht grundlos als Industrieort bekannt, der, zusammen mit einem starken Gewerbe, viele Arbeitsplätze anbieten konnte: 1910 zählte man 1309 Arbeitsplätze bei gerade 780 einheimischen Berufstätigen, und auch 1930 wies die Gemeinde noch mehr Arbeitsplätze als Berufstätige auf.[29] Dabei ist allerdings die Schätzung erstaunlich, dass von den 1528 Arbeitsplätzen im Jahre 1930 rund 600 oder 39% auf den Dienstleistungssektor entfallen sein sollen.[30] Auch wenn Arlesheim Bezirkshauptort war, und im Jahre 1930 mit der Ita Wegman Klinik, dem Sonnenhof, der Verwaltung der Birseckbahn, 4 Advokaturbüros, 3 Arztpraxen, 3 Banken, 4 Bäckereien, 3 Coiffeurläden, 8 Schneiderinnen und 3 Schneidermeistern, 3 Hotels und 8 Restaurants, 3 Glätterinnen, einer Kaffeehalle und 4 Kaffeestuben, z. T. mit dazugehörigen Konditoreien, 13 Lebensmittelhandlungen und Metzgereien und noch vielen anderen kleinen Betrieben Dienstleistungen[31] angeboten wurden, so scheint doch diese Zahl zu hoch gegriffen.

Somit begann also erst nach 1960, ausgelöst durch die vielen Zuzüger, die Zahl der Arbeitnehmer diejenige der Arbeitsplätze in Arlesheim zu übersteigen. Ebenfalls erst in den sechziger Jahren überschritt die Wegpendlerquote die 50%-Marke. Dies bedeutet, dass in unserer Gemeinde der Wandel von der Betriebs- zur Wohn- und damit zur Vorortgemeinde Basels nicht vor 1960 vollzogen wurde.

Der grosse Wandel der fünfziger und sechziger Jahre

Dass der Wohnungsmangel in Arlesheim in den Nachkriegsjahren bis weit in die sechziger Jahre hinein besonders gross war, lag sicher zu einem guten Teil daran, dass das *Einfamilienhaus* bei weitem die häufigste Wohnform darstellte. *Wohnblöcke oder Mehrfamilienhäuser* wurden eigentlich erst nach 1950 erstellt: zuerst im Rahmen des sozialen Wohnungsbaus oder von diversen Arbeitgebern für ihre Angestellten, nach 1960 auch von Baufirmen oder Generalunternehmen. So entstand beispielsweise zwischen 1946 und 1954 «Klein Moskau», wie die «Genossenschaft für sozialen Wohnungsbau» im Oberen Boden im Volksmund genannt wurde. Aber auch die Gemeinde verkaufte 1949 in der Wolfmatte 2,5 ha Land «an

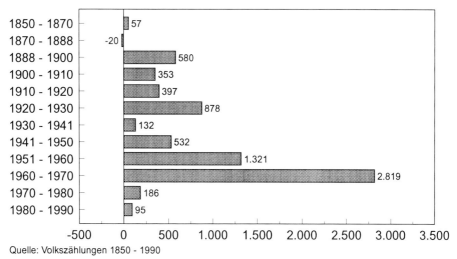

1850 - 1870		57						
1870 - 1888	-20							
1888 - 1900		580						
1900 - 1910		353						
1910 - 1920		397						
1920 - 1930		878						
1930 - 1941		132						
1941 - 1950		532						
1951 - 1960		1.321						
1960 - 1970		2.819						
1970 - 1980		186						
1980 - 1990		95						

Quelle: Volkszählungen 1850 - 1990

Abb. 65 Bevölkerungszunahme in Arlesheim

eine zu gründende Baugenossenschaft zur Erstellung von Wohnbauten».[32] 1956 wurden dann von privater Seite am Mattweg, 1957/58 an der Baselstrasse gegen Münchenstein hin mehrere Wohnblöcke erstellt (vgl. den Beitrag «Zwei Arlesheimer Wohngenossenschaften», S. 180).

Trotz allem stand, eigentlich bis in die Mitte der sechziger Jahre, das Einfamilienhaus im Vordergrund. Weil nun praktisch das ganze Gemeindegebiet, mal hier, mal dort, gleichzeitig von der Bebauung betroffen war, wurde die Gemeinde vor riesige Probleme gestellt. Kanalisation und Wasserleitungen mussten für fast die gesamte Bauzone erstellt werden. Weiter waren die Durchgangsstrassen wegen des zunehmenden Verkehrs laufend zu sanieren und zu verbreitern. So erhielt der Dorfkern zwischen 1950 und 1960 durch den Bau der neuen Hauptstrasse ein neues Gesicht: viele grosse Gärten westlich der Hauptstrasse gingen durch deren Verlegung verloren.[33] Weiter übernahm die Gemeinde viele Privatwege und Strassen, darunter auch die Gerenmattstrasse. Im November 1954 wurde von der Gemeinde einem Kreditbegehren für den Kauf der etwa 3 ha grossen Gerenmatte stattgegeben. Verkäuferin war damals die Industriegesellschaft Schappe. Hier entstanden in der Folge innert elf Jahren das Realschulhaus (heute Sekundar-) und die beiden Primarschulhäuser Gerenmatte 1 und 2, was angesichts des immensen Wachstums der Gemeinde nicht erstaunt (siehe S. 272, Abb. 135).

Im Jahre 1953 konnten im *Schwimmbad,* das zusammen mit dem *Sportplatz Hagenbuchen* errichtet worden war, die ersten Gäste begrüsst werden, nachdem drei Jahre zuvor Herr Peter Sarasin-Alioth durch ein «äusserst konziliantes Angebot an die Gemeinde»[34] den Erwerb der nötigen 3 ha ermöglicht hatte. 1956 schliesslich war es der Gemeinde möglich, von Frau Morel 1,2 ha für die Anlage eines

116

neuen Friedhofs zu erwerben. Dieser wurde 10 Jahre später als Friedhof Bromhübel feierlich eingeweiht.

Um die immer stärkere flächenhafte Überbauung einigermassen in den Griff zu bekommen, war der Gemeindeversammlung Ende 1951 aufgrund des kantonalen Baugesetzes aus dem Jahre 1943[35] zum ersten Mal ein Bau- und Zonenreglement für das ganze Baugebiet vorgestellt worden. Wegen der vielen Einsprachen, vor allem gegen Baulinien und Minimalabstände, dauerte es aber zwei Jahre, bis es von der Gemeindeversammlung genehmigt und dem Regierungsrat überwiesen werden konnte. Der Zonenplan umfasste im wesentlichen die schon vorhandenen Gebäude, was zur Folge hatte, dass mit Ausnahme der Ermitage praktisch das gesamte waldlose Gemeindegebiet in die Bauzone gelegt wurde.[36]

Waren die fünfziger Jahre noch das Jahrzehnt des Einfamilienhauses, so können die sechziger und auch der Beginn der siebziger Jahre als das Jahrzehnt der gros-

Nächste Doppelseite:

Arlesheim einst und jetzt – zwei Flugbilder

Abb. 67 Die kostbare Flugaufnahme aus dem Jahre 1890 stammt vom legendären Ballonfahrer Spelterini ◆

Abb. 68 Heute (1992) sind die einstigen Feldwege zu Wohnstrassen geworden. ◆ ◆

117

sen Mehrfamilienhausüberbauungen bezeichnet werden. Die *Überbauung Im Lee* war die erste, grösste und vermutlich auch spektakulärste ihrer Art in Arlesheim. Ihr, die alleine mehr als 500 Personen beherbergen kann, wurde in der Samstag-/ Sonntagsausgabe der National-Zeitung vom 13./14. Februar 1965 eine ganze Seite gewidmet: «*Ein Städtlein entsteht im Grünen / In Arlesheim wird der neue Dorfteil ‹Im Lee› mit rund 160 Wohnungen gebaut / Grosszügige Planung schafft ‹Wohnung von morgen› / Komfort, wie er sein soll*» waren die Schlagzeilen, und sie deuten recht gut die damalige Wachstumseuphorie an. Mit den *Überbauungen Dürrmatt* und *Obesunne* (beide 1965), die neben dem Alters- und Pflegeheim auch eine Alterssiedlung und den sozialen Wohnungsbau umfasst, aber auch mit dem *Neumättli*[37] und dem Reiheneinfamilienhaus-Quartier *Ziegelacker* (beide um 1970) entstand weiter grosszügig Wohnraum.

Die «wilden» sechziger Jahre

Nachdem in den fünfziger Jahren nun von Gemeindeseite her die Grundlagen für ein weiteres Wachstum gelegt worden waren, erstaunt es nicht, dass das folgende Jahrzehnt, zwischen 1960 und 1970, mit rund 3000 zugewanderten Personen mit Abstand das grösste Bevölkerungswachstum aufwies. Es müssen vor allem junge Familien mit Kindern im Schul- und Vorschulalter gewesen sein, die ihren Weg nach Arlesheim fanden, denn nie war hier seit Einführung der Volkszählung der Anteil der 0–14jährigen mit über 25 % höher als Ende der sechziger Jahre.[39] Vor diesem Huntergrund wird der Bau der drei Schulhäuser zwischen 1960 und 1972 gut verständlich.

Dieses Wachstum und die damit verbundene Umgestaltung des Gesichts von Arlesheim hatte zwei Folgen, die für die Entwicklung des Dorfs von grosser Bedeutung waren: Die Einleitung der ersten Schritte zur Bewahrung des historisch gewachsenen Ortskerns und die Verknappung der Baulandreserven. Zuvor allerdings wurden weitere wichtige Entscheidungen getroffen. Im Jahre 1964 wurde der revidierte Zonenplan verabschiedet, der nun, aufgrund neuer Bedürfnisse, auch mehr Zonen gegenüber dem ersten aufwies. Ein Jahr später wehrte sich die Gemeinde erfolgreich gegen eine von der Regionalplanung vorgesehene Verbindungsstrasse Arlesheim – Liestal. In einer Konsultativabstimmung indessen votierten die Besucher der Gemeindeversammlung 14 Tage später, am 24. Februar 1965, für eine Querverbindung Baselstrasse – Talstrasse.[38] Damit konnte im Juni 1966 der Gemeinde der Teilbebauungsplan «Obere Weiden» zur Vernehmlassung vorgelegt werden, wodurch die Teilüberbauung der Birsaue unten im Tal ermöglicht wurde.

Die siebziger und achtziger Jahre

Die Entwicklung der siebziger und achtziger Jahre kann vielleicht am ehesten charakterisiert werden mit Stichworten wie Ortskernplanung, Dorfplatzsanie-

120

rung, Baulandverknappung, Bodenpreisanstieg, verdichtetes Bauen, Bau der J 18, Ausbau des Tales durch Ansiedlung von neuem Gewerbe.

Die siebziger Jahre begannen mit weiteren herben Eingriffen ins Ortskernbild. Nachden im Sommer 1969 der Bevölkerung in einer Ausstellung die Ergebnisse der Ortskernkommission über die weitere Nutzung und Bebauung des Ortskerns vorgestellt worden waren, dauerte es fast zwei Jahre, bis die Arlesheimer über die Zukunft ihres Dorfzentrums befinden konnten. In der Zwischenzeit wurde an der Hauptstrasse die 1780 erbaute Liegenschaft Elsässer samt Nachbargebäude abgebrochen; sie hatte der Kantonalbank zu weichen. Mit diesem Neubau wurde das Bild der Hauptstrasse weiter nachhaltig verändert. Auch die untere Ermitagestrasse veränderte durch den Abbruch der Liegenschaften Pfluger (Kolonialwarenhandlung) und Leuthardt (Schuhgeschäft) ihr Aussehen stark. Der anschliessende Bau für Coop und das Hotel Eremitage wurde durch die Einsprache von 14 Arlesheimern zwar stark verzögert, aber dafür in akzeptableren Dimensionen errichtet.[40]

Die Annahme des *Quartierplans für den Ortskern* am 19. April 1971 war also dringend nötig, denn damit wurden endlich für jedermann verbindliche Regelungen für die Nutzung und Gestaltung des Dorfkerns geschaffen. Mit dem neuen Quartierplan sollte einerseits der bauliche Charakter des Dorfzentrums erhalten bleiben, andererseits dasselbe zu einem modernen Einkaufszentrum[43] umfunktioniert werden. Aber genau dieser Widerspruch führte in den Medien zu grosser Kritik. Man konnte sich nicht vorstellen, das Dorfbild zu schonen und gleichzeitig ein Shoppingcenter zu errichten. Dabei war die Umwandlung des Dorfkerns in dieser Hinsicht bereits in vollem Gange. Die alten Läden mit kleiner Verkaufs- und Lagerfläche hatten schon begonnen, zugunsten grösserer, moderner, spezialisierter Geschäfte zu verschwinden. Zudem siedelten sich Läden für den mittel- und langfristigen Bedarf an.

Ortskernplanung

Das damals als Kernzone ausgeschiedene Gebiet wurde von der Ortskernkommission in drei verschiedene Sorgfaltsstufen eingeteilt: In der ersten Zone sollten die bestehenden Gebäude möglichst keine Veränderungen erfahren. Diese Zone umschliesst den südöstlichen, «historischen» Teil des Kerns von der Oberen Gasse bis nahe an die Hauptstrasse hinunter. Beidseitig der Haupt- und Ermitagestrasse befindet sich Zone 2, die zwar einen Übergang zur ersten Zone mit ihren schützenswerten Bauten bildet, trotz allem aber zum Haupt-Einkaufszentrum werden sollte. Das Areal zwischen Bachweg und Faissgärtli ist schliesslich als Zone 3 ausgewiesen.[41] Hier sollte eine moderne Überbauung mit drei- bis viergeschossigen Häusern im Sinne einer Kern-Erweiterung entstehen, was 17 Jahre später mit dem Bau des neuen Postgebäudes und -platzes (Quartierplan Gschwindhof) teilweise auch realisiert wurde. Und noch etwas Weiteres wurde festgelegt: die allmähliche Befreiung des Dorfkerns vom Motorfahrzeugverkehr durch die Schaffung von Bereichen für Fussgänger, um diese «die Schönheit des Dorfbildes erleben»[42] zu lassen und ihnen attraktiveres Einkaufen zu ermöglichen.

Zahlreiche Beispiele können diesen *Wandel des Dorfkerns,* der heute noch andauert, belegen. Denken wir nur an die Ecke Gartenweg-Ermitagestrasse, an der, wie erwähnt, der Coop die Kolonialwarenhandlung Pfluger ablöste oder, unmittelbar daneben, an die Chemische Reinigung Näf, an deren Stelle vorher eine Filiale der Metzgerei Jenzer war. Der Einzug der Kleiderboutique Sarah beispielsweise war nur durch den Umzug der Apotheke an ihren heutigen Standort bzw. durch denjenigen der nachfolgenden Boutique Modeva in das Gebäude der alten Post möglich. Der Umzug des Schuhmachers Otthofer an den Dorfplatz 6 ermöglichte eine Vergrösserung der Papeterie Gysin, vormals Weber, was wiederum bewirkte, dass die ehemalige Papeterie Clerc am Dorfplatz durch die Buchhandlung Gysel abgelöst wurde. Die Aufgabe der Bäckerei Fleury an der Hauptstrasse schuf Raum für das Optikergeschäft Bitterli, und schräg gegenüber «nistete» sich der Bankverein in den ehemaligen Räumlichkeiten des Konsums ein. Aber auch die Ansiedlung der «Vier Jahreszeiten», des Wulle-Syde-Hüsli, der «Galerie und Blueme zu de 17 Sunnestrahle», des Scheiwi-Sports bzw. die Aufgabe der Metzgerei E. Mösch (heute das Radio-TV-Photogeschäft Ars Musica-Sound) zeigen deutlich den obenerwähnten Trend auf.
Rückblickend darf zwar behauptet werden, dass der damals umstrittene Quartierplan den Ortskern bereichert hat. Aber wenn die MIBA auf dem Dorfplatz nicht bestünde, wäre der Coop fast der einzige Lebensmittelladen im Dorfzentrum. Daran ändert auch nicht, dass Arlesheim mit der Erstellung eines neuen Postgebäudes (Einweihung Oktober 1988) im Rahmen des Quartierplans Gschwindhof einen ersten Schritt zum Ausbau des Dorfzentrums tat. Auch die umfassenden Umbauten und Renovationen der den Dorfplatz prägenden Häusergruppe Dorfplatz 3, 5, 7 und 9 (Abschluss 1987), wo sich die Läden Huber Schuh AG, Grotte Boutique und Wohnideen Bruno Rohrbach AG eingemietet

Abb. 70
Das Dorf von Nordwesten. Im alten Friedhof am linken Bildrand stand einst die Odilienkirche.

Der Dorfplatz als Ort der Begegnung [44]

«Nachdem die meisten alten Häuser rings um den Dorfplatz herum saniert worden waren und mit neuem altem Kleid zu einem ursprünglichen Dorfbild beitrugen, bewilligte die Gemeindeversammlung im November 1987 einen Kredit von Fr. 620 000.– für die Sanierung des Platzes selber. Attraktiv, lebendig und fussgänger-freundlich sollte er gestaltet werden, der Durchgangsverkehr müsse aus dem Ortskern herausgebannt werden. Doch auf die Zufahrt für Autos wollte vor allem das Gewerbe nicht verzichten. Im Juni 1988 wurde ein Referendum, das den Verzicht auf Parkplätze und die Zufahrt ausschliesslich für Anlieger und Zulieferdienste beantragte, abgelehnt.
Die Bauarbeiten dauerten gut eineinhalb Jahre. Der ganze Platz wurde gepflästert, die Trottoirs wurden aufgehoben. Fussgänger und Automobilisten bewegen sich auf der gleichen Verkehrsebene, die sich von den herkömmlichen Strassen mit einem Absatz abhebt. Mit dem Einbezug eines Teils der Hauptstrasse wurde eine direkte Verbindung zum Fussgängerbereich des nahen Postplatzes geschaffen. Quer zur Fahrbahn gerichtete Parkfelder und Pfosten verengen die Verkehrsfläche und verhindern damit den Verkehrsfluss. Neu gepflanzte Bäume dienen dem gleichen Zweck und bereichern den Platz zusätzlich...
Viele Einwohner bedauern, dass es nicht möglich war, den Dorfbach an die Oberfläche zu holen. Für die Tieferlegung und Sanierungsarbeiten am Wasserleitungsnetz musste noch ein Nachtragskredit bewilligt werden.»

haben, veränderten die Situation nicht grundlegend. Möglich ist, dass durch die Dorfplatzsanierung einst neue Qualitäten und Werte zum Tragen kommen, die den Dorfplatz als Standort für weitere Lebensmittelläden attraktiv machen.

Die bauliche Entwicklung stagnierte in den siebziger Jahren. Noch bestehende Lücken wurden mit einzelnen Wohn- oder anderen Gebäuden ausgefüllt. Als ein Beispiel kann der Bau der *Werkhofs und der Truppenunterkunft* angeführt werden, der im Frühling 1979 eingeweiht wurde. Damit entfiel der Zweck der alten Trotte, die aus der ersten Hälfte des 18. Jahrhunderts stammt und 1926 zum Gemeindewerkhof umgebaut worden war. Um der neuen Bestimmung als *Ortsmuseum* (Eröffnung 1981) zu dienen, wurde das Gebäude komplett renoviert und auch die Umgebung neu gestaltet (siehe S. 305). Der Trottenplatz wurde zum gepflästerten Marktplatz, die Grünanlage den Häusern angegliedert, und die Parkplätze wurden in einer Baumallee neu geordnet.
Einzig mit den Überbauungen *Schneckenbünten 1978* und *Chrützmatt 1984* wurde noch einmal grosszügig Wohnraum geschaffen. Aber sonst war die Wohnbautätigkeit in den siebziger Jahren verhältnismässig gering. Als Ruhe vor dem Sturm könnte man diese Periode bezeichnen, und dennoch geschah auf dem Bodenmarkt sehr viel. Heimlich und leise stiegen nun die Bodenpreise, wohl als Folge von knappem Bauland. Aber wo ein Gut knapp ist, treibt auch der Missbrauch Blüten. Mit allen Mitteln wurde in den achtziger Jahren – speziell in den späten

Abb. 71 Wohnsiedlung Chrützmatt, 1984

achtziger Jahren – von einschlägigen Architekten und Baufirmen versucht, Wohnhäuser mit grossen Parzellen zu ergattern. Unter dem Zauberwort «verdichtetes Bauen» wurden die alten Gebäude abgerissen und die Parzellen häufig für eine maximale Nutzung – sprich Rendite – verwendet. Die allgemeine Wohnraumknappheit in der Region Basel und insbesondere die Tatsache, dass Arlesheim ein überaus begehrter Wohnort ist, ermöglichten vielen Bauherren, durch Luxusausstattung der Wohnungen die Mietzinsen und damit die Rendite nochmals zu erhöhen. Dass jeder erdenkliche Fantasiepreis für Wohnen bezahlt wird und der Leerwohnungsbestand nirgendwo im Kanton Baselland so tief ist wie in Arlesheim, scheint jedoch dieser Art von Bauherren recht zu geben.

Das Problem ist den Gemeindebehörden nicht unbekannt. So haben sie im April 1989 zur Erhaltung von günstigem Wohnraum zusammen mit der *Wohngenossenschaft Wolfmatten* an der Birseckstrasse vier Liegenschaften für insgesamt Fr. 1,6 Millionen erworben. Für Fr. 900 000.– hat die Gemeinde das Land, für die restlichen Fr. 700 000.– hat die Wohngenossenschaft die Wohnhäuser mit total 16 Wohnungen übernommen. Dadurch konnte der Mietzins für eine Dreieinhalbzimmerwohnung mit Mansarde, Keller und Gartenanteil mit Fr. 580.– überaus tief gehalten werden.[45]

In den achtziger Jahren wurde mit der *Umgestaltung des Tales* ein weiterer Bereich Arlesheims tiefgreifend verändert. Grundlage dafür war der Bau der J 18 (Eröffnung 1983), mit dem das Tal vom verkehrstechnischen Standpunkt aus eine massive Aufwertung erhielt. Zudem wurde im Jahre 1977 mit der Schappefabrik die älteste Industrieanlage Arlesheims stillgelegt. Vier Jahre später wurde die Papierfabrik Stöcklin aufgegeben, und auch die Asea Brown Boveri AG entliess zwischen 1976 und 1981 gestaffelt 223 Arbeiter, um den Betrieb im März 1990 endgültig zu schliessen.

125

Um das *Schappeareal* entbrannte zu Beginn der achtziger Jahre ein harter Konflikt. Als neue Besitzerin dieses Areals beabsichtigte die Migros, dort, an bester Verkehrslage, ein Einkaufscenter von rund 12 800 m² Verkaufsfläche zu erstellen. Nach einer Einsprache gegen dieses Baugesuch traf ein zweites Gesuch für einen kleineren Do-it-yourself-Laden mit Gartencenter ein, worauf die Gemeinde eine befristete Bausperre verfügte. Vor allem vom herbe Verluste befürchtenden einheimischen Gewerbe auf den Plan gerufen, stimmten die Arlesheimer in einer denkwürdigen Gemeindeversammlung (die Domplatzturnhalle war zum Bersten gefüllt!) einer Zonenplanänderung zu, gemäss der Detailhandelsbetriebe in der Gewerbezone verboten werden sollten. Gegen diese «Lex Schappe» rekurrierte die Migros vergeblich vor dem Verwaltungs- und anschliessend dem Bundesgericht. Immerhin soll als Alternative in einem Geschäftshaus, welches das alte Tramdepot ersetzen wird, eine Migrosfiliale angesiedelt werden.

Trotz dieses «Intermezzos» erfolgte die *Umgestaltung des Tales* nun Schlag auf Schlag. Zum einen verlegten einige Arlesheimer Betriebe ihre Produktion ins Tal. Dazu gehören die *Weleda AG,* die *Holle Nährmittel AG,* die *Dürrenberger AG* oder die *Druckerei Bloch AG,* wobei sich letztere im erst kürzlich erstellten Büro- und Gewerbehaus ansiedelte. Zum anderen liessen sich, von der günstigen Lage angezogen, neue Firmen aus den Bereichen Spedition, Holzbau, Computer, Autos und Fossile Brennstoffe nieder. Als architektonischer und kultureller Farbtupfer springt zudem das 1989 erbaute *Atelierhaus Arlesheim* ins Auge, das im Baurecht auf dem Boden der Christoph Merian Stiftung erstellt wurde. Darin können heute Wohn-Ateliers zu günstigen Bedingungen an Künstler abgegeben werden.

Neben diesen Gewerbebetrieben erstellte man neue Freizeit- und Sportanlagen. Im August 1984 wurde der *Sportplatz Widen,* bestehend aus Tennisplatz, Fussballplätzen, Garderobegebäude und einem Clubhaus für den FC Arlesheim, eingeweiht. Den nördlichen Abschluss dieser Anlagen bildet heute der im Juni 1985 von der ökumenischen Genossenschaft Arbeitshilfe (Oega) auf einer Länge von 550 m *freigelegte Dorfbach.* Daneben wurden Tümpel und Trockenwiesen geschaffen sowie ein Kieshügel aufgehäuft, um der Natur wieder ein klein wenig Raum zu geben.[46]

In der Zwischenzeit waren neue Projekte für die Nutzung des bestehenden *Industrieareals Schappe* bzw. der Gebäude der ehemaligen *Stöcklin AG* gereift. Im Jahre 1987 begannen die Verhandlungen zwischen der Gemeinde und der Migros über einen Quartierplan «Schappe» aufgrund eines Ideenwettbewerbs. Der Quartierplan wurde im März 1990 der Bevölkerung zur Genehmigung vorgelegt. Er sieht eine Nutzung des Areals für Wohn- und Gewerbezwecke vor. Ein Teil der Schappe – die Mühle aus dem Jahre 1622, das Portier- und Speisesaalhaus (1831) sowie das alte Fabrikgebäude (1834) – soll erhalten bleiben und neu genutzt werden. Die anderen Fabrikgebäude werden abgerissen und sollen einer Wohnüberbauung mit rund 150 Einheiten Platz machen.[47] Auch die Bauten der alten Papierfabrik Stöcklin sollten anderweitig verwendet werden – als kantonales Kulturzentrum (Ateliers, Ausstellungen). Am 2. Juni 1991 wurde die Vorlage vom Baselbieter Souverän jedoch abgelehnt.

Weitere neue Projekte stehen an. So liegt ein Planungskonzept für das *Bahnareal Dornach-Arlesheim* vor. Dabei sollen die Bahnanlagen neu gestaltet, ein neues Gebäude für die Post Dornach erstellt, die Tramschlaufe verlegt und so – zusammen mit Bushaltestellen, rund 150 Veloabstellplätzen und insgesamt 175 unterirdischen Park-and-ride-Parkplätzen – der öffentliche und der private Verkehr optimal verbunden werden. Daneben sollen attraktive Wohneinheiten sowie Räume für Geschäfte entstehen, was letztlich eine bessere Nutzung des Gesamtareals ermöglicht.

1990 anteilmässig gleichviele Ausländer in Arlesheim wie 1900

Wenn man den Statistikern des Bundes Glauben schenken darf, dann lebten gemäss Volkszählungsergebnissen um die Jahrhundertwende anteilmässig gleich viele Ausländer in Arlesheim wie 1990, nämlich rund 19%. Aber auch bereits 50 Jahre davor waren von 910 Bewohnern 115 ausländischer Herkunft, was immerhin einen Anteil von 13% ausmacht. Leider geben die einschlägigen Statistiken keine weiteren Aufschlüsse über die Ausländer. Aufgrund unterschiedlicher Quellen kann man aber annehmen, dass diverse Steinbrüche und Mergelgruben sowie insbesondere die Schappefabrik ihr Arbeitsort gewesen sein müssen. Weiter legt die Entwicklung des Ausländeranteils zwischen 1880 und 1910 nahe, dass nebst der Gründung der elektrotechnischen Fabrik (später Brown-Boveri und Co.) durch die Familie Alioth und insbesondere auch der Bau der Tramlinie Basel–Dornach weitere Arbeitsplätze für Ausländer schuf. Im übrigen zeigt die Grafik sehr schön, dass ihre Zahl mit der wirtschaftlichen bzw. konjunkturellen Situation in unserem Lande und damit auch in Arlesheim korrespondiert. So hatten beispielsweise die Weltwirtschaftskrise der dreissiger Jahre und der Zweite Weltkrieg einen ebenso dramatischen Effekt auf die ausländischen Arbeitsplätze und damit Ausländerzahl wie vierzig Jahre später der Erdölschock. Umgekehrt aber schuf der unerschütterliche Glaube an Produktion und Wachstum der Nachkriegszeit neue Arbeitsplätze, die zu einem immer grösseren Anteil mit Ausländern besetzt wurden. Höhepunkt dieser Entwicklung war das Jahr 1970 mit 2066 Ausländern bei einer Gesamtbevölkerung von 8038 Einwohnern, was immerhin einen Anteil von 26% ausmachte.

Mit der Internationalisierung der Konzerne, dem Ausbau der europäischen und später weltweiten Verkehrssysteme begann die Welt, insbesondere seit den sechziger Jahren, zu «schrumpfen». Über die stets zahlreicheren Fernsehapparate wurden überdies immer mehr Bilder und Informationen aus fremden Ländern und Kontinenten in unsere Stuben gesendet. Politische, geschäftliche und private Verbindungen wurden gleichzeitig immer weltumfassender – mit dem Ergebnis, dass die Arbeitswelt internationaler wurde. Am Beispiel der Herkunft der in Arlesheim lebenden Ausländer kann dies exemplarisch illustriert werden. Befanden sich laut Fortschreibung der Gemeinde im August 1964 total 1198 Ausländer aus 28 Nationen in Arlesheim, waren es im Dezember 1992 bereits 1660

127

Ausländer aus insgesamt 52 Nationen. 1964 stammte mit 94% der weitaus grösste Anteil Ausländer aus Westeuropa. Nur gerade 67 Personen waren aus Osteuropa und der übrigen Welt.1992 ist der Anteil der Nicht-Europäer mit 123 Personen oder rund 7,5% nur wenig höher. Hingegen beträgt der Anteil der Ausländer aus Westeuropa gerade noch 73%. Stark zugenommen haben Personen aus Osteuropa, insbesondere aus der Türkei und dem ehemaligen Jugoslawien (420 Personen oder 19% aller Ausländer).

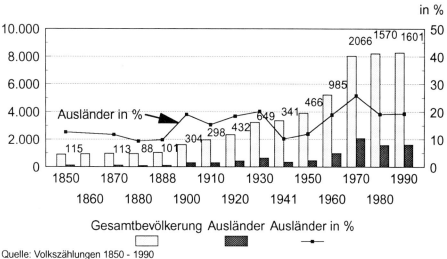

Quelle: Volkszählungen 1850 - 1990

Abb. 72 Ausländer in Arlesheim

Weiterer Wohnraum für rund 300 Personen soll im Gebiet Hofmatt zwischen dem Mattweg und der Terrassenkante zum Birstal entstehen. Der von der Gemeindeversammlung im Herbst 1991 beschlossene *Quartierplan Hofmatt* sieht für das Gebiet 33 Reiheneinfamilienhäuser, fünf Mehrfamilienhäuser, zwei Maisonettebauten sowie zwei Wohn-Gewerbehäuser vor. Diese Gewerbebauten sollen, falls die das Quartier teilende Sundgauerstrasse (J18-Anschluss) trotz des Arlesheimer Widerstands realisiert würde, die Wohnbauten vom Verkehrslärm abschirmen. Die für die Strasse freizuhaltende Fläche wird jedenfalls als Grünfläche gestaltet. Auch der Dorfkern wird aller Voraussicht nach sein Gesicht verändern. Aufgrund der rechtsgültigen Quartierplanung der Gemeinde müssen die *Tramdepotanlagen* aus dem Ortskern weichen. Als Ersatz konnte bekanntlich nach dem Studium verschiedener Alternativen eine geeignete Lösung im Ruchfeld in Münchenstein gefunden werden.

Anmerkungen

1 Heyer H. R., 1969 S. 45

2 Nidecker H.

3 Wyss G.

4 Stocker F. A., S. 8

5 Heyer H. R., 1969 S. 46

6 Als Beispiel kann die Liegenschaft Robert Leuthardt, Dorfgasse 8, angeführt werden.

7 Z. B. heute die Liegenschaft Kunz, Hauptstrasse 43

8 Gutzwiller K., S. 39: «Um das Jahr 1700 soll vom Elsass her die Kartoffel zu uns gekommen sein. Jahrzehntelang nur in den Gärten angepflanzt, fand sie in den Teuerungsjahren 1770 und 1771 allgemeine Verbreitung und wurde wie die Runkelrübe und der Klee nach und nach zur Kulturpflanze.»

9 Sumpf A., S. 33: «Neben dem Dorfbach, der auch auf seiner Bahn die Namen Fleschbach, Weiherbach, Mühlebach, Altenbach trägt, finden wir auch den Neubach oder Wässerbach, der in der Neumatte verläuft. Ursprünglich war es wohl nur ein unansehnliches Wassergräblein, das dann zu einem Wässerbach künstlich (also neu) ausgetieft wurde. Oberhalb des Rössliplatzes wurde er dem Altenbach entzogen. Heute sind die beiden Bach-Arme als Kanalisationsstränge dem Blicke und der Nase des Kulturmenschen entzogen, und die nächtlich waltende Volksjustiz taucht keine Übeltäter mehr unter.»

10 Als reine Fussverbindung aufgrund des wachsenden Dorfs im 17. Jahrhundert, als Strasse in der ersten Hälfte des 18. Jahrhunderts

11 Heyer H. R., 1969 S. 54-55. Gemäss neuester Forschung wird dies allerdings bezweifelt.

12 Müller C. A., S. 59: «Die ersten entstanden bereits im Jahre 1681, im folgenden Jahr bewilligte die Ständeversammlung des Fürstbistums... eine Summe von 20 000 Gulden an deren Ausbau. 1685 bis 1687 fügte der Bischof zwei weitere Häuser hinzu, ohne dass wir wissen, welche diese jüngeren Bauten waren. Es wird wohl so sein, dass die dem Dome nähergelegenen Zweiergruppen zuerst entstanden und nach ihnen die westlicheren, zuletzt wohl die Gruppe, in der heute die Gemeindeverwaltung eingebaut ist.» Vgl. dazu auch die Abbildung aus dem Bistumskalender von Jacob Andreas Friedrich, 18. Jahrhundert.

13 Dieses Haus wurde gegen den Widerstand der Arlesheimer Bevölkerung erbaut. Nach mehrmaligem Besitzerwechsel erwarb es 1854 der Staat und richtete darin das Bezirksstatthalteramt ein (Heyer H. R., S. 140)

14 Vor allem finanzieller Art (vgl. Stocker F. A., S. 10-12)

15 Das Arlesheimer Pfarreileben spielte sich beispielsweise bis zur Auflösung des Domkapitels 1792 getrennt vom kirchlichen Leben der Domherren in der damaligen dörflichen Pfarrkirche beim Andlauerfriedhof ab.

16 Haus Nr. 12 ging 1818 in den Besitz des Badhoferbauers Victor von Sury über, der darin einen Bad- und Gasthof mit Wirtschaft einrichtete. 1848 wurde das Gebäude an Private weiterverkauft, 1974 von der katholischen Kirchgemeinde erworben und diente bis 1976 als Pfarreiheim. Haus Nr. 10 ist seit 1958 Pfarrhaus. Das Gemeindehaus, Domplatz Nr. 8, gelangte 1821 in den Besitz der Gemeinde und wurde bis 1914 als Schulhaus verwendet. Seit der Innenrenovation 1920/21 dient es als Gemeindeverwaltung. Haus Nr. 5 wurde erst 1928 vom Staat als Standort für das Bezirksgericht erworben. Haus Nr. 7 gehörte seit 1874 einer Privatbank, 1910 bis 1972 der Basellandschaftlichen Kantonalbank und ist seither Teil des Bezirksgerichts. Im Haus Nr. 9 war bis 1948 das Restaurant Löwen untergebracht. Haus Nr. 11 dient schon seit 1811 als Bezirksschreiberei.

17 Vgl. Heyer H. R., S. 145

18 Siegfried, 1828, Dorf Arlesheim, Cadasterplan; Christen, 1875, Karte der südlichen Umgebung Basels mit Projekt für eine Fahrstrasse von Arlesheim nach Liestal.

129

9 Gessler A., S. 117: «Dagegen ist mit der Erweiterung des Dorfes auch recht an Arlesheim gesündigt worden. Vor allem mit der Anlage des Tramdepots. Das sind zwei wüste, 60 Meter lange Ställe, die demjenigen, welcher das Depot von oben her betrachtet, als bedenkliche Zeugen reiner Nutzbauarbeit in die Augen fallen. Von der gleichen, hässlich nüchternen Art ist das zugehörige Stationsgebäude.»

20 Gewerbeverein Arlesheim, o. Jg., S. 21

21 Heyer H. R.: Ref. Kirche 1976, S. 2: «Bereits 1856 hatten Herr und Frau Oberst August Alioth-Falkner, Besitzer der Schappeindustrie..., für die im katholischen Birseck angesiedelten Protestanten eine neugotische Kapelle im Park ihrer Villa erbauen lassen.»

22 Vgl. Gutzwiller K., S. 55: «Die Vermögen, die so im Laufe der Zeit nach Arlesheim gekommen sind und dort versteuert werden, haben das ärmliche Dörfchen, das im Jahre 1722 erst 269 Bewohner zählte, zur reichsten und schönsten Gemeinde des Kantons gemacht. Mit der Industrialisierung einer Ortschaft schreitet gewöhnlich die Konzentration des Besitzes in den Händen einzelner einher. Die Kleinbauern veräussern ihr Gütchen und lassen sich von der Industrie abhängig machen. So haben die Industriellen in Allschwil, in Oberwil und Arlesheim ausgedehnte Güter erworben.»

23 In der Gemeindeversammlung vom 28. November 1951 wurde vom Gemeinderat gar der Antrag gestellt, Gebäude im Goetheanumstil zu verbieten. Dem Antrag wurde jedoch nicht stattgegeben.

24 Vgl. Verkehrs- und Verschönerungsverein Arlesheim, 1910: Plan von Arlesheim, Massstab 1:5000; Dändliker P., 1926: Gemeinde Arlesheim – Übersichtsplan, Massstab 1:5000

25 Muggli H. W., S. 13: Arlesheim wurde schon 1898 ins Stromnetz der jungen Elektra Birseck in Münchenstein aufgenommen, während 1907 der Bau der Kanalisation am Stollenrain begann.

26 Burckhardt G., S. 143

27 Meist als Privatstrassen und -wege

28 Leute, die zur Arbeit vom Wohnort «weg» und abends wieder zurückfahren bzw. pendeln

29 1528 Arbeitsplätze bei 1486 Arbeitnehmern (Volkszählung 1930).

30 Leimgruber W., 1982, S. 151-153. Es handelt sich hier um eine Schätzung. Nach dieser wies nur noch Bottmingen in der Agglomeration Basel mit 39% einen gleich grossen Anteil auf. Derjenige der übrigen Gemeinden betrug durchschnittlich 19,5%

31 Vgl. Adressbuch des Kantons Baselland, Liestal 1931

32 Protokoll der Gemeindeversammlung vom 6. April 1949

33 Zudem wurde das «Meyerhaus» (aus dem 16. Jahrhundert) an der Hauptstrasse Richtung Dornach zugunsten des heute noch existierenden Parkplatzes abgebrochen.

34 Geleitwort vom Gemeindepräsidenten Max Zimmerli in einer Informationsbroschüre für die Einwohner Arlesheims (o. Jg.)

35 Nach Art. 68 sind Gemeinden «befugt, im Interesse ihrer baulichen Entwicklung für ihr ganzes Gebiet oder für einzelne Teile Bebauungs-, Zonen- oder Baulinienpläne und dazugehörige Bauregle-mente zu erstellen.» (Protokoll der Gemeindeversammlung vom 28. November 1951)

36 Neben diesem «übrigen, nicht zur Überbauung vorgesehenen Gemeindegebiet» umfasst der Plan weitere sieben Zonen, neben vier Wohnzonen eine Gewerbe-, Industrie- und Dorfkernzone.

37 Acht Backsteinhochhäuser am unteren Mattweg

38 Bekannt unter dem Namen Sundgauerstrasse

39 Volkszählung 1970. Ende 1989 betrug der Anteil der 0–14jährigen 15,9%

40 National-Zeitung Basel vom 8. Oktober 1970 (Nr. 463, S. 9)

41 Ortskernplanung 1971, S. 14 ff., Abbildung 14

42 Ortskernplanung 1971, S. 30., Abbildung 13

43 Ortskernplanung 1971, S. 8

44 Aus Nordschweiz vom 1. Oktober 1990

45 Nordschweiz vom 29. September 1989

46 Vgl. Wochenblatt vom 28. Juni 1985. Der Dorfbach, der ursprünglich zur Bewässerung gedient hatte, war in diesem Bereich 1965 eingedolt worden, um die Kanalisation vom Regenwasser zu entlasten. In der Zwischenzeit wurden aber Bach und Kanalisation vollständig voneinander getrennt, so dass eine Offenlegung möglich wurde.

47 Aus dem Jahre 1980 gibt es eine kleine Expertise von Othmar Birkner, der zum Schluss kommt, die Schappe-Fabrik in Arlesheim gehöre zu den interessantesten Anlagen der schweizerischen Industriegeschichte. Aus der langen, durch Dokumentation gut belegten Entwicklungsgeschichte haben sich von jeder Epoche typische Zeugen erhalten. Aufgrund eines Postulats an den Regierungsrat fragten die Reinacher SP-Landrätin Liselotte Schelble und 22 Mitunterzeichnende, ob das Schappeareal, bestehend aus Mühle (1622), Portier- und Speisesaalhaus (1831), Fabrik (1834), Pavillon (1834), Fabrikgebäude (1863, 1872, 1878, 1886), Ökonomiegebäude (1875), Direktorenwohnhaus (1886), Pförtnerhaus (1886), Kanal- und Schleusenbau (nach 1900), nicht als Museum im Sinne eines Industrielehrpfades genutzt werden könnte (vgl. Basellandschaftliche Zeitung Nr. 98 vom 27. April 1989).

Auswahl aus der verwendeten Literatur

Adressbuch des Kantons Baselland: mit Verzeichnis der Geschäftsfirmen, der Kantonalbehörden und Bezirksbehörden, Liestal 1931

Annaheim H.: Geographischer Exkursionsführer der Schweiz. Exkursionsraum Gempenplateau und benachbarte Talregionen. Separatabdruck aus «Geographica Helvetica», Nr. 3, 1963

Burckhardt G.: Basler Heimatkunde, Bd. 1, Basel 1925

Fridrich Anna C., Grieder Roland (Hrsg.): Schappe. Die erste Fabrik im Baselbiet, Arlesheim 1993

Frohnmeyer O.: Gempenplateau und unteres Birstal. Eine geographische Studie. Basel 1917

Gessler A.: Arlesheim, aus: Heimatschutz, Zeitschrift der «Schweizer. Vereinigung für Heimatschutz, Heft Nr. 8, Bümpliz 1916

Gutzwiller K.: Geschichte des Birsecks. Gedenkschrift zur hundertjährigen Zugehörigkeit zur schweizerischen Eidgenossenschaft, Liestal 1915

Heyer H. R.: Die Kunstdenkmäler des Kantons Basel-Landschaft, Bd. 1, Bezirk Arlesheim, Basel 1969

Heyer H. R.: Reformierte Kirche Arlesheim. Schweizerische Kunstführer, Basel 1976

Kölner J. H.: Statistisch-topographische Darstellung des Kantons Basel, Basel 1823

Leimgruber W.: Studien zur Dynamik und zum Strukturwandel der Bevölkerung im südlichen Umland von Basel. Basler Beiträge zur Geographie, Heft 15, Basel 1982

Muggli H. W.: Arlesheim und seine Landschaft, Separatdruck aus *Jurablätter*, Monatsschrift für Heimat- und Volkskunde, o. Jg.

Müller C. A.: Baselbieter Bau- und Siedlungsgeschichte, 144. und 145. Neujahrsblatt, hrsg. von der Gesellschaft zur Beförderung des Guten und Gemeinnützigen, Basel 1966/67

Nidecker H.: Der 1250. Namenstag von Arlesheim am 28. Dezember 1957. Sonderdruck aus dem Wochenblatt für das Birseck und Dorneck, Arlesheim 1957, Nr. 52 (27. Dez.)

Sarasin-Alioth P.: Achtzig Jahre evangelisch-reformierte Kirchgemeinde Arlesheim, Arlesheim 1938

Stocker F. A.: Arlesheim. Dorf, Schloss, Stift und Anlagen. Separatdruck aus: Vom Jura zum Schwarzwald, Aarau 1886

Sumpf A.: Die Flurnamen von Arlesheim nebst einigen andern sprachlichen Merkwürdigkeiten, hrsg. vom Verkehrsverein Arlesheim, Arlesheim 1958

Sütterlin G.: Heimatkunde des Dorfes und Pfarrei Arlesheim, verfasst von G. Sütterlin, Pfarrer und Dekan 1904, mit Nachträgen bis 1907. Verkehrs- und Verschönerungsverein Arlesheim. Arlesheim 1910

Wyss G. (ergänzt von P. Suter): Schloss Birseck ob Arlesheim, hrsg. vom Verkehrsverein Arlesheim, Arlesheim 1973

Der Gemeindebann – seine Grenzen und Grenzsteine

Abb. 73 Grenzstein mit dem Wappen des Bischofs Johann Konrad von Roggenbach

Gemeindebann ist ein anderer Ausdruck für Gemeindegebiet und kommt auch im Wort Banntag vor, an dem jeweils an Auffahrt die Banngrenzen abgeschritten werden (siehe S. 348). Die Fläche unseres Gemeindebannes beträgt 690 ha. Die flächenmässig grösste der 73 Baselbieter Gemeinden ist Muttenz mit 1 663 ha, die kleinste Giebenach mit 130 ha.

Die Grenze um unser Gemeindegebiet misst rund 11 800 m. Die Grenzabschnitte gegen die fünf Nachbargemeinden betragen: Reinach BL 1 700 m, Münchenstein BL 3 700 m, Muttenz BL 600 m, Gempen SO 3 100 m und Dornach SO 2 700 m.

Obwohl die Gemeinde- und Kantonsgrenzen heute ohne Formalitäten passiert werden können, lohnt es sich, die Arlesheimer Grenzsteine etwas näher zu betrachten, ist doch vor allem der nördliche Grenzabschnitt reich an besonders interessanten Exemplaren, die seit 1990 unter Denkmalschutz stehen. Dort grenzte einst die alte «Landschaft Basel» an das «Fürstbistum Basel». Von den Bischöfen, die von 1575 bis 1827 neben ihrem geistlichen Amt auch die weltliche Regierungsgewalt innehatten (Fürstbischöfe), haben deren fünf ihre Wappen auf Grenzsteinen an der Arlesheimer Grenze hinterlassen, nämlich:

Bischof	Amtszeit	Anzahl Steine	Zeichnung
Wilhelm Rinck von Baldenstein	1608–1628	3	a
Johann Konrad von Roggenbach	1656–1693	4	b
Johann Konrad von Reinach-Hirzbach	1705–1737	2	c
Joseph Wilhelm Rinck von Baldenstein	1743–1762	2	a
Simon Nicolaus von Montjoie	1762–1775	1	d

Abb. 74 Bischofswappen auf Arlesheimer Grenzsteinen

Der Stein d steht an der Kanalstrasse bei der ehemaligen Brown Boveri-Fabrik (Abb. 75). Das Wappen ist allerdings vereinfacht: Neben dem Bischofsstab ist der Schlüssel ohne die vier Diamanten und die fünf Perlen dargestellt. – Die andern elf Bischofssteine sind im Meiertum, im Gspänig und in der Eichmatt im Wald zu finden (Grenze gegen Münchenstein und Muttenz).

Auf der Arlesheim abgewandten Seite dieser Bischofssteine ist der Baselstab dargestellt. Der Baselbieterstab mit den sieben Krabben (gotische Verzierungen) erscheint erst nach der Kantonstrennung von 1833.

Zehn Steine mit einem merkwürdigen T-förmigen Zeichen stehen im Spitalholz. Es handelt sich um den «Krückstock» als Symbol des Bürgerspitals Basel, dem dieser Wald heute noch gehört. Einzelne Krückstöcke haben eine gebogene, andere eine gerade Querstütze (Abb. 76). Die Sage vom Spitalwald und der Milchsuppe erzählt, wie das seinerzeitige Spital «zum Heiligen Geist» an der Freien Strasse in Basel in den Besitz dieses Waldes gekommen ist (siehe S. 356).

Neuere Kantonsgrenzsteine tragen in der Regel auf den beiden Breitseiten die Kantonswappen, Gemeindegrenzsteine die Gemeindewappen oder die Anfangsbuchstaben der Gemeinden (A/R Arlesheim/Reinach). Auf der einen Schmalseite steht die Jahrzahl, auf der andern die Steinnummer. Auf der Oberseite ist der Verlauf der Grenze eingegraben. Dabei unterscheidet man Läufersteine mit einer geraden Grenzlinie, Ecksteine mit einer geknickten Grenzlinie und Dreibännersteine, auf denen sich drei Grenzlinien in einem Punkt treffen.

Ein solcher steht westlich des Birskanals unterhalb der Bruggmühle. Er scheidet die Gemeinden Arlesheim, Reinach und Dornach. In der Birs bei der Kläranlage Birs 1, wo die Gemeinden Arlesheim, Reinach und Münchenstein zusammentreffen, steht kein Dreibännerstein, erst wieder unterhalb der Eselhallen im Wald nördlich der Ränggersmatt, der sog. Eselstein. Er trennt Arlesheim von Münchenstein und Muttenz. Der grösste dreibännige Grenzstein ist ein über drei Meter hoher, natürlicher Felsbrocken beim Waldausgang am Weg gegen die Schönmatt, das Scheidflüeli, auch Jägertisch genannt. Er grenzt die Gemeinden Arlesheim, Muttenz und das solothurnische Gempen ab.

Abb. 75 Grenzstein mit dem Wappen des Bischofs Simon Nicolaus von Montjoie

Der letzte dieser dreibännigen Grenzsteine steht links beim Waldausgang gegen den Baumgartenhof. Er trägt die Aufschrift «Lochen» und scheidet die Gemeinden Arlesheim von den beiden solothurnischen Gemeinden Gempen und Dornach. Lochen ist ein alter Name für Grenzzeichen.

Einst handelte es sichum geheime Grenzmarkierungen aus Ziegel- und Knochenstücken, die Lohen oder Lochen, die durch vereidigte «Gescheidleute» unter den Grenzsteinen verlegt worden waren. Unser Lochenstein, ein alter Hirtenstein, trägt die Nummern 17 und 38 sowie die Jahrzahlen 1712, 1655 und 1753 (Abb. 77).

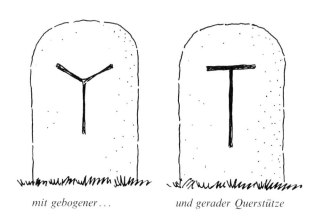

*Abb. 76
Grenzsteine aus dem
Spitalholz*

mit gebogener...

und gerader Querstütze

134

Abb. 77 Der Lochenstein beim Baumgartenhof

Eine Grenzwanderung von Stein zu Stein ist zwar recht anstrengend, beträgt die Höhendifferenz zwischen der Birsebene und dem Baumgartenhof doch gute 400 Meter; das Erlebnis aber ist unvergesslich.

Quellen und Literatur

Eglin J.: Die Grenzsteinsammlung auf dem Kirchhof zu Muttenz, Baselbieter Heimatbuch 4, Liestal 1948, S. 168 f.

Furter M.: Das Inventar der historischen Gemeinde-Grenzsteine, Baselbieter Heimatbuch 18, Liestal 1991, S. 187 f.

Heitz A.: Grenzen und Grenzzeichen der Kantone Basel-Stadt und Baselland, Quellen und Forschungen zur Geschichte und Landeskunde des Kantons Baselland 5, Liestal 1964

Heitz A.: Vom Violenbach zum Dorenbach, Baselbieter Heimatbuch 4, Liestal 1948, S. 188 f.

Raith M.: Gemeindekunde Riehen 1988, S. 23–50

Stohler H.: Geheime Grenzzeichen und Gebräuche der Baselbieter Gescheide, Baselbieter Heimatbuch 4, Liestal 1948, S. 136 f.

Vermessungsamt BL: Übersichtsplan Gemeinde Arlesheim 1:5000, Liestal 1926, Nachführung Februar 1992

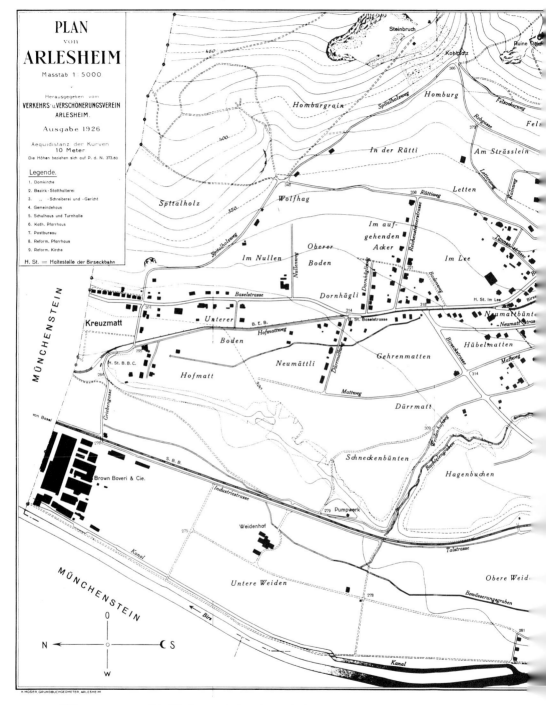

136   *Abb. 78 Gemeindeplan des Verkehrsvereins Arlesheim 1926 mit Flurnamen*

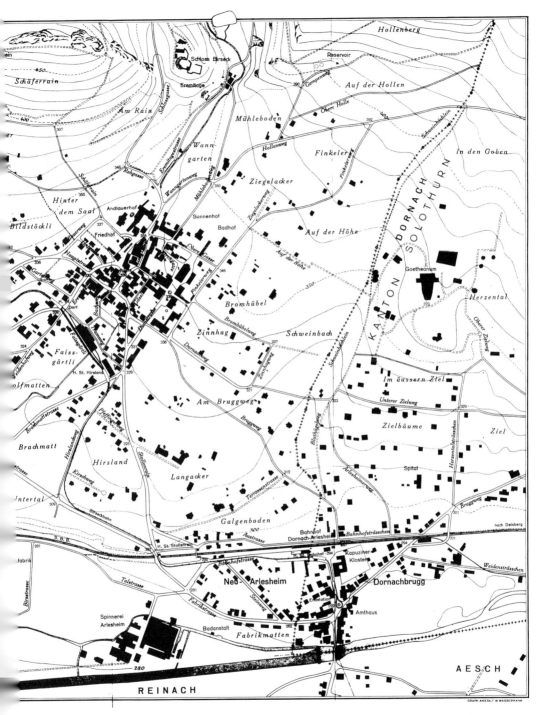

Arlesheimer Strassen- und Flurnamen erzählen

Strassennamen helfen uns nicht nur, uns in einer Gemeinde zurechtzufinden, sie erzählen auch von dieser Gemeinde, und es ist daher reizvoll, den Bedeutungen der einzelnen Namen nachzugehen.

Wer in Arlesheim an der Baselstrasse oder am Dornachweg wohnt, braucht sich nicht lange zu fragen, woher diese Strassennamen kommen, führt doch die Baselstrasse Richtung Basel und der Dornachweg nach Dornach. Schon nicht mehr so einfach ist es beim Bruggweg. Es ist der Weg ins «Brüggli», also nach Dornachbrugg, wo die Nepomukbrücke die Birs überquert.

Beim Aescher-, Reinacher-, Grellinger- oder Pfeffingerweg indessen handelt es sich nicht um Wege, die dorthin führen, sondern in jenem Quartier sind die Wege nach Gemeinden der Umgebung benannt, anderswo nach Burgen (Reichenstein, Landskron...), Matten (Hofmatt, Dürrmatt...), Geländeformen (Hang, Boden...), Gewässern (Kanal, Birs...), Bäumen (Tanne, Eiche...), Blumen (Rose, Nelke...), Tieren (Amsel, Star...), Personen (Schiller, General Guisan...) usw. In vielen Strassennamen werden die Flurnamen wieder lebendig. Dies sind die Bezeichnungen der alten Fluren einer Gemeinde (Hirsland, Nullen...). Auf den neuen Ortsplänen sind sie im Baugebiet kaum mehr zu erkennen, doch auf dem Arlesheimer Plan von 1926 treten sie noch deutlich hervor (siehe Abb. 78). In seiner Broschüre «Die Flurnamen von Arlesheim» ist August Sumpf gewissenhaft und mit Hingabe diesen Zeugen aus alter Zeit nachgegangen und hat sie gedeutet. Wir beschränken uns daher hier darauf, nur die Strassennamen gemäss dem Gemeindeplan von 1993 zusammenzustellen und ihren Bedeutungen nachzuspüren, soweit sie nicht für sich selbst sprechen. Immerhin sind in einem zweiten Abschnitt diejenigen Flurnamen gedeutet, die auf dem Gemeindeplan 1993 eingezeichnet und nicht schon bei den Strassennamen erklärt sind. Zur besseren Orientierung sind die Planquadrate beigefügt.

Der Gemeindeplan ist auf der Gemeindeverwaltung erhältlich. Auch der Bankverein hat einen gleichartigen Plan herausgegeben, der in der Filiale Arlesheim in verdankenswerter Weise gratis abgegeben wird.

Wer sich näher für Flurnamen interessiert, greife zum erwähnten Flurnamenbüchlein; wo nochmals so viele wie in dieser Heimatkunde zu finden sind.

An dieser Stelle sei Markus Ramseier von der Forschungsstelle für Orts- und Flurnamen Baselland für die wertvollen Hinweise und die Durchsicht des Manuskripts bestens gedankt.

Hinweis auf die Schreibweise der Namen

In diesem Buch werden verschiedene Namen unterschiedlich geschrieben. Die Nomenklaturkommission Baselland schlägt die Schreibweise der Landeskarte vor, also *Ermitage, Richenstein, Widenhof, Gerenmatte, Höchi usw.* Auf dem Gemeindeplan Arlesheim 1993 ist sie zum Teil bereits übernommen. Dennoch liest man immer auch *Eremitage, Reichenstein, Weidenhof, Gehrenmatte, Höhe usw.* Das ist nicht «falsch». Man möge sich durch diese Vielfalt nicht beirren lassen.

Strassenverzeichnis 1993

Abkürzungen:

	Fln	Flurname. Jahr der ersten urkundlichen Erwähnung soweit bekannt. Der Name wird nur vermerkt, wenn er sich vom Strassennamen unterscheidet.
	ahd.	althochdeutsch
	mhd.	mittelhochdeutsch

Aescherweg C4	Nachbargemeinde im Süden
Alemannenweg C4	Hier wurden Alemannengräber gefunden.
Amselweg D6	
Andlauerweg D4/5	Der bischöfliche Vogt Franz Karl von Andlau (Elsass) verlegte 1763 seine Residenz ins «Flachsländische Schlösschen» und nannte es Andlauerhof.
Angensteinerweg C4	Burg Angenstein bei Aesch.
Auf der Höhe D5/6	Fln Höchi 1673. Anhöhe gegen den Hollenberg.
Austrasse B5/6	Fln 1828. Aue bezeichnet Land am Wasser, hier an der Birs.
Bachtelengraben C4	Fln 1652. Eigentlich Bachtalgraben, ein Erosionstal am Terrassenrand nördlich des Schwimmbades.
Bachweg C/D4	Weg entlang des heute eingedolten Altenbachs (südlicher Ast des Dorfbaches. Die Gabelung war zwischen Ermitagestrasse und Dorfgasse).
Bärenbrunnenweg D5/6	Fln Bärenbrünneli 1577. Name einer Quelle auf der «Höchi». Ereignisname. Hier wurde vermutlich einmal ein Bär gesichtet oder gejagt.
Bahnhofstrasse B5/6	Führt westlich der Bahnlinie vom Bahnhof Dornach-Arlesheim aus nordwärts, während die Dornacher Bahnhofstrasse auf der anderen Seite südwärts führt.
Baselstrasse C2–D4	Fln 1542. Alte Strassenverbindung Richtung Basel. Im Dorf heisst sie Hauptstrasse und gegen das Tal Stollenrain.

Abb. 79 Die einstige Bachgabelung an der Ermitagestrasse um 1880. Links das Haus mit der heutigen «Galerie 4», dann die Dorfgasse (früher Hintere Gasse), in der Bildmitte das «Rössli» mit der Dorflinde, rechts die Ermitagestrasse (früher Vordere Gasse) mit der Trotte, der Odilienkirche, dem ehemaligen Pfarrhaus und der Vogtscheuer

Bildstöckliweg D4	Fln 1577. Heute noch steht hier ein Bildstöckli, ein Muttergottesbild auf hölzernem Stock (Abb. 169).
Birkenstrasse D2/3	
Birseckstrasse B5–C3	1924 als Umfahrung des Dorfkerns gebaut. Birseck heisst 1. die Landschaft zwischen Aesch, Reinach, Münchenstein und Arlesheim, 2. die ehemalige fürstbischöfliche Vogtei und 3. das Vogteischloss.
Birsweg B4	Fln Byers 1492. Von indogermanisch bheres = schnell, schnelle Strömung. Weg zur Birs beim «Heidebrüggli».
Blauenstrasse C3	Blauen, nördlichster Ausläufer des Faltenjuras.
Blumenweg C2	«Ein schönes Wort, aber kein bezeichnender Name» (A. Sumpf)
Bodenweg C2–D3	Fln In den Böden 1577, bezeichnet u.a. eine Stufenbildung im Hang. Der Bodenweg liegt oberhalb einer solchen Stufe. Boden kann auch einen Talgrund bezeichnen.
Brachmattstrasse C4/5	Fln Brochmatte 1577. Brache = ruhender Teil der Ackerflur bei der Dreifelderwirtschaft, der mehrmals gepflügt, umgebrochen und später nach Aufgabe der Dreifelderwirtschaft als Matte genutzt wurde.

Bromhübelweg C5/6	Fln Bromhübel 1828. Entweder vom ahd. bram = braune, langgestreckte Bodenwelle oder zu mhd. bromber/brame/brome = Brombeerstrauch.
Bruggweg C5/6	Fln Brücklein 1828. Führt von Arlesheim nach Dornachbrugg, ins «Briggli».
Buchenstrasse C/D2	
Domgasse D5	1779. Verbindung zwischen Dorfplatz und Domplatz.
Domplatz D5	Der fürstliche Platz mit dem Dorfbrunnen, von Dom und Domherrenhäusern eingerahmt.
Domstrasse C5	Führt zum Domplatz und zum Dom.
Dorfgasse D5	Früher Hintere Gasse, führt dem eingedolten Altenbach entlang zum Dorfplatz.
Dorfplatz D5	Im Gegensatz zum Domplatz der dörfliche Mittelpunkt mit der Winzerin auf dem Brunnenstock des Dorfbrunnens.
Dornachweg C5/6	Führt nach Oberdornach
Dornhägliweg C/D3	Fln Dornhägli 1577. Naturhecke mit Dornbüschen zwischen den Äckern, als Grenzbezeichnung namengebend.
Dornwydenweg B4	Fln Dornweyden 1678. Dornenbüsche zwischen den Weiden.
Düchelweiher B5	Düchel, Teuchel = hölzerne Wasserleitungsrohre, die zum Aufquellen und Abdichten in den ehemaligen «Düchelweiher» gelegt und hier gelagert werden.
Dürrmattweg C3	Fln 1577. Trockenes Gebiet.
Dychweg B4	Dych = Teich, aber nicht im Sinne von Weiher, sondern von Kanal. Ehemaliger Fabrikkanal der Birs entlang für Schappe und Brown-Boveri.
Eichenstrasse C/D2	
Ermitagestrasse D4–5	Ehemals Vordere Gasse, führt von der Tramstation Arlesheim-Dorf in die Ermitage.
Fabrikmattenweg B4	Fln. Neuer Rundweg in der Nähe der alten Schappefabrik.
Faissgärtli C4	Fln Feystenmatten 1577. Garten mit ertragreichem Boden, mundartlich feiss. Früher auch Buggisgarten genannt.
Feldrebenweg D4	Rebland in der Ebene, im Gegensatz zu den Reben am Hang.

Felsackerweg D/E4	Fln Felsenacker 1828. Verstreute Felsbrocken gaben dem Acker den Namen.
Finkelerweg C5/D6	Fln Finkeler 1828. Finkenhüsli = Finkenhütte, ein Lockhäuschen für den Vogelfänger. Vielleicht auch einfach Platz, an dem sich Finken sammelten. Hiess früher Brunnstubenweg.
Gässli D5	Gässlein zwischen Gartenmauern
Gartenweg D4	
Gerenmattstrasse C3	Fln Geeren 1321. Zu franz. giron = Mantelsaum. Vergleich des Ackerrandes mit einem Mantelsaum. Andere Deutung: mhd. ger = Speer, langgezogenes, spitz zulaufendes Landstück. Neue Schreibweise ohne h.
Gempenweg D5–E6	Weg vom Hollenweg gegen den Gempen
General Guisan-Strasse C3/4	Erschliessungsstrasse der Überbauung Schnecken-bünten. Benannt nach Henri Guisan (1874–1960), dem Schweizer General während des Zweiten Weltkrieges.
Gobenmattweg F/G5	Fln 1577. Zu Gob = Gabe, Geschenk. Hier Holz-abgabe für die Bürger. Durch spätere Rodung des Waldes entstand die langgezogene Matte.
Gotthelfweg C3	Zur Erinnerung an das 100. Todesjahr des Schweizer Schriftstellers Jeremias Gotthelf (Albert Bitzius, 1797 bis 1854).
Grellingerweg C4	Grellingen im Laufental.
Grenzweg C6	Kurzer Weg an der Grenze Arlesheim/Dornach = BL/SO am Schwinbach.
Griebenstrasse C2	Fln Grueben 1577. Führte zu einem Griengriebli = kleine Kiesgrube. Andere Deutung: Grieb = schweres Landstück, auf dem beim Pflügen kleines Geröll an die Oberfläche tritt.
Gspänigweg E5–F3	Fln Gspänig 1828. Zu Holzspan. In diesem Wald-stück durften die Tauner (ländliche Unterschicht) Holzspäne sammeln. Andere Bedeutung: Span = Streit, Prozess. Hier wurde wohl gestritten. Dieses Stück Wald hiess nämlich auch Strittholz.
Haldenweg D3	Halde beim Dornhägli
Hangstrasse D3–D5	1933. Verbindung dem Hang entlang zwischen Basel-strasse und Rebgasse.

142

Hauptstrasse C5–D4	1828. Alte Nord–Süd-Verbindung durch das Dorf
Heimgartenweg C4	
Hinter dem Saal D4	Fln Sal 1542. Herrengut, hier wahrscheinlich das bischöfliche Amtshaus. Sal deutet auf alemannischen Besitz hin.
Hirslandweg C4/5	Fln Hirsland 1321. Hirse, eine Getreideart. Dieses Land wurde auch «Boonere» genannt. Hier wurden Gross- oder Saubohnen gepflanzt. Spottname für die Arlesheimer.
Hofgasse D4	Benannt nach dem «Fallerhof», dem ehemaligen fürstbischöflichen Amtshaus.
Hofmattweg C2/3	Fln Hofmatte 1739. Matte am Nordende der Gemeinde.
Hollenweg D5/6	Fln Holle 1542. Holle = Halde, Bergabhang.
Homburgweg D3/4	Fln Humberg 1542 = Höhenburg, später Ober-Birseck, heute Reichenstein
Hübelmattweg C4	Fln Hübelmatte 1700. Hübel = Hügel.
Im Baumgarten C4	Matte mit Obstbäumen, «Hostet».
Im Lee C4/D3	Fln Lewe 1321. Lee = Hügel, sanfte Berglehne.
Im Neumättli C2/3	Fln Newmatt 1542. Früherer Acker wurde in Matte verwandelt.
Im Neusatz D4	Fln Neusatz 1542. Reben wurden hier neu gepflanzt, gesetzt.
Im Oberen Boden D3	Vgl. Bodenweg
Im Tal B5	Hauptstrasse in der Birsniederung
Im Zelg C5	Fln Zelg = Landstück der Dreifelderwirtschaft.
In den Hagenbuchen B5	Gebiet beim Schwimmbad. Eigentlich Niedere Hagenbuchen im Gegensatz zu Obere oder Hintere Hagenbuchen am Hollenberg, benannt nach den dort vorkommenden Hage- oder Hainbuchen (*Carpinus betulus*).
Industriestrasse B3–C2	Im Industriegebiet dem Bahndamm entlang.

Kanalstrasse C1–B4	Dem ehemaligen Fabrikkanal entlang.
Kirchgasse D5	
Kirschweg C4	
Kreuzmattweg C1/2	Fln Chrützacher 1673. Wegkreuz nahe der Grenze zu Münchenstein.
Landskronstrasse B/C5	Ruine im Leimental auf französischem Boden.
Langackerweg C5	Fln Langenacker 1542. Eine langgezogene Ackerflur.
Lettenweg D3/4	Fln Letten 1542. Lätt = Lehm. Bodenqualität (tonartiger Mergel) namengebend. Andere Deutung: Das Mattland wurde oft auch mit Lehm gedüngt und so verbessert.
Malsmattenweg B4	Fln Malsmatte 1542. Mal = Merkmal. Matte mit Grenzzeichen.
Mättenbüelweg F5/6	Fln Mattenbüel 1828. Am Hollenberg, mhd. mätten/metten = mitten, Bühl = Hügel, also Wald inmitten der Hügel.
Mattenhofweg C4/5	Mattenhof, heute Altersheim Landruhe.
Mattweg C3/4	Fln Mattenweg nach 1800. Weg durch die Matten.
Meiertumweg E3	Fln Meiertum 1542. Das Waldstück Meiertum gehörte zur Nutzung eines Meiers = Gutsverwalters.
Mühlebodenweg D/E5	Fln. Weg zu den Mühlen in der Ermitage.
Nelkenweg C2	
Neumattstrasse C3/4	Fln Newmatt 1542. Dem einstigen Neubach (nördlicher Ast des Dorfbaches) entlang. Früherer Acker wurde in Wiese verwandelt.
Niederfeldweg B4	Fln Niederfeld 1541. Feld in der Birsniederung.
Nullenweg D2/3	Fln Nollen 1542. Zu ahd. hnolle = Spitze, Vorsprung, rundlicher Buckel im Gelände.
Obere Gasse D5	Fln Gasse 1605. Enger Durchgang zwischen Häusern oder Gartenmauern. Gasse hinter dem Dom.
Obere Holle D5–E6	Abzweigung vom Hollenweg.

Odilienweg D5	Odilie, Schutzpatronin des Dorfes Arlesheim und des Elsass. Fand nach der Legende Zuflucht in der nahen Ermitage (siehe S. 85)
Parkweg C5	1929. Die Villen in jenem Gebiet sind von Parkanlagen umgeben.
Pfeffingerweg C4/5	Dorf und Burgruine am Blauen.
Quellenweg D6	Verschiedene Quellen entspringen hier auf der Höhe.
Rainweg D4	Fln 1542. Ein steiler Abhang.
Rebgasse D5–E3	Gasse durch die Reben.
Reichensteinerstrasse C/D3	Fln 1292. Führt vom Bildstöckliweg Richtung Burg Reichenstein.
Reinacherweg C4	Nachbargemeinde im Westen.
Rosenweg C2/3	
Rüttiweg D3/3	Fln Rüti 1828. Rütten = reuten, roden. In der Rütti war einstiger Wald gerodet worden.
Schäferrain D4	Fln 1828. Eine vom Schäfer genutzte Weide vor dem Reichensteinerwald.
Schillerweg C/D3	Friedrich Schiller (1759–1805), deutscher Dichter. Der Weg wurde in der Zeit seines 150. Todesjahres angelegt.
Schlossgasse D/E5	Fln 1779. Führt gegen das Schloss Birseck.
Schöngrundweg D6	Ein Gebiet auf der Höhe mit guter Erde (schönem Grund).
Schönmattweg E5–H6	Weg zum Bauernhof Schönmatt.
Schorenweg B2	Fln. 1739. Von mundartl. schoren (vgl. Schoreisen), mit der Schaufel zusammenscharren, auch Schore = erhöhter Fussboden, Erdwall.
Schwimmbadweg C4	führt zum Schwimmbad.
Sonnenweg B5	
Spitalholzweg D2	Fln Spittelwald. Der Spitalholz genannte Wald gehört noch heute zum Basler Spitalgut.
Starenweg D6	

Steinweg B5	Die Birs hat hier Steine als Geschiebe abgelagert.
Stollenrain B/C5	Fln Stollenweg 1542. Ein steiler Rain mit stützender Grundlage (Stollen).
Suryhofweg D5	Der Suryhof gehörte der Familie von Sury (Gedenkkreuz mitten auf dem alten Friedhof), heute Sonnenhof.
Talstrasse B3–5	Hauptstrasse durch die Birsniederung.
Tannenstrasse D4	
Terrassenstrasse B/C5	Auf der Niederterrasse am Rand des Birstales.
Tramweg C4	Führt dem Tramdepot entlang.
Untertalweg B4	Fln 1673. Die Lage im unteren Teil des Tales namengebend.
Waldeckweg D2	An der Waldecke des Spitalholzes gelegen.
Waldstrasse D2–E3	Führt dem Rand des Spitalholzes entlang aufwärts.
Wanngartenweg D5	Fln Wanggarten 1778. Gehörte der Familie à Wangen-Geroldseck, aus der ein Bischof entstammte.
Weidenhofweg C4	Fln Wydenguet 1542. Führte zum einstigen Bauernhof Weidenhof (von Wyden = Weidenbäume, nicht Viehweide).
Wiesenweg C2	
Wolfhagweg D2/3	Fln Wolfshag 1577. Vermutlich wurde hier ein Hag gegen eindringende Wölfe errichtet.
Wolfmattweg C4	Fln Wolfmatte 1577. Vgl. Wolfhagweg.
Ziegelackerweg D5/6	Fln Ziegelacker 1637. Weist möglicherweise auf eine nahegelegene Ziegel- oder Kalkbrennerei hin. Könnte auch auf ehemalige römische Bauten hindeuten.
Zinnhagweg C5	Fln unter den Zünen 1779, Zunhag 1828. Zu ahd. dinc, mhd. ting = Fränkischer Gerichtsplatz. Tinhag = Schranke um die Gerichtsstätte, hat mit Zinn nichts zu tun.
Zum Bannhübel D5	Fln Bannhübel 1779. Bannen = abschranken. Betrifft ein Grundstück, das vom allgemeinen Weidgang ausgeschlossen blieb. Könnte auch zur nahegelegenen Grenze gegen Dornach hinweisen.

Abb. 80 Die einstige Villa «Zum weissen Segel», abgebrochen 1986, musste einer Gesamt-überbauung weichen.

Zum Rauacker C5	Ein rauher, grober Ackerboden
Zum wisse Segel D5	Name der Villa, die bis 1986 an der Stelle dieser Überbauung stand.

(Im Strassenverzeichnis auf dem Ortsplan 1993 noch nicht aufgeführt:)

Schalampyweg C2	Erschliessungsstrasse der projektierten Überbauung «Hofmatt» zwischen Baselstrasse und Mattweg. Von Chalampé, einem elsässischen Fischerdorf am Rhein, westlich von Mülhausen. Ein geschätztes Ausflugsziel der Fabrikantenfamilie Alioth. Die Arlesheimer Buben nennen das Waldweglein zum Pumpwerk hinunter «Salamiwägli».
Sundgauerstrasse A/B1/2	Sundgau = Südgau, südlicher Teil des Elsass. Autobahnzubringer zur J18 beim Weidenhof.

Flurnamen, die in Strassennamen nicht enthalten sind

gemäss Gemeindeplan von 1993

Armenholz G/H6	Fln 1776, Wald im Wollgraben südlich des Flesch-grabens. Hier durften sich vermutlich die Armen mit Brennholz eindecken.
Badhof D5	Fln 1770, gehörte einst zum Suryhof – heute Son-nenhof. Der Badhof war eine Kuranstalt. Im lang-gestreckten Gebäude waren Badestuben eingerichtet.
Chilchholz F/G5	Fln 1654, Waldland, dem Kirchengut der alten Odi-lienkirche gehörend.
Eichmatt G4	Fln 1577, einst mit Eichen bestandenes Waldstück südlich der Ränggersmatt.
Finsterboden F/G6	Fln Finsterer Boden 1828. Waldhochfläche mit Nadelholz, darum finster.
Fleschgraben H5	Graben hinten in der Gobenmatt. Zu mhd. floz, mundartlich pflätschig, nhd. feucht, bodenlos.
Galgenboden B5	Fln 1700, Platz der Gerichtsstätte nördlich der ehe-maligen Bistumsgrenze, an dem der Galgen stand. Jenseits der Grenze stand der Solothurner Galgen.
Gemeindeberg F6	Wald der Bürgergemeinde auf der südlichen Flanke der Gobenmatt.
Gstüd F/G4	Fln Stüdeli 1828. Zu Staude, Unterholz. Waldstück nördlich des Schönmattweges gegen die Ränggers-matt.
Hagenbuchen B/C3	Terrassen beim Schwimmbad. Vgl. Strassenname In den Hagenbuchen.
Hintere Hagenbuchen E5/6	Fln 1739. Waldstück am Nordosthang des Hollen-bergs.
Homburgrain D/E3	Fln 1542 Humberg. Waldstück nordwestlich des Steinbruchs. Vgl. Homburgweg.
Hollenberg E6	Fln 1828. Bergkuppe südlich des Schlossfelsens Birseck. Vgl. Hollenweg.
Hornichopf G/H6	Fln 1828. Zu mhd. Ghörn, gehörnt. Felskopf östlich der Gobenmatt.
Mönchsgraben G/H5	Fln 1828. Einer der Gräben der Gobenmatt vom Chlösterli zur Schönmatt. Von diesem Chlösterli sind noch dürftige Mauerreste erhalten.
Neu-Arlesheim B5	Unterster Dorfteil gegen Dornachbrugg mit Arbei-terwohnungen im Zusammenhang mit den Industrie-anlagen im Tal.
Oberi Widen B4	Fln Wide 1542. Vgl. Weidenhofweg.

148

Ober Eichhölzli E/F6	Fln 1828. Waldstück östlich des Finsterbodens, mit Eichen bestanden.
Ränggersmatt G4	Fln Rengkersmatte 1473, Renkers Hüslin 1778. Name des Besitzers. «Schürli» mit geschweiftem Walmdach wie Andlauerhof.
Scheidflüehli H4	1828. Felsbrocken als dreibänniger Grenzstein (Muttenz, Gempen, Arlesheim) am Waldausgang bei der Schönmatt.
Schneckenbünten B/C3	Fln Schneckenmatt 1542, Schneckenbünten 1779. Dreieckiges Landstück nördlich des Bachtelengrabens. Bünten waren Pflanzplätze. Hier gab es wohl viele Schnecken.
Steinbruch E3	Hier wurden bis zum Ersten Weltkrieg Bausteine abgebaut. Später war der Steinbruch eine Schutthalde. Heute wächst im Rebberg am Sonnenhang der «Steinbrüchler».
Unteri Widen B2	Talebene nördlich des Weidenhofs. Vgl. Weidenhofweg.
Welschelselisgraben G4/5	Zu welsch = fremd, andersartig. Graben von der Gobenmatt gegen die Ränggersmatt. Hier soll das Welscheli, die geizige Magd vom Schloss Birseck, begraben sein (siehe S. 353).
Wetzstapfel F4/5	Fln Westaphon 1341, Wetstapfel 1828. Zu ahd. wetesa und zu mhd. stapfel = Stufe. Hier blüht der Geissfuss – auch Baumtropf oder Giersch *(Aegopodium podagraria)*, einst Wetsch genannt. Breites Stufental im Anstieg vom oberen Weiher (Forellenweiher) zum Schürli.

Quellen und Literatur

Hamburger Dagmar: Die Strassennamen und Flurnamen von Dornach, in: Dorfchronik Dornach 1988

Ramseier Markus: Hesch Chuder in den Ohre, Pratteln 1991

Roth Paul: Die Strassennamen der Stadt Basel, Basel 1959

Sumpf August: Die Flurnamen von Arlesheim, Arlesheim 1958

Gemeindeplan Arlesheim 1:10 000, Gemeindeverwaltung Arlesheim 1993

Heller Max Josef: Arlesheim, Manuskript, Füllinsdorf 1992

Der Dom

«Mehr als die beiden Burgen Birseck und Reichenstein, die über dem Dorf aus den waldigen Berghängen schauen, ist der Dom zum Wahrzeichen Arlesheims geworden. Wie eine Krone schmückt die Domkirche die «Riviera des Baselbiets», deren landschaftlichem und klimatischem Reiz Arlesheim in allererster Linie den Besitz des Rokokojuwels verdankt.

Als 1678 das Basler Domkapitel aus dem Exil in Freiburg im Breisgau zurückkehrte, liess es sich in Arlesheim nieder, weil das Dorf «ein überaus fruchtbarer, gesunder und lustiger Ort» und zudem «nur eine Stunde entlegen von Basel» war und so die geistlichen Herren ihren früheren Residenzen in der Stadt Basel und ihren wichtigen Einnahmequellen im Elsass wieder näherkamen.
Rund 150 Jahre hatte das Domkapitel im Exil verbracht, nachdem es Basel wegen des Übertritts zur Reformation (1529) verlassen hatte. Der Fürstbischof fand in Pruntrut im Jura Zuflucht. Er blieb auch dort, als das Kapitel 1679 den Bau einer Domkirche in Arlesheim durchsetzte.

Baumeister und Künstler

Mit dem Bau einer Domkirche beauftragte Fürstbischof Johann Konrad von Roggenbach, der von 1656 bis 1693 die Geschicke des Bistums leitete, den Architekten *Jakob Engel.* Er stammte aus dem Misox und hiess ursprünglich Giacomo Angelini. Vom Fürstbischof von Eichstätt wurde er zum Hofarchitekten berufen und dem Basler Bischof ausgeliehen. Ausser dem Gotteshaus entwarf Engel auch die Anlage des Domplatzes und der Domherrenhäuser als Residenz der Kapitulares, Prälaten und Kapläne.»
(Gemäss neuester Forschung wird jedoch Jakob Engel nicht mehr als Bauleiter angenommen. Aufgrund einer Arbeit von Gabriele Schmid vermutet der Baselbieter Denkmalpfleger Hans Rudolf Heyer den Jesuitenpater *Franz Demess* (1633–1695) als Projektleiter, der zu jener Zeit auch in Solothurn, Pruntrut und Luzern wirkte.)
«Im März 1679 wurde der Grundstein gelegt, und schon am 26. Oktober 1681 konnte der Fürstbischof nach nicht ganz zweijähriger Bauzeit den Dom einweihen. «Mit Trompeten und Harpauken ward dem anwesenden Volke ein Zeichen gegeben, der Anfang gemacht und alle Ceremonien mit grosser Majestät und Herrlichkeit vollbracht», heisst es im zeitgenössischen Kirchweihbericht. Für das Dorf begann damit ein neues, bewegtes Kapitel in seiner wechselvollen Geschichte.»

In der Mitte des 18. Jahrhunderts zeigten sich in der Kirche starke Schäden, verursacht durch eine allzu kurze Bauzeit. Nach einigem Flickwerk kam es zu einer Beratung zwischen dem Bischof und den Domherren, ob ein Abbruch der Kirche

Abb. 81 Der Domplatz mit der Domkirche und den einstigen Domherrrenhäusern atmet fürstliche Vornehmheit.

der Restauration vorzuziehen sei. Glücklicherweise entschied man sich für eine Restauration. Der kunstsinnige Bischof Joseph Wilhelm Rinck von Baldenstein beauftragte den berühmten *Giovanni Gaspare Bagnato,* Baumeister des Deutschen Ordens, mit der Restauration. Bagnato entwarf die Pläne der heutigen Rokoko-ausstattung. 1757 starb er, und sein Sohn *Franz Anton* wurde durch einen Vertrag

151

mit dem Kapitel mit der Renovation betraut. Er brachte zwei gute Künstler nach Arlesheim, deren Qualitäten er von ihrer Mitarbeit im süddeutschen Raum her kannte.

Der berühmte Stukkateur *Johann Michael Feichtmayr* aus Augsburg (1709–1772) fertigte das Modell an, das den Domherren ausnehmend gut gefiel, aber zu teuer war. Nach langem Hin und Her beauftragten sie den Tessiner *Francesco Pozzi* mit der Ausführung. Er schuf ein Werk von hoher künstlerischer Qualität, spielerischer Grazie und anmutiger Zurückhaltung. Entzückend sind die beschwingten Bänder und Früchtemuster, die Rocaillen und die lieblichen Putten und Engel. Pozzi schuf auch die Seitenaltäre aus Stuckmarmor, den die Rokokokünstler dem echten Marmor vorzogen, da sie die Farben und Strukturen selbst wählen konnten. Die zierliche Kanzel ist mit den Symbolen der vier Evangelisten geschmückt: Stier für Lukas, Adler für Johannes, Engel für Matthäus und Löwe für Markus.

Der jetzige Hochaltar (der erste wurde nach Schliengen D verkauft) ist der kultische und optische Mittelpunkt der Kirche. Das Meisterwerk wurde auf Wunsch des Bischofs aus echtem Marmor geschaffen. Der ganze Altaraufbau gerät nach oben ins Schweben und stellt eine fliessende Verbindung zu den Deckenfresken her. Der kurmainzische Hofmaler *Josephus Appiani,* aus der Lombardei stammend, war in Arlesheim auf dem Höhepunkt seines Schaffens. Er schuf sein Werk als Huldigung an die Dreifaltigkeit und an die Gottesmutter. Da Maria die Patronin des Basler Münsters und des Fürstbistums war, ist sie auch die Patronin des Domes. Auf dem Altarbild finden wir dieselben Heiligen, wie sie damals im Münster waren, und alle stehen in Verbindung mit der Geschichte Basels, vor allem mit Kaiser Heinrich und seiner Gemahlin Kunigunde, die als Gründer des Münsters verehrt werden und heute noch an der Westfassade zu sehen sind. Wohltuend ist die Übereinstimmung der Farben des Bildes mit jenen des Marmors.

Die *Deckenfresken* zeigen Szenen aus dem Marienleben: über dem Hochaltar die Aufnahme Marias in den Himmel, über dem Chor die wunderschöne Verkündigung des Engels Gabriel – ein Bild, mit Freude und Jubel erfüllt! Die Decke des schönen Raumes gibt einen Blick in den Himmel frei, wo in zarten Farben die Dreifaltigkeit erscheint. Diese Öffnung wurde von den Barock- und Rokokokünstlern bewusst angewandt, um die Illusion einer Wölbung in der Decke hervorzurufen (Scheinkuppel). Auch liebten es die Künstler aus dem Lebensgefühl jener Zeit heraus, die enge Beziehung der diesseitigen zur jenseitigen, geistigen Welt darzustellen. Im Hauptfresko in der Decke des Langhauses steht Maria als Himmelskönigin über der Welt zu Füssen der Dreifaltigkeit. Geehrt wird sie durch den ganzen Erdkreis. Linkerhand vertreten Elefant, Löwe, Krokodil und farbige Menschen Afrika und Amerika. Auf der rechten Seite stehen Kamele, ein Affe, Menschen in orientalischen Gewändern und ein Zelt für Asien. Zur Orgel hin ist die Dreifaltigkeit in lichten Farben dargestellt. Im Chorbogen steht die lateinische Inschrift «Divae Virgini sine labe conceptae» (Der göttlichen Jungfrau, ohne Makel empfangen).

Wie schön passt sich das Chorgestühl mit seinen feinen Schnitzereien, vom Schreinermeister *Peter Schacherer* aus Rheinfelden geschaffen, den wunderbar feinen Stukkaturen an! Links sieht man das Wappen des Domstiftes Basel (Madonna mit Kind über dem Baselstab), rechts das Wappen des Bischofs Joseph Wilhelm Rinck von Baldenstein (siehe S. 92).

Eine besondere Kostbarkeit des Domes ist die Orgel, erbaut 1761 vom berühmten Orgelbauer *Johann Andreas Silbermann* aus Strassburg, die im Beitrag «Musik in Arlesheim» gewürdigt wird (siehe S. 286).

Abb. 82 Das Innere des Domes erscheint wie «ein Festsaal Gottes».

Das Schicksal des Domes nach der Französischen Revolution

Doch nicht lange konnten sich die Domherren an der herrlichen Kirche erfreuen, denn 1792 wurde Arlesheim von den Franzosen besetzt. Nach der kurzlebigen

«Raurachischen Republik» (1792/93) wurde das Bistum mit Frankreich im «Département du Mont Terrible» vereinigt. Der Gottesdienst wurde verboten, der Dom zum Kantonnement für Ross und Reiter entweiht, Glocken und Chorgitter schmolz man ein, und in den Residenzen wurden Strohlager eingerichtet. Die Domherren sahen das Unheil kommen und flüchteten erst nach Basel, dann nach Konstanz. Einiges aus dem Domschatz konnte gerettet werden, vieles blieb verschollen. Zwei Domherren, die den Dom beschützen wollten, wurden verhaftet, weil sie den Eid auf die französische Verfassung nicht leisten wollten. Es war eine unheilvolle Zeit.

1797 zogen sich die Soldaten zurück, und 1798 wurde der Dom als Nationalgut erklärt und versteigert. Zwei einfache Bürger, der Schuhmacher *Joseph Christ* und der Schreiber *Alois Schmidt,* erwarben ihn. Nach Schmidts Tod kam der Dom in den alleinigen Besitz von Christ. Doch nach einigen Jahren war auch er des verwüsteten Domes müde und bot ihn der katholischen Kirchgemeinde zum Kaufe an. Er erhielt eine Absage; denn die Gläubigen waren mit der Odilienkirche zufrieden. Da drohte Christ 1811 mit dem Abbruch. Die Bregenzer Maurer, die zu diesem Zweck bestellt waren, hielten sich bereits in Münchenstein auf, doch schon zogen ihnen – wie eine Überlieferung berichtet – junge Burschen aus dem Dorf, mit Sensen, Dreschflegeln und Gewehren bewaffnet, entgegen, und auf der Birsbrücke in Münchenstein fand die denkwürdige Begegnung statt. «Es wird jeder totgeschlagen, der die Spitzhacke an den Dom schlägt», wurde geschrien und dabei heftig mit den Waffen gefuchtelt. Verängstigt machten die Bregenzer kehrt und zogen von dannen.

Schliesslich fanden sich drei wackere Männer, die Christ den Dom abkauften: der französische Offizier *Jean-Baptiste Madeux,* der von Napoleon als Steuereinzieher nach Arlesheim geschickt worden war, der Notar *Johann Gerhard Schwarz* aus Reinach und der aus Konstanz zurückgekehrte Generalvikar *Franz Xaver von Maler.* An ihn erinnert eine Gedenktafel im Dom. Diesen klugen Männern ist es zu verdanken, dass der Dom erhalten blieb. 1815, anlässlich des Wiener Kongresses, ging er nach einigen Widerständen für eine Kaufsumme von 15000 Francs schliesslich an die katholische Kirchgemeinde über. Dafür aber verkaufte sie leider ihre Dorfkirche dem Basler Ratsherrn Singeisen von Binningen für 800 Francs auf Abbruch, der dann 1816 erfolgte. Aus dem Material wurde der Weiherhof in Oberwil gebaut.

Die Glocken

Die ersten sechs Glocken, in Arlesheim gegossen, wurden am 19. Juli 1682 durch Bischof Konrad von Roggenbach geweiht.

1878 erhielt der Dom drei neue Glocken aus der Glockengiesserei von Jakob Keller in Zürich. Erhalten blieben die grosse Glocke von 1682 und die kleine Glocke der Odilienkirche aus dem 15. Jahrhundert, vom Volk das «Odileli» oder ihres hellen Tones wegen das «Schreierli» genannt.

1926 erhielt der Dom fünf neue Glocken. Bei dieser Gelegenheit wurden die alten Glocken aus den Türmen entfernt, einzig das «Odileli» blieb erhalten und hängt heute im Nordturm. Die neuen Glocken aus der Glockengiesserei Rüetschi in Aarau wurden am 28. Oktober 1926 feierlich eingeweiht und tags darauf von der Schuljugend in die Türme aufgezogen.

Die B-Glocke, *Christusglocke*, 3500 kg, Inschrift: «O rex gloriae, Christe, veni nobis in pace.» (O König der Herrlichkeit, Christus, komm zu uns in Frieden.)

Die Es-Glocke, *Marienglocke*, 1500 kg, dient zum Aveläuten: «Virgo sine macula concepta, ora pro nobis.» (Ohne Makel empfangene Jungfrau, bitte für uns.)

Die F-Glocke, der *Heiligen Odilie* geweiht, 1050 kg, die Tauflocke: «Domine, accende in nobis lumen veritatis.» (O Herr, entzünde in uns das Licht der Wahrheit.)

Die G-Glocke, *Josephsglocke*, 750 kg, die Sterbeglocke: *«Nuntiet morientibus vitam, viventibus mortem.»* *(Sie verkünde den Sterbenden das ewige Leben, den Lebenden den Tod.)*

Die B-Glocke, *Sebastiansglocke*, 440 kg, ruft zum Gottesdienst: *«Beati qui audiunt verbum Dei, et custodiant illud.»* (Selig jene, die das Wort Gottes hören und dasselbe beobachten.)

Das *Odileli* liess man aus Pietät bei seinen grossen Schwestern im Turm hängen.

Renovationen im 19. und 20. Jahrhundert

Im Laufe der Zeit wurde der Dom glücklichen und weniger glücklichen Renovationen unterzogen. So wurden im letzten Jahrhundert die Ölbilder Appianis in den Seitenkapellen durch Bilder des Schweizer Malers *Paul Deschwanden* ersetzt. Das Hochaltarbild verdeckte man durch ein Bild desselben Malers. Während der grossen Renovation von 1930 wurde es wieder entfernt und in die nördliche Sakristei gehängt. Von Appianis Bildern blieben die Frontispizbilder der Seitenaltäre und das Bild mit den Erzengeln in der ersten nördlichen Seitenkapelle erhalten. Neuerdings wurde als grosse Überraschung ein weiteres Bild von Appiani entdeckt. Es stellt Maria mit dem Brückenheiligen Nepomuk dar und soll sobald als möglich in einer Seitenkapelle einen Platz bekommen.

Wir wollen nicht den Sarkophag «des Leibes des glorwürdigen heiligen Märtyrers Vitalis» vergessen, der in der mittleren nördlichen Seitenkapelle ruht. Er wurde dem Fürstbischof vom Papst geschenkt, von Rom nach Pruntrut gebracht und zwei Tage nach der festlichen Einweihung 1681 im Dom feierlich empfangen. Jünglinge trugen den Heiligen auf ihren Schultern in einer dreitägigen Fusswanderung von Pruntrut über «Raedersdorf, Leymen, Derwiller und Reinach nach Arlesheim, begleitet vom frommen Volk mit Fahnen und Musik.»

In den Wirren der Französischen Revolution wurde auch die Krypta unter der nördlichen Sakristei zerstört. Die 38 Gräber der Domherren wurden geöffnet und verwüstet. Anlässlich der Renovation von 1956 räumten gläubige Arlesheimer Männer durch Fronarbeit die Krypta aus und machten sie wieder zugänglich. Die gefundenen Überreste der Toten wurden nochmals bestattet. Der Bildhauer *Albert Schilling* schuf Altar und Taufstein und *Cathérine Chrétien* den Tabernakel und das Ewige Licht. Beide Künstler wohnten in Arlesheim. Heute ist die Krypta ein stimmungsvoller Raum für Gottesdienst und Meditation.

Eine Kostbarkeit aus der alten Dorfkirche steht in der vordersten nördlichen Seitenkapelle: eine schöne, geschnitzte Statue der *Heiligen Odilia* aus dem 15. Jahrhundert. Vor einigen Jahren entdeckte man zufällig im Pfarrarchiv das Dokument, worin bezeugt wurde, dass die Statue im letzten Jahrhundert vom Dorfpfarrer ans Historische Museum Basel als Pfand gegeben wurde. Mit grosser Freude holte Pfarrer Ludwig die Heilige zurück. Sie wird mit Liebe und Vertrauen verehrt als Patronin unserer Pfarrei und als Helferin bei Blindheit und Augenleiden. In ihrer Linken hält sie ein Buch und eine Schale mit einem Augenpaar, auf das sie mit der Rechten zeigt. Die Krone, die sie trägt, erinnert an ihre herzogliche Herkunft (siehe S. 86, Abb. 51).

Zum 300. Jahrestag der Errichtung wurde der Dom 1981 aussen und innen sorgfältig renoviert, ebenso die Residenzen und der Domplatz. Arlesheim feierte dieses Ereignis mit einem grossen Dorffest und einem eindrücklichen Festzug, an dem jung und alt teilnahm.

Siegfried Streicher würdigte das Gotteshaus mit den Worten: «Schön vor allem ist der Dom. Nicht nur von irdischer, auch von jener andern geistigen Schönheit. Auf einem der stimmungsvollsten Kirchplätze erhebt sich die kleine Kathedrale. In stiller Grösse, nicht zu leicht und nicht zu schwer, wirkt die Fassade als Abschluss und Hintergrund des Platzes wie auf der Bühne eines barocken Theaters. Und welche Überraschung, wenn der Besucher das Innere des Domes betritt. Der Raum gleicht einem Festsaal. Spätbarockes Feingefühl, welscher und deutscher Kunstsinn, haben ein kleines Mysterium aus Raum, Licht, zarter Farbigkeit und wundersam ausgeglichener Stimmung geschaffen. Was die vergeistigte Kunst des Rokoko an subtiler und genialer Wirkung hervorbringt, ist erreicht – und alles ist wundersam im Gleichgewicht gehalten, schwebende Leichtigkeit, die nirgends belastet.»

Quellen und Literatur

Detjen Claus: Der Dom zu Arlesheim. Kunstführer, München und Zürich, 5. Aufl. 1985 (Zitate S. 2 f.)

Heyer Hans-Rudolf: Arlesheim, Dom, in: Die Kunstdenkmäler des Kantons Basel-Landschaft, Bd. 1, Basel 1969, S. 52 f.

Heyer Hans-Rudolf: Der Dom zu Arlesheim, Arlesheim 1981

Heyer Hans-Rudolf: War der Jesuitenpater Franz Demess der Architekt des Arlesheimer Dombezirks? In: Zeitschrift für schweizerische Archäologie und Kunstgeschichte, Bd. 44, 1987, S. 60–62

Pobé Pierre: Die Domkirche von Arlesheim, Basel 1941

Schmid Gabriele: Der Beitrag von Jakob Engel zum Bau des Arlesheimer Dombezirks, in: Zeitschrift für schweizerische Archäologie und Kunstgeschichte, Bd. 41, 1984, S. 35–38

Streicher Siegfried et al.: Der Dom zu Arlesheim. Gedenkschrift zur Aussenrenovation 1954/55, Arlesheim 1954

Sütterlin Georg: Heimatkunde des Dorfes und Pfarrei Arlesheim, Arlesheim 1910

Walter Rudolf, Schaefer Marc: Die Orgeln des Doms zu Arlesheim, Arlesheim 1983

Die Burg Reichenstein

Wer Arlesheim besucht, erblickt schon von weitem das Schlösschen Reichenstein, das ihn von waldiger Höhe aus begrüsst. Dieses Wahrzeichen unseres Dorfes, einst im Besitze zahlreicher Burgherren, gehört seit 1972 als Stiftung der Einwohnergemeinde Arlesheim. Dazu gehört auch der umliegende Wald im Halte von über 54 ha. In den Jahren vor 1970 war er kaum mehr gepflegt worden. Überdies hatten ihm Eisregen und Sturmwinde stark zugesetzt. Darum wurde er verjüngt, und auch die Burg wurde instandgestellt und neu möbliert. Heute kann sie für gediegene Feste und geschäftliche Anlässe gemietet werden.

Kurze Geschichte

Der ganze Berggrat, der gegenüber von Schloss Birseck nordwärts ansteigt, trägt Spuren von Befestigungen, die aus der Zeit stammen, in der das elsässische Kloster Hohenburg – heute Odilienberg – die Gegend von Arlesheim besass und sich gegen die Frohburger wehren musste. 1239 gelangte das Dorf mit den Burgen aus der Hand des Klosters in die des Bischofs von Basel. Dieser gab die obere Burg Birseck dem Dienstmannengeschlecht der Reich zu Lehen. Ihr Name weist auf das Vermögen hin, das ihnen durch glückliche Umstände zugefallen war. Von ihrem Sitz in der Stadt zogen sie auf die Burg ob Arlesheim, die fortan Reichenstein genannt wurde. Die Reich von Reichenstein spielten im Bistum Basel eine bedeutende Rolle. Aus ihrer Familie gingen Domherren und Bürgermeister der Stadt hervor. Das steinerne Grabmal, auf dem Bürgermeister Heinrich Reich († 1403) in voller Rüstung mit betenden Händen dargestellt ist, kann heute noch in einer Seitenkapelle des Basler Münsters betrachtet werden. Ein anderer Vertreter der Familie, Peter Reich, war von 1286 bis 1296 gar Bischof. Ausser Reichenstein erhielten die Reich Brombach im Wiesental zu Lehen, erwarben Inzlingen

157

Abb. 83
Seit 1933 grüsst die wieder-
erstandene Burg Reichen-
stein aus dem Wald.

bei Riehen, die Burg Landskron im Leimental und weiter oben am Birsig auch Biedertal.

Im Basler Erdbeben von 1356 wurde auch die Burg Reichenstein beschädigt, und der Dornacher Schlachtholzschnitt von 1499 eines unbekannten Künstlers zeigt den Wohnturm nur noch als Ruine (siehe S. 164, Abb. 88). Bis 1792 gehörte Reichenstein zum Fürstbistum Basel und bis 1814 zur Raurachischen Republik – war also französisch. Am Wiener Kongress 1815 wurde das Gebiet des Fürstbistums dem Kanton Basel zugesprochen, und seit der Kantonstrennung 1832 gehört es zum Kanton Basel-Landschaft. Nach beinahe 600 Jahren verkaufte die Familie Reich ihr Besitztum 1813 an den Basler Seidenfabrikanten Rudolf Forcart-Weis, und 1932 erwarb es CIBA-Direktor Dr. Jacques Brodbeck-Sandreuter.

Der Wiederaufbau

Sein schönes Landhaus «Zum Felsacker» lag am Fusse des Reichensteiner Burghügels. Von hier aus geniesst man einen Ausblick, wie er nur selten zu finden ist. Diese herrliche Lage weckte im neuen Besitzer den Wunsch, die Burgruine zu restaurieren und in einen Sommersitz umzugestalten. Der sofortige Wiederaufbau auf Grund eines Vorschlages des Zürcher Burgenkenners Eugen Probst bot bei der damaligen Wirtschaftslage Gelegenheit, der Arbeitslosigkeit zu steuern

und vielen Kreisen Arbeit und Verdienst zu verschaffen. Im September 1932 begann man mit den Aufräumungsarbeiten, und bereits Ende Mai 1933 war der Bau der «neuen» Reichenstein fertiggestellt.

Die «neue» Burg Reichenstein

Das äussere Bild der Burg dürfte ungefähr dem früheren entsprechen. Über eine Holzbrücke überquert man den Burggraben und gelangt zum Burgtor, das mit

dem Reichensteinerwappen geschmückt ist. Es stellt eine «Saufeder» dar, eine breite Lanzenspitze, wie sie früher zum Abstechen der Wildschweine verwendet worden war. Im Burghof steht ein venezianischer Brunnentrog; als Brunnenfigur thront auf hohem Sockel ein Löwe. In der Eingangshalle plätschert ebenfalls ein Brunnen, mit schmiedeisernen Ornamenten geschmückt. Ein solider Ofen mit Malereien vom Liestaler Maler Otto Plattner ist ein Zierstück dieses Raumes. Im ersten Stock befinden sich das Schlafzimmer (heute Sitzungszimmer), die Küche mit elektrischem Speiseaufzug und die Boilerräume. Der Rittersaal mit Eichengetäfel im zweiten Stock (10 x 7 m) hat zwei gemütliche Fensternischen, einen grossen Kachelofen und ein stattliches Cheminée. Die Stirnwand der Cheminéenische ziert ein eindrückliches

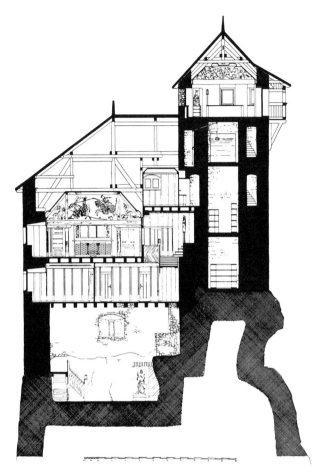

Abb. 86
Burg Reichenstein, Längs-schnitt

Wandgemälde des Basler Künstlers Niklaus Stöcklin mit der Darstellung eines Turniers. Ein Bijou ist der oberste Raum der Burg, das Turmzimmer in hellem Arvenholz. Ein von Otto Plattner gemalter Fries stellt einen Heerzug dar: auf dem Schimmel der Feldhauptmann, dann Reisige, anschliessend ein Wegweiser mit der Standarte Reichenstein, schliesslich Fussvolk und Damen zu Ross mit Hunden. Der Ausblick, den wir hier geniessen dürfen, gehört zum Schönsten, was die Burg zu bieten hat.

Die Umgebung

Der idyllische Rastplatz neben dem Parkplatz unterhalb der Burg ist mit einer bronzenen Rehgruppe geschmückt und wird daher von den Kindern oft «Rehleinplatz» genannt. Diese von W. Huser geschaffene Gruppe ist eine Nachbildung der ursprünglichen Plastik von Bildhauer Rudolf Wening, die heute vor der Kinderabteilung des Bruderholzspitals steht.

Neben dem «Rehleinplatz» wurde ein Picknickplatz mit einer Feuerstelle geschaffen, und weiter unten versteckt sich ein Sodbrunnen, der ebenfalls mit dem Reichensteinerwappen geschmückt ist.

Auf der Höhe südlich der Burg steht ein Pavillon, das «Teehüsli». 1982 fiel es einem Brandanschlag zum Opfer, wurde aber 1986 von der Stiftung Burg

160

Reichenstein erneut aufgebaut und steht den Wanderern als Unterstand mit einer Grillstelle wieder zur Verfügung.

Auf dem Berggrat weiter südlich gelangt man zu zwei Ruinen, die ebenfalls zum Befestigungswerk gehörten. Über sie schreibt der Burgenforscher Werner Meyer:

Die mittleren Birseckburgen

«Auf dem schmalen Grat zwischen der Burg Reichenstein und dem ‹Hohlen Felsen› finden sich die Reste zweier Burgen. Von der nördlichen Feste sind nur geringe Mauerspuren erhalten. Die Anlage bildet ein Rechteck, das sich über eine natürliche, durch Felsformationen gebildete Terrasse erstreckt. (...) Auf dem höchsten Punkt des Felsgrates befand sich möglicherweise ein Turm.

Die südliche Anlage bestand aus einem massiven Rundturm von über 2 m Mauerstärke und einem nicht definierbaren Nebenbau auf dem südlichen Gratausläufer. Nördlich des Rundturmes ist ein markanter Halsgraben ausgehoben. (...)

In den hier beschriebenen Trümmern sind die Überreste der im 13. Jahrhundert urkundlich bezeugten Burgen ‹Mittel-Birseck› (castrum medium) und ‹Turm gegen Birseck› (turris versus Birsecka) zu erblicken. Letzterer, offenbar die südliche Anlage mit dem Rundturm, wird 1292 als schon längst zerstört bezeichnet, während Mittelbirseck, die nördliche Anlage, erst im frühen 14. Jahrhundert verlassen worden sein dürfte. Beide Burgen sind als Gründungen der Frohburger anzusehen. Sie müssen um 1240 in die Hand des Bischofs übergegangen sein, der sie anschliessend der Ritterfamilie Reich zu Lehen gab.»

Die Verwaltung

Die Gemeinde hat 1972 für die Verwaltung und den Betrieb die Stiftung Burg Reichenstein ins Leben gerufen. Der Stiftungsrat, der ehrenamtlich arbeitet, besteht aus einem Gemeinderat als Präsidenten, einem Mitglied des Bürgerrates, einem Delegierten des Kantons, einem Delegierten der CIBA-GEIGY AG Basel und einem Delegierten der Universität Basel.

Der Bauverwalter der Gemeinde, der Förster von Münchenstein und eine Protokollführerin bilden die Verwaltungsdelegation. 1992 haben auf der Burg 141 Anlässe stattgefunden. Es ist nicht verwunderlich, dass sie stets voll ausgebucht ist, gehört doch ein Fest auf Burg Reichenstein zu den eindrücklichsten Erlebnissen.

Quellen und Literatur

Wyss Gottlieb: Geschichte der Burg Reichenstein, Basel 1933, Neuaufl. Arlesheim 1974, Verkehrs- und Verschönerungsverein Arlesheim 1979

Müller Carl August: Burgen des Kantons Basel-Landschaft, Liestal 1966

Heyer Hans-Rudolf: Burg Reichenstein, Orientierungsblatt der Stiftung

Heyer Hans-Rudolf: Kunstdenkmäler des Kantons Basel-Landschaft, Bd. 1, Basel 1969

Meyer Werner: Burgen von A–Z, Burgenlexikon der Regio, Basel 1981 (Zitat S. 86f.)

Roth Carl: Die Burgen und Schlösser des Kantons Basel-Stadt und Basel-Landschaft, Basel 1932/33

Hauswirth Fritz: Burgen und Schlösser der Schweiz, Bd. 7, Kreuzlingen 1971

Merz Walter: Die Burgen des Sisgaus, 4 Bde., Aarau 1909–1914

Das Schloss Birseck

Auf dem Hügel zwischen dem Berggrat mit der Burg Reichenstein im Norden und
dem Hollenberg im Süden steht die Ruine des alten Vogteischlosses Birseck. Mit
ihrer Zinnenmauer, der vorgebauten Schlosskapelle und dem runden Bergfried
ist auch sie ein Wahrzeichen Arlesheims.

Die Geschichte des Schlosses

In seiner Schrift «Die Burgen des Kantons Basel-Landschaft» fasst C. A. Müller
die Geschichte des Schlosses zusammen:
Seit dem frühen Mittelalter besassen die elsässischen Herzöge den Hof von Arlesheim. Zum Schutze dieses fernen Besitzes liess die Äbtissin von Hohenburg zu
Ende des 12. Jahrhunderts auf den Anhöhen hinter Arlesheim zwei Burgen erbauen, Unter- und Ober-Birseck. Allein der dadurch gewonnene Schutz gegen die
andrängenden Grafen von Frohburg scheint gleichwohl ungenügend gewesen zu
sein. 1239 war das Elsässer Kloster genötigt, Arlesheim dem Bischof von Basel
zu verkaufen. Dieser übergab die Obere Burg – heute Reichenstein – dem Basler
Bürgergeschlecht der Reich. Die untere Burg blieb den Bischöfen vorbehalten.[1]
«Einen Augenblick Weltgeschichte erlebte Birseck, als eine der imposantesten
Persönlichkeiten von Basel, Heinrich von Neuenburg (Bischof von 1262–1274),
auf der Burg residierte und von dort aus als Antwort auf eine Vorladung vor den
Papst diesen selbst auf Schloss Birseck zitierte.»[2]
Das Erdbeben von 1356 beschädigte beide Burgen. Unter-Birseck erhob sich
rascher aus dem Schutt, weil der Bischof die Burg als Pfand zwei Brüdern aus dem
Freiherrengeschlecht von Ramstein übergab, welche sie instand stellten. Doch
löste der Bischof das Pfand schon im Jahre 1435 wieder aus und machte das
Schloss zum Sitz eines Landvogts, der die Dörfer Arlesheim, Reinach, Oberwil,
Allschwil, Schönenbuch, von 1547 an auch Therwil und Ettingen sowie zeitweilig
die rechts des Rheins unterhalb von Basel gelegenen bischöflichen Herrschaften
Istein und Schliengen verwaltete.

162

Abb. 87 Schloss Birseck, oben die Kernburg mit Bergfried, Schlosskapelle und «Rittersaal», unten die Vorburg mit dem Weidhof (Photoswissair 25. April 1954)

Meist stammten die Landvögte von Birseck aus Familien, welche auch Bischöfe und Domherren stellten. Die Landesfürsten bewohnten selber zweitweise die günstig bei Basel und nahe dem Sundgau und dem Breisgau gelegene Burg. Im Dreissigjährigen Krieg waren sie gezwungen, hier Schutz zu suchen, weil ihre Residenzen Pruntrut und Delsberg während Jahren von fremden Herren besetzt waren und sich von Birseck aus leicht in das Gebiet der Schweiz fliehen liess.

Später zerfiel die Burg, so dass der Landvogt Franz Karl von Andlau 1762 darauf verzichtete, sie als Wohnsitz zu beziehen. Er bewohnte nun den von ihm erworbenen Flachsländerhof am Ostrande des Dorfes; nach ihm hiess der barocke Bau fortan «Andlauerhof». Die Gemahlin des Landvogtes, Balbina von Staal, legte gemeinsam mit ihrem Vetter, dem Domherrn Heinrich von Ligerz, die Ermitage an (siehe S. 168).

1793, in der Revolutionszeit, geriet das Schloss durch betrunkene Bauern in Brand. Kurz darauf ersteigerte ein Bewohner von Arlesheim das bischöfliche Areal mitsamt dem zerstörten Bau. 1808 kaufte der Sohn des früheren Obervogtes den Burghügel und nach und nach die umliegenden Liegenschaften, so dass sich das Andlauergut stark erweiterte. Der Englische Garten wurde instand gestellt

163

und die Ruine der Burg als willkommene Beigabe miteinbezogen. 1815 kam Arlesheim mit dem übrigen Birseck an den Kanton Basel. Nach 1840 verkauften die Herren von Andlau das Schlossgut Birseck, und seither ist es in privater Hand.[3]

Abb. 88 Arlesheim mit den Ruinen Reichenstein und Birseck, in der Mitte die Odilienkirche, nach dem Dornacher Schlachtholzschnitt 1499

Schloss Birseck auf alten Darstellungen

Dank zahlreicher bildlicher Darstellungen können wir uns gut vorstellen, wie das Schloss Birseck im Laufe der Zeit ausgesehen hat. Betrachten wir drei davon:

Das älteste Bild ist der berühmte *Dornacher Schlachtholzschnitt,* um 1499. Ein Exemplar hängt im Heimatmuseum Dornach und zeigt am Rande des Schlachtgetümmels links Arlesheim mit der Odilienkirche und den beiden Burgen. Reichenstein ist bereits eine Ruine, doch Birseck unterscheidet sich wenig vom heutigen Zustand. Bergfried (Wehrturm) und Palas (Herrenhaus) sind zinnengekrönt. Der Palas hat noch nicht die spätere Höhe. Zwei heute verschwundene Gusserker sind am Palas und auf der Ringmauer zu erkennen. Eine Zwingeranlage schützte den Westeingang. Noch fehlt die erst 1626 vorgebaute Schlosskapelle.

164

Die Zeichnung von *Emanuel Büchel* von 1754 zeigt uns das Schloss 250 Jahre später von Norden her. Deutlich können wir die Kernburg von der tiefer gelegenen Vorburg unterscheiden. Dort stehen die Ökonomiegebäude des heute noch bewirtschafteten Weidhofs. Den Eingang im Nordwesten bewacht ein viereckiges Türmchen.

Die Kernburg mit ihrer bis zu drei Meter dicken Ringmauer wird vom runden Bergfried dominiert, dessen Dach im Gegensatz zu heute direkt auf den Zinnen aufsitzt. An den Bergfried schmiegt sich die Schlosskapelle, und deutlich ist auch der durch den Zwinger geschützte Westeingang zu erkennen. Auf der leicht geknickten Mauer sitzt links eine Streichwehr, und rechts erhebt sich neben der Kapelle ein Glockentürmchen über die Mauer. Der Palas wurde im 16. Jahrhundert von zwei auf drei Stockwerke erhöht und erhielt ein steiles Satteldach mit Krüppelwalm. Zwischen dem Bergfried und dem Glockentürmchen ragt das Dach des Treppenturmes hervor. In der Ecke des Schlossgartens steht ein viereckiges Türmchen. Im Hintergrund hat Büchel die «Gempenflue» festgehalten und rechts das «Schloss Dornach». Darüber hat er das Dornacher Wappen mit den zwei abgekehrten Angelhaken gezeichnet, das auf das Hoheitszeichen derer von Efringen zurückgeht.

Abb. 89 Emanuel Büchel: Schloss Birseck, von Mitternacht anzusehen, 1754

VUE DU CHATEAU DE BIRSECK, DANS L'EVÊCHÉ DE BALE
à S.a M.gr le Prince Evêque de Bâle.
A. P. D. R.

Abb. 90 Nicolas Perignon: Schloss Birseck von Osten, 1784

Im Entree des Domplatzschulhauses stellt ein 1950 von Alfred Peter angefertigtes Modell das Schloss zur Zeit dieser Büchel-Zeichnung dar.
Rund dreissig Jahre später, 1784, hat *Nicolas Perignon* das Schloss von Osten her auf einer Radierung festgehalten. Die ehemalige Zugbrücke ist der heutigen steinernen Brücke gewichen, doch die beiden langen Balkenschlitze für die Schwungruten und der Gusserker über dem Tor sind noch erhalten. Deutlich tiefer als die Kernburg ist die Vorburg mit den Ökonomiegebäuden zu erkennen. An der Ostseite des Palas ragen ein Erker, das sog. «Pfaffenstübchen» (Zimmer des Geistlichen) und ein «Secret» (Abort) hervor. Dachformen bei Palas und Bergfried entsprechen immer noch der Büchel-Zeichnung von 1754.

Schloss Birseck heute

Das heutige Aussehen der Burg schildert H. R. Heyer:
Eine breite, über zwei Bogen gespannte *Steinbrücke* führt zum rundbogigen Osteingang mit dem schmiedeisernen Tor von 1870. Den bepflasterten Schlosshof schliesst im Norden eine zum Teil bezinnte *Schildmauer* bis zum Rundturm ab. Dieser *Rundturm* umschliesst eine Wendeltreppe, die zum Wehrgang führt und

vom Hof aus durch eine Steintreppe erreicht wird. Das oberste, eingezogene Turmgeschoss enthält ein Turmzimmer und wird von einem Kegeldach mit blechernem Storch bedeckt. Im Westen fügt sich an den Turm ein starkes Mauerstück, im ersten Teil als Wehrgang unter Pultdach und Richtung Süden als offener Wehrgang begehbar. Auf dem Pultdach erhebt sich ein neugotischer, hölzerner Glockenstuhl mit einer kleinen Glocke, daneben eine Äolsharfe.

Vom Hof aus öffnet sich der bemalte Kapellenvorraum unter einem vermauerten Fenster als ehemaliges Eingangstor. Der einstige äussere Burgeingang ist erhalten, die Zwingmauern davor sind grösstenteils verschwunden. Im Vorraum steht die Sprachenpyramide und hängen die Spruchtafeln aus der Ermitage. Seine Wände zeigen wie jene der Kapelle eine Quaderbemalung. Eine Holztür mit dem schmiedeisernen Monogramm der Maria schliesst die kleine, rechteckige *Marienkapelle,* deren zweijochiges Kreuzrippengewölbe um 1818 entstand. An der Westwand öffnen sich zwei schlanke Spitzbogenfenster. Beidseits des auf die Wandquaderung aufgemalten Kielbogens über dem Altar stehen die ebenfalls gemalten Baldachinfiguren der Heiligen Conrad und Sophie (benannt nach den Besitzern Conrad von Andlau und Sophie von Schakmin, deren Wappen den Giebel des Andlauerhofes zieren). In den Feldern der Ostwand erkennt man den Basler Bischof Pantalus und den Kaiser Heinrich. Über der ebenfalls in reicher neugotischer Architekturmalerei eingefassten Rückwand steht die Himmelskönigin Maria mit Kind. Obschon 1905 erneuert, wirken die 1818 entstandenen Malereien erstaunlich lebendig.

Der *Rittersaal* in der Südwestecke des Hofes entstand um 1810–1812 in den Ruinen des ehemaligen Hauptbaus als kleines Gebäude, erfuhr aber 1915 eine durchgreifende Innen- und Aussenrenovation, so dass von seiner neugotischen Ausstattung wenig erhalten blieb. Der Tonplattenboden aus der Zeit Conrads von Andlau jedoch ist noch erhalten. – Die heutige Ausstattung besteht aus drei grossen Landschaftsbildern, spätestens um 1814 von Jakob Christoph Miville gemalt. Dargestellt sind: Schloss Birseck mit Weinlese / Aussicht auf Dornach und Angenstein / Aussicht auf Landskron und Blauen. Ein weiteres Bild auf Karton stellt Karl den Kühnen auf der Flucht bei Nancy dar, gemalt um 1860 von Karl Jauslin aus Muttenz.[4]

Bei schönem Wetter ist das Schloss Birseck vom 1. Mai bis 15. Oktober am Samstag, Sonntag und Dienstag von 14 bis 18 Uhr geöffnet. Ein Besuch lohnt sich, schweift doch der Blick von der zinnengekrönten Ringmauer aus über das Birseck und weit ins Elsass hinein.

Anmerkungen

1 Müller C. A., S. 36f. (gekürzt)

2 Wyss Gottlieb, S. 6

3 Müller C. A., S. 36f.

4 Heyer H.-R., S. 188–191

Quellen und Literatur

Müller Carl August: Burgen des Kantons Basel-Landschaft, Liestal 1966

Wyss Gottlieb: Schloss Birseck ob Arlesheim, VVA Arlesheim 1973

Heyer Hans-Rudolf: Die Kunstdenkmäler des Kantons Basel-Landschaft, Bd. 1, Bez. Arlesheim, Basel 1969

Iselin Isaak A.: Notizen zum Schloss- und Hofgute Birseck, Basel 1955

Merz Walter: Die Burgen des Sisgaus, Bd. 1., Aarau 1909–1914

Meyer Werner: Burgen von A–Z, Basel 1981

Roth Carl: Die Burgen und Schlösser der Schweiz, Bd. 2, Basel-Stadt und Basel-Landschaft, Basel 1932/33

Wyss Gottlieb: Das Schloss Birseck bei Arlesheim und sein Park, Rauracher 4, 1932

Hauswirth Fritz: Burgen und Schlösser der Schweiz, Bd. 7, Kreuzlingen 1971

Meyer Werner/Widmer Eduard: Das grosse Burgenbuch der Schweiz, Zürich 1977, 3. Aufl. 1979

Erdin Emil A.: Burgen der Schweiz, Bd. 7, Zürich 1981

Die Ermitage

Arlesheim ist nicht nur bekannt durch seinen Dom und seine Burgen; eine Sehenswürdigkeit besonderer Art ist die Ermitage, jener verträumte Englische Garten am Fuss des Schlosses Birseck. Dieses idyllische Naherholungsgebiet zieht bis heute jung und alt in seinen Bann. Immer wieder erhält der Waldbruder Besuch und bedankt sich mit gemessener Handbewegung und Kopfnicken für die Münzen, die in sein Holzschälchen gelegt werden.

Einst war die Ermitage eine Sehenswürdigkeit von europäischer Bedeutung. Dichter und Denker – allen voran der Genfer Philosoph Jean-Jacques Rousseau – hatten am Ende des 18. Jahrhunderts den Ruf erschallen lassen: «Zurück zur Natur.» Dieses Bestreben zeigte sich auch bei den Gartenanlagen, indem beim Englischen Garten im Gegensatz zum Französischen Garten die strenge Symmetrie einer freien Gestaltung wich und man die Natur gewähren liess. Verschlungene Weglein, Höhlen und Grotten gehörten dazu. *«O beata solitudo, o sola beatitudo»* – «O glückselige Einsamkeit, o einzige Glückseligkeit». Dieser Spruch beim Aufgang zur Waldbruderklause zeigt so recht die Gesinnung jener Zeit.

1785 liess Balbina von Andlau, die Gemahlin des bischöflichen Landvogtes Franz Karl von Andlau, zusammen mit ihrem Vetter, dem Domherrn Heinrich von Ligertz, die Arlesheimer Ermitage erbauen. Das enge Tälchen, die stillen Weiher, die alte Mühle und die geheimnisvollen Grotten, sie wurden in die Gestaltung mit einbezogen.

168

Abb. 91 Zauberhafte Morgenstimmung am Steg des mittleren Ermitageweihers

Ein Spaziergang durch die Ermitage

Vom Bachrechen am Ostende des Dorfes aus wandern wir dem Bächlein entlang, an der *Schleife* vorbei, zum *Gärtnerhaus* und zur alten *Mühle.* Dort wird der Weg von einem Aquädukt mit zwei Bogen überquert, auf dem einst das Wasser zum Mühlrad geleitet worden war. Gegenüber bildet ein *Felsentor* den Haupteingang zur Gartenanlage. Darin führen verschiedene Treppen auf den Weg zum *Rittiplatz* vor der prähistorischen *Höhle Birseck,* dem Ort der Steinzeitfunde. Hier drehte sich einst eine «Ritti», ein einfaches, hölzernes Balkenkreuz, zur Freude der Jugend. Ein Weglein führt hinunter zum *Salamanderteich,* der die Rinnsale zusammenfasst, die über den porösen Felsen tropfen. – Steigen wir jedoch vom Rittiplatz aus aufwärts, so können wir im Felsen eine Inschrift lesen zur Erinnerung an die ehemaligen Besitzer der Ermitage, Achilles und Lucie Alioth, geb. Franck. Bald gelangen wir zum Denkmal des seinerzeit berühmten Zürcher Idyllendichters und Malers *Salomon Gessner.* Dicht daneben, versteckt hinter den Bäumen, lehnt die *Klause des Waldbruders* an die Felswand. An Sonntagen in der warmen Jahreszeit bimmelt bisweilen das Glöcklein vom Dachreiter der mit Baumrinde verkleideten Hütte. Durch die geöffnete Tür erblickt man den Eremiten, wie er am Tisch vor der aufgeschlagenen Bibel sitzt, ihm gegenüber im Felsen sein mit Moos bedecktes Lager. Steigen wir einige Stufen höher, kommen wir an der *Kapelle* des Eremiten vorbei, in der eine Pietà-Skulptur mit der Inschrift «Bitt für uns» steht. Der *Holzstoss* weiter oben ist ein hübsches Aussichtskabinett, an dessen Wänden Holztafeln mit Sinnsprüchen in vielen Sprachen hängen. Sie lagen früher als Zeugen der Weisheit in einer der Höhlen. Weiter führt der Weg zu einer Felsspalte, gedeutet als Bad des Waldbruders oder auch als *Grotte der Diana*. Vor der letzten Wegbiegung war einst die *Rotunde* ein schöner Aussichtspunkt, als die Bäume noch nicht so hoch waren. Unterhalb des Schlosses Birseck steht der *Temple rustique,* eine mit Schilf gedeckte, ländliche Hütte. Der Tisch in der Mitte deckt die Öffnung der Auferstehungsgrotte, von der noch die Rede sein wird.

Steigen wir weiter hinan, so kommen wir zum Eingang des *Schlosses Birseck.* Eine steinerne Bogenbrücke führt über den Halsgraben und gibt den Blick frei auf den heute noch genutzten Weidhof mit dem kleinen Wehrtürmchen. Im Hof der Schlossruine plätschert ein Brunnen. Die Schlosskapelle ist noch gut im Stand, ein Rittersaal wurde rekonstruiert, und vom Bergfried aus geniessen wir einen herrlichen Ausblick über Arlesheim und das Birseck.

Am Schlossfelsen rechts von der Schlossgasse finden wir eine Inschrift zur Erinnerung an den Ermitagebesuch vom 24. April 1873 des Schweizer Malers *Charles*

Abb. 92 Auf einem Aquädukt floss einst das Wasser der Ermitagemühle zu.

170

Abb. 93 Der Waldbruder in der Ermitage

Gleyre, der in Paris eine Malschule betrieb. Einer seiner Schüler war Albert Anker.

Gehen wir wieder den Schlosshügel hinunter, überraschen uns bald die bizarren Gebilde der *Apollogrotte*. Etwas weiter unten lesen wir im Felsen eine *Inschrift zur Erinnerung an die Erbauer* der Ermitage:

«*Hospes amice, hasce delicias naturae debes, debes industriae Balbinae ab Andlau, Henrici a Ligertz, MDCCLXXXV*» – «Gast, Freund, diese Ergötzlichkeiten verdankst du der Natur, verdankst sie dem Fleiss der Balbina von Andlau und des Heinrich von Ligertz, 1785.»

Die nächste Grotte ist die *Grotte des Diogenes,* dieses griechischen Asketen, der in einem Fass hauste. Bei der Wegbiegung kommen wir zu einem Gittertor. Es verschliesst den Eingang zur geheimnisvollen *Grotte der Proserpina,* der Göttin der Unterwelt. Hier wurde nach dem Tode der Balbina von Andlau ein Erinnerungsdenkmal in der Gestalt eines Grabsteins aufgestellt. Die Grotte hiess nun *Grabes- und Auferstehungsgrotte.* Von oben dringt ein Lichtstrahl in die Finsternis, von jenem Tisch her, den wir im Temple rustique gesehen haben. Die Auferstehungsgrotte, die heute aus Gründen des Denkmalschutzes verschlossen gehalten wird, war einst das geheimnisvolle Glanzstück der Ermitage, wobei ihre Bedeutung in einer für das jeweilige Lebensgefühl bezeichnenden Weise geändert wurde. Zuerst galt sie in antikisierendem Sinne des vorrevolutionären Zeitalters Louis' XVI. als

Proserpinagrotte, dann nach dem Wiederaufbau in der Restaurationszeit im Sinne der wiederentdeckten Religiosität als Grabes- und Auferstehungsgrotte. Heute sind die Embleme, die zuerst der griechischen Sagenwelt, dann möglicherweise der Freimaurerei, schliesslich dem Christentum entlehnt worden waren, ausgelagert, um sie vor Vandalismus zu schützen. Einzig eine lange Steintreppe führt noch im Innern dieser grössten Höhle empor.

Ein letztes Denkmal, das wir vor dem Austritt aus dem Garten entdecken, erinnert an den französischen Dichter und Virgil-Übersetzer *Jean-Jacques Delille.* Noch einmal zeugen überschwengliche Worte von der Naturschwärmerei jener Zeit.Sie sind in altfranzösischer Sprache auf der Rückseite des Denkmals eingemeisselt und könnten auf deutsch etwa lauten:

«Sollte durch die Kunst dieser Verse irgendein edelmütiger Freund geruhen, mir eines Tages bescheidene Huldigungen zu gewähren, o, so möge er doch den Sänger der Haine nicht in das Getöse der Königshöfe oder in den Lärm der Städte bannen. – Ihr Tälchen, die ich zärtlich geliebt, ihr Hügel, die ich besungen habe, erduldet es, dass unter euch dieses Denkmal ruhe, dass eine Pappel es beschatte und ein Bach es umspüle.»

Wir verlassen nun den Garten und wandern an den drei Mühleteichen vorbei taleinwärts. Der untere Weiher, der heute weitgehend verlandet ist, hiess einst

Abb. 94 Der Dreiröhrenbrunnen beim oberen Ermitageweiher

Hechtweiher, der mittlere mit dem stimmungsvollen Brücklein *Karpfenweiher* und der obere *Forellenweiher*. Die Waldhäuser zwischen dem mittleren und dem oberen Weiher sind die *Öle* und die ehemalige *Büchsenschmiede*. Hier hat der einst bekannte Künstler Johann Baptist Stuntz gemalt. Seine Bilder wurden zur Erinnerung an einen Besuch in der Ermitage gerne gekauft.

Am Rand des oberen Weihers beschliessen wir unseren Rundgang beim *Dreiröhrenbrunnen*. Ist es ein Erdgeist, ist es ein Faun, der hier an diesem lauschigen Plätzchen das köstliche Nass spendet? Er sieht wohl, was wir nur ahnen können: liebliche Elfen, die leise und beschwingt durch die Ermitage schweben...

Die Ermitage im Wandel der Zeit

Als die Ermitage 1785 nach langen Vorarbeiten eröffnet wurde, neigte sich ein Zeitalter seinem Ende zu, und eine neue Zeit kündete sich an. Kurze sieben Jahre konnten sich die adeligen Herrschaften in dem berühmten Garten ergehen und sich ihrer Naturschwärmerei erfreuen, da brach 1792 mit der Französischen Revolution das Verhängnis herein. Soldaten und Bauern legten das Schloss Birseck als Sinnbild herrschaftlicher Macht in Schutt und Asche, nachdem sie vorher alles, was nicht niet- und nagelfest war, gestohlen hatten, und zerstörten die liebevoll angelegten Gartenanlagen. Doch 1801 kehrte Conrad von Andlau, der Sohn der 1798 verstorbenen Balbina von Andlau, als von den Alliierten eingesetzter Gouverneur nach Arlesheim zurück und stellte zusammen mit dem greisen Domherrn Heinrich von Ligertz in den Jahren 1810 bis 1812 die Ermitage wieder her. Dabei wurde die Schlossruine mit einbezogen, und die ehemalige *künstliche Ruine*, eine der zahlreichen Attraktionen des Englischen Gartens, brauchte nicht wieder instandgestellt zu werden. Auch weitere Sehenswürdigkeiten sind mit der Zeit verschwunden, so das *Traumasyl*, die *Hängebrücke*, die *antike Säule*, das *Holzkreuz*, der *Parasol Chinois*, die *Akazienallee*, die *Sprachenpyramide*, das *Chalet Suisse*, der *Köhlerhaufen* – ebenfalls ein Aussichtskabinett – und das Gartenhäuschen *«Sophienruhe»*, beide am mittleren Weiher.

1844 erwarb die Familie Alioth die Ruine Birseck mit der Ermitage, und seither vererbte sich dieses Besitztum auf ihre Nachkommen.

1985 fand im Ortsmuseum Trotte eine eindrückliche Ausstellung «200 Jahre Ermitage» statt mit aufschlussreichen Objekten, Dokumenten und einer kurzen Tonbildschau sowie zahlreichen Begleitveranstaltungen. So wurden Führungen angeboten, im Dom erklang das «Stabat Mater» von Josef Hartmann Stuntz, einem Sohn des Ermitagemalers Johann Baptist Stuntz. Eine besondere Ausstellung zeigte Stiche und Gemälde der Ermitage, Werner Greub legte in einem Abendgespräch seine Vermutungen über die Ermitage als Gralsgebiet dar, und ein Fotowettbewerb erbrachte stimmungsvolle Aufnahmen (Abb. 91). Ferner wechselten Serenaden und literarische Darbietungen ab mit Ausstellungen über Flora und Fauna in der Ermitage, und als Krönung veranstaltete die Vereinigung

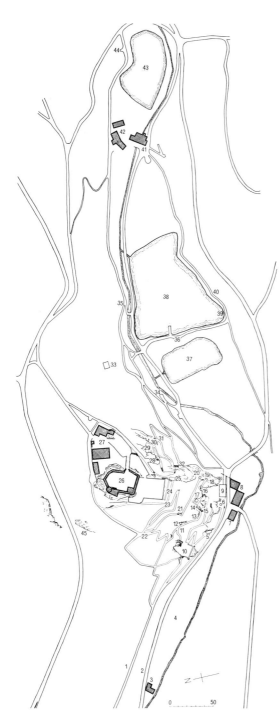

1 Oberer Weg
2 Unterer Weg
3 Schleife
4 Ort der im 17.Jahrhundert
abgetragenen Mühle
5 Ursprünglicher Haupteingang
beim Salamanderteich
6 Felsentoreingang
7 Gärtnerhaus, 1703
8 Mühle und Ökonomie, 1780
9 Ort der nach 1792 zerstörten
Mühle
10 Karussellplatz
11 Traumasyl
12 Ort der Hängebrücke
(verschwunden)
13 Ort der antiken Säule
(verschwunden)
14 Eremiten-, später Geßnergrotte
15 Eremitengarten
16 Inschrift: «O / BEATA SOLITUDO,
O SOLA BEATITUDO»
17 Eremitenklause
18 Holzkreuz
19 Kapelle
20 Holzstoß des Eremiten
21 Dianagrotte, Temple du destin,
Bad der Diana
22 Aussichtsrotunde
23 Parasol Chinois (verschwunden)
24 Terrassierter Garten, später
Akazienallee
25 Temple rustique, früher künstliche Ruine
26 Schloß Birseck
27 Weidhof des Schlosses
28 Apollogrotte
29 Denkmal der Freundschaft,
später Sprachenpyramide
(verschwunden)
30 Inschrift zum Gedenken an die
Erbauer
31 Diogenesgrotte.
32 Proserpina-, später Grabes- und
Auferstehungsgrotte
33 Chalet Suisse oder Sennhütte
(verschwunden)
34 Delille-Denkmal
35 Spielplatz (verschwunden)
36 Damm
37 Unterer Weiher
38 Mittlerer Weiher
39 Köhlerhaufen (verschwunden)
40 Sophienruhe (verschwunden)
41 Öle, Tabakstampfe
42 Büchsenschmiede
43 Oberer Weiher
44 Dreiröhrenbrunnen
45 Gleyre-Inschrift

174

Abb. 95 Situationsplan der Ermitage

«Theater auf dem Lande» mit professionellen Schauspielern und Musikern eine stimmungsvolle Freilichtaufführung hinter der Ermitagemühle, in der Gerold P. Kohlmann die Oper «La bella molinara» von Giovanni Paisello inszenierte. So lernten viele Menschen in diesem Jubiläumsjahr die Ermitage erst richtig kennen und schätzen. Auch die heutigen Eigentümer sind sich des Wertes ihres kostbaren Erbes bewusst und tragen Sorge zu diesem Juwel.

Leider werden die reizvollen Anlagen von unverständigen Besuchern immer wieder mutwillig zerstört. Dadurch erwachsen der Gemeinde Arlesheim, die für die Unterhaltsarbeiten sorgt, grosse Unannehmlichkeiten und hohe Kosten.

Tragen wir als Spaziergänger doch Sorge zur Ermitage, damit die geheimnisvolle Ruhe dieses verträumten Tälchens auch uns moderne Menschen erquicke!

Quellen und Literatur

Sumpf August: Die Ermitage von Arlesheim, Arlesheim 1963

Iselin Isaak A.: Notizen zum Schloss und Hofgut Birseck, Basel 1955

Heyer Hans-Rudolf: Historische Gärten der Schweiz, Bern 1988, S. 135–144

Heyer Hans-Rudolf: Die Kunstdenkmäler des Kantons Basel-Landschaft, Bd. 1, Bezirk Arlesheim, Basel 1969, S. 167–183

Heyer Hans-Rudolf: Der Dom zu Arlesheim, Arlesheim 1981, S. 91–98

Heyer Hans-Rudolf: Der Einfluss der Freimaurerei auf die Eremitage zu Arlesheim, in: Unsere Kunstdenkmäler 1993/1, Bern 1993, S. 38–52

Heyer Hans-Rudolf: Die Ermitage zu Arlesheim, neue Studien, in: Eremiten und Ermitagen in der Kunst vom 15. bis zum 20. Jahrhundert, Ausstellungskatalog Öffentliche Kunstsammlung Basel 1993, S. 33–37

Greub Werner: Wolfram von Eschenbach und die Wirklichkeit des Grals, Dornach 1974

Besondere Sehenswürdigkeiten

Bauten

Ausser dem Dom, den Domherrenhäusern, Burgen, Kirchen und Kliniken treffen wir in Arlesheim auf weitere erwähnenswerte Bauten. Die folgende kurze Darstellung ohne Anspruch auf Vollständigkeit sei eine Einladung, sie bewusst anzuschauen oder zu entdecken.

Am Andlauerweg 15 steht an Stelle des ehemaligen Dinghofes aus dem 13. Jahrhundert der vornehme *«Andlauerhof»*. Nach mehreren Umbauten erhielt er 1743 seine heutige Form und 1763 seinen Namen, weil damals der bischöfliche Vogt

Abb. 96 Der Andlauerhof, von 1763 bis 1792 Wohn- und Amtssitz des bischöflichen Obervogtes

Franz Karl von Andlau (ursprünglich aus Andlau im Elsass) seine Residenz aus dem baufälligen Schloss hierher verlegte. Bemerkenswert ist die grosse Scheune von 1822 mit dem geschweiften Walmdach, ähnlich jenem auf der Ränggersmatt. Ein weiterer alter Hof, der «*Suryhof*» an der Oberen Gasse 10, erhielt seinen Namen von Viktor von Sury aus Solothurn, der ihn im 19. Jahrhundert erworben hatte. Heute beherbergt er das Kinderheim «Sonnenhof». Daneben steht der 1820 von Viktor von Sury erbaute «Badhof», einst ein Bade-Kurhaus.

In dem barocken Palais an der Kirchgasse 5, der ehemaligen Dompropstei, ist heute das *Bezirksstatthalteramt* untergebracht. Dahinter steht das Bezirksgefängnis, vorne der Polizeiposten mit dem entzückenden Französischen Garten. Unterhalb des Domplatzes an der Domstrasse 2 steht das «*Ehingergut*» mit seinem wunderbaren Park. Es hiess einst «Bischöflicher Hof», weil während einiger Jahre der Weihbischof dort wohnte.

Das grosse giebelständige Haus an der Hofgasse 2 mit den beidseitigen Anbauten war einst das fürstbischöfliche Amtshaus und heisst heute «*Fallerhof*», wohl nach einer ehemaligen Besitzerfamilie Faller.

Als einziges Beispiel eines *Sundgauerhofes* steht an der Hauptstrasse 43 (Liegenschaft Kunz) das ehemalige Bauernhaus aus dem 16./17. Jahrhundert mit dem parallel zum Wohnhaus gestellten Ökonomiegebäude, so dass mit dem Verbindungsbau eine U-förmige Anlage entstand.

176

Der Elsa-Heierli-Rundwanderweg

Bei der Gedenktafel neben dem Reservoir Spitalholz beginnt dieser 1977 bezeichnete Wanderweg, der in drei bis vier Stunden – je nach der gewählten Variante – durch Arlesheims Wälder führt. Er ist benannt nach Elsa Heierli aus Basel, einer Gründerin der «Wanderwege beider Basel» und ein von allen sehr geschätztes, aktives Ehrenmitglied. Nach ihrem Tod im Jahre 1975 liessen ihre Schwestern den «Wanderwegen beider Basel» ein Legat zugehen mit der Bestimmung, in der Nähe Basels einen Gedenkweg anzulegen.

Kreuze

Aus der Zeit der Dreifelderwirtschaft stammen vermutlich die drei *Arlesheimer Wegkreuze:* Auf der ehemaligen *«Zelg gegen Münchenstein»* stiess man auf das erste Kreuz auf katholischem Boden auf dem Weg von Basel her auf einer Matte, der Kreuzmatt. Dort, an der Baselstrasse 102, steht heute noch ein Kreuz. – Auf der *«Zelg gegen die Mühlenen»* am Mühlebodenweg vor dem Eingang in die Ermitage stand einst ebenfalls ein Kreuz mit einem Christus. Dieses ist 1977 durch ein modernes von Albert Schilling ersetzt worden, auf dem das Haupt des Heilandes nur durch eine runde Vertiefung angedeutet ist. Neben diesem Kreuz tritt eine Wiesenquelle aus dem Boden hervor. – Auf der *«Zelg gegen die Bruck»* steht heute noch das Sandsteinkreuz mit dem lächelnden Christus gegenüber der Liegenschaft Grauer am Bruggweg 5 (siehe S. 357).

Ein weiteres Kreuz finden wir auf dem alten *Dorffriedhof* bei der Trotte (ein Gedenkkreuz an die Familie von Sury an der Stelle, wo bis 1816 die Odilienkirche stand), ein anderes – von Albert Schilling – hinter der Abdankungshalle im neuen *Friedhof Bromhübel* und ein drittes, ein Holzkreuz mit Dach, bei der *Burg Reichenstein.* Dieses stammt von einem Schwarzwälder Herrgottsschnitzer.
Das *«Bildstöckli»* an der Verzweigung Lettenweg/Rüttiweg/Bildstöckliweg erinnert an ein Gelübde, das ein Müller einst als Dank für die Bewahrung seines Kindes abgelegt hatte (siehe S. 353).

Brunnen

Lebendige Objekte in einem Dorf sind die Brunnen: Auf dem Dorfplatz steht der achteckige *Dorfbrunnen* mit der lieblichen Winzerin von August Suter auf dem Brunnenstock in der Mitte. Bevor 1944 dieser Brunnen geschaffen wurde, stand dort seit 1791 bereits ein achteckiger Brunnen mit einem halbrunden «Schaubtröglein». Schaub nannte man das Stroh zum Aufbinden der Reben, das darin zum Aufquellen eingelegt wurde, damit es den Tieren beim Tränken nicht im Weg war.

Abb. 97 Der Froschkönigbrunnen bei der Trotte

Ebenfalls achteckig ist der *Domplatzbrunnen* von 1766 (an Stelle eines ersten Brunnens von 1680). Bei der Renovation im Jahre 1938 wurde der Brunnenstock ausserhalb des Troges aufgestellt. Seit der letzten Domplatzrenovation steht ein schlanker Obelisk von Albert Schilling in der Mitte.

Von Albert Schilling stammen auch der schlichte Brunnen von 1951 auf dem damals neugeschaffenen *Postplatz* an der Ermitagestrasse, ein Brunnen von 1964 oben an der *Rebgasse* sowie der eigenwillige Schulhofbrunnen von 1966 in der *Gerenmatte* (siehe S. 271).

Drei Brunnen führen uns ins Reich der Märchen: Beim oberen Ermitageweiher plätschert der *Dreiröhrenbrunnen* mit dem geheimnisumwobenen «Erdgeist» als Wasserspeier. – Die Brunnenfigur auf dem *Froschkönigbrunnen* an der Ermitagestrasse bei der Trotte schuf Adele Schallenmüller. Soeben übergibt der Frosch der Prinzessin die goldene Kugel, die ihr ins Wasser gefallen ist. Der halbrunde Brunnentrog ist das ehemalige «Schaubtröglein» des Dorfplatzbrunnens. – Von der guten Frau Holle und ihren beiden so verschiedenen Mägden raunt der *Hollebrunnen* bei der ehemaligen Hollebäckerei am Hollenweg 3, 1973 von Maria Diefenbach, der Gattin des Holle-Direktors, geschaffen. Eine Kopie davon steht vor dem neuen Produktionsgebäude der Holle-Nährmittel AG am Untertalweg 50.

Weitere Brunnen finden wir unter anderem im Hof des *Domplatzschulhauses,* auf dem *Friedhof Bromhübel* (der alte Brunnen des Morel-Gutes), an der *Kirchgasse,* beim *Parkplatz Hauptstrasse* gegenüber der Firma Burri & Burri, beim *Werkhof* an der General Guisan-Strasse und neuerdings am Bruggweg *(«Herrli-Brunnen»).* Ferner sind die schlichten Barockbrunnen aus der Domherrenzeit im Hof des *Statthalteramtes,* im *Badhof,* im *Ehingergut* und im Hof der Liegenschaft *Heller* an der Domgasse 1 zu erwähnen.

Das Schwimmbad

Über dem Brünnlein im Schwimmbad ist in der Mauer neben den Sprungbrettern eine Bronzetafel eingelassen. Sie trägt eine Widmung der Bauunternehmer an die Jugend des Birsecks und erinnert an die Einweihung vom 16. August 1953. Dieses Schwimmbad ist ein Bijou unseres Dorfes. Daher seien ihm hier zum Schluss ein paar Zeilen gewidmet.
Auf der Suche nach einem geeigneten Bauplatz wurde auch das Land hinter der Ermitage in Betracht gezogen. Zum Glück hat sich der damalige Besitzer, Dr. I. Iselin, dagegen gewehrt. Dafür war das Areal in den Hagenbuchen, das der Gemeinde dann angeboten wurde, für das Schwimmbad und die Sportplatzanlagen geradezu ideal.

Abb. 98 Das Schwimmbad, eingebettet in der Landschaft, im Hintergrund der Gempenstollen

Als in der entscheidenden Gemeindeversammlung vom 27. August 1952 der Kredit von Fr. 945 000.– gesprochen worden war, sagte Gemeindepräsident Max Zimmerli: «Und s nächscht Johr göh mer im Arleser Schwimmbad go bade.» Und so war es. Der Berner Architekt Hanns Beyeler schuf mit seinen Leuten in zehn Monaten eine zukunftsweisende Anlage. Für das Sportbecken waren die Normen gegeben, doch weitete er es mit einer Sprungbucht aus. Das Nichtschwimmerbassin wurde nicht quadratisch oder kreisrund, sondern es entstand ein «formwildes Becken», das erst noch durch einen Springbrunnen belebt wurde. Ein Röhrensystem auf den Dächern der halbrunden Garderobegebäude lieferte das Warmwasser für die Duschen. Seither ist das Schwimmbad laufend den neuen Bedürfnissen angepasst worden, und während der Saison erfreut nicht nur ein schönes Bad mit schattigen Liegeplätzen, sondern auch eine vom Badmeister gepflegte bunte Blumenpracht die zahlreichen Badegäste.

Quellen und Literatur

Heyer Hans-Rudolf: Die Kunstdenkmäler des Kantons Basel-Landschaft, Bd. 1, Bezirk Arlesheim, S. 134–165

Sumpf August: Die Flurnamen von Arlesheim, Arlesheim 1958, S. 36 (Zelgen)

Gemeinde Arlesheim: Gedenkschrift zur Einweihung des Schwimmbades, Arlesheim 1953

Wochenblatt für das Birseck und Dorneck, 9. Juni 1978 (25 Jahre Schwimmbad- und Sportplatzverein)

Zwei Arlesheimer Wohngenossenschaften

Die «Genossenschaft für sozialen Wohnungsbau»

Nach dem Krieg drängte sich die Erstellung von preisgünstigem Wohnraum immer mehr auf. Es galt und gilt heute noch, Wohnungen zu vernünftigem Mietzins bei zeitgemässem Komfort zu bauen und in gutem Zustand zu halten.
Eine kleine Gruppe von Gewerkschaftern beschloss im Anschluss an eine Versammlung der Sozialdemokratischen Partei die Gründung einer Wohngenossenschaft. Die Gründungsversammlung fand am 29. April 1946 statt. Statuten wurden genehmigt und ein Vorstand bestellt. Als Präsident wurde Nationalrat Albert Ryser gewählt und als weitere Vorstandsmitglieder Karl Egli, Hugo Krejci und Hans Röthlisberger.
Die kurz zuvor von der Gemeinde erworbene Landparzelle an der Ecke Baselstrasse/Hangstrasse, die «Friedli-Matte», erschien der geeignete Platz für eine Siedlungs-Überbauung zu sein. Die Verhandlungen mit der Gemeinde waren etwas bemühend (man hätte lieber kräftigere Steuerzahler gesehen). Nach Überwindung weiterer Schwierigkeiten beschloss die Gemeindeversammlung, das

Areal zum Preis von Fr. 10.50/m² der Genossenschaft abzugeben. Im Oktober 1947 konnten die ersten 16 Wohnungen bezogen werden und waren sehr begehrt. Die zunehmende Nachfrage und die Möglichkeit, auf der «Friedli-Matte» weitere Parzellen zu erwerben, bewog die Genossenschaft, nochmals 32 Wohnungen zu bauen. Die acht Häuser waren 1954 fertiggestellt. Im Gegensatz zu den ersten zwei Häusern wurde die zweite Etappe ohne Subventionen erstellt. Die schön angelegte Wohnkolonie, in der alle gerne wohnen, ist ein Gemeinschaftswerk, das sich sehen lassen darf.

Die «Wohngenossenschaft Wolfmatten»

Auch die Gemeindebehörde hatte das Bedürfnis nach preisgünstigen Wohnungen erkannt. So trieb Gemeindepräsident Adolf Hänggi-Heller mit anderen einsichtigen Persönlichkeiten die Gründung einer Wohngenossenschaft voran.
Am 27. Mai 1949 fand die Gründungsversammlung der «Wohngenossenschaft Wolfmatten» statt, benannt nach dem Flurnamen westlich des oberen Weidenhofweges. Folgende Herren nahmen daran teil: Adolf Hänggi, Hans Röthlisberger und Max Zimmerli aus Arlesheim sowie vier Herren aus Basel mit reicher Erfahrung im Wohngenossenschaftswesen.

Abb. 99 Die Wohngenossenschaft Wolfmatten

Nach Verhandlungen zwischen dem Gemeinderat und der Wohngenossenschaft erhielt diese die Baulandparzelle Nr. 156 am Weidenhofweg von rund 2,5 ha im Baurecht. Nach einigen Einwänden genehmigte die Gemeindeversammlung 1950 den Baurechtsvertrag ohne Gegenstimme. Am neuerstellten Wolfmattweg wurden zwei Vierfamilienhäuser und sechs Zweifamilienhäuser mit insgesamt 20 Drei- und Vierzimmerwohnungen gebaut.

Aber immer noch fehlten preisgünstige Wohnungen. Da fasste die Wohngenossenschaft Wolfmatten wieder einen mutigen Entschluss. 1955 erreichte sie, dass ihr die Einwohnergemeinde zwei Parzellen Wiese in der Dürrmatt im Halte von 24,3 a als Bauland im Baurecht überliess. So wurden in einer zweiten Bauetappe zwei Mehrfamilienhäuser am Mattweg 91/93 gebaut, mit je sechs Wohnungen zu drei und vier Zimmern. Das kantonale Arbeitsamt setzte die Mietzinsen fest. Sie betrugen für eine Dreizimmerwohnung Fr. 95.– und für ein Vierzimmerlogis Fr. 115.–. 1956 wurden die Wohnungen bezogen.

In einer dritten Etappe konnte die Genossenschaft 1990 an der Birseckstrasse 84–98 vier Miethäuser, die der ehemaligen Schappefabrik gehörten, mit insgesamt 16 Wohnungen erwerben. Zurzeit gehören ihr somit ebenfalls 48 Wohnungen. Viele Familien erfuhren durch diese Siedlungen eine echte Hilfe. In Dankbarkeit wollen wir deshalb der vorausschauenden und sozial gesinnten Männer gedenken, die den «Sozialen Wohnungsbau» und die «Wohngenossenschaft Wolfmatten» gegründet haben.

Die Ita Wegman Klinik

Im Jahre 1928 erwarb die Ärztin Dr. med. Ita Wegman (1876–1943) in Arlesheim am Pfeffingerweg/Stollenrain ein Haus mit Grundstück für eine Privatklinik. Damals hatte man durch Kirschgärten und wenig bebautes Gelände noch einen freien Blick auf das Birstal und den Blauen.

Dr. Wegmann hatte in Zürich Medizin studiert, dort auch ihre Examina abgelegt, eine Dissertation über Kinderkrankheiten geschrieben und später eine Fachausbildung als Frauenärztin absolviert. 1917, im Alter von 41 Jahren, eröffnete sie in Zürich eine eigene Praxis; 1921 übersiedelte sie nach Basel mit dem Ziel, von dort aus die Klinik in Arlesheim zu gründen.

Was waren die Gründe für diesen Entschluss? Es war ihre tiefe Überzeugung, dass die Erkrankung eines Menschen nicht nur für seine leibliche Konstitution eine Bedeutung hat, sondern gerade für die seelische und geistige Entwicklung von unschätzbarem Wert ist. Darum sollen auch die Krankheiten des Menschen nicht nur in einseitiger Betrachtung des Körpers und seiner Organe behandelt werden, sondern es müssen die Gesetzmässigkeiten der seelischen und geistigen Entwicklung ebenso ins Auge gefasst werden. Für diese Therapie stehen Heilmittel aus den natürlichen Substanzen der Erde (Mineralien, Pflanzen, tierische Stoffe) zur Verfügung. In durchschaubarer Art stehen solche Heilmittel mit dem Menschen und seinen Organen wie auch mit der Evolution der Erde und des Lebens auf der Erde in Verbindung.

Durch Dr. Rudolf Steiner (1861–1925) und die von ihm begründete Anthroposophie hatte Ita Wegmann von den Zusammenhängen und Bedingungen der körperlichen, seelischen und geistigen Entwicklung des Menschen in Gesundheit und Krankheit in einer Art erfahren, wie sie es an Schulen und Universitäten nicht lernen konnte. Diese Wahrheiten machten ihr einen solchen Eindruck, dass sie ihr Wissen mit ihrer ärztlichen Tätigkeit verbinden wollte. Sie fand ihr gleichgesinnte und freundschaftlich verbundene Menschen (Ärzte, Krankenschwestern, Therapeuten und Pharmazeuten), so dass die Klinik mit 12 Betten im Juni 1921 in Betrieb genommen werden konnte. Sie wurde «Klinisch-therapeutisches Institut» genannt. Der Zustrom an Patienten war gross, und das Interesse für diese Art von Diagnostik und Therapie wuchs ständig, da sich auch in der Schweiz und im Ausland immer mehr Ärzte mit dieser durch Anthroposphie erweiterten Medizin zu

Abb. 100 Das Gebiet um die reformierte Kirche; in der Mitte die Ita Wegman Klinik, links oben die Lukas Klinik, rechts die Weleda, links unten die Wielandschule und rechts die ehemalige Thomi-Villa mit dem Jazzmuseum

183

beschäftigen begannen. Die rege Nachfrage machte Erweiterungen und Anbauten in den Jahren 1926, 1953/54, 1963 und schliesslich 1990/92 notwendig.

Heute verfügt die Klinik, welche anlässlich ihres 50jährigen Bestehens den Namen «Klinisch-therapeutisches Institut – Ita Wegman Klinik» erhielt, über 75 Betten; 15 davon stehen seit 1976 der geburtshilflichen Abteilung und 5 der Kinderabteilung zur Verfügung. Pro Jahr werden etwa 1 000 bis 1 100 Patienten behandelt.

Die Klinik nimmt Patienten auf mit inneren und psychiatrischen Krankheiten, Haut- und Krebskrankheiten sowie neurologischen Störungen. Im ärztlichen Bereich wird das Prinzip der kollegialen Leitung praktiziert. Die Gemeinschaft der Mitarbeiter erkennt als wirtschaftliche Grundlage an, dass ohne jegliche staatlichen Zuschüsse für die Klinik eine ausgewogene Bilanz nur durch weitgehenden Verzicht auf ortsübliche Löhne erreicht werden kann. Sie empfinden die Verpflichtung, auf sozialem Gebiet immer wieder neue Lösungen für die tägliche Zusammenarbeit zu suchen. Vielfältige Anregungen dazu sind von Rudolf Steiners Ausführungen zum mittlerweile weltweit bekannten Begriff der «Dreigliederung des sozialen Organismus» schon 1918 gegeben worden.

Dank grosszügiger Spenden konnte 1992 ein Erweiterungsbau eröffnet werden. Im Herbst 1990 wurde der Grundstein für diesen grossen Anbau des Bettentraktes gelegt, mit dem neue Patientenzimmer, vor allem aber auch Nebenräume, bessere Therapieräume sowie neue Funktions- und Verwaltungsräume geschaffen wurden. Auch für die Kurse zur Fortbildung der Krankenschwestern und Krankenpfleger, welche dafür ein Jahr in der Klinik mitarbeiten, entstanden neue Räumlichkeiten. Der Zivilschutz unseres Dorfes richtete im Untergeschoss einen Sanitätsposten ein. Die 210 Mitarbeiter der Klinik freuten sich, als der Anbau im Herbst 1992 feierlich eingeweiht wurde.

Heute ist das Anliegen der Begründerin der Klinik aktueller denn je: Viele ehemalige Assistenzärzte, die ein Jahr hier als Lernende tätig waren, arbeiten inzwischen als Hausärzte mit eigener Praxis in der ganzen Schweiz und im Ausland und betreuen einen grossen Kreis von Patienten. Aber auch zahlreiche Ärzte, die ein erweitertes therapeutisches Vorgehen wünschen, weisen ihre Patienten in die Ita Wegman Klinik ein. Diesen Heilung und Hilfe suchenden Menschen auch in Zukunft eine Stätte zu erhalten, an der Ärzte, Krankenschwestern und Therapeuten die Kranken auf dem Boden anthroposophischer Menschenkunde behandeln, bleibt auch weiterhin das Ziel der Klinikgemeinschaft.

Die Lukas Klinik

Dr. Rudolf Steiner, der Begründer der Anthroposophie, gab als erster die Anregung, die Mistel als Heilmittel gegen den Krebs zu verwenden. Diese Idee wurde von Dr. Ita Wegmann aufgegriffen. Noch zu Lebzeiten Rudolf Steiners lagen klinische Erfahrungen mit einem Mistelpräparat vor. Der am 4. Februar 1935 gegründete Verein für Krebsforschung in Arlesheim hat es sich zur Aufgabe gemacht, die wissenschaftliche und praktische Arbeit in der Krebsforschung und -behandlung unter Berücksichtigung von Rudolf Steiners Grundlagen weiterzuverfolgen. Das aus den Forschungsergebnissen entwickelte Krebsheilmittel «Iscador» wird von der Weleda AG weltweit vertrieben.

Der *Verein für Krebsforschung* entstand aus kleinsten Anfängen. 1949 konnte der erste Teil des Instituts Hiscia gebaut werden: Ein kleines Haus mit wenigen Räumen. Dr. Alexandre Leroi und wenige Helfer arbeiteten mit unermüdlichem Enthusiasmus. Durch Gespräche und Vorträge gewann er das Vertrauen sehr vieler Menschen, die seine Initiative ideell und materiell unterstützten. Im Laufe der Jahre konnten weitere Bauetappen verwirklicht und die Zahl der Mitarbeiter vergrössert werden.

Aus der Forschung entstand der Wunsch, die Iscador-Therapie bei möglichst vielen Patienten unmittelbar zu begleiten. Das Bedürfnis, dafür eine eigene kleine Klinik zu bauen, wurde immer dringlicher. Hinzu kam, dass wegen des zunehmenden Interesses an der anthroposophisch erweiterten Medizin im allgemeinen und der Iscador-Therapie im besonderen eine ärztliche Fortbildungsstätte benötigt wurde, die in der Lukas Klinik eingerichtet werden sollte.

Es dauerte Jahre, bis aus grossen, kleinen und kleinsten Spenden die Mittel zusammenkamen, um den ersten Teil der *Lukas Klinik* zu bauen. Im Oktober 1963 konnte der Betrieb mit 18 Betten aufgenommen werden. Dr. Rita Leroi übernahm die ärztliche Leitung. Fünf Jahre später, im Dezember 1968, wurde der Bettentrakt der Lukas Klinik fertiggestellt, in dem nun 45 Betten zur Verfügung standen.

In der Lukas Klinik hatten sich von Anfang an Mitarbeiter zusammengefunden, die durch fachliche Kompetenz, hingebungsvolle Pflege und einfühlsame menschliche Zuwendung das Vertrauen der Patienten gewannen und den guten Ruf der Klinik begründeten. Die Nachfrage war meist grösser als das Bettenangebot. Alle diagnostischen Verfahren und Therapieformen der Schulmedizin, soweit sie sinnvoll sind, werden in der Lukas Klinik berücksichtigt.

Von April bis Juli 1970 wurde in der Lukas Klinik das erste Seminar der *Ärztlichen Fortbildungsstätte* durchgeführt. Seither fanden jedes Jahr zwei jeweils drei Monate dauernde Seminare statt. Teilnehmer waren Medizinstudenten, junge Ärzte und auch ältere Praktiker, die neue Impulse aufnehmen wollten. Bisher haben mehr als 1000 Interessenten aus über 30 Ländern am Seminar teilgenommen.

Nach Fertigstellung der vierten und letzten Bauetappe der Hiscia wurde 1979 für die immer breiter betriebene Forschung das Haus Widar errichtet. Auch die Ärztliche Fortbildungsstätte fand in diesem Haus eine neue Bleibe. Durch ihre Übersiedlung konnte in der Lukas Klinik dringend benötigter Raum freigemacht werden. In den genannten Instituten sind ca. 180 Mitarbeiter tätig.

Die Iscador-Therapie hat sich immer mehr ausgebreitet, und die Nachfrage nimmt weiter zu. Heute wird «Iscador» von mehr als 3 000 Ärzten in aller Welt verordnet und in vielen Kliniken eingesetzt. Nach anfänglich sehr kritischer Beurteilung der Wirksamkeit wird das «Iscador» jetzt von immer mehr rein schulmedizinisch ausgerichteten Ärzten verwendet.

In der Lukas Klinik wurden Zehntausende Patienten ambulant und stationär behandelt. Die jährlichen Statistiken der Herkunftländer weisen durchschnittlich etwa 30 Länder aus.

Forschung und Entwicklung der Iscador-Therapie werden mit grösstmöglicher Intensität fortgesetzt.

Die Weleda

Die *Weleda AG* wurde 1921, etwa zur gleichen Zeit wie die Ita Wegman Klinik, in Arlesheim gegründet. Ihre ersten Betriebsgebäude, die heute zum grösseren Teil der Verwaltung dienen, wurden zwischen Stollenrain und Hirslandweg errichtet. Die Hauptaufgabe der Weleda ist, den anthroposophischen Ärzten und ihren Patienten die für ihre menschengemässe Therapierichtung benötigten Heilmittel zur Verfügung zu stellen. Des weiteren stellt die Weleda ein umfangreiches Sortiment an diätetischen und pflegekosmetischen Präparaten auf der Basis natürlicher und naturnaher Rohmaterialien her.

Die Weleda Arlesheim ist das Stammhaus der in aller Welt verzweigten internationalen Weleda-Unternehmungen. Es bestehen weitere Produktionsbetriebe in fünf europäischen und in einigen Übersee-Ländern. Die Weleda Arlesheim beschäftigt 1993 etwas über 100 Mitarbeiterinnen und Mitarbeiter; weltweit sind rund 1 000 Menschen in den Weleda-Betrieben tätig.

Ein besonderes Anliegen bildet für die Weleda der eigene Heilpflanzenanbau auf biologisch-dynamischer Grundlage. Dieser geht von einer Gesundung und Belebung des Bodens durch natürliche Mikroorganismen aus und verzichtet auf Mineraldünger und chemische Pflanzenschutzmittel. Auf ihrem Gartenareal in den Weiden, neben ihrem 1981 eröffneten Produktionsneubau, sowie auf zusätzlichen Garten- und Ackerflächen in der Umgebung baut die Weleda eine grössere Anzahl der von ihr benötigten Heilpflanzen an und legt damit die Basis für die Qualität ihrer Präparate. Ihr Bestreben ist es, sie *im Einklang mit Mensch und Natur* herzustellen.

186

Die Bevölkerung

Am 1. Januar 1992 zählte Arlesheim 8369 Einwohner, 9 weniger als ein Jahr zuvor. Davon waren rund 9% Arlesheimer Bürger, 10% übrige Baselbieter, 61% Schweizerbürger und 20% Ausländer. Nach Altersgruppen waren es rund 15% Kinder (0–14 Jahre), 70% Erwachsene im erwerbsfähigen Alter (15–65 Jahre) und 15% Rentner (über 65 Jahre). Im Beitrag «Vom Hof ‹Arlisheim› zur Basler Vorortsgemeinde» ist unter anderem auch die Entwicklung der Bevölkerung dargestellt (siehe S. 114, 116).

Hier möchten wir die Arlesheimer Bürgergeschlechter aufzählen, an die alten «Dorfnamen» erinnern und zeigen, wo unsere Betagten ihren Lebensabend verbringen können.

Dorfgeschlechter und Dorfnamen

Arlesheimer Geschlechter

Nach alten Pfarrbüchern reichen folgende Namen zurück bis:

1506: Brotschi oder Brotschin, Hellmer (Vorfahren der heutigen Heller), Kobel, Leu oder Ley, Leuthardt, Saladin, Schaulin, Schmidlin, Stebler, Stürchler
1650: Abt, Dornacher, Gross, Häner, Richard
1700: Briefer, Chambord, Elsässer, Herport, Kink, Zweilin
1800: Doldt, Kaus, Ledig
      Später kamen dazu: Ackermann, Alioth, Berger, Dettwiler, Eckert, Eidelberger, Gorrencourt, Madeux, Marfurt, Stöcklin, Siegwart, Vogt
      Einige dieser Geschlechter sind allerdings im Laufe der Zeit ausgestorben.

Einige alte Dorfnamen

Weil viele Arlesheimer Leuthardt oder Heller heissen, suchte man sie früher durch allerlei Eigenheiten zu unterscheiden. «Man musste also den Vornamen des Familiengründers, eventuell auch denjenigen des Grossvaters erfragen, dann auch die Berufsbezeichnung und ferner körperliche oder geistige Gebrechen zu Hilfe nehmen. «Der Chrumm Sepp» zum Beispiel oder «der Faadegrad» war nichts anderes als eine sachliche Bezeichnung für einen schief gewachsenen Menschen oder sein Gegenteil, und es klang im intimen dörflichen Empfinden mehr warme Teilnahme als kalter Spott mit.»[1]

Dr Schlurpemarti:	Martin «schlurpte» tagein, tagaus in Pantoffeln herum.
Dr Belém:	Abkürzung von «Belhomme». Wahrscheinlich ein Überbleibsel von welschen Erntearbeitern.
Dr Dibeli:	Der alte Gärtner Hafner konnte den Buchstaben Z nicht aussprechen. «I gang go Dibeli setze.»
Dr Dubeta:	Er sprach seine Frau immer mit Du Beta (Du Bertha) an.
Dr Lätte Louis:	Bewirtschaftete einen kleinen Bauernbetrieb «im Letten» (lettiger Boden), heute Lettenweg.
Dr Saggerdie:	Ein beliebter Krauftausdruck des Vaters S. «Sacré Dieu».
Sigerschte Dölfeli:	Sohn des Sigristen L.
Dr Chrummsepp:	Sein gebrochenes Bein blieb schlechter Behandlung wegen krumm. Er hinkte stark.
Dr Faadegrad:	Spottname seiner auffallend geraden Haltung wegen.
Dr Mischeli Miggi:	Emil Leuthardt, Sohn des Michel L. War lange in der Fremdenlegion.
Dr Chrüseli-Lüscher:	Den Junggesellen Lüscher nannte man so, seines kahlen Kopfes wegen.
s Sydewäbers:	Die Vorfahren der betr. Familie Leuthardt waren Seidenweber.

Zur Unterscheidung der verschiedenen *Familien Heller* bediente man sich folgender Namen:

Sury-Hällers:	Hellers waren Pächter des Suryhofes (heute Sonnenhof). Eigentümer war die Familie von Sury, Solothurn.
s Büxis:	Ein Vorfahre dieser Familie war Büchsenmacher.
s Dischtis:	Ein Vorfahre hatte den schönen Namen Baptist (Abkürzung im Volksmund «Dischti»).
s Fronmeischters:	Früher waren die Bürger zuständig für die Instandstellung und Sauberkeit der Strassen. Sie mussten diese Arbeit unentgeltlich tun (in Fronarbeit).

Die Kobels und andere unterschied man:

s Heere-Kobels:	Pächterfamilie auf einem Herrensitz.
s Bure-Kobels:	Bewirtschafteten eigenes Bauerngut.
s Botte-Marie:	Die Botenfrau Marie Schaulin.
s Kinke-Neesi:	Agnes Kink

Anmerkung

1 Sumpf: Flurnamen, S. 49

Arlesheimer Persönlichkeiten

Maria Anna Balbina von Andlau (1736–1798), kultivierte Schöpferin der Ermitage

Diese feinsinnige Frau, eine geborene von Staal, war die Gemahlin von Franz Karl von Andlau, Landvogt auf dem fürstbischöflichen Schloss Birseck. Sie liess sich von den naturschwärmerischen Ideen Rousseaus begeistern und plante, am Birsecker Schlosshügel einen «Englischen Garten» anzulegen.

Heinrich von Ligertz (1739–1817), kunstsinniger Domherr

Der Domherr Heinrich von Ligertz war der Vetter von Balbina von Andlau und fand Gefallen an der Idee eines «Englischen Gartens» in Arlesheim. Durch seine Beziehungen gelang es ihm, die geeigneten Leute für dieses Vorhaben zu finden. An die beiden Schöpfer dieser «Ermitage» anlässlich der Eröffnung 1785 erinnert noch heute eine Inschrift (siehe S. 171).

Conrad Carl Friedrich von Andlau (1766–1839), der letzte Vogt von Birseck

Er war der vierte Sohn Balbinas. Die Familie lebte im «Andlauerhof», der heute noch bewohnt wird. Nach dem Studium der Rechtswissenschaft übernahm er das Amt seines Vaters als Obervogt von Birseck. Bei Ausbruch der Französischen Revolution 1792 flüchtete die Familie nach Freiburg im Breisgau. Dort wurde von Andlau Administrator des Breisgaus und der Ortenau und später Präsident der Regierung. 1814 kehrte er mit seiner Familie nach Arlesheim zurück und wurde auf Vorschlag Metternichs zum Generalgouverneur des Fürstbistums gewählt. Mit grossem Einsatz suchte er vergeblich, es zu erhalten; er musste es 1815 dem eidgenössischen Kommissar Escher übergeben.

Johann Baptist Stuntz (1753–1836), beliebter Maler der Ermitage

1785 kam der Landschaftsmaler J.B. Stuntz mit seiner Familie nach Arlesheim und bewohnte die «Büchsenschmiede» hinten in der Ermitage. Mit grossem Können malte er Ansichten des «Englischen Gartens», Bilder, die sehr beliebt waren und heute zu hohen Preisen gehandelt werden (siehe S. 292, Abb. 144).

Josef Hartmann Stuntz (1790–1859), bedeutender Komponist

Er war der Sohn des Kunstmalers J.B. Stuntz. Bei Ausbruch der Französischen Revolution verliess die Familie unser Dorf und zog nach Strassburg. Hartmann studierte Musik. Später zog die Familie nach München, wo Hartmann königlicher Hofkapellmeister wurde. Hier starb er (siehe «Musik», S. 288).

Martin Vogt (1781–1854), vielseitiger Musiker, Komponist und Lehrer

Martin Vogt stammt aus einer Musikerfamilie aus Kulmain (Bayern). Schon als Kind lernte er die Grundzüge der Kirchenmusik sowie das Spielen verschiedener Instrumente. Als Zehnjähriger ging er auf Wanderschaft durch Österreich, Bayern, Böhmen und Norditalien, zuerst als begabter Sängerknabe, später als Musiker. Dann hielt er sich in St. Urban (Schweiz) auf. 1812 trat er eine Stelle als Lehrer und Organist in Arlesheim an. Dazu wirkte er als Cellist im Basler Orchester und als Musiklehrer in Basel und Arlesheim. In seiner Arlesheimer Zeit komponierte er viele Messen und Orgelwerke und gab zahlreiche Konzerte auf den Silbermann-Orgeln in Arlesheim, in der Peterskirche und in der Theodorskirche in Basel. 1837 wurde er zum Organisten am Martinsmünster in Colmar gewählt, wo er bis zu seinem Tode blieb.

Abb. 101 Industrie im Tal, im Vordergrund die alte von J. S. Alioth gegründete Schappe-Fabrik (in Betrieb von 1830–1977)

Johann Sigmund Alioth (1788–1850), der Gründer der Schappe-Fabrik

Johann Sigmund Alioth wurde in Biel als Sohn einer Handwerkerfamilie geboren. Nach Abschluss seiner Lehre als Textilfachmann in Basel war er von 1912 an
im Elsass als Kaufmann tätig. Nachdem er, wahrscheinlich in England, die mechanische Herstellung von Schappe (Florettseide) kennengelernt hatte, gründete
er 1824 an der Hammerstrasse in Basel die erste Schappespinnerei in der Schweiz.
Anders als die echte Seide, die vom Cocon des Maulbeerseidenspinners nur ab-
gehaspelt werden kann, muss Schappegarn erst gesponnen werden.
Die Möglichkeit, die Wasserkraft der Birs zu nutzen, veranlasste J.S. Alioth, 1830
seine Spinnerei als erste Fabrik im Baselbiet nach Arlesheim zu verlegen. 1813 ver-
heiratete er sich mit Chrischona Hornung aus Mülhausen (1792–1871), wurde
1840 Basler Bürger und kaufte 1847 das Schloss Birseck mit der Ermitage und den
Andlauerhof in Arlesheim.

Daniel August Alioth (1816–1889), der Stifter der reformierten Kapelle

Daniel August war Teilhaber der väterlichen Schappefabrik in Arlesheim. Auf
mancherlei Weise setzte er sich für die Öffentlichkeit ein. Er war Mitbegründer
der Basellandschaftlichen Hypothekenbank und der Basler Versicherung gegen
Feuerschaden, sass im Landrat und während langer Jahre im Gemeinderat von
Arlesheim, das ihn 1854 zum Ehrenbürger ernannte. 1840 hatte er sich mit Maria
Falkner von Basel (1821–1889) verheiratet. Er wohnte im «Vorderen Hof», dem
heutigen Ehingergut an der Domstrasse 2. Hier liess er im Park für die reformierten Glaubensgenossen eine Kapelle errichten und stellte einen Seelsorger an
(siehe S. 333).

Johann Georg Sütterlin (1826–1907), der vielseitige Pfarrer, Dekan und Dorfchronist

Georg Sütterlin aus Schönenbuch besuchte die Schulen und das Pädagogium
in Basel, das er mit einer ausgezeichne-
ten Matur abschloss. Daher erhielt er ein
Stipendium für sein Theologiestudium,
das erste, das der Kanton Baselland gewährte. Sütterlin studierte in Bonn, Tübingen und Freiburg im Breisgau. Nach
seiner Priesterweihe versah er nach mehreren Vikariaten die Pfarrstelle in Ettingen. 1874 wählten ihn die Arlesheimer zu
ihrem Pfarrer. Fünf Jahre später wurde

Abb. 102
Dekan Georg Sütterlin, der Verfasser der ersten
Arlesheimer Heimatkunde

er Dekan des Kapitels Birseck und Ehrendomherr. Dekan Sütterlin schrieb die mehrmals erwähnte erste Heimatkunde von Arlesheim, ein spannendes Buch mit unzähligen Informationen bis 1907, das bis heute als Grundlage weiterer Forschungen dient.

Neben seiner Pfarrtätigkeit amtete er noch als Präsident der Bezirksschulpflege, des Armenerziehungsvereins, der Zeichnungsschule und des Vereins zur Unterstützung armer Durchreisender. Er starb, beklagt von seiner grossen Gemeinde.

Emil Frey (1838–1922), der bisher einzige Baselbieter Bundesrat

Abb. 103
Emil Frey, Bundesrat

Im Haus mit der Erinnerungstafel an der Domstrasse 3 wurde Emil Frey geboren. Sein Vater war der bedeutende Jurist Emil Frey (1803–1898), National- und Ständerat und Ehrenbürger von Münchenstein. Der Sohn Emil liess sich nach Schulabschluss in Jena als Agronom ausbilden, reiste 1860 nach Amerika und arbeitete hier auf einer Farm. Am Sezessionskrieg nahm er als Freiwilliger teil und wurde zum Hauptmann befördert. Nach 1½ Jahren kehrte er nach Arlesheim zurück und stieg in die Politik ein. Er wurde Landschreiber, dann Regierungsrat. 1868 setzte er das Gesetz durch, das die Nachtarbeit von Kindern unter 16 Jahren verbot und ihre tägliche Arbeitszeit auf zehn Stunden beschränkte. Als Botschafter in den USA trat er für die Auslandschweizer ein, die in der Neuen Welt in Not geraten waren. 1890 wurde er zum Bundesrat gewählt und stand dem Militärdepartement vor, das er mit grossem Eifer zu reformieren begann. Von 1895 bis 1921 war er Direktor des Internationalen Büros des Telegraphenbundes. 1911 erhielt er den Ehrendoktor der Universität Bern.

Marie Schaulin (1868–1959), originelle Botenfrau

Marie Schaulin war die letzte Botenfrau unseres Dorfes. Zweimal wöchentlich nahm sie den weiten Weg nach Basel unter die Füsse, um für die Arleser in der Stadt einzukaufen. Den gefüllten Warenkorb trug sie jeweils auf dem Kopf nach

Hause. Dieses Amt versah sie bis 1902, als das Tram zu fahren begann.

«s Schauli-Marie» war eine originelle Person, sehr gross und schlank gewachsen, schlagfertig und mit gutem Mutterwitz versehen. Als sie starb, wurde sie von vielen alten Arlesern betrauert.

Ita Wegman (1876–1943), anthroposophische Ärztin

Ita Wegman ist in West-Java geboren und aufgewachsen. Ihr Vater war Administrator einer Zuckerfabrik. Mit 15 Jahren kam sie nach Holland. In Amsterdam bildete sie sich in Gymnastik und schwedischer Massage aus und interessierte sich auch für Theosophie. 1902 besuchte sie in Berlin Rudolf Steiner und fasste den Entschluss, Medizin zu studieren. Nachdem sie an verschiedenen Orten in der Schweiz als Ärztin gewirkt hatte, eröffnete sie 1921 in Arlesheim in einer Villa am Pfeffingerweg das «Klinisch-therapeutische Institut». 1923 wurde sie Leiterin der Medizinischen Sektion der neugegründeten Anthroposophischen Gesellschaft. Ihre Erkenntnisse vermittelte Ita Wegman auf ausgedehnten Vortragsreisen in ganz Europa. Seit 1940 wohnte sie in Ascona, besuchte aber immer wieder Arlesheim, wo sie während eines Besuches starb (siehe S. 182).

Abb. 104 Schaulin Marie, die Botenfrau

Jacques Brodbeck (1882–1944), der Wiedererbauer der Burg Reichenstein

Er war Bürger von Basel und Wintersingen. Nach seiner Ausbildung wurde er zum kaufmännischen Direktor der CIBA in Basel gewählt. Mit seiner Familie bewohnte er die Villa «zum Felsacker» am Rüttiweg in Arlesheim, zu Füssen der Burg Reichenstein. 1922 erwarb er diese Ruine vom Seidenfabrikanten Burckhardt, um daraus einen Sommersitz zu bauen. Zudem war der Wiederaufbau eine vorzügliche Arbeitsbeschaffung in jenen Krisenjahren der Arbeitslosigkeit. Dafür erhielt Jacques Brodbeck von der Gemeinde Arlesheim das Ehrenbürgerrecht. Heute gehört die Burg einer Stiftung (siehe S. 157).

Arthur Stoll (1887–1971), kultivierter Pharmazeut und Kunstmäzen

Nach dem Besuch der Kantonsschule Aarau und der ETH Zürich schloss Arthur Stoll 1910 als Fachlehrer für Naturwissenschaften mit Hauptfach Chemie ab und doktorierte 1911. In Berlin betrieb er Forschungen über das Chlorophyll (Blattgrün). 1916 zog er nach München und wurde 1917 «Königlich-Bayerischer Professor». Im gleichen Jahr kehrte er in die Heimat zurück und begründete die pharmazeutische Abteilung in der Firma Sandoz in Basel. Hier stellte er mit dem erlernten schonenden Vorgehen gegenüber den Naturstoffen zuverlässige Medikamente her, vor allem aus dem Mutterkornpilz *(Secale strophantus)*. Neben zahlreichen wissenschaftlichen Auszeichnungen erhielt er 1942 den Marcel Benoît-Preis.

Mit 50 Jahren begann er seine kostbare Kunstsammlung aufzubauen, vor allem mit Schweizer Kunst des 19. und 20. Jahrhunderts sowie französischen Impressionisten. Damit erfüllte er sich einen langgehegten Wunsch. 1913 hatte er sich mit Martha Amsler (1887–1980) verheiratet. Sie schenkte ihm zwei Töchter und drei Söhne. Seit 1925 wohnte er in Arlesheim, das ihm 1947 das Ehrenbürgerrecht verlieh.

Siegfried Streicher (1893–1966), feinsinniger Schriftsteller

Nach dem Besuch der Schulen in seiner Vaterstadt Basel und der Stiftsschule Disentis schloss Siegfried Streicher sein Studium mit dem Dr. phil. I an der Universität Basel ab. Es folgten verschiedene Tätigkeiten im In- und Ausland; dann wurde er Chefredaktor des «Basler Volksblatts». Seine weitsichtigen, mutigen Leitartikel in stürmischer Kriegszeit und seine Theaterkritiken wurden weiterhum sehr geschätzt. 1944 wurde er Redaktor der «Schweizer Rundschau». Diese monatlich erscheinende Kulturzeitschrift betreute er während 30 Jahren.

Siegfried Streicher liebte sein Dorf. In einem Begrüssungsschreiben der Gemeinde an Neuzugezogene schrieb er 1963: *«Wen es nach Arlesheim verschlägt, der hat kein schlechtes Los gezogen. Ein liebliches Umgelände, in den Jura hinein, bei der Eremitage von einer grossartig-malerischen Naturszenerie mit japanischen Teichen, ureinsamen Wiesengründen, Grotten und vielverschlungenen Wegen, mit Bach und Brunnen, Schwibbögen, Mühle und erzverlassener Behausung. Es ist ein Naturpark, der seinesgleichen an Stimmung und Schönheit sucht.»*

Isaak A. Iselin (1907–1980), Bewahrer der Ermitage

Mit grosser Energie setzte sich Isaak A. Iselin für die Pflege und Erhaltung der Ermitage ein. Aus Liebe zu diesem einzigartigen «Englischen Garten» mit historischer Vergangenheit kämpfte er gegen die Pläne, durch das romantische Tälchen eine Strasse zu bauen und dort ein Schwimmbad zu errichten. Seinem Einsatz ist es zu verdanken, dass sich heute viele Menschen an der Schönheit der Ermitage erfreuen dürfen.

194

St. Odilienstiftung

Alt Bezirksrichter Emil Häner, geb. 1853, ein ehrwürdiger Herr mit silberweissen Haaren, errichtete 1936 gemeinsam mit seinen drei Schwestern Rosine, Josephine und Albertine die Odilienstiftung.

Die drei frommen Damen waren kleine, zartgliedrige Persönchen, sorgfältig gekleidet, mit Capötchen auf ihren Köpfchen und schönen Ridicules in den Händen. So trippelten sie gemeinsam in die Kirche oder zum Einkaufen, und nie überschritten sie die Dorfgrenze.

Diese vier ledigen Geschwister nannten ihre Stiftung:

«St. Ottilien, Hilfe, Schutz und Segen».

Testamentarisch schenkten sie der Stiftung ihr Haus mit Scheune und Stall an der Oberen Gasse 14 sowie einige schöne Land- und Waldparzellen «als Zufluchtstätte, die armen, kranken, mittellosen, alten, katholischen Arlesheimerinnen dienen soll.»

Der grosszügige und vorausschauende Emil Häner starb ein Jahr nach der Errichtung der Stiftung am 25. März 1937.

Die ersten Leiterinnen des Odilienheimes waren die beiden Klosterfrauen Sr. Serafine und Sr. Bernadette, die acht Pensionärinnen betreuten.

Die Notwendigkeit erforderte, dass im Laufe der Jahre auch finanziell gut gestellte Frauen, Nicht-Bürgerinnen, Frauen anderer Konfessionen und zeitweise Männer aufgenommen wurden. Dieses Heim war für viele alte Menschen eine Wohltat, hier fanden sie Betreuung und ein Zuhause. Durch Landabgabe im Baurecht und Verkauf konnte das Haus ständig modernisiert und umgebaut werden.

Der Altersheim-Betrieb wurde am 3. Juni 1985 aufgehoben. Durch das Alters- und Pflegeheim «Obesunne» erübrigte sich die Weiterführung des Odilienheimes. Zurzeit (1993) sind die Gebäude an den Verein für Sozialpsychiatrie-Rekonvaleszenten vermietet. Die Liegenschaftserträge (Ziegelackerweg/Surihofweg, Obere Gasse 12 und 14, Neumättli, z. Zt. verpachtet an Gärtnerei Sommerer, und Waldparzelle in der Ermitage) fliessen an verschiedene Organisationen zugunsten der Altersvorsorge.

Das Altersheim Landruhe

Der damalige Eigentümer der Liegenschaft Ermitagestrasse 4, Oberst Peter Sarasin, Bandfabrikant, und seine Ehefrau, Marie-Emilie, geborene Alioth, errichteten am 10. Januar 1923 die Stiftung «Altersheim Landruhe».

Das Ehepaar hatte den stattlichen Bauernhof, den «Mattenhof», von der Witwe Anna-Maria Heller, Vorfahrin des Emil Heller, alt Gemeinderat, erworben. Sie

Abb. 105 Das Altersheim Landruhe an der Ermitagestrasse

hatte das schöne Gebäude zum Kauf angeboten, weil kein Nachfolger den Bauernbetrieb weiterführen wollte.

Diese der damaligen Zeit vorauseilende Tat verfolgte die Absicht, «Frauen und Jungfrauen, die infolge Alters nicht mehr arbeitsfähig sind und denen ihre Angehörigen kein Heim bieten können, ein solches einzurichten und zu unterhalten». Später wurde dann beschlossen, das Heim sowohl für Frauen wie auch für Männer zu öffnen.

Die Zahl der Pensionäre stieg im Laufe der Jahre stetig an. Heute beherbergt das Haus 20 Betagte. Dank der umfassenden Renovation von 1987 bis 1989 (Lifteinbau und zimmereigene Toiletten/Nasszellen) ist es nun rollstuhlgängig und allgemein den heutigen Anforderungen angepasst.

Die *Landruhe* wurde in den letzten Jahren mehr und mehr zum Pflegeheim; sie ist für die Gemeinde eine notwendige Institution, um den steigenden Bedarf an Pflegeplätzen abzudecken.

Stiftung «Zur Obesunne»

Ein Sozialwerk stellt sich vor:

«Hilfsbereitschaft und Nächstenliebe
sind die grössten Werte der Gemeinschaft.»

Gustav Meier, alt Gemeindepräsident

In einer Zeit der sprunghaften Entwicklung unserer Gemeinde erkannten vorausblickende und mit dem Dorfleben verbundene Männer und Frauen die Notwendigkeit der besonderen Fürsorge für ältere und behinderte Einwohner.

So entstanden in den Jahren 1963 bis 1965 – zu den bestehenden Altersheimen Landruhe und St. Ottilien – das erste Pflegeheim, mehrere Alterswohnungen und zwei Blöcke sozialen Wohnungsbaues. Dabei erinnern wir uns in Dankbarkeit des Hauptinitianten und ersten Stiftungsratspräsidenten Karl Leuthardt-Scherrer.

Doch schon nach kurzer Zeit waren alle Gebäude besetzt, und die Nachfrage nach weiteren Wohnungen und Pflegeplätzen war gross.

Abb. 106 Das neue Pflegeheim der «Obesunne»

In einer zweiten Bauetappe in den Jahren 1973/74 wurden weitere Alterswohnungen sowie ein zweites Pflegeheim mit Speisesaal, Restaurant, Saalbau, Lädeli und Therapieräumen erstellt.

Mit der vorläufig letzten Erweiterung und dem Anbau von 19 Zimmern im ersten Pflegeheim im Jahre 1982 sowie gleichzeitiger Verbesserung der Pflege-Infrastruktur stehen nun in beiden Pflegeheimen 83 Betten zur Verfügung. In der Alterssiedlung haben wir 70 Einzimmer- und 30 Zweizimmer-Wohnungen. Das

Abb. 107
Vom Schwynbächli an der Grenze zu Dornach hat das Obesunne-Restaurant seinen Namen

allseits beliebte Restaurant «Schwynbächli» lädt Bewohner, Angehörige und Gäste in den Nachmittagsstunden zum Verweilen ein. Der heimelig gestaltete Festsaal im Gartengeschoss kann je nach Bestuhlung maximal 140–180 Personen aufnehmen. Immer wieder erfreuen Feiern und Anlässe aller Art unsere Bewohner aus dem Haus und Gäste aus dem Dorf.

Die Hauskapelle im ersten Pflegeheim als Ort der Stille und Besinnung dient den Gläubigen beider Konfessionen auch für kirchliche Feiern.

Besondere Aufmerksamkeit wird dem Wohlergehen der hilfs- und pflegebedürftigen Heimbewohner geschenkt. Zur besseren Angewöhnung im Heim ist ein rechtzeitiger und nicht allzu später Eintritt sehr zu empfehlen.

Das gute Ansehen unserer «Obesunne» ist weitgehend von der Führung und Leitung des Heimes abhängig. Nebst dem ehrenamtlich tagenden Stiftungsrat gebührt unserem ersten langjährigen Hausvater und Verwalter Edwin Alt-Jenzer für seine vorzügliche Führung und besondere Liebe zu den älteren Pflegebefohlenen höchste Anerkennung und Dank.

Als ehemaliger Stiftungsratspräsident wünscht der Verfasser dieses Beitrages dem grossen Sozialwerk «Obesunne» weiterhin eine gedeihliche und segensreiche Weiterentwicklung zum Wohle unserer schönen Gemeinde.

Die Stiftung «Zur Obesunne» wurde von der Einwohnergemeinde Arlesheim, der Bürgergemeinde, vertreten durch die Fürsorgebehörde, und Franz E. Werenfels-Graf, Arlesheim, errichtet und am 12. Juni 1963 verurkundet.

Abb. 108 Die Stiftung «Zur Obesunne». Alterswohnungen, Pflegeheim und Sozialwohnungen

Die politische Gemeinde

Die Einwohnergemeinde

Die Einwohnergemeinde stützt sich auf das Gemeindegesetz von 1970, welches das alte Gesetz von 1881 ablöste und der Gemeinde die Wahl gab, die bisherige Gemeindeversammlung beizubehalten oder einen vom Volk gewählten Einwohnerrat zu bestellen. Arlesheim hat sich für die bisherige Gemeindeversammlung entschieden. So können alle Stimmbürgerinnen und Stimmbürger mit ihrem Votum und ihrer Stimmabgabe direkt auf die Geschehnisse der Gemeinde Einfluss nehmen.

Die Organisation der Gemeinde

Die *Gemeindeversammlung* ist die Legislative, das gesetzgebende Organ. Pro Jahr finden vier bis fünf Gemeindeversammlungen statt, die von jeweils 100 bis 400 Stimmberechtigten besucht werden. Als feste Gemeindeversammlungen gelten im Juni die «Rechnungsgmeini» und im November die «Budgetgmeini». Zusätzliche Gemeindeversammlungen werden von Fall zu Fall einberufen.

Der *Gemeinderat* ist die Exekutive, die ausführende Behörde. Von den sieben Gemeinderäten, die alle vier Jahre im Proporzsystem gewählt werden, vertraten während vieler Amtsperioden drei die FDP, zwei die CVP und zwei die SP. 1992 errang die alternative Gruppierung «Frischluft» einen Sitz auf Kosten der SP.

Die *Gemeinderäte 1993:*

Hannes Hänggi   CVP
Gemeindepräsident: Präsidialgeschäfte, Verwaltung, Polizeiwesen, Natur- und Landschaftsschutz, Ermitage usw.

Daniel Anex   FDP
Vizepräsident: Schule, Kultur und Sport, Jugendmusikschule, Kirchenwesen usw.

Dr. Hannes Baumgartner FDP
Hochbau, Regional-, Landschafts- und Ortsplanung, Gewerbe, Handel und Industrie usw.

Olga Leuthardt   CVP
Vormundschaft und soziale Wohlfahrt, Gesundheit, Vereinswesen usw.

Felix Müller   SP
Umweltschutz, Sicherheit, Feuerwehr, Zivilschutz, Wasser- und Energieversorgung, Abfallbeseitigung usw.

Hans Walther   FDP
Finanzen und Steuern, Bestattungswesen, Burg Reichenstein usw.
Karl-Heinz Zeller   Frischluft
Tiefbau, Strassenwesen, öffentliche Beleuchtung, Kanalisation, öffentlicher und
privater Verkehr usw.

Abb. 109
Gemeinderat und Verwaltung 1993
Von links: Peter Stingelin (Bauverwalter), Daniel Anex, Felix Müller, Olga Leuthardt, Hannes Hänggi, Dr. Hannes Baumgartner, Karl-Heinz Zeller, Hans Walther, Heinz Meier (Gemeindeverwalter)

Der *Gemeindepräsident* vertritt die Gemeinde nach aussen und ist oberster Vorgesetzter aller Gemeindebeamten und -angestellten. Auch ist er Ombudsmann, Auskunftsperson, Ratgeber und Vermittler sowie Initiant für viele Geschäfte und Tätigkeiten in der Gemeinde.

Gemeindepräsidenten seit 1851:

1851–1878	E. Madeux
1879–1881	Johannes Leuthardt
1882–1902	Franz Heller

1903–1905	Dr. Hans Abt
1906–1911	Wilhelm Krayer
1912–1917	Dr. Gottlieb Maier
1918–1941	Otto Gutzwiller
1942–1950	Adolf Hänggi
1951–1964	Max Zimmerli
1965–1975	Gustav Meier
1976–1988	Gustav Erbacher
1988–	Hannes Hänggi

Der *Gemeindeverwalter* sorgt – unterstützt durch seine Mitarbeiterinnen und Mitarbeiter – für ein gutes Funktionieren der Gemeindeverwaltung. Er wird vom Volk gewählt mit der Möglichkeit der stillen Wahl.

Im weitern ist er engster Mitarbeiter des Gemeindepräsidenten und des Gemeinderates. Er nimmt von Amtes wegen beratend an den Sitzungen des Gemeinderates und der Vormundschaftsbehörde teil, wirkt bei der Sitzungsvorbereitung mit, ist verantwortlich für das Protokoll und unterzeichnet mit dem Gemeindepräsidenten die ausgehende Korrespondenz dieser Behörden.

Gemeindeverwalter seit 1851:

1851–1860	Josef Richard
1860–1875	unbekannt, Protokolle fehlen
1876–1881	Franz Heller
1882–1885	Josef Vogt
1885–1887	Wilhelm Wittlin
1888–1891	Robert Heller
1892–1896	Johann Baptist Heller
1897–1942	Hermann Heller
1942–1953	Walter Fifian
1954–1979	Reinhard Dieffenbach
1979–	Heinz Meier

Der *Bauverwalter* leitet die Bauverwaltung und berät den Gemeinderat in Fragen der Orts- und Regionalplanung, des Tiefbaus, des Umweltschutzes sowie bei der Bearbeitung der Baugesuche.

Die Gemeindeverwaltung

Das ehemalige Domherrenhaus Domplatz 8 beherbergt die Gemeindeverwaltung. Dort sind untergebracht:
Parterre: Empfang, Sekretariat, Rechnungswesen, Steuerabteilung, Kasse, Gemeindearbeitsamt, Einwohnerkontrolle und das Büro des Gemeindeverwalters,

202

1. Stock: Bauverwaltung, Zivilstandsamt, Zivilschutzstelle, Gemeinderatszimmer, ein weiteres Sitzungszimmer und das Büro des Gemeindepräsidenten.
Das Gemeindepersonal setzt sich 1993 wie folgt zusammen:

Gemeindeverwaltung	12	Wasserversorgung	3
Bauverwaltung	4	Schulabwarte	3
Sozialberatung	5	Friedhof	1
Strassenwesen	11	Schwimmbad	2

Dazu werden für verschiedene Aufgaben mehrere nebenamtliche Personen eingesetzt.
Lehrerschaft (siehe S. 265).

Spezielle Behörden

Die *Schulpflege* beaufsichtigt die Primar-, Real- und Sekundarschule. Sie besteht aus 11 Mitgliedern, wovon ein Mitglied vom Gemeinderat bestimmt wird. Die restlichen Mitglieder werden alle vier Jahre nach dem Majorzsystem gewählt. Eine Initiative für eine Proporzwahl ist bereits zweimal eingereicht worden.

Die *Fürsorgebehörde* wird ebenfalls im Majorzverfahren vom Volk gewählt. Sie umfasst sieben Mitglieder, wobei je eines vom Gemeinderat und von der Bürgergemeinde bestimmt wird.

Die *Vormundschaftsbehörde* ist in grossen Gemeinden ein eigenes Gremium. In unserer Gemeinde ist der Gemeinderat zugleich Vormundschaftsbehörde. Angesichts der Wichtigkeit werden die Geschäfte der Vormundschaft immer als erstes Traktandum im Gemeinderat behandelt.

Der *Bürgerrat* nimmt die Aufgaben der Bürgergemeinde wahr (siehe S. 216).

Kommissionen (Alle Kommissionen haben nur beratende Funktion.)

Die *Gemeindekommission,* die in jeder Gemeinde mit Gemeindeversammlung besteht, wird als Behörde durch Volksabstimmung im Proporzverfahren gewählt. In Arlesheim besteht sie aus 15 Mitgliedern. Ihre Aufgabe ist die Vorberatung der Geschäfte und die Antragstellung an den Gemeindeversammlungen. Hier gibt sie ihre Beschlüsse jeweils nach den Erläuterungen des Gemeinderates bekannt. Eine Delegation wählt gemeinsam mit dem Gemeinderat das Gemeindepersonal. Gemeinderat und Gemeindekommission zusammen haben ausserhalb des Budgets die doppelte Finanzkompetenz als der Gemeinderat allein.

Die *Geschäftsprüfungskommission* (GPK) kontrolliert, ob die Gesetze, Reglemente und Beschlüsse der Gemeindeversammlung eingehalten resp. ordentlich vollzogen worden sind. Aufsichtsorgan ist die Gemeindeversammlung. Die GPK kann keine Aufträge, Anträge und Weisungen erteilen.

Die *Rechnungsprüfungskommission* (RPK) wird von der Gemeindekommission gewählt. Sie prüft das Rechnungswesen, die Rechtmässigkeit des Budgets und macht Kassenkontrollen. Ihren Prüfungsbericht veröffentlicht sie im Budget oder in der Jahresrechnung.

Die *Finanzplankommission* erarbeitet einen Finanzplan für die nächsten fünf Jahre aufgrund der mutmasslichen Investitionen, die der Gemeinderat vorlegt.

Die *Baukommission* berät den Gemeinderat in Planungsfragen und laufenden Bauaufgaben.

Die *Ortskernkommission* hat ähnliche Aufgaben, die jedoch nur den Ortskern betreffen.

Die *Naturschutzkommission* engagiert sich für den Natur- und Landschaftsschutz, eine Aufgabe, die heute immer wichtiger wird.

Die *Umweltschutzkommission* ist zuständig für Fragen des Umweltschutzes sowie der Abfallentsorgung und -verwertung.

Die *Wasser- und Energiekommission* bearbeitet alle Fragen im Bereiche der Wasserversorgung und des Energiesparens. Diese gewinnen immer mehr an Bedeutung.

Die *Schwimmbad- und Sportplatzkommission* überwacht die Aktivitäten auf den Sportplätzen und im Schwimmbad, organisiert das Personal und unterbreitet dem Gemeinderat Vorschläge für das Budget und die Eintrittspreise.

Die *Feuerwehrkommission* überwacht die Ausbildung der Mannschaft und die Organisation der ganzen Feuerwehr. Sie erstellt das Feuerwehrbudget z. H. des Gemeinderates (siehe S. 210).

Die *Zivilschutzkommission* organisiert die Ausbildung, die Kurse und die Übungen sowie die Schutzplatzzuweisung. Der Zivilschutz gelangt nicht nur bei Krieg, sondern auch bei Katastrophen verschiedenster Art zum Einsatz.

Die *Friedhofkommission* organisiert das Bestattungswesen und behandelt alle Fragen, die den Friedhof betreffen.

Die *Jugendmusikschulkommission* hat die Aufgabe, das Unterrichtsprogramm festzulegen, Musiklehrer anzustellen und ein Budget für den Gemeinderat einzureichen (siehe S. 283).

Die *Kindergartenkommission* überwacht die Kindergärten. Sie organisiert die Einschreibung der Kinder und die Zuteilung in die einzelnen Kindergärten. Auch erstellt sie das Budget zuhanden der Gemeinde (S. 278).

Die *Betriebskommission Trotte* ist die Kulturkommission. Sie organisiert den Betrieb in der Trotte, die im 1. Stock das Ortsmuseum und im Parterre einen Mehrzweckraum enthält (siehe S. 305).

Die *Bibliothekskommission* ist für die neue Gemeindebibliothek im alten Postgebäude an der Ermitagestrasse 2 zuständig (siehe S. 303).

Das *Wahlbüro* umfasst vier Teilbüros, die bei Wahlen und Abstimmungen auf die beiden Wahllokale in den Schulhäusern Domplatz und Gerenmatte aufgeteilt sind. Das Wahlbüro ermittelt die Abstimmungs- und Wahlresultate.

Ausser den oben erwähnten ständigen Kommissionen hat der Gemeinderat zwei *temporäre Kommissionen* bestellt:

Die *Kommission für Verkehrsfragen* bearbeitet zuhanden des Gemeinderates aktuelle Verkehrsprobleme.

Die *Heimatkundekommission* hat den Auftrag, dieses Heimatkundebuch herauszugeben.

Parteisektionen

FDP   Freisinnig Demokratische Partei

CVP   Christlichsoziale Volkspartei

SP   Sozialdemokratische Partei

Stiftungen

Stiftung «Zur Obesunne»
Stiftung «Burg Reichenstein»
St. Odilienstiftung
Altersheim Landruhe

Die Gemeindefinanzen

Unsere Gemeinde hatte 1991 insgesamt 5 822 steuerpflichtige natürliche Personen. Diese leisteten für Einkommen und Vermögen eine Gemeindesteuer von Fr. 13,86 Mio. Die Hälfte (52 %) dieser Steuer wurde von 821, d.h. 15 % der Steuerpflichtigen entrichtet. Grundlage der Steuererträge waren ein Einkommen von rund Fr. 287 Mio. und ein Vermögen von rund Fr. 1 Mia. Die juristischen Personen entrichteten 1991 eine Gemeindesteuer von Fr. 1,07 Mio.
Nach einigen Jahren mit einerseits unterdurchschnittlichen Investitionen und andererseits guten Rechnungsabschlüssen konnten die Schulden auf 12,0 Mio. abbezahlt werden (Höchststand Ende 1987 Fr. 20,15 Mio.). Davon entfallen Fr. 8 Mio. auf Schulden bei der Kanalisationskasse und Fr. 4 Mio. auf solche bei Banken und Versicherungsgesellschaften.

1991 betrug der Aufwand der Einwohnerkasse Fr. 19,6 Mio. Diese verteilten sich prozentual auf die einzelnen Ausgabenposten wie folgt:

Bildung	41,2%
Behörden und allgemeine Verwaltung	14,9%
Verkehr (Strassen und öffentlicher Verkehr)	11,6%
Kultur und Freizeit	8,2%
Wohlfahrt	6,5%
Umweltschutz und Raumplanung	5,8%
öffentliche Sicherheit	3,0%
Diverse Ausgaben	8,8%

Pro 1993 beträgt der Gemeindesteuerfuss 45% der Staatssteuer und der Fürsorge-steuerfuss 10% der Gemeindesteuer, was einer Gesamtbelastung von 49,5% der Staatssteuer entspricht.

Information

Die Einwohnerschaft von Arlesheim wird über die Arbeit von Gemeinderat und Gemeindeverwaltung orientiert
– durch Berichte im *Wochenblatt,* dem amtlichen Publikationsorgan,
– durch *Erläuterungen* in den Gemeindeversammlungs-Einladungen
– durch den ausführlichen *Amtsbericht,* der seit 1976 jährlich erscheint (1992 74 Seiten). Diese Schrift mit statistischem Material, Personenverzeichnissen und Tätigkeitsberichten ist eine Fundgrube für interessierte Leute, die sich über ihre Wohngemeinde näher informieren möchten.
Der Amtsbericht kann auf der Gemeindeverwaltung gratis bezogen werden.

Die Wasserversorgung

Bis Ende des 19. Jahrhunderts war die Versorgung mit gutem Trinkwasser in Arlesheim prekär. Herr Brüderlin (ehemaliger Direktor der «Schappe») schreibt 1893 in seinem Bericht an die Wasserversorgungs-Kommission: «... in der Zeit sind die Übelstände derart, dass man es kaum glauben sollte und wie sie im geringsten unserer Nachbardörfer weit und breit nicht wieder angetroffen werden.» Damals standen für die rund 200 Familien zur Verfügung:

Abb. 110 Plan der Wasserversorgung ➡

Wasserversorgung

① Grundwasser-Pumpwerk 1, 1920
② Grundwasser-Pumpwerk 2, 1941
③ Zubringer Pumpwerk, 1969
④ Reservoir Spitalholz 1975, 3100 m³
• Hydranten

⑤ Reservoir Hollen 1, 1907, 350 m³
⑥ Reservoir Hollen 2, 1927, 800 m³
⑦ Reservoir Gobenhölzli, 1937, 90 m³
⑧ Reservoir Gemeindeholz (Münchenstein)
  1975, Anteil 200 m³

- drei öffentliche Gemeindebrunnen
- die Anlage der Domplatzbrunnengesellschaft (gegründet 1828, existiert heute noch). Sie übernahm die zwei Quellen des Domkapitels,
- die private Versorgung des andlauischen Gutes,
- ein Pumpwerk für die Schappe und
- einige wenige Handpumpen.

Am 18. Juni 1893 gewährte die Gemeindeversammlung für die Wasserversorgung einen Kredit von Fr. 30 000.–. Im gleichen Jahr wurde mit den Arbeiten für die Quellfassung in der Gobenmatt begonnen. 1904 wurden Möglichkeiten gesucht, die Leistungsfähigkeit der Wasserversorgung zu verbessern. Dabei stiess man auf die Tiefentalquellen im Grenzgebiet Dornach / Hochwald / Duggingen. Da sich auch andere Gemeinden für diese Quelle interessierten, war rasches Handeln notwendig. Die Zeit für die Einberufung einer Gemeindeversammlung reichte nicht aus. Glücklicherweise sprangen Private in die Bresche und erwarben die Quellen für die Gemeinde. Mit Beschluss der Gemeindeversammlung vom 18. Oktober 1904 wurden die Quellen den Privaten wieder abgekauft.
Mit dem Anwachsen der Einwohnerzahl und dem Ansteigen des Lebensstandards musste die Wasserversorung regelmässig erweitert und den Anforderungen angepasst werden:

1907: Bau des Reservoirs Holle 1
1920: Bau des Grundwasserpumpwerkes 1
1927: Bau des Reservoirs Holle 2
1935: Bau des Hochzonen-Reservoirs Gobenhölzli
1937: Filteranlage
1941: Bau des Grundwasserpumpwerkes 2
1969: Bau des Zubringerpumpwerkes
1973: Notzusammenschluss mit Münchenstein
1975: Bau des Reservoirs Spitalholz (gleichzeitig Stufenpumpwerk)
1975: Bau des Hochzonen-Reservoirs Gemeindeholz (mit Münchenstein)
1979: Neue Betriebszentrale im Werkhof

Einige Zahlen:
- Speichervolumen   4 540 m³
- Öffentliches Leitungsnetz   35,4 km
- Grösster Leitungsdurchmesser   400 mm
- Anzahl Hydranten   212
- Anzahl öffentliche Brunnen   19

- Wasserbeschaffung:		Arlesheim	BL	CH
Grundwasser	ca.	70 %*	93 %	43 %
Seewasser	ca.			18 %
Quellwasser	ca.	30 %*	7 %	39 %

		Arlesheim		BL	CH
– Wasserverbrauch pro Kopf der Bevölkerung und Tag					
Haushaltungen u. Kleingewerbe	1991	216 l		194 l	261 l
Gesamt	1991	328 l		751 l	455 l
Grösster Verbrauch	(11. Juli 1991)	886 l			

* Mittlerer Wert der letzten 10 Jahre. Der nutzbare Quellerguss in dieser Zeit schwankte zwischen 165 000 m³/J (1989) und 361 000 m³ (1980).

Die topographische Lage der Gemeinde Arlesheim mit Höhen im Baugebiet zwischen 275 und 435 m ü. M. erfordert eine Einteilung in fünf verschiedene Druckzonen. Das Gebiet Obere Holle wird von der Wasserversorgung der Gemeinde Dornach versorgt.

Die Leistungsfähigkeit der Wasserversorgung ist heute gut. Zudem besteht eine gut ausgebaute Verbindung mit der Gemeinde Münchenstein; im Notfall kann Wasser von der Hardwasser AG bezogen werden. Die Probleme in naher Zukunft liegen weniger in der Beschaffung von genügend Wasser – es sei denn, die von Experten prophezeite Klimaveränderung trete ein –, sondern eher in der Erhaltung der Wasserqualität. In diesem Zusammenhang sei das Atrazin erwähnt. Wie weit und wie lange unsere Böden die Schadstoffe aus dem Wasser herausfiltern können, ist nicht bekannt. Die Qualität des Grundwassers – sie wird monatlich durch das Lebensmittelinspektorat überprüft – gestattet vorläufig noch ein direktes Einspeisen ins Leitungsnetz. Hingegen muss das Quellwasser gechlort und zum Teil gefiltert werden. Da die bestehenden Grundwasserpumpwerke in den Weiden bezüglich des Grundwasserschutzes zwischen Strasse, Bahn und Wohngebiet schlecht gelegen sind, muss in naher Zukunft ein neues Pumpwerk gebaut werden. Der Standort ist bereits bestimmt und die Grundwasserschutzzone rechtskräftig beschlossen.

Ein weiteres Problem der Wasserversorgung ist die in den letzten Jahren verstärkt auftretende Korrosion der Wasserleitungen. Dieses komplexe Phänomen hat verschiedene Ursachen. Wegen der Korrosion müssen Leitungen zum Teil nach wenigen Jahrzehnten ersetzt werden. Seit ca. 10 Jahren werden deshalb mit Erfolg fast ausschliesslich Kunststoffrohre eingesetzt. Die Erfahrungen mit dem relativ jungen Material sind bis jetzt gut. Die gusseisernen Wasserleitungen wurden jedoch auch zur Erdung von elektrischen Installationen verwendet. Da die neuen Kunststoffleitungen nicht elektrisch leiten, müssen dafür nun andere Methoden angewandt werden.

Die Feuerwehr

Oberstes Ziel der Feuerwehr ist, Menschen und Tieren in Gefahr sowie bei Gefährdung von Umwelt und Sachwerten schnelle und wirkungsvolle Hilfe zu gewährleisten. Dazu braucht es gut ausgebildete Feuerwehrleute und wirkungsvolle
Einsatzmittel.

Abb. 111
Schulklassen haben Hy-
dranten bemalt. Benjamin
und Sibylle malten einen
Polizisten.

Die Feuerwehr Arlesheim mit einem Mannschaftsbestand von 53 Mann darf sich
als modern und zweckmässig ausgerüstete Hilfsorganisation bezeichnen.
Folgende Fahrzeuge und Geräte stehen ihr zur Verfügung: 1 Tanklöschfahrzeug
Jahrgang 1988 mit einem Wassertank von 2400 Liter Inhalt sowie einem Tank mit
300 Liter Schaumextrakt, 1 Pionierfahrzeug mit umfangreichen technischen Ge-
räten, Notstromaggregat und Seilwinde, 2 Pikett-/Zugfahrzeuge, 1 Land-Rover,
1 Anhängeleiter mit einer Auszuglänge von 22 m, 1 Pulveranhänger mit 250 kg
Löschpulver und eine Motorspritze. Im Herbst 1993 darf die Feuerwehr ein neues
Atemschutz- und Einsatzleitfahrzeug in Betrieb nehmen. Diese Fahrzeuge und
Geräte sind im Feuerwehrmagazin beim Domplatzschulhaus untergebracht.
Leider lässt sich nicht mehr feststellen, wie die Feuerwehr im letzten Jahrhundert
ausgerüstet war. Von alten Geräten sind nur noch ein Schlauchwagen mit Hanf-
schläuchen und ein Leiterwagen vorhanden. Das erste Motorfahrzeug der Feuer-
wehr, ein Land-Rover aus dem Jahre 1953, steht heute noch im Dienst.

Die Alarmierung der Feuerwehr erfolgt über die Notrufnummer 118. Der Anruf
wird von der Alarmzentrale der Berufsfeuerwehr Basel entgegengenommen. Sie
alarmiert umgehend via Telefon und Funkrufempfänger die Feuerwehr Arlesheim, welche in fünf Gruppen aufgeteilt ist. Dank dieser modernen Alarmie-
rungsmittel (Telefon und Funk) ist es möglich, die Feuerwehrleute zu Hause und

an ihrem Arbeitsplatz in Arlesheim oder in den umliegenden Gemeinden auf-
zubieten. Sie sind alle mit einer modernen persönlichen Brandschutzbekleidung
ausgerüstet und in wenigen Minuten einsatzbereit.

Abb. 112 Der Brand der Andlauerhof-Scheune 1989

Die Ausbildung erfolgt in der Gemeinde und an kantonalen Kursen. Mit einem
umfangreichen Übungsprogramm wird erreicht, dass Offiziere, Unteroffiziere und
Mannschaft über einen breiten Ausbildungsstand verfügen, um für vielseitige Einsätze gerüstet zu sein. Einen grossen Stellenwert im Feuerwehrdienst hat die Atem-
schutz-Ausbildung. Durch die Verwendung von Kunststoffen als Isolationsmittel
bei Bauten und bei Inneneinrichtungen sowie die Lagerung von Chemikalien und
Lösungsmitteln entstehen schon bei kleinen Bränden giftige Gase, und die Ein-
satzkräfte können nur noch mit Atemschutzgeräten arbeiten. Das Übungsprogramm 1993 zählt 38 Feuerwehrübungen (Offiziers-, Kader-, Pikett-, Rekruten-,
Atemschutz-, Pionier- und Fahrschul-Übungen). Dazu kommen jährlich ca. 80
Ernstfälle. Durch die verschärften Brandschutzvorschriften ist die Zahl der grossen Brände in den letzten Jahren etwas zurückgegangen. Die Feuerwehr wird jedoch vermehrt zu Hilfe gerufen für technische Leistungen bei Wasser- und Sturmschäden, Gefahrenstoffeinsätzen, Verkehrsunfällen und anderen Gelegenheiten.
Zu erwähnen ist auch die gute Zusammenarbeit unter den Regio-Feuerwehren
Aesch, Reinach, Münchenstein und Arlesheim. Sie hat sich bei mehreren grossen
Ereignissen, unter anderem auch beim Brand des Andlauerhofes, bestens be-
währt. Die Regio-Feuerwehren treffen sich jährlich zu gemeinsamen Übungen.

Soziale Wohlfahrt

Die Fürsorgebehörde

Die Fürsorgebehörde als eigenständige, siebenköpfige Behörde in unserer Gemeinde setzt sich aus fünf an der Urne gewählten Mitgliedern und je einem/r vom Gemeinderat und dem Bürgerrat delegierten VertreterIn zusammen. Von den fünf die Ortsparteien vertretenden Mitgliedern gehören in der Amtsperiode 1993–96 je zwei der CVP und FDP und eines der SP an. Mit fünf Frauen, einer Protokollführerin und nur zwei Männern läuft diese Behörde in ihrer Zusammensetzung dem derzeitigen Trend deutlich voraus.

Gemäss dem kantonalen Fürsorgegesetz hat die öffentliche Fürsorge all jenen Personen Beratung und innerhalb bestimmter Richtlinien finanzielle Unterstützung zu leisten, die für ihren eigenen oder den Unterhalt ihrer Familie nicht selbst aufkommen können. Aus aktuellem Anlass sei darauf hingewiesen, dass die Betreuung von Asylsuchenden ebenfalls in den Verantwortungsbereich dieser Behörde fällt.

Abb. 113 Partie an der Hauptstrasse. Im «Studerhaus» vorn ist die Sozialberatung untergebracht.

Die Sozialberatung – domiziliert im sog. Studerhaus an der Hauptstrasse 13 – ist Anlaufstelle und ausführendes Organ. Sie setzt sich aus 2,5 Stellen SozialarbeiterIn, verteilt auf drei Personen, und einer Stelle Sekretariat/Fürsorgekassier, verteilt auf zwei Personen, zusammen. Einmal im Monat treffen sich die Mitglieder der Behörde und die SozialarbeiterIn zur gemeinsamen Sitzung. Anhand der vorliegenden Informationen und Anträge wird über Massnahmen und finanzielle Unterstützungen entschieden. Ein weiteres regelmässiges Thema sind die Asylsuchenden, insbesondere die Berichterstattung über das Asylantenwohnheim im Tal.

Während vor 1992 eine eher stabile Zahl an vorübergehend und dauerhaft unterstützten Personen registriert wurde, setzte 1992 eine spürbare Zunahme ein, die 1993 anhält. Diese Entwicklung wird im wesentlichen auf das negative wirtschaftliche Umfeld mit weniger Erwerbsarbeit, höheren Mietzinsen, mehr Einelternhaushalten sowie eine Zunahme von Drogenabhängigen zurückgeführt. Gegen Ende 1993 ist mit den ersten Auswirkungen der Aussteuerung von Arbeitslosen zu rechnen. Die Fürsorgebehörde muss daher von einem weiteren spürbaren Ansteigen der Fürsorgekosten in den kommenden Jahren ausgehen. Ungewiss bleibt die Entwicklung im Asylbereich. Flüchtlinge und Asylsuchende aus Kriegsgebieten scheinen zunehmend die bekannt gewordenen Wirtschaftsflüchtlinge abzulösen. Der Fürsorgebehörde Arlesheim wird es daher in absehbarer Zeit an herausfordernden Aufgaben nicht fehlen.

Alters-/Gesundheitsplanung

In Arlesheim besteht seit Jahren ein breit abgestütztes Angebot an privater, ambulanter Alters- und Krankenpflege. Wenn früher konfessionell getrennte Organisationen die Alters- und Krankenpflege zu Hause übernommen haben, bieten heute der konfessionell neutrale *Kranken- und Hauspflegeverein* sowie der *Verein Betagtenhilfe* die meisten Dienste an. In der «Pflege zu Hause», heute oft auch Spitex-Dienste genannt (*Spital-ex*terne Dienste), beansprucht die Alterspflege, Altersbetreuung und Altershilfe den Hauptteil der Dienste. Besonders hochbetagte Menschen benötigen viel Unterstützung, wenn sie so gut und so lange als möglich ihre Selbständigkeit sollen bewahren können.

Die Zahl unserer hochbetagten Mitbürger steigt auch in Arlesheim; beträgt der Anteil der über 65jährigen EinwohnerInnen am 31. Dezember 1992 bereits 16,1%, dürften es im Jahre 2010 bereits über 20% sein.

Um die Alters- und Krankenbetreuung noch besser zu koordinieren, die Zusammenarbeit mit den Angehörigen, mit Spitälern, Alters- und Pflegeheimen zu vereinfachen, soll es ab 1994 nur noch einen Verein geben, der alle nötigen «ambulanten Dienste» anbietet.

Auch wenn der Schwerpunkt auf der ambulanten Versorgung liegt, darf die stationäre Hilfe für Betagte nicht ausser acht gelassen werden. In Arlesheim bestehen zwei Alters- und Pflegeheime, nämlich die «Obesunne» mit Alterswohnungen und Pflegeabteilung und die «Landruhe» für leicht- bis schwerpflegebedürftige Betagte. Die genannten Heime sind fast ausschliesslich zu Pflegeheimen geworden, da generell viel länger mit dem Heimeintritt zugewartet wird. Diese Tatsache hat auch bauliche Massnahmen zur Folge.

Im Jahre 1990 beauftragte der Gemeinderat die neu geschaffene «Arbeitsgruppe für Betagte und Behinderte», die Bedürfnisse der Betagten und Behinderten abzuklären und ihm Anträge zu stellen. Im Laufe der Tätigkeit der Arbeitsgruppe wurde deutlich, dass nicht nur die zunehmende Anzahl von Betagten und Hochbetagten Einfluss auf die Entwicklung der bestehenden Dienste hat, sondern dass es vielmehr um die auf die Bedürfnisse der Gesamtbevölkerung abgestimmte ambulante Grundversorgung geht.

Das Ende 1992 dem Gemeinderat abgelieferte Konzept muss demzufolge als *Spitex-Konzept* der Gemeinde betrachtet werden, da vor allem die Altersbetreuung nicht von den Spitex-Aufgaben getrennt werden kann.

Das dem Gemeinderat abgelieferte Leitbild hat sich mit der Evaluation und der Realisation diverser Spitex-Angebote befasst. Die Problematik der beiden Alters- und Pflegeheime wurde nur tangiert, da dies nicht Gegenstand des Auftrages des Gemeinderates war. Inzwischen hat der Gemeinderat beschlossen, eine umfassende Planung mit Einbezug der beiden Heime und der bestehenden Organisationen einem professionellen Planer zu übergeben und ihm eine Arbeitsgruppe zur Seite zu stellen.

Folgende Spitex-Dienste werden zur Zeit in Arlesheim angeboten:

Kranken- und Hauspflegeverein

Krankenpflege: Grund- und Behandlungspflege, Medikamentenabgabe, Vorbereitung für den Heimeintritt, Hilfsmittelvermietung

Hauspflege für erholungsbedürftige Personen nach Spitalaufenthalt, Krankheit, Pflegehilfe

Verein Betagtenhilfe

Langzeithilfe im Haushalt bis 3 Stunden täglich. 1992: 2 153 Stunden

Mahlzeitendienst: Di und Do werden Mahlzeiten (auch Diät) ins Haus geliefert. 1992: 1 119 Mahlzeiten

Mittagstisch jeweils mittwochs gemeinsames Mittagessen (Pfarreizentren turnusgemäss). Unterstützt von den Kirchgemeinden und der Einwohnergemeinde.

Werkstar

Ursprünglich *Werkst*ätte *Ar*lesheim, heute Beschäftigungs- und Arbeits-Eingliederungsstätte für Arbeitslose und Behinderte (1993: 90 Personen). In Arlesheim Halbtagseinsätze von Arbeitslosen im Haushalt und in der Krankenpflege (begrenzte Einsätze).

Ferienbett

In den beiden Altersheimen «Obesunne» und «Landruhe» werden je ein Ferien-
bett für pflegebedürftige Personen (Aufenthalt bis zu vier Wochen als Entlastung
der pflegenden Angehörigen oder bei Ferienabwesenheit) angeboten. Leertage
werden vom Kanton vergütet.

Tagesstätte für Betagte

Da laut Befragung in Arlesheim selbst nur wenige Personen das Angebot einer
Tagesstätte nutzen würden, bewilligte der Gemeinderat als Versuch die Mitbenützung der Tagesstätte «Zum Park» in Muttenz. Der wöchentlich einmalige Aufenthalt in der Tagesstätte ist durch die Gemeinde subventioniert (ArlesheimerInnen
zahlen gleichviel wie MuttenzerInnen). Momentan machen zwei Personen aus
Arlesheim davon Gebrauch.

Pflegekostenbeitrag

Die «Arbeitsgruppe für Betagte und Behinderte» erarbeitete ein Reglement über
die Ausrichtung von Beiträgen an die Pflege zu Hause. Während der Versuchszeit
(bis Ende Juli 1994) werden pro Tag Fr. 25.– an pflegende Angehörige ausgerich-
tet. Die Karenzzeit von 60 Tagen ist einzuhalten, und der Pflegeaufwand muss
mindestens 1½ Stunden betragen. Der Gemeinderat stimmte dem Reglement und
der Versuchszeit zu und ernannte eine Fachkommission, die über die Aufträge
entscheidet. Zur Zeit werden an 9 Personen Beiträge ausbezahlt.

Soziales Forum

Seit dem Spätherbst 1987 besteht auf Initiative der katholischen und reformierten
Kirchgemeinde sowie der Sozialberatung in Arlesheim eine Begegnungsmöglich-
keit für alle, die in der Gemeinde für Hilfe und Betreuung unserer EinwohnerInnen zuständig sind, sei es medizinisch, sozial oder seelsorgerisch.
Zu diesem Kontaktapéro treffen sich etwa halbjährlich rund 35 Menschen aus
den Bereichen Altersheime, Kliniken, Spitexdienste, soziale Beratung und Betreuung, Jugendhaus, Arztpraxis, Mütterberatung, Seelsorge und Behördemitglieder.
Ziel ist, die Zusammenarbeit durch Information (z. B. über einzelne Institutionen), Gedankenaustausch und persönliche Begegnung zu fördern.

Asylbewerber

Ende April 1993 hielten sich in unserer Gemeinde 77 Asylbewerber auf. Es ist fast
aussichtslos, für Asylbewerber oder für Familien private Unterkünfte zu finden.
Als auch der Gemeinde Arlesheim Anfang 1977 16 Asylsuchende zusätzlich zugewiesen wurden, mussten diese Menschen vorerst in der Zivilschutzanlage Geren-

matte untergebracht werden, bis sie im März 1988 in die Wohnbaracke auf dem Schappe-Areal umziehen konnten.

Der Zustrom nahm jedoch weiter zu, so dass die Gemeinde zusätzlich an die letzte Wohnraumreserve im ehemaligen, der Gemeinde gehörenden Bauernhof «Langacker» greifen musste und dort 10 arbeitende Tamilen unterbrachte.

Auf den 1. September 1991 erstellte die Gemeinde auf eigenem Land im Gewerbegebiet eine Schlafbaracke mit 36 Betten und eine zweite Baracke mit Küche und Aufenthaltsraum und mit entsprechenden Büros für die Betreuer. Eine Holzschnitzelheizung bereitet auch das Warmwasser auf.

Bedingt durch die Rezession verschlechterte sich die Beschäftigungssituation der Asylbewerber zusehends, und die Konflikte unter den Bewohnern nahmen zu; auch dauert es immer noch zu lange bis zum meist negativen Asylentscheid – zudem musste im Betreuerteam des Asylantenwohnheimes ein Personalabbau verkraftet werden. Insgesamt bleibt die Unterbringung und Betreuung von Asylbewerbern auch in unserer Gemeinde unstabil.

Die Bürgergemeinde

Die Entstehung

Ursprung der heutigen Gemeinden sind die Bürgergemeinden. Durch das Gemeindegesetz von 1881 wurden die Einwohnergemeinden geschaffen: Jedes Gemeinwesen erhielt klare Aufgaben zugewiesen, das öffentlichen Zwecken dienende Vermögen wurde aus dem Bürgergut ausgeschieden und fortan von der Einwohnergemeinde separat verwaltet und genutzt. Das Gemeindegesetz von 1970 änderte an dieser Teilung der Befugnisse nichts.

Während sich die Einwohner- oder politischen Gemeinden als Gebietskörperschaften verstehen, bilden die Bürgergemeinden Personalkörperschaften, in denen die ihnen Zugehörigen durch ihr Bürgerrecht verbunden sind.

Obwohl sich seit 1881 die Substanz der Bürgergemeinde wesentlich veränderte, ist ihre Existenz innerhalb jeder politischen Gemeinde von Wichtigkeit. Gerade weil die Bürgergemeinde eigene Aufgaben zu bewältigen hat, bildet sie wegen ihrer besonderen Eigenart ein wichtiges Bindeglied innerhalb der Bevölkerung. Denn nur durch ein gegenseitiges Einvernehmen ist eine aufbauende und offene Zusammenarbeit zum Wohle des Dorfes möglich.

In den siebziger Jahren zählte die Bürgergemeinde Arlesheim noch ca. 70 stimmberechtigte, aus den alten Geschlechtern stammende Bürger. Der Anteil der Bürger gegenüber der Wohnbevölkerung drohte damals abzusinken. Durch Öffnung der Einbürgerungspraxis hat sich die Zahl der Ortsbürger bis heute auf rund 700

Personen erhöht. Dies entspricht ungefähr 8 % der Wohnbevölkerung. Damit begegnete die Bürgergemeinde der 1976 lancierten Volksinitiative zur Auflösung der Bürgergemeinden.

Zu den jährlich zwei ordentlichen Bürgergemeinde-Versammlungen findet sich erfreulicherweise jeweils denn eine beachtliche Zahl von Mitbürgerinnen und -bürgern ein, welche aktives Interesse am Geschehen ihrer Gemeinde bekunden.

Präsidenten

Seit der Inkraftsetzung des Gemeindegesetzes von 1881 amteten als *Bürgergemeinde-Präsidenten*

Franz Heller-Ledig	bis 1904
Emil Häner	bis 1936
Karl Heller-Strässler	bis 1952
Josef Leuthard-Jecker	bis 1956
Josef Heller-Feigenwinter	bis 1959
Albert Heller-Dichtenmüller	bis 1962
Anton Leuthard-Meister	1963
Erwin Brotschin-Gysin	bis 1966
Peter Leuthard-Schmidli	bis 1989
Oswald Mathis-Born	seit 1990

Die Aufgaben

Der Unterhalt des Gemeindeschulhauses Domplatz sowie der dazugehörigen Liegenschaften wurde samt den Kosten der Einwohnergemeinde übertragen. Damit war der Bürgergemeinde als Aufgabe die Pflege des Waldes und die Verwaltung seiner Erträge geblieben, womit auch schon deren finanzielle Situation angesprochen ist.

Namhafte Einkünfte hat die Bürgergemeinde in der Tat keine aufzuweisen. Deshalb hält sich auch ihr Haushalt in bescheidenem Rahmen. Allein die jährlichen Aufwendungen für den Unterhalt des Waldes übersteigen die finanziellen Möglichkeiten. Seit Beginn der siebziger Jahre hat sich die Einwohnergemeinde auf nachhaltiges Begehren der Öffentlichkeit bereit erklärt, durch jährliche Beiträge die kostenintensive Waldpflege zu unterstützen.

Der Pflege und damit der Erhaltung ihrer grossflächigen Waldungen als immer wichtigeres Erholungsgebiet, welche die Ortschaft im Birseck so eindrücklich umgeben, gilt deshalb auch das besondere Interesse der Bürgergemeinde. Das gut ausgebaute Wegnetz bietet dem interessierten Wanderer und Beobachter einen vielfältigen Einblick in Fauna und Flora rund um Arlesheim.

Der Bürgerrat gab denn auch 1973 den Auftrag zur ersten umfassenden Darstellung der vielfältigen Waldungen von Arlesheim. Das Leitbild «Die Arlesheimer Waldungen» galt damals als bahnbrechend.

In jüngster Zeit ist eine noch wissenschaftlich verfeinerte Studie über den Arlesheimer Wald erschienen. Namhafte Autoren haben in verschiedenen Abhandlungen die Vielfalt unseres Waldes hervorgehoben.

Organisation

Gemäss Gesetz über die Organisation und die Verwaltung der Gemeinden, dem sogenannten Gemeindegesetz von 1970, sind die Einwohner- und Bürgergemeinden als verwaltende und vollziehende Behörden umschrieben.

Der Bürgergemeinde kommen insbesondere die folgenden Aufgaben zu:

- Sie erteilt das Gemeindebürgerrecht / Ehrenbürgerrecht.
- Sie fördert die Heimatverbundenheit und unterstützt kulturelle Bestrebungen.
- Sie bewirtschaftet ihren Wald nach fachmännischen Grundsätzen.
- Sie hält ihren Grundbesitz gegen angemessene Entschädigung für öffentliche Zwecke zur Verfügung.
- Sie gibt sich im Rahmen der Gesetzgebung die zweckdienliche Organisation und bestellt die Behörden, die Kontroll- und die Hilfsorgane.
- Sie führt den Gemeindehaushalt nach den Grundsätzen einer gesunden Finanzverwaltung.

Mit seiner Gemeindeordnung teilt der Bürgerrat seine Arbeiten in folgende Departemente auf:

- Allgemeine Verwaltung
- Finanzen
- Einbürgerungen
- Liegenschaften, Anlagen
- Wald
- Waldwege
- Kultur

Als Kontroll- und Hilfsorgane sind bestellt:

- Rechnungsprüfungskommission
- Bürgergemeindekassier und -schreiber

Arlesheim wählte als erste Gemeinde des Kantons anno 1891 einen Bürgerrat, bestehend aus drei Mitgliedern. Seit 1984 hält der nun fünf Mitglieder zählende Bürgerrat seine Sitzungen in der Regel monatlich ab.

Fürsorgewesen

Bei den jährlichen Beratungen über den Armensteuerfuss in der Bürgergemeinde-
versammlung waren jeweils auch Einwohner, die kein Bürgerrecht, aber Grundbesitz in der Gemeinde besassen, eingeladen. Nach erfolgter Abstimmung über
dieses Traktandum wurden sie, je nach Verhandlungsgeschick des amtierenden
Präsidenten, wieder zum Verlassen der Versammlung aufgefordert. Diese Rege-
lung wurde durch das neue Fürsorgegesetz 1969 geändert. Die Verwaltung des
Armenfonds wurde auf die örtliche Fürsorgebehörde übertragen. Seither steht
der Bürgergemeinde von Gesetzes wegen die Abordnung eines Vertreters in diese
Behörde zu.

Bannumgang

Als besonderer Brauch ist der in zweijährigem Turnus am Auffahrtstag durchgeführte Banntag zu bezeichnen (siehe S. 348).

Hier in Arlesheim besteht ein gutes Einvernehmen zwischen Bürger- und Ein-
wohnergemeinde, das auch in Zukunft erhalten bleibe möge.
Siegfried Streicher lobt Arlesheim mit folgenden Worten:
«Besuchst Du das Dorf – so wirst Du Dich freuen!
Lässt Du Dich nieder – es nicht bereuen.»

Arlesheim als Bezirkshauptort

Umfang des Verwaltungsbezirkes Arlesheim

Nach der Trennung von der Stadt Basel wurde das Kantonsgebiet des Kantons
Basel-Landschaft in die vier Verwaltungsbezirke Arlesheim, Liestal, Sissach und
Waldenburg eingeteilt. Bald wird wohl noch der Bezirk Laufen dazukommen.
Der Verwaltungsbezirk Arlesheim besteht aus den beiden Tälern der Birs und des
Birsigs nebst den beiden im Rheintal gelegenen Gemeinden Birsfelden und
Muttenz. Er ist nach seinem Hauptort benannt.
Flächenmässig identisch mit dem Verwaltungsbezirk Arlesheim ist der Gerichts-
bezirk Arlesheim.

Die 15 Gemeinden, die zu diesem Verwaltungs- bzw. Gerichtsbezirk gehören, weisen eine Gesamtfläche von 9,627 ha auf; die Wohnbevölkerung betrug per 31. Dezember 1990 233 798 Personen. (1950: 53 547 Personen, Zunahme 337 %). Gegenüber den drei übrigen Verwaltungsbezirken des Kantons Basel-Landschaft weist derjenige von Arlesheim eine Besonderheit auf: Er ist in die beiden Bezirksschreiberei-Kreise Arlesheim und Binningen aufgeteilt. Zum Bezirksschreiberei-Kreis Arlesheim gehören die sieben Gemeinden:
Aesch, Arlesheim, Birsfelden, Münchenstein, Muttenz, Reinach und Pfeffingen

Für Wahlen ist der Kanton in elf Wahlkreise eingeteilt, fünf davon im Bezirk Arlesheim, nämlich Allschwil, Binningen, Oberwil, Reinach und Münchenstein. Die Gemeinde Arlesheim gehört zum Wahlkreis Münchenstein. Hier wurden beispielsweise in den vergangenen 50 Jahren neben denjenigen aus Münchenstein folgende Landrätinnen und Landräte aus Arlesheim gewählt:

Hänggi Hannes	CVP	1967–1975
Siegfried Jean-Pierre	BGB/SVP	1967–1977
Epple Peter	FDP	1971–1979
Huldi Max	SP	1971–1979
Matzinger Peter	SP	1974–1979
von Gunten Franziska	SP	1971–1983
Kober Ernst	FDP	1975–1987
Biel Werner	LdU	1983–1987
Weishaupt Bruno	CVP	seit 1983
(im Amtsjahr 1992/93 Landratspräsident)		
Piller Robert	FDP	seit 1983
Portmann Heidi	SP	seit 1983

Als einziger Regierungsrat aus Arlesheim amtete während dieser Zeitspanne:

Zeltner Karl	CVP	1967–1971
(Justizdirektion)		

Gerichts- und Verwaltungsorgane mit Sitz in Arlesheim

Der Bezirkshauptort Arlesheim ist Sitz
– des Bezirksgerichtes Arlesheim
– des Statthalteramtes Arlesheim
– der Bezirksschreiberei Arlesheim
– des Kreisgeometerbüros Arlesheim
– des Bezirksgefängnisses Arlesheim (mit diesem angefügten Bauten)
Alle kantonalen Amtsstellen sind in ehemaligen Domherrenhäusern untergebracht und befinden sich am Domplatz oder in dessen unmittelbarer Nähe.

Kompetenzen der Gerichts- und Verwaltungsorgane

Bürgerliche Rechtspflege

In allen Fällen, in denen das Schweizerische Zivilgesetzbuch dem Richter eine Entscheidung, die Anordnung einer Massnahme, den Erlass einer Verfügung zuweist, ist gemäss Einführungsgesetz zum ZGB das Bezirksgericht zuständig. Nach kantonaler Zivilprozessordnung beurteilt der Bezirksgerichtspräsident als Einzelrichter Zivilfälle bis zu einem Streitwert von Fr. 4000.– bzw. der Ausschuss des Bezirksgerichtes solche von Fr. 4001.– bis Fr. 8000.–. Übersteigt der strittige Betrag Fr. 8000.– oder ist er unbestimmt, ist das Bezirksgericht zuständig. In die Kompetenz des Bezirksgerichtspräsidenten fallen auch die summarischen bzw. beschleunigten Verfahren gemäss Schuldbetreibungs- und Konkursgesetz sowie die Anordnungen und Verfügungen nach dem Bundesgesetz über das Obligationenrecht, ebenso die Erstreckung von Miet- und Pachtverhältnissen.

Aus dieser Auflistung von Zuständigkeiten dürfte ersichtlich werden, welche Vielfalt von Fällen auf der Ebene des Bezirkes von den richterlichen Behörden zu behandeln sind.

Bezirksverwaltung

Sehr breit gefächert sind auch die Kompetenzen von Statthalteramt und Bezirksschreiberei. Sie sind im Einführungsgesetz zum Zivilgesetzbuch und im Verwaltungsorganisationsgesetz verankert.

Der *Statthalter* ist Untersuchungsrichter; ihm obliegt die Untersuchung und die Verfolgung strafbarer Handlungen. Zudem ist das Statthalteramt u. a. zuständig
– als erste Aufsichtsbehörde in Vormundschaftssachen
– bei Anordnung und Aufhebung der fürsorgerischen Freiheitsentziehung
– für die Genehmigung der freihändigen Veräusserung von Grundstücken von Bevormundeten
– zur Mitunterzeichnung von Schuldbriefen und Gülten.

Die *Bezirksschreiberei* besorgt das Notariats- und das Erbschaftswesen und führt das Grundbuch. Jede Bezirksschreiberei ist ferner Betreibungs- und Konkursamt.

Das *Kreisgeometerbüro* ist im Grundbuchkreis mit der Nachführung und den übrigen Arbeiten (Rekonstruktion von Grenzen, Verwahrung der Grundstückpläne u.a.m.) betraut, die der Grundeigentumsverkehr mit sich bringt. Es stützt sich hiebei auf die Bestimmungen des Einführungsgesetzes zum ZGB sowie auf die Vermessungs- und Kataster-Instruktionen von Bund und Kanton.

Die vielfältigen Dienstleistungen der Verwaltungsorgane und des Bezirksgerichtes werden vorwiegend für die Bewohner des Bezirkes Arlesheim erbracht. Sie beschlagen eine grosse Bandbreite von privaten, geschäftlichen sowie finanziellen Bereichen jedes einzelnen.

Die Mehrzahl der Amtsgeschäfte der Bezirksverwaltung und des Bezirksgerichtes erfordern die persönliche Vorsprache und Anwesenheit des Bürgers. Dadurch wird oftmals der erste persönliche Kontakt mit dem Staat bzw. dessen Organen und Beamten am Bezirkshauptort hergestellt. Weil es sich überdies ausnahmslos um einschneidende Angelegenheiten handelt, wird deren Wichtigkeit mehr oder weniger bewusst auch auf den Ort des Handelns übertragen.

So wird Arlesheim insbesondere von den Einwohnern des gleichnamigen Bezirks als Sitz von mannigfaltigen kantonalen Amtsstellen und als Ort der Kontaktnahme mit dem Staat erlebt und empfunden.

Wirtschaftliche Aspekte

– Auf der Bezirksverwaltung Arlesheim bestehen insgesamt 80 meist sehr qualifizierte und spezialisierte Arbeitsplätze (ohne Lehrlinge und Volontäre), die im Verhältnis zu den bestehenden Arbeitsplätzen im Dienstleistungssektor von Arlesheim beachtlich sind.

– Die Tätigkeiten auf der Bezirksverwaltung Arlesheim wirken sich befruchtend auf eine Reihe von ortsansässigen Dienstleistungsbetrieben – in kleinerem Umfange auch auf das Gewerbe – aus.
Vor allem bei der Post Arlesheim dürften einzelne Ämter der Bezirksverwaltung wichtige Kunden sein, besonders wenn man die vielfach gesetzlich vorgeschriebenen speziellen postalischen Zustellungsformen (Gerichts- und Betreibungs-Urkunden; Chargé gegen Rückschein) kennt. Aber auch namhafte Bank-Transaktionen auf dem Platze Arlesheim sind auf den Aufgabenbereich der Bezirksverwaltung – insbesondere der Bezirksschreiberei – zurückzuführen.
Wie einleitend dargestellt, befinden sich die Dienststellen der Bezirksverwaltung Arlesheim ausschliesslich in ehemaligen Domherren-Häusern. Für deren Umgestaltung in Verwaltungsgebäude und Unterhalt wurden in den letzten Jahrzehnten grössere Aufträge an das ansässige Baugewerbe vergeben.
Auch dem Druck- und Buchbindereigewerbe und der lokalen Presse kommen seitens der Bezirksverwaltung immer wieder Aufträge zu.

– Der grosse Publikumsverkehr in allen Bereichen der Bezirksverwaltung Arlesheim trägt dazu bei, dass Arlesheim mit seinem Dom und seinem Domplatz, aber auch als Gemeinde und Ort weit über die Bezirks- und Kantonsgrenzen hinaus bekannt ist. Manch einer stattet dem Bezirkshauptort Arlesheim später – mit seiner Familie oder mit Freunden – nochmals einen Besuch ab oder besucht den Dom vor oder nach der Vorsprache auf einem der Ämter der Bezirksverwaltung.

Eines steht fest: So wenig man sich heute Arlesheim ohne Dom vorstellen könnte, so wenig könnte man sich ein Arlesheim ohne Bezirksverwaltung vorstellen, und dies ist doch ein Beweis für die Bedeutung der seit eh und je in Arlesheim niedergelassenen Bezirksverwaltung.

Der Verkehr

Der öffentliche Verkehr

Zur Entwicklung des Bezirkshauptortes und der Gemeinde Arlesheim haben seit dem Beginn des Industriezeitalters die öffentlichen Verkehrsmittel Bahn, Tram und Bus wesentlich beigetragen. Die folgenden Verbindungen gewährleisten heute eine ausgezeichnete Erschliessung:

- SBB-Linie Basel – Laufen – (Delsberg) mit dem Bahnhof Dornach-Arlesheim
- BLT-Tramlinie 10 Basel – Münchenstein – Arlesheim – Dornach mit den 7 Haltestellen im Gemeindebann: Brown Boveri, Baselstrasse, Im Lee, Arlesheim-Dorf, Hirsland, Stollenrain und Dornach Bahnhof
- BLT-Autobuslinie 64 Bottmingen – Benken – Therwil – Reinach – Dornach – Bromhübel mit den 2 Haltestellen in Arlesheim: Obesunne und Bromhübel

Am Bahnhof Dornach-Arlesheim kann man von diesen drei Linien umsteigen nach
- Gempen – Hochwald (PTT-Linie 67), bestehend seit 1906 (bis 1927 mit Pferdepost)
- Aesch – Pfeffingen (BLT-Buslinie 65), seit 1986
- Oberdornach mit dem Ortsbus Dornach (BLT-Linie 66), seit 1948
Die genannten Linien sind alle im TNW-Tarifverbund Nordwestschweiz, der im Juni 1987 entstand, integriert.

SBB-Linie Basel – Laufen – Delsberg

Am 25. September 1875 konnte diese Linie durch das Birstal unter dem Namen «Jura-Simplon-Bahn» eröffnet werden. Damit erfolgten in Basel auch die Anschlüsse nach Olten – Zürich – Chur, Olten – Luzern und Olten – Bern – Genf. Die direkte Verbindung nach Frankreich über Delsberg – Delle wurde vorangetrieben, weil das Elsass nach 1871 zum Deutschen Reich gehörte. Deshalb sind die Schnellzüge Basel – Paris über Delsberg – Delle – Belfort geleitet worden. Das Bahnhofgebäude und die Güterhalle von Dornach-Arlesheim wurden 1875 erstellt. Schon 1876 benützten über 50 000 Reisende die Station, und rund 40 000 Frachtsendungen wurden in diesem Jahr befördert. Dank einer guten Entfaltung des Personen- und Güterverkehrs mussten bereits 1911/12 die Geleiseanlagen erweitert und das Gebäude vergrössert werden. In jüngster Zeit hat sich der Bahnhof Dornach-Arlesheim zu einer Drehscheibe des öffentlichen Personenverkehrs entwickelt. Ein weiterer Ausbau drängte sich daher auf. 1988 führten die beteiligten Kantone, Gemeinden und Verkehrsträger zusammen mit Privaten einen Ideenwettbewerb über das Bahnhofgebiet durch. In der Folge haben die Gemeinden Dornach und Arlesheim 1993 den erforderlichen Gestaltungs- bzw. Quartierplan gutgeheissen.

Birseckbahn/BLT-Tramlinie 10 Basel – Münchenstein – Arlesheim – Dornach

Laut Konzession als «elektrische Trambahn von Basel (Aeschenplatz) über Münchenstein und Arlesheim nach Dornachbrugg» bezeichnet, hat die Birseckbahn am 6. Oktober 1902 den Verkehr aufgenommen. Bis Ende 1915 betrieben die BVB (Basler Verkehrs-Betriebe, damals Basler Strassenbahnen) die neue Verbindung zwischen der Stadt und dem Birseck mit städtischem Personal und zum Teil auch mit ihrem Wagenmaterial unter der Linien-Nummer 10. Ab 1916 übernahm dann die Birseckbahn AG (BEB) die Betriebsführung mit eigenem Personal.
Schon in den Anfangsjahren erfreute sich die BEB eines regen Zuspruchs mit stetig wachsenden Frequenzen und Einnahmen. Bald erreichte die jährliche Passagierzahl die Millionengrenze. Das Angebot an Fahrgelegenheiten musste laufend verbessert werden. Aber auch das Rollmaterial bedurfte ständiger Ergänzungen und Erneuerungen.

Die nachstehende *Chronik* vermittelt ein Bild von der Entstehung und Entwicklung des Unternehmens:

Abb. 114 Das BEB-Trassee wird gebaut, 1902

1898: Die Elektrizitätsgesellschaft Alioth in Münchenstein reicht ein Konzessionsgesuch für eine elektrische Trambahn von Basel nach Dornach ein. Die Jura-Bahn durchfuhr zwar das Gebiet seit 1875, doch genügte das Angebot von acht bis neun Zügen pro Tag nicht. Die Bevölkerung von Münchenstein, Arlesheim und Dornach brauchte bessere Verbindungen zur Stadt Basel.

1900: Die Bundeskonzession für eine Trambahn wird erteilt.

1902: Am 27. Februar wird mit dem Bau der Anlagen begonnen, und bereits am 8. Oktober findet die feierliche Eröffnung statt. Der erste Fahrplan ab Oktober 1902 weist einen Halbstundentakt von 5.45 bis 21.45 Uhr auf mit Zusatzkursen im Stossbetrieb.

(1993 verkehren die Kurse tagsüber im 10 Minuten-Takt, frühmorgens und abends sowie an Sonn- und Feiertagen alle 15 Minuten.)

1903: Wegen der starken Zunahme des Verkehrs werden auf dem Amthausplatz in Dornachbrugg eine Geleiseschlaufe erstellt, die Strecke zwischen Arlesheim Im Lee und Hirsland auf Doppelspur ausgebaut sowie in Arlesheim die Wagenremise vergrössert.

1905: Zu den bereits vorhandenen 4 Triebwagen Be 2/2 Nr. 1–4 kommen 2 weitere, die Triebwagen Be 2/2 Nr. 5 und 6.

1916: Die Birseckbahn AG übernimmt die Betriebsführung. 4 vierachsige Triebwagen Be 4/4 Nr. 11–14, 4 offene Sommerwagen B2 Nr. 41–44 und 8 geschlossene Personenwagen B2 Nr. 21–28 werden beschafft.

Abb. 115
Die alte Birseckbahn an der Haltestelle Arlesheim Dorf mit einem «Summerträmli»

1918: Ein Vertrag zwischen den Basler Strassenbahnen und der Birseckbahn AG über die Mitbenützung der Strecken Aeschenplatz – Dreispitz – Ruchfeld durch die neue Linie 11 wird abgeschlossen.

1920: Weitere 4 neue geschlossene Personenwagen B2 Nr. 29–32 werden in Dienst genommen.

1921: 3 neue Triebwagen Be 2/2 Nr. 7–9 und 4 Personenwagen B2 Nr. 51–54 werden in Deutschland beschafft.

1934: Die Triebwagen Be 2/2 Nr. 7–9 erhalten dreiachsige Untergestelle zur Verbesserung der Laufruhe.

1935: Die Triebwagen Be 2/2 Nr. 1–4 werden verlängert und ebenfalls mit dreiachsigen Untergestellen ausgerüstet.

1939–45: Die Kriegsjahre bringen der BEB erhebliche Frequenzzunahmen.

1945–50: Die Personenwagen B2 Nr. 21–32 und Nr. 51–54 werden mit dreiachsigen Untergestellen versehen.

1964: Nach jahrelangen Diskussionen über eine Umstellung des bisherigen Trambetriebs auf einen Autobusbetrieb werden Probefahrten mit einem Düwag-Gelenktriebwagen von Mannheim vorgenommen.

1969: Bund und Kantone beschliessen eine Finanzhilfe zur Sanierung der BEB. Eine neue Endgleisschlaufe beim Bahnhof SBB wird gebaut und die alte Schlaufe aus der Strassenkreuzung Amthausplatz entfernt.

1971/72: Die ersten 8 sechsachsigen Gelenktriebwagen Be 4/6 Nr. 101–108 werden in Dienst gestellt.

1972: Die Einführung von Billettautomaten führt zum Betrieb ohne Billeteure (Schaffner).

1974: Die Fusion mit der Birsigtalbahn AG und die Umbenennung in «BLT Baselland Transport AG» beenden die Aera der Birseckbahn AG.

1975/76: Weitere 7 Gelenkwagen Be 4/6 Nr. 109–115 werden in Betrieb genommen. Die Einführung der Tarifgemeinschaft mit den BVB führt zu Mehrverkehr.

1976: Die Birseckbahn-Linie wird zur BLT-Linie 10.

1979/80: Im Zusammenhang mit der Verbesserung der Geleisegeometrie und dem Bau der Querverbindungsstrasse Muttenz – Bottmingen wird im Gebiet Neuewelt ein neues Tramtrassee in Hochlage erstellt.

1984: Das Umweltschutz-Abonnement, kurz U-Abo, wird geschaffen und eingeführt.

1986: Am 25. Oktober können die Tramlinien 10 und 17 (Birsigtal) beim Theater in Basel verknüpft werden. Dadurch entsteht «die längste Tramlinie Europas» (Dornach – Basel – Rodersdorf, 25,5 km).

1989: Die Regierung des Kantons Baselland unterbreitet dem Landrat eine Kreditvorlage zum Streckenausbau in den Gemeinden Münchenstein und Arlesheim. Diese wird von der Legislative gutgeheissen.

1991: Wie bereits im Konzept 1986 zum Masterplan Bahnhof Basel SBB erwähnt, ist im weiterbearbeiteten Projekt 91 die Einführung der Birsecker Tramlinie 10 ins Stadtnetz der BVB via Haltestelle Bahnhof SBB, bzw. Centralbahnplatz, definitiv vorgesehen.

Die enge Verbundenheit zwischen Arlesheim und «seiner» BEB soll anhand von drei typischen Begebenheiten der Nachwelt erhalten bleiben. Sie handeln von einem vornehmen Passagier und zwei weit über das Einzugsgebiet der BEB hinaus bekannten Billeteur-Originalen:

Peter Sarasin-Alioth war 1943 Präsident des Verwaltungsrates der BEB und Oberst der Armee. Als weitum bekannte Persönlichkeit «musste» er vom Trampersonal als Herr Oberst begrüsst und angesprochen werden. Während einer Fahrt nach Arlesheim schlief er einmal ein und verpasste «seine» Haltestelle Hirsland. Zwischen dieser und der Haltestelle Stollenrain bemerkte der Billeteur den Schlafenden und weckte ihn sanft auf. Aber statt des erwarteten Dankeschön für die Aufmerksamkeit schnauzte ihn der Herr Oberst an mit den Worten: «Dr Graage hän Sie au no off.»

Der eine Billeteur war Fritz Nebel, besser bekannt unter dem Spitnamen «Nebel Hitzi» (Ungehobelter, Aufbrausender), ein Geizkragen, der stets darauf erpicht war, ja viele Einnahmen abliefern zu können. Am Anfang seiner Billeteurkarriere soll er sogar oft die restlichen Billette eines Blocks seiner betagten Mutter zu Hause verkauft haben.

Der andere war Walter Mumenthaler, «Mumi» genannt und in der ganzen Talschaft als immer hilfsbereiter Billeteur bekannt. Doch mit dieser Freundlichkeit hatte es seine Bewandtnis, denn er spekulierte stets auf ein damals noch übliches Trinkgeld oder eine Spende im Restaurant am Aeschenplatz. Daher drückte er nicht selten beide Augen zu, wenn ein grosszügiger Fahrgast bei der Fahrausweiskontrolle sein Abonnement vergessen hatte. – Ein peinlich-lustiger Vorfall ereignete sich, als der «Mumi» und sein Wagenführer «Emil» von einem Fahrgast zu einem Glas Bier ins besagte Restaurant eingeladen wurden. Der «Emil» bemühte sich, etwas Zeit vorzuholen, und fuhr mit leicht erhöhter Geschwindigkeit durch die enge Schlaufe am Aeschenplatz. Bei der Weiche ausgangs der Schlaufe machte der angehängte Sommerwagen die Tortur nicht mehr mit und sprang aus den Schienen. Mit vereinten Kräften wartender Fahrgäste und unter Mithilfe des wie aus dem Boden gestampften Verkehrschefs der BEB wurde der leichte Anhänger wieder ins Gleis «bugsiert». In diesem Moment kam der Spender mit zwei vollen Biergläsern und sagte: «Wenn Dir nit chönnet übere cho, drno bring ich Euch halt s Suffe do ane.» Dem «Mumi» und dem «Emil» soll das kühle Bier angeblich gar nicht mehr geschmeckt haben.

BLT-Autobuslinie 64

Die Linie 64, deren Streckenführung in der Einleitung festgehalten ist, entstand aus der ehemaligen Autobuslinie 62 Basel (Heuwaage) – Oberwil – Biel-Benken und wird seit Oktober 1978 betrieben. Zwischen Benken und Arlesheim verknüpft sie als Tangentiallinie das Birsig- oder Leimental mit den beiden Seiten des Birstales. Damit verbindet die Buslinie 64 auch die solothurnischen Gemeinden im hintern Leimental mit Dornachbrugg und dem Bezirksspital Dornach, das nach wie vor auch für Arlesheim von Bedeutung ist.
Im Zusammenhang mit dem Ausbau der Tramlinie 10 ist vorgesehen, die heutige Endhaltestelle des Busses vom Bromhübel nach dem Platz neben der neuen Post Arlesheim zu verlegen und so die beiden Linien direkt aneinander anzuschliessen.

TNW-Tarifverbund Nordwestschweiz

Die erste Tarifgemeinschaft der Region geht auf die dreissiger Jahre zurück. Damals wurden zwischen den SBB und der BEB für die Strecke Dornach – Arlesheim – Basel bzw. Dornach – Aeschenplatz Abonnemente, gültig für beide Strecken, eingeführt. Seit dem 1. Januar 1975 besteht die Tarifgemeinschaft BVB/«BEB», und bereits am 1. Juni 1976 entstand zwischen den BVB und der BLT ein erster Abonnements-Tarifverbund. Der nächste, am 1. September 1980 verwirklichte Schritt, war der Tarifverbund BVB/BLT mit Einbezug der Autobusunternehmungen AAGL (Autobus AG Liestal), AGR (Automobilgenossenschaft Reigoldwil), AGSE (Automobilgesellschaft Sissach – Eptingen) und ASW (Autokurs Sissach – Wintersingen).

Die Überprüfung der Tarife führte 1984 zu einer neuen Idee, die ihren Niederschlag im Umweltschutz-Abonnement, im Volksmund U-Abo genannt, fand. Der durchschlagende Erfolg dieses Fahrausweises und politische Vorstösse bildeten den Anstoss zum Tarifverbund Nordwestschweiz. Als Partnerwerk von sechs Kantonen (BS, BL SO, AG, BE, JU) und 150 Gemeinden mit einem Einzugsgebiet von 1 080 km² und 520 000 Einwohnern sowie der sieben Transportunternehmungen SBB, PTT, BVB, BLT, WB (Waldenburgerbahn), AAGL und BBR (Busbetrieb/Stadtbus Rheinfelden) entstand am 1. Juni 1987 der TNW. Der enorme Erfolg des TNW, dessen tarifische Tragsäule das U-Abo ist, wurde sowohl durch den grossen Anklang bei der Bevölkerung als durch einen stetigen Frequenzzuwachs deutlich, Erscheinungen, die auch für Arlesheim volle Geltung besitzen.

Quellen

Geschäftsberichte der BEB und BLT

Weisskopf Traugott: Von der Birseckbahn und ihren Angestellten, Arlesheim 1952

Meury Roland (ehem. Bahnhofvorstand von Dornach-Arlesheim) und Schmuckli Christian (ehem. Betriebschef BEB/BLT): Der öffentliche Verkehr, in: Eisenhut Hanspeter: Heimatkunde Dornach, Dornach 1988, S. 168 f.

Der Individualverkehr

Die Entwicklung des Individualverkehrs – es sei damit vor allem der private Motorfahrzeug- und Veloverkehr bezeichnet – verläuft in Arlesheim parallel zu derjenigen im Kanton oder in der Schweiz.

Während die Einwohnerzahl des Kantons Basel-Landschaft von 82 390 im Jahr 1920 auf 235 421 im Jahr 1990 zugenommen, sich also knapp verdreifacht hat, ist der Motorfahrzeugbestand im gleichen Zeitraum von 381 auf 118 742 Fahrzeuge, also auf über das Dreihundertfache angestiegen! Gab es im Jahr 1920 knapp 5 Motorfahrzeuge (vorwiegend Motorräder und Lastwagen) auf 1000 Einwohner, waren es 1990 über 500! In Arlesheim waren 1991 ungefähr 4000 Motorfahrzeuge domiziliert; bei etwa 8 500 Einwohnern ergibt sich damit ein Verhältnis von 470 Motorfahrzeugen auf 1000 Einwohner. Dieses Verhältnis liegt etwas unter dem kantonalen Durchschnitt, was wohl vor allem auf die gute Bedienung der Gemeinde durch die öffentlichen Verkehrsmittel zurückzuführen ist.

Der Velobestand im Kanton Basel-Landschaft lag 1970 mit etwa 46 000 noch leicht unter dem Bestand an Motorfahrzeugen, zog Mitte der achtziger Jahre mit diesem gleich und liegt seither zunehmend darüber (1988: 120 000 Velos gegenüber 113 000 Motorfahrzeugen). Der Bestand an Mofas betrug 1970 etwa 15 000, steigerte sich auf 25 000 im Jahr 1979, nimmt seither kontinuierlich ab und hat heute wieder den Stand von 1970 erreicht.

Das Weg- und Strassennetz der Gemeinde musste dieser rasanten Verkehrsentwicklung natürlich laufend angepasst werden. Bis in die zwanziger Jahre führte die kantonale Hauptachse durch den Stollenrain, die Hauptstrasse und die Baselstrasse, dann wurde sie in die neuerstellte Birseckstrasse verlegt. Die entsprechenden Strassenparzellen wurden 1927 zwischen Kanton und Gemeinde unentgeltlich abgetauscht, dabei ging auch der Teil der Austrasse in Gemeindebesitz über, der vordem vom Stollenrain über einen Niveauübergang über die SBB-Gleise in die Bahnhofstrasse geführt hatte. Das Bahnwärterhaus beim ehemaligen Gleisübergang steht heute noch zwischen den Bahngleisen und der Bahnhofstrasse. Auf der neuen Kantonsstrasse wurde der Dorfkern von Arlesheim umfahren. Diesem Umstand ist es zu verdanken, dass der Durchgangsverkehr in der Hauptstrasse durch den alten Dorfkern auch während der letzten Jahrzehnte mit ihrer lawinenartigen Verkehrszunahme sich in einigermassen erträglichem Rahmen entwickelt hat. In der Birseckstrasse dagegen nahm der Verkehr beängstigend zu. Dabei stand lange Zeit in Dornachbrugg nur die schmale, 1446 erstmals erwähnte Nepomukbrücke als Birsüberquerung zur Verfügung; erst im Jahr 1957 konnte eine neue Strassenbrücke unterhalb des Kraftwerks eröffnet werden. Eine spürbare Entlastung der Birseckstrasse brachte Ende 1982 die Autobahn J18 entlang der Birs. Nach einer Untersuchung des kantonalen Tiefbauamts nahm der durchschnittliche Tagesverkehr damals in der Birseckstrasse um 39% ab, in der Baselstrasse gar um 58%. Seither allerdings hat er infolge der allgemeinen Verkehrsentwicklung und der freigewordenen Kapazitäten auch in diesen Strassen wieder deutlich zugenommen.

Der die kühnsten Prognosen übertreffende Zuwachs an Motorfahrzeugen in der zweiten Hälfte unseres Jahrhunderts hat naturgemäss die Einstellung der Bevölkerung zum Autoverkehr beeinflusst und verändert. Überwogen anfänglich Freude und Begeisterung über die neu gewonnenen Möglichkeiten der individuellen Ortsveränderungen, stehen heute Beschwerden und Ängste wegen der uner-

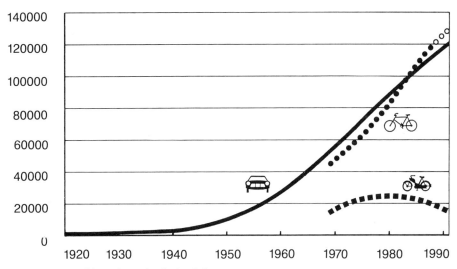

Abb. 116 Entwicklung des Individualverkehrs

wünschten Auswirkungen des motorisierten Verkehrs auf Leben und Wohlbefin-
den von Menschen, Tieren und Pflanzen im Vordergrund der Diskussion. Diese
Gewichtsverschiebung findet auch in den Strassenplanungen ihren Niederschlag.
So enthielt etwa der 1964 vom Landrat beschlossene kantonale Strassennetzplan
der Region Leimental/Birstal noch eine stattliche Kantonsstrasse, die von der
Baselstrasse durch die Ermitage über das Gempenplateau ins Ergolztal führte,
während in den letzten Jahren eher Versuche mit Massnahmen zur Verkehrsberu-
higung, Tempo 30 als Höchstgeschwindigkeit in Kern- und Wohngebieten, die
Aufhebung von Parkplätzen vor dem Dom und auf dem Dorfplatz und das Sonn-
tagsfahrverbot auf die Schönmatt im Mittelpunkt der oft hitzigen Verkehrs-
debatten standen.

Diesem Meinungsumschwung fiel auch der im Jahr 1974 erarbeitete Strassennetzplan der Gemeinde, das Kernstück der im kantonalen Baugesetz vorgeschriebenen kommunalen Verkehrsplanung, zum Opfer. Der Sundgauerviadukt, das
Hauptbauwerk eines vom Kanton vorgesehenen Autobahnanschlusses von der
Baselstrasse an die J 18, stiess auf so grosse Opposition, dass die Gemeindeversammlung die Vorlage im April 1975 ablehnte (obwohl der Anschluss als Kantonsstrasse gar nicht Bestandteil des zur Abstimmung vorgelegten Planes war!).
Nun, eine weitgehend überbaute Gemeinde wie Arlesheim kann auch ohne
rechtskräftig genehmigten Strassennetzplan weiterleben. Wie allerdings die sich
laufend verschärfenden Probleme des Individualverkehrs in Zukunft gelöst
werden, darauf darf man – nicht nur in Arlesheim – gespannt sein!

Die Post

140 Jahre nach der Eröffnung der ersten Postablage 1848 durfte Arlesheim 1988 die schöne Post am neuen Postplatz eröffnen: modern konzipiert, mit grossem Schalterraum und allen technischen Einrichtungen, Parkplätzen, guten Zu- und Abfahrten und einer grossen Platzreserve für die Zukunft.

Abb. 117
Postpersonal um 1915

Ab 1850 wurde die Post täglich vom Boten Niklaus Feigenwinter aus Reinach zugestellt, der auch Dornach bediente. Ab 1. April 1854 organisierte die Kreispostdirektion Basel erstmals das Postwesen. In Arlesheim wurde eine Ablage eingerichtet und der Botendienst nach Reinach dem Arlesheimer Baptist Dold übertragen. Am 1. März 1855 übernahm Josef Meyer den Botengang für 280 Franken Jahreslohn. Die Bahnlinie Basel – Delsberg wurde am 25. September 1875 eingeweiht. Bis zur Eröffnung der Birseckbahn – am 6. Oktober 1902 – verkehrten täglich fünf Postwagenkurse von Dornach nach Arlesheim und zurück. Die Post wurde nun per Tram vom und zum Zug befördert. Ab 1920 trug man die Post zweimal pro Tag aus und nach dem Zweiten Weltkrieg 1946 sogar dreimal. Die «Neue Zürcher Zeitung» erschien damals dreimal am Tage. Bis zum 8. April 1951 konnte die Post auch am Sonntagvormittag abgeholt werden. 1955 wurde erstmals mit dem schönen Stempel «Arlesheim, sein Dom, seine Burgen» gestempelt. 1958 ist der Schalterschluss am Samstagnachmittag auf 15.00 Uhr vorverlegt worden, 1961 auf 12.15 Uhr, und seit 1968 ist samstags um 11.00 Uhr Schalterschluss. Bis 1970 wurde die Post für die Kreuzmatt von Münchenstein und für Neu-Arlesheim von Dornach aus zugestellt.

Standorte der Postlokale
Bis 1862 Hauptstrasse 29 – jetzt Bankverein
bis 1911 Dorfplatz 7 – jetzt Grotteboutique

bis 1921 Haus 313 bei der Tramstation – jetzt Restaurant Post
bis 1949 Hauptstrasse 1 – jetzt Gustav Meier, Malergeschäft
bis 1988 Ermitagestrasse 2 – jetzt Gemeindebibliothek
seit 3. Oktober 1988 am neuen Postplatz 1

Abb. 118 Das Postgebäude von 1988

Die Aufgabe

Moderne Schalter, Markenausgeber, Paketeinwürfe und Postomat stehen dem
Publikum zur Verfügung. Telefon, Telegraf und Telefax für die schnelle Über-
mittlung von Nachrichten und Dokumenten gehören heute zur Standardaus-
rüstung des zeitgemässen Postamtes. Neun Beamtinnen und Beamte sind für die
Aufgabe und den Versand der Sendungen sowie für die Bedienung der 500 Fächer
zuständig. Dem Verwalter und seinem Stellvertreter obliegen die Leitung, der
Geldverkehr, die Buchhaltung und die Beratung der Kundschaft.

Die Zustellung

Nach dem Zweiten Weltkrieg wurden Sendungen im Dorfe mit schweren, gelben Holzkarren, im Gebiete von Holle, Finkeler, Rebgasse, Hangstrasse und Waldstrasse mit einem schweren Velo zugestellt, die Pakete hoch aufgetürmt auf dem Gepäckträger. Heute wird mit sechs Autos vom Morgen bis zum Abend die Post zu den Empfängern gebracht, und die Kleinmotorräder ersparen den Botinnen und Boten eine grosse Kraftanstrengung. 1993 besorgen 15 ständige Angestellte die Zustellung. Dazu kommen Aushelfer und Ablöser.

Quellen

Archiv der Kreispostdirektion Basel und des Postamtes Arlesheim

Die wirtschaftlichen Verhältnisse

Landwirtschaft

Der Boden, auf dem Arlesheim steht, ist mit Ausnahme desjenigen der Birsebene fruchtbar und eignet sich seiner geschützten Lage wegen besonders zum Obstbau. Vor allem wurden Kirschbäume angepflanzt, und der Verkauf der Früchte brachte manchem Landwirt einen schönen Verdienst. Aber auch Getreide, Gemüse und Gras gedeihen hier gut. Nach dem Dreissigjährigen Krieg wurde die Viehhaltung wichtig. So wissen wir anhand der von Franz Leuthardt-Heller geführten Versicherungskasse, dass sich im Dorf von 1928 bis 1955 27 Viehhalter befanden. Von den einst 15 Bauernbetrieben in Arlesheim werden heute (1993) noch deren zwei bewirtschaftet: der Andlauerhof und die Ränggersmatt.

Der Andlauerhof

Abb. 119 Die Scheune des Andlauerhofs mit dem schön geschwungenen Walmdach

Auf dem heutigen Platz ist schon im 12. Jahrhundert ein Hofgut verbürgt. Es war im Besitze des Fürstbischofs von Basel und gehörte zum «Flachsländischen Schlösschen», das später von den Herren von Andlau bewohnt wurde; darum der Name «Andlauerhof». Noch einem Brand wurde die Scheune 1822 neu aufgebaut. Im März 1989 ist sie erneut einer Feuersbrunst zum Opfer gefallen. Glücklicherweise konnte das Vieh gerettet werden. Nach intensiven Verhandlungen zwischen den Besitzern, der Gemeinde, dem Kanton und dem Heimatschutz wurde sie in ursprünglicher Form wieder aufgebaut und steht hauptsächlich des schönen, geschweiften Walmdaches wegen unter Denkmalschutz. Der Hof ist im Besitz der Familie Dr. Iselin und wird von Werner Kilcher in der dritten Generation seiner Familie bewirtschaftet (ca. 32,5 ha). Er hat einen gutgepflegten Viehbestand von 30–40 Stück und betreibt auch Getreide- und Obstbau. Einen besonderen Namen macht er sich als Bio-Weinbauer. Er ist noch der einzige Bauer im Dorf.

Die Ränggersmatt

im Volksmund «Schürli» genannt, wird urkundlich erstmals 1778 als «Ränkershüsli» erwähnt. Der kleine, 1821 erbaute Hof liegt an einem Rank am Weg zur Schönmatt. Der Betrieb umfasst eine Fläche von 7,5 ha. 1887 kam die Ränggersmatt in den Besitz der Arlesheimer Bürgergemeinde und wurde 1989 einer durch-

Abb. 120 Auch die Ränggersmatt – das «Schürli» – hat eine Scheune mit einem geschwungenen Walmdach.

greifenden Sanierung mit Errichtung eines ordentlichen Wasseranschlusses unterzogen. Bei der grundsätzlichen Frage, ob der landwirtschaftliche Betrieb weitergeführt oder der Hof anderweitig verwendet werden solle, entschieden sich die Bürger unmissverständlich für die Weiterführung. Bei dieser Überlegung wurde berücksichtigt, dass damit ein wesentlicher Beitrag an die Erhaltung dieses einmaligen Landschaftsbildes geleistet wurde.

Viele Jahre bewirtschaftete Familie Hofstetter den Hof. Als Nebenverdienst musste der jeweilige Pächter Waldarbeiten verrichten.

Nach verschiedenen Pächterwechseln wurde Robert Gwerder mit seiner Familie neuer Pächter. Er betrieb fast reine Milchwirtschaft mit etwas Obstbau. 1988, nach 36jähriger Pacht, zogen die Eheleute Gwerder in ihre Heimat Muotatal zurück. Sie haben den Hof pflichtbewusst und oft unter schwierigen Bedingungen geführt.

Im November 1989 war die grosse, notwendige Renovation beendet, und der neue Pächter Karl Riesen mit Familie zog ein. Er hält 12 bis 15 Stück prämiertes Zuchtvieh und verrichtet auch Waldarbeiten für die Bürgergemeinde. Das «Schürli» besitzt wie die Scheune des Andlauerhofs ein schön geschweiftes Walmdach und steht ebenfalls unter Denkmalschutz.

Neben zahlreichen Kleinbetrieben sind folgende grössere Bauernhöfe eingegangen: der Badhof, der Weidenhof und der Langacker.

Der Badhof

gehörte zum «Neu-Osteinischen Schlösschen» (1665) und später zum Suryhof. Im 19. Jahrhundert richteten Basler Ärzte dort einen Bad- und Kurbetrieb ein, deshalb der Name «Badhof». 1918 kaufte ihn die Spinnerei Schappe. Langjähriger Pächter war Hans Vogt-Jenzer mit seiner Familie, der dem Hof gut vorstand. Nach seinem Tod übernahm Josef Leuthardt-Nussbaumer die Pacht, bis er 1971 Arlesheim verliess, um einen Hof im Kanton Freiburg zu erwerben. 1978 kaufte die Einwohnergemeinde Arlesheim den Badhof, der nicht mehr als Bauerngut betrieben wird (1 ha 16 a 64 m²). Das Areal wird heute als Kinderspielplatz und als Parkplatz benützt, ein Teil ist an eine Gärtnerei vermietet.

Der Weidenhof

wurde von Achilles und Anna Alioth-Rhonus anno 1917 erbaut. Ein Jahr später erwarb ihn die Christoph Merian Stiftung. Der erste Pächter war Joseph Portmann mit Familie. Der Weidenhof, in der Birsebene gelegen, ist wegen seiner Kiesböden nicht besonders fruchtbar. In trockenen Jahren war der Ertrag recht bescheiden. Das erklärt auch den öfteren Pächterwechsel. 1935 hat J. Portmann den Hof verlassen. Heinrich Rediger, Sohn des Pächters Heinrich Rediger von Brüglingen, wurde sein Nachfolger. 1952 verliess auch er mit seiner Familie Arlesheim und zog auf einen eigenen Hof im Elsass. Hans Schnyder aus dem Freiburgischen blieb nur für sechs Jahre. Im Frühling 1958 zog Familie Franz Leuthardt-Vögtli vom Elternbetrieb im Dorf mit Vieh und Fahrhabe auf den Weidenhof. Zwanzig Jahre bewirtschaftete sie den Hof, bis das Land in Gewerbezone, Sportanlagen und Grundwasserschutzzone aufgeteilt wurde. Dem Sohn Urs Leuthardt wurde es unmöglich, den Hof zu halten. Glücklicherweise konnte er das Gut «Obere Klus» in Pfeffingen (Sandoz) übernehmen. Am 10. Juli 1978 erwarb die Einwohnergemeinde der Stadt Basel den Weidenhof. Er wird jetzt von der Stadtgärtnerei genutzt.

Der Langacker

Abb. 121 Der ehemalige Bauernhof Langacker hinter der reformierten Kirche

liegt ungefähr 600 m westlich vom Dorfzentrum entfernt und erhielt seinen Namen seiner ursprünglich langgezogenen Form wegen. Das Ehepaar Peter und Emilie Sarasin-Alioth aus Basel erwarb das Grundstück anno 1902 und liess darauf einen herrschaftlichen Sitz errichten mit einem schönen Park samt Weiher. Als leidenschaftlicher Reiter liess der Bauherr noch ein Ökonomiegebäude bauen. Hier waren eine Kutscherwohnung und ein Pferdestall untergebracht. Das Haus wurde dem Stil des Landsitzes angepasst.

Später hielt der Verwalter auch Vieh, das mit den Pferden den Stall teilte. Der Bauernbetrieb wuchs rasch. So erweiterte man das Ökonomiegebäude 1908 und 1910 durch einen weiteren Stall und eine Scheune, und innert weniger Jahre entstand unter Einbezug des kleinen Kutscherhauses ein stattlicher Bauernbetrieb, der an das Ehepaar Fankhauser verpachtet wurde.

Im Dezember 1946 verkaufte Familie Sarasin das Grundstück der Gemeinde Arlesheim. Neuer Pächter wurde Fritz Siegenthaler-Fankhauser. Die Gemeinde liess den Bauernhof restaurieren und modernisieren. Das Ehepaar Siegenthaler führte den Betrieb weiter, bis schwere Krankheiten das Arbeiten auf dem Hof verunmöglichten. 1988 wurde das Bauerngut aufgelöst, und heute wird das schmucke Haus von tamilischen Asylanten bewohnt.

Der Landsitz wurde von der Familie Sarasin vermietet – 1956 für kurze Zeit an junge ungarische Flüchtlinge – und später abgerissen. Das meiste umliegende Land wurde parzelliert und von der Gemeinde verkauft. So entstand ein neues Villenquartier.

Die Milchgenossenschaft Arlesheim

Im Kriegsjahr 1942 gründeten einige Arleser Bauern die Milchgenossenschaft. Es waren: Franz Leuthardt-Heller, Präsident, Joseph Leuthardt-Meier, Christian Fankhauser, Oskar Heller-Hofstetter und Franz Kilcher-Hofmeier.
Vorher hatte jeder Viehbesitzer die Milch an Privatkunden verkauft. Die Milch wurde bei der Bäuerin abgeholt, oder die Kinder der Bauern brachten sie in die Haushaltungen. Die Milchgenossenschaft Arlesheim (MGA) wurde bei der Gründung vom Milchverband Basel (MIBA) unterstützt und zählte dort als Mitglied.
1955 machte sich die MGA selbständig und baute am Dorfplatz ein Lebensmittelgeschäft mit Wohnungen und einer Milchannahmestelle für die Milchlieferanten. Herr Stenz, der freundliche Milchmann, ging schon frühmorgens von Haus zu Haus und füllte die kleinen und grossen Milchkesseli, die ihm die Hausfrauen beim Gartentürli bereitstellten. Nach einigen Jahren wurde er mit seinem Wagen und dem treuen, allbekannten Ross Bella durch ein schnelles, modernes Milchauto abgelöst. Nun ist auch dieses verschwunden. Heute kaufen die Hausfrauen die Milch in Kartons, in Plastikbeuteln und manchmal auch wieder im altbekannten Milchkesseli. Die MGA verkaufte 1986 die Liegenschaften an der Baselstrasse und am Dorfplatz an die MIBA Basel.

Rebbau

Die Trotte beim alten Friedhof und die Winzerin auf dem Dorfbrunnen weisen darauf hin, dass Arlesheim ein Rebbauerndorf ist. Schon zur Römerzeit sind bei uns Reben gepflanzt worden. 1142 wird in einer Bulle von Papst Innozenz III. der Weinbau in unserer Gegend erstmals urkundlich erwähnt. Ums Jahr 1800 war Arlesheim die weitaus grösste Baselbieter Weinbaugemeinde: 7000 a Rebland bedeckten die Sonnenhänge in Südlage zwischen dem Schloss Birseck und der Kreuzmatt und reichten in östlicherRichtung bis nach Dornachbrugg hinunter. Nachdem in der Folgezeit der Weinbau stark zurückgegangen war, nahm die Rebfläche in den letzten Jahren wieder etwas zu und betrug 1989 504 a mit einem Ertrag von 34 100 kg Trauben

Die Rebberge und die Rebbauern

Der *Schlossberg* – unterhalb der Burg Reichenstein an der Rebgasse gelegen – gehört zu einem grossen Teil den Erben des 1985 verstorbenen Landwirts und Rebbauern Josef Leuthardt-Meier, dessen Wein an der Expo 1964 eine Goldmedaille errang. Schon sein Vater, Josef Leuthardt-Jeger, war ein Weinbau-Pionier und heimste an der Landi 1939 Silber ein. Auch war er ein begabter Maler und Holzschnitzer, und noch heute stehen seine mit kostbaren Schnitzereien verzierten Eichenfässer im Keller des Hauses «zum Schlossberg».

Am südlichen Schäferrain wächst der Wein des Andlauerhofs, *Schloss Birseck.* Pächter ist hier der allseits bekannte Landwirt und Weinbauer Werner Kilcher, der als erster in der Schweiz diesen Rebberg seit Jahren auf biologischer Basis bebaut. So stehen seine Reben nicht auf nackter Erde, sondern auf einem grünen Teppich mit Gras, Kräutern und Blumen. Dieser Teppich ist der Lebensraum für Raubmilben und andere Nützlinge, welche die vielen Schädlinge und damit die Rebkrankheiten unter Kontrolle halten.

Abb. 122
Rebbauern an der Arbeit

1929 begann Adolf Heller mit dem Rigolen (Umarbeiten) des alten, stillgelegten *Steinbruchs.* So wurde unter grossem Aufwand eine Steinbruch- und spätere Schutthalde zum Rebberg. 1963 kaufte ihn die Gemeinde. Am Anfang bearbeitete die Familie des Sohnes von Adolf Heller, Emil Heller, den Rebberg weiter, bis ihn 1978 der Weinbauer Kurt Nussbaumer von der Klus in Aesch als Pächter übernahm. Auch er errang mit dem «Steinbrüchler» und dem «Schlossberg» an der Weinmesse in Ljubljana 1983 je eine Goldmedaille. Nachdem dann der obere Teil des Steinbruchs ebenfalls mit Bauschutt und Aushubmaterial aufgefüllt war, wurden auch hier Reben gepflanzt. Durch die Aufschüttung ist das Rebgelände grösser geworden. Die neue Rebfläche von total 102 a wurde wie folgt aufgeteilt 30 a an die Gemeinde, 36 a an Franz Leuthardt und 36 a an seinen Bruder Robert Leuthardt. Franz Leuthardt pflanzt vorwiegend Blauburgunder-Reben an, die vom Kluser Winzer Kurt Nussbaumer bearbeitet und gekeltert werden, und sein Wein heisst «Schloss Reichenstein». Robert Leuthardt pflanzt Riesling × Sylvaner und Blauburgunder, und er nennt seinen Wein «Oberer Steinbruch». Mit berechtigtem Stolz stellt er fest, dass er als einziger Arlesheimer Rebbauer seine Reben selbst bearbeitet. Nur gekeltert werden sie in der Weinkellerei Schwob in

Liestal. Für seine Weine erhielt er in den letzten drei Jahren als Auszeichnung die begehrte «Baselbieter Winzerkapsel».

Alle Arlesheimer Weine erzielen wegen der Mengenbegrenzung (gemäss Rebbau-beschluss 1,2 kg weisse und 1,4 kg rote Trauben pro m²), infolge der günstigen Südlage und des steinigen Untergrundes jedes Jahr sehr hohe Oechslegrade.
Eine Zeitlang wuchsen auch am *Bruggweg* Reben, die von der Familie Briefer gepflegt wurden.

Unsere Rebsorten

Vor 400 Jahren schrieb der Chronist Bullinger von unserem Wein: «Rachenputzer sondergleichen war der Wein dieses Jahres. 1529 war ein nasser Sommer und kalter Herbst und wuchs ein Wyn, der besondermassen sur, ungut und ungesund war. Würmli wuchsen in ihm; die kupfernen Rohr und Hahnen frass er durch und ward gemeiniglich genannt ‹Gottbhüetis› . Viel war so ausgeschütt, etlicher gerührt in Kalch zum Bauen ...» – Das war einmal. Unsere heutigen Rebbauern mit ihren modernen Methoden bieten Gewähr dafür, dass diese Zeiten endgültig vorbei sind.
In unserem Weinbaugebiet wachsen Rebsorten, die vorzügliche Weine ergeben. Der heute bei Weinkennern sehr beliebte «Gutedel» (im Wallis als Fendant, in der Waadt und in Genf als Chasselas bekannt) ist ein süffiger Wein, den wir gerne trinken, auch als Aperitif. Der «Riesling × Sylvaner», eine 1892 vom Schweizer Rebenzüchter Prof. Dr. Müller-Thurgau erzielte Kreuzung von Riesling mit Sylvaner, erfreut sich steigender Beliebtheit. Er bringt ein fruchtiges Muskatbukett hervor. Unbestritten an der Spitze steht jedoch der «Blauburgunder» (Pinot Noir).
1989 belief sich die Arlesheimer Rebfläche auf 504 a; davon waren 357 a «Blauburgunder», 130 a «Riesling × Sylvaner» und 17 a «Gutedel». Werner Kilcher macht neuerdings auch Versuche mit den Rebsorten «Chardonnay» und «Cabernet».

Das Jahr des Weinbauern

Eine alte Bauernregel sagt, dass die Rebe gegen 200 Arbeitsgänge benötige, bis die Trauben in der Trotte sind. Auch heute stimmt dies noch weitgehend trotz zahlreicher Rationalisierungsmassnahmen. Zudem ist unser Rebgelände teilweise sehr steil. Robert Leuthardt schildert die Arbeit in seinem Rebberg folgendermassen:

«Im Januar/Februar beginnt bereits die Arbeit im Rebberg mit dem Schneiden der Rebstöcke. Nach dem Entfernen des Rebholzes müssen sämtliche Ruten mit

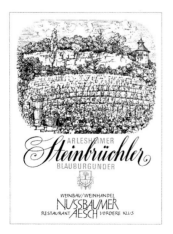

Abb. 123
Arlesheimer
Wein-Etiketten

grosser Sorgfalt am durchgezogenen Draht neu gebunden werden. Alsdann erfolgt das Abpflügen der im Spätherbst als Frostschutz um die Stöcke angehäuften Erde. Gleichzeitig wird damit auch der jedes zweite Jahr eingebrachte Kompost oder Mist als Düngung und Bodenverbesserer eingepflügt. Jede zweite Gasse ist zur Begünstigung der Nützlinge und als natürliche Düngung eingesät. Ende April/Anfang Mai bricht die Knospe auf und blüht zehn Tage. Wenn keine Frostgefahr mehr besteht (Ende Mai), werden die Sämlinge erstmals reduziert, und gleichzeitig kann mit den Laubarbeiten begonnen werden. Die Bekämpfung tierischer Schädlinge und verschiedener Pilzkrankheiten (Mehltau) erfolgt während der Monate Mai, Juni und Juli. Im August werden die Enden der starken Austriebe, die nicht zu wachsen aufhören und folglich einen Teil der für die Traubenbeeren bestimmten Nährstoffe aufnehmen, beschnitten. Als letzte Arbeit vor der Weinlese wird der ganze Rebberg mit einem speziellen Netz gegen Vogelfrass überdeckt. Je nach Reifegrad der Trauben und Witterung findet Anfang Oktober die Krönung monatelanger Arbeit im Rebberg, die Weinlese – s Herbste – statt.»

Abb. 124
Zwei alte Arlesheimer an
der Weinpresse: der «Sag-
gerdie» und der «Sydewä-
ber»; Wandbild an der Süd-
seite der Trotte

Die Traubenlese ist noch heute ein freudiges Ereignis und für den Weinbauern der Lohn für harte Arbeit. – Das grosse Gaudi der Jungen war einst das Schiessen mit den sog. «Katzenköpfen». Das waren Eisenrohre, mit Schwarzpulver gefüllt und mit Lehm zugestopft.
Walter Jenzer vom Hotel Ochsen kochte an der Weinlese immer Oehrli und Schnörrli für alle Helfer ; denn die Weinlese war für ihn ein wichtiger Tag, wollte er im nächsten Jahr seinen Weinkeller doch wieder mit «Arleser» auffüllen …

Zum Schluss sei eine tragikomische Episode berichtet, die 1940 dem Betriebsleiter der Brown-Boveri zustiess. Er hatte im Tal unten eigene Reben. Zum Pressen fuhr er zu Vater Heller ins Domgässli. Bis es so weit war, wurde noch der letztjährige Wein ausgiebig probiert. Als das Fass dann mit Traubenmost gefüllt war, trat unser Betriebsleiter zu später Stunde den Heimweg via Griebengasse an. Leider war die Last an diesem steilen Hang zu schwer, und so kam es, wie es kommen musste: das Leiterwägeli stürzte, das Fass zerbrach, und der Most rann talwärts Richtung BBC.

Quellen und Literatur

Leuthardt-Meier Josef: Im Dienste der Sonne, Privatdruck, Arlesheim 1983

Gemeinde Arlesheim: Die Geschichte des Gemeinderebberges «Steinbruch» Arlesheim, Arlesheim o.Jg.

Sütterlin Georg: Heimatkunde des Dorfes und Pfarrei Arlesheim, Arlesheim 1910 (S. 223)

Gewerbe, Industrie und Dienstleistungen

Arlesheim ist längst kein Bauern- oder Winzerdorf mehr. Das wird deutlich, wenn wir den prozentualen Anteil der Beschäftigten in den einzelnen Wirtschaftssektoren miteinander und mit dem Kantonsdurchschnitt vergleichen (1985).

Man unterscheidet:
Sektor 1: Landwirtschaft usw.
Sektor 2: Handwerk, Gewerbe, Industrie usw.
Sektor 3: Dienstleistungen, Handel, Banken, Versicherungen, Transportwesen usw.

Arbeiteten im ganzen Kanton gut 4% im 1. Sektor, so waren es in Arlesheim noch knapp 3%. Im 2. Sektor fanden im Kanton 50% der Beschäftigten Arbeit, in Arlesheim noch 27%. Dafür stand Arlesheim mit 70% Beschäftigten im 3. Sektor weit über dem kantonalen Durchschnitt von 46%. – Stadtnähe, Eisenbahn- und Autobahnanschluss sowie grosse, ebene Landparzellen im Tal lockten in den vergangenen Jahren immer mehr Dienstleistungsbetriebe an.

Das nachstehende Verzeichnis gibt eine Übersicht über alle am 31. Mai 1993 in Arlesheim ansässigen Firmen. Diese stellen über 2 600 Arbeitsplätze zur Verfügung. Innerhalb der einzelnen Branchen werden sie alphabetisch aufgeführt.

Altersheime, Ärzte, Zahnärzte, Zahntechnisches Laboratorium, Spitäler / Kliniken

Landruhe	Altersheim	Ermitagestrasse 4
Stiftung zur «Obesunne»	Altersheim	Bromhübelweg 15
Bangerter Heiner Dr. med.	Innere Medizin FMH	Birseckstrasse 99
Dick Hansjörg Dr. med.	Innere Medizin FMH	Mattweg 61
Hübscher Hans-Ulrich Dr. med.	Allg. Medizin FMH	Mattweg 2

Jost Heinz Dr. med.	Psychiater FMH	Postplatz 1
Karenovics Christiane + Thomas Dr. med.	Prakt. Ärzte	Bildstöckliweg 14
Kindler Peter Dr. med.	Kinderarzt FMH	Im Baumgarten 3
Knezevic Viktor Dr. med.	Spez. Arzt Psychiatrie/Psychotherapie	Gartenweg 8
Kryl Peter Dr. med.	Allg. Medizin	Ermitagestrasse 9
Marty Georges Dr. med.	Allg. Medizin FMH	Ermitagestrasse 9
Santschi Bruno Dr. med.	Innere Medizin FMH	Birseckstrasse 11
Siegenthaler Beat Dr. med.	Augenarzt FMH	Postplatz 1
Signer Peter Dr. med.	Kinder + Jugendpsychiatrie FMH	Tramweg 2
Stoll Walter Dr. med.	Allg. Medizin FMH	Baselstrasse 1
Sutter Sylvia Dr. med.	Kinderärztin FMH	Obere Gasse 12
Troxler Marc Dr. med.	Spez. Arzt FMH Innere Medizin	Postplatz 1
Ita Wegman Klinik (siehe S. 182)	Klinisch-therapeutisches Institut	Pfeffingerweg 31
Lukas Klinik (siehe S. 184)	Krebsforschung	Brachmattstrasse 19
Futterknecht Norbert Dr. med. dent.	Zahnarzt	Baselstrasse 11a
Hatz Tobias Dr. med. dent.	Zahnarzt	Birseckstrasse 99
Humar Franc Dr. med. dent.	Zahnarzt	Baselstrasse 9
Krebs Tilo R. Dr. med. dent.	Zahnarzt	Ermitagestrasse 9
Weil Edgar Dr. med. dent.	Zahnarzt	Mattweg 10
Zahntechnisches Labor Rolf Hilpert	Zahntechnisches Labor	Waldstrasse 40

Gewerbebetriebe

Alispach AG	Malergeschäft	Mattweg 1
Behrend AG	Heizung + Rohrleitungsbau	Im Lee 50
Brühweiler & Cie.	Schreinerei	Bahnhofstrasse 2
De Bortoli AG	Hoch- und Tiefbau	Neumattstrasse 22
Ditzler & Co.	Bauschreinerei + Fenster	Fabrikmattenweg 5
Elektro Walser AG	Elektrofachgeschäft	Birseckstrasse 11
Fischer Marcus	Mech. Werkstätte	Bachweg 1
Frick Markus	Keramische Wand- + Bodenbeläge	Bahnhofstrasse 6
Garage Faller	Autogarage/Taxi	Birseckstrasse 5
Garage Russo	Autogarage	Fabrikmattenweg 6
Gauch Erwin	Sanitäre Anlagen/ Spenglerei	Baselstrasse 63
Gebau AG Inh. Clement Hoenes	Architekt + Gesamtbau	Baselstrasse 3

Glanzmann AG	Hoch- und Tiefbau	Haldenweg 18
Gut + Madörin AG	Heizung + Lüftung	Bärenbrunnenweg 8
Gutag AG	Elektro-Apparate-fabrik	Baselstrasse 22
Heidersberger Monika	Buchbinderei	Hofgasse 3
Hell Moto	Verkauf + Rep. Motorräder	Fabrikmattenweg 9
Heller Emil	Strassen- und Tiefbau	Domgasse 1
Henner & Co.	Gärtnerei	Neumattstrasse 6
Herrli AG	Sanitär, Heizung, Spenglerei	Austrasse 55
Hesse Fritz	Schlosserei	Neumattstrasse 19
Hilden Raphael	Atelier für Metallarbeiten	Bruggweg 13
Hirsig Peter	Werkzeugschleif-Service	Gehrenmattstrasse 5
Hueber AG	Holzbau	Untertalweg 26
Jäggi Max AG	Bau- und Möbel-schreinerei	Baselstrasse 67
Jenzer Ernst	Maler	Ermitagestrasse 14
Kartschmaroff Gabor	Velowerkstatt	Gartenweg 3
Kellenberger AG	Elektrofachgeschäft	Gartenweg 1
Liechti Ernst	Velos/Motos	Mattweg 2
Maritz Peter	Spenglerei/San. Installationen	Birseckstrasse 38
Maschera d'Oro M. Senn + M. Bader	Rahmenatelier	Ermitagestrasse 24
Metthez Willy	Malergeschäft	Steinweg 2
Meury Bau AG	Hoch- und Tiefbau	Steinweg 9
Otthofer Walter	Schuhreparaturen	Dorfplatz 6
Plattner & Schmid	Elektrotechn. Unternehmung	Ermitagestrasse 22
Pozzi Aldo	Steinbildhauer-Atelier	Hauptstrasse 37a
Royal-Türen AG	Montage von Türen + Zargen	Dychweg 8
Saladin Haustechnik	Spenglerei + Installationen	Neumattstrasse 16
Schmid Karl + Sohn	Wand- und Boden-beläge	Austrasse 11
Schmidlin Alois AG	Möbel + Innen-ausbau	Mattweg 17
Schneider Ernst	Schleif-Service	Schorenweg 1
Sommerer & Co.	Gärtnerei	Mattweg 85
Stöcklin Bruno	Malergeschäft	Hauptstrasse 30
Tal-Carrosserie D'Urso	Carrosserie	Fabrikmattenweg 3
Tüscher Erwin	Küchen-einrichtungen	Im Baumgarten 5

246

Zehnter & Co.	Schreinerei	Postplatz 2
Zwicky Bernhard	Metallbau + Schlosserei	Hofgasse 15

Hotels / Restaurants / Cafés

Gasthof z. Ochsen, D. Baur + M. Schmid	Gasthof/Hotel/ Restaurant	Ermitagestrasse 16
Hotel Eremitage, H. + F. Kunz	Hotel/Restaurant	Ermitagestrasse 2
Adler, Reto Dalcher	Restaurant	Hauptstrasse 15
Arlésienne, Kurt Lanz	Restaurant	Schwimmbadweg 4
Domstübli, M. Yoshioka + G. Gatti	Restaurant	Kirchgasse 4
Dorfbeizli, E. + H. Jordi	Restaurant	Ermitagestrasse 18
Güllelöchli, Karl Fluri	Restaurant	Birseckstrasse 38
Reichensteinerhof, Ursula Mathis	Restaurant	Baselstrasse 107
Rössli, B. Karaca	Restaurant	Ermitagestrasse 20
s Chemmi, Antonio Paiano	Restaurant	Mattweg 2
Tramstation, Josef + Pejo Tomic	Restaurant	Neumattstrasse 2
Café Buchmann	Café	Ermitagestrasse 16
Café Domenig	Café	Hofgasse 1

Verkaufsgeschäfte

Ars Musica-Sound	Radio/TV/CD- Verkauf + Rep.	Hauptstrasse 17
Birseck-Apotheke	Apotheke	Ermitagestrasse 9
Bitterli Optik AG	Brillen und Kontaktlinsen	Hauptstrasse 34
Brino René	Velos – Motos	Birseckstrasse 99
Buchmann Emanuel	Bäckerei – Konditorei	Ermitagestrasse 16
Burri + Burri	Radio + TV	Hauptstrasse 21
Coop Center Eremitage	Lebensmittel	Gartenweg 4
Coop Center Dornachbrugg	Lebensmittel	Birseckstrasse 99
Couture Marie-Madeleine	Schneiderei	Hauptstrasse 34
Domenig, Inh. Monika Kaufmann + Ruedi Lutz	Konditorei	Hofgasse 1
Drovita AG	Märt am Dorfplatz	Dorfplatz 4
Eglin Thomas	Radio / TV / Videothek	Gartenweg 3
FCW Dreamland	Spielwaren + Geschenke	Hauptstrasse 39
Galerie 4	Galerie	Dorfgasse 18
Grotte-Boutique	Damenmode	Dorfplatz 7
Grubers Naturprodukte	Naturprodukte/ Bio-Gemüse	Dorfplatz 9
Gyger AG	Bäckerei	Buchenstrasse 61

Abb. 125 Zweimal Arlesheim: links das Dorf mit Tram, Post und Geschäften – rechts der besinnliche Dombezirk

Gysel AG	Buchhandlung	Dorfplatz 8
Gysin Arthur	Bürobedarf +	Neumattstrasse 2
	Papeteriewaren	
Hänggi-Zuber Dorothee	Antiquitäten/	Dorfplatz 1
	Kupferstiche	
Heller AG	Bettwaren	Dorfgasse 10
Huber Schuh AG	Schuhgeschäft	Dorfplatz 7
Jenzer AG	Metzgerei	Ermitagestrasse 16
Jenzer Elisabeth	Reformhaus	Ermitagestrasse 12
JWA AG	Jagd- und	Birseckstrasse 99
	Sportwaffen	
Lischa AV-Kommunikation AG	AV-Technik	Birseckstrasse 95
Meier & Co. AG	Eisenwaren/	Baselstrasse 5
	Haushaltgeräte	
Meuter Klaus	Wulle-Syde-Hüsli	Hauptstrasse 37–39
Miba Märt Am Dorfplatz	Frisch- und	Dorfplatz 4
	Milchprodukte	
Miba Arlesheimer Frischlade	Frisch- und	Baselstrasse 56
	Milchprodukte	
Modeva AG	Damenmode	Ermitagestrasse 2
Nelly's Nähcenter N. Kupferschmid	Mercerie + Wolle	Hauptstrasse 40
Neuman Alfred	Naturtextilien	Reichensteinerstrasse 22

248

Picar Sound	Car/Home/ Hi-Fi-Studio	Baselstrasse 59
Pinocchio Wohnbedarf	Wohnbedarf	Hauptstrasse 39

Plastic-Haus AG	Kunststoff-erzeugnisse	Fabrikmattenweg 15
Sarah Boutique A. + S. Serieys	Damenmode	Hauptstrasse 38
Scancars AG	SAAB-Automobile	Talstrasse 22
Scheiwi Sport	Sportartikelgeschäft	Postplatz 1
Schneeberger Drogerie	Drogerie, Parfumerie, Foto	Hauptstrasse 41

Spatze Boutique	Kindermode	General Guisan-Str. 29
Spiess Sylvia	Galerie im Dach	Hollenweg 46
Spitzer AG	Innendekorationen	Baselstrasse 36
Spitzer Franz	Lederw. u. Schirme	Hauptstrasse 32
Strobel Manfred	Uhren-Boutique	Hauptstrasse 19

Tin Trading Inh. Felix Meury	Zinnwaren & Design	Birseckstrasse 99
Vier Jahreszeiten	Geschenk-Boutique	Ermitagestrasse 13
Welz Jean-Jacques	Galerie u. Blueme zu de 17 Sunne-strahle	Ermitagestrasse 14

Handelsbetriebe, Dienstleistungen

ABB Fläkt AG	Klima- und Lüftungsanlagen	Domstrasse 3
Abt & Partner	Management Con-sultants	Im Neusatz 2
Ado-Film	Filme	Stollenrain 4
Aeppli Christoph	Grafiker	Obere Holle 6
Agreta AG	Tankrevisionen	Talstrasse 10

Alkag AG	Import feste + flüssige Brennstoffe	Talstrasse 45
Almasa AG	Gerüstbau/ Transporte	Weidenhofweg 32
Andreae R.C. Ltd.	Import + Distribution	Langackerweg 9
ARD Comptypografik D. Hartmann	Computergrafik	Baselstrasse 98
ATH Arlesheimer Tennishallen AG	Tennisbetrieb	Untertalweg 22

Basellandschaftliche Kantonalbank	Bank	Hauptstrasse 25
Baumann W., Dr.	Chem. Produkte	Dychweg 6
Beta Retail AG	EDV-Beratung + Software	Fabrikmattenweg 8
Birseck Treuhand, Inh. Hugo Huber	Eidg. dipl. Bücher-experte HSG	Birseckstrasse 99
Birseck-Reisen, Inh. Rudolf Meier	Reisen + Transporte	Bahnhofstrasse 8

Abb. 126 Sport und Industrie im Tal zwischen Bahnlinie und Birs

Black Hair Styling	Coiffeursalon Damen + Herren	Hauptstrasse 3
Bloch AG	Druckerei + Christophorus-Verlag	Talstrasse 40
Bonadea E. Dietrich	Naturprodukte	Dornhägliweg 4
Bonell Getränkehandel	Getränke-handel/Transporte	Hofmattweg 3
Brechtbühl AG	Transporte	Talstrasse 47
BRI Biologische Reinigungsinstitut Linda Monti	Biologische Reinigungen	Eichenstrasse 4
Buchdruckerei Arlesheim AG	Fotosatz/Buch-druck/Offset/«Wochenblatt»	Stollenrain 17
Burgener AG	Architekten HTL	Im Neusatz 12
BVG-Consulting	Verwaltung & Beratung	Birseckstrasse 99
C&I Comtec	Computer	Im Neusatz 2
Capsugel AG	European Headquarters	Fabrikmattenweg 2
Cobra Software AG	EDV-Software-Entwicklung	Im Lee 22
Coiffeursalon Rosy	Damencoiffeur	Dorfgasse 10
Coiffeursalon Ruth	Coiffeursalon	Baselstrasse 14
Confirma AG	Wirtschafts- + Vermögensberatung	Rebgasse 41
Contecca Plan AG	Konstruktion/Montagen	Fabrikmattenweg 8
CPE Consulting Programs Equipment SA	Computer + Software-Handel	Im Lee 8
Curlingzentrum Arlesheim AG	Curlingzentrum	Schwimmbadweg 4
DHB AG	Sicherheitsdienst	Birseckstrasse 99
Dolt Treuhand/H. Dolt	Treuhandbüro	Ermitagestrasse 17
Dürrenberger AG	Druckerei	Fabrikmattenweg 10
EDT Electronic GmbH	Elektronik	Alemannenweg 4
Ergimex AG	Spielwaren-Grosshandel	General Guisan-Str. 17
ETB AG	EDV-Beratung	Baselstrasse 93
Feller Paul	Architekt	Bodenweg 8
Frey & Co.	Büroeinrichtungen	Fabrikmattenweg 11
Gasverbund Mittelland AG	Erdgas	Untertalweg 32
Greuter AG	Architekten	Ermitagestrasse 26a
Hairstyling Anita	Damen- und Herrencoiffeur	Birseckstrasse 99
Hänggi Hannes	Architekt/Raumgestaltung	Dorfplatz 1
Heiniger Hugo	Transporte	Fabrikmattenweg 13
Hermann F. AG	Unternehmens- und Wirtschaftsberat.	Auf der Höhe 8

Holle-Nährmittel AG	Nährmittel	Untertalweg 50
Holm Jacob AG	Handel mit Chemiefasern	Fabrikmattenweg 2
Ingdata Basel AG	EDV-Dienstleistungen	Birseckstrasse 50
Inter Tourismus AG	Reisebüro	Dorfplatz 11
Inter-Effcots SA	Gestaltung + Computer-Design	Fabrikmattenweg 8
Jeka AG	Ladeneinrichtungen/Kühlmöbel	Dornwydenweg 2
Kairos AG	Inform. Technol. + Manag.-Ausbild.	Ermitagestrasse 13
Knauf AG	Trockenbau, Verputztechnik	Schorenweg 9
Langenbach Hans-Peter + Ruth	Coiffeursalon	Hauptstrasse 44
Leuthardt Robert	Weinbau	Dorfgasse 8
Leysinger AG	Unternehmensber./ Buchführung	Hollenweg 43
Lips AG	Architekt STV	Hofmattweg 21
Loba Produkte AG	Chem. Techn. Produkte	Hangstrasse 1
Luxor-Vertrieb	Verkauf/Service Haushaltgeräte	Baselstrasse 28
M+Z Datashop AG	Computer	Baselstrasse 93
Mobil Bad AG	Spitalbedarf	Schwimmbadweg 15
MTC Müller AG	Computertrading	Fabrikmattenweg 2
Müller-Gysin AG	Lagerhaus	Dornwydenweg 9
Näf Heinrich	Chem. Reinigung	Ermitagestrasse 1
Natural AG	Internat. Spedition/Lager	Schorenweg 9
Plüss Monica	Pedicure	In den Hagenbuchen 2
Power Light Handels AG	Bühnenbeleuchtungen	Fabrikmattenweg 8
QS Engineering AG	Engineering	Hangstrasse 47
Raiffeisenbank Arlesheim	Bank	Haupstrasse 3
Regiobank beider Basel	Bank	Dorfplatz 13
RF Coiffure Robert Forcella	Coiffeursalon	Baselstrasse 54
Rihs Kurt	Autofahrschule	Hofmattweg 81
Ritz Hairstyling	Coiffeursalon	Baselstrasse 63
Rohrbach & Partner AG	Innenarchitektur VSI	Dorfplatz 7
Ruhr & Saar AG	Handel m. flüss. + festen Brennst.	Talstrasse 45
Scheibli H. J.	Dipl. Architekt	Hofmattweg 26
Schieritz & Hauenstein AG	Dipl. Ing.-Chemiker	Finkelerweg 32
Schmidlin Franz	Architekt	Hangstrasse 16

Schoch Roland	Architekt	Hofmattweg 21
Schrenk Beat AG	Bauleitung	Hauptstrasse 39
Schweizerischer Bankverein	Bank	Hauptstrasse 31
Seiberth & Partner	Architekten ETH	Mattenhofweg 3
Sobalit-Complex AG	Import/Export chem. Produkte	Düchelweiher 7
Sprenger & Partner	Bauingenieure SIA	Neumattstrasse 22
Sprenger Peter	Sprenger-Bauteile	Haldenweg 20
Stalder Thomas	Architekt HTL	Tramweg 2
Suter & Joerin AG	Brennstoffe/Tank-technik	Talstrasse 45
Tabatrada AG		Zum Rauacker 7
Tierarztpraxis Birseck	Praxis für Klein-, Nutztiere, Pferde	Im oberen Boden 22
Tip Top AG, R. Fuchs	Kleider- + Lederreinigungen	Hauptstrasse 36
Universal Express AG	Internat. Transporte/Lager	Schorenweg 9
Vita Terra AG	Bio-Gemüsehandel + Frischprodukte	Fabrikmattenweg 7
Vogelsanger & Co.	Kehrichtabfuhr + Transporte	Talstrasse 75
Wagner Norbert	NWP Graf. Fachbetriebe	Baselstrasse 56
Weleda AG	Fabrikation pharm. und kosmet. Präparate	Stollenrain 11
Wiseco Pistons AG	Motorfahrzeug-Ersatzteile	Fabrikmattenweg 12
Würth AG	Montagetechnik	Dornwydenweg 11
Zeus Video Production	Handel mit TV & Videoprogrammen	Birseckstrasse 95

Versicherungen, Krankenkassen

CSS Versicherung	Krankenkasse	Im Tal 6
Die Eidgenössische Gesundheitskasse	Gesundheitskasse	Mattweg 19
Evidenzia Schweiz. Kranken- + Unfallversicherung	Kranken- und Unfallkasse	Hofmattweg 3
Grütli Krankenversicherung	Krankenkasse	Parkweg 6
Helvetia Krankenkasse Arlesheim 1	Krankenkasse	Mattweg 94
Helvetia Krankenkasse Arlesheim 2	Krankenkasse	Baselstrasse 19
KFW Winterthur Kranken- und Unfallversicherung	Kranken- und Unfallkasse	Mattweg 63
Konkordia Schweiz. Kranken- und Unfallversicherung	Kranken- und Unfallkasse	Austrasse 43

| Winterthur Versicherungen Werner Manz | Versicherungen | Postplatz 1 |
| Zürich Versicherungen Jean-Marc Burkhard | Versicherungen | Tramweg 2 |

Der Arlesheimer Gewerbe- und Industrieverein AGIV

Um die Interessen der Arlesheimer Gewerbebetriebe gemeinsam wahrzunehmen, wurde 1924 der «Gewerbeverein Arlesheim» gegründet. An seiner 70. Generalversammlung vom 7. Mai 1993 aktualisierte er seinen Namen in «Arlesheimer Gewerbe- und Industrieverein», um den veränderten Verhältnissen mit den vielen neuen Betrieben im Tal besser gerecht zu werden. 1993 gehören ihm 152 Mitglieder aus den meisten Gewerbe-, Industrie- und Dienstleistungsbetrieben an. 1962 hatte sich der Gewerbeverein neue Statuten gegeben. Die damals gefassten Vereinsziele haben auch heute noch ihre Gültigkeit, obwohl inzwischen wieder einige dazugekommen sind. Im wesentlichen geht es darum, das Gewerbe-, Waren- und Dienstleistungsangebot laufend zu verbessern, insbesondere gute Einkaufsstrukturen im Dorf zu erhalten und sie den Einkaufsgewohnheiten der Kundschaft anzupassen.

Mitte der siebziger Jahre begann sich das Gewerbe mit andern zusammen erfolgreich gegen das geplante Grosseinkaufszentrum im Schappe-Areal zu wehren. Man fürchtete ein Aussterben des inzwischen wunderschön renovierten Dorfplatzes und des engeren Dorfzentrums.

Abb. 127 Märt auf dem Dorfplatz

254

In dieser Zeit entstand auch der *Arleser Märt,* der sich inzwischen mit einem Frühlings-, Herbst- und Adventsmärt institutionalisiert hat. Niemand möchte mehr auf diese Märkte verzichten. Ebenfalls in dieser Zeit wurde das Arlesheimer *Telefonbüchlein* geschaffen. Dieses wird vom Arlesheimer Gewerbe finanziert und bis heute alle drei Jahre kostenlos an alle Haushaltungen in Arlesheim abgegeben. 1988 entstand der *Arleser Gschänggbon,* dem heute über 50 Ladengeschäfte und Restaurants angehören, wo der Gschänggbon eingelöst werden kann.

In jüngster Zeit macht sich ein Teil des Gewerbes Sorgen um die Erhaltung bzw. Verbesserung der Parkplatzmöglichkeiten im engeren Dorfzentrum. In einigen Jahren haben wir einen zweiten Grossverteiler im Dorf mit eigener Einstellhalle. Die vielen kleinen Geschäfte im Dorfkern können die Einkaufsgewohnheiten der Kunden nicht ändern und fürchten daher um ihre Existenz.

Mit der Einführung der *Sackgebühr* per 1. Januar 1993 ist auch der Gewerbeverein gefordert worden, aktiv an Lösungen mitzuarbeiten, wie im Gewerbe der Abfall entsorgt werden kann. Auf Initiative der Gewerbetreibenden prüft die Gemeinde zur Zeit die Einrichtung einer zentralen Sammelstelle für wiederverwertbare Abfälle, die auch Privaten zugänglich sein sollte.

Mit *Gewerbeausstellungen* präsentiert sich das Gewerbe der Arlesheimer Einwohnerschaft – das letztemal 1975 in der Gerenmatte. Im November 1989 fand als Alternative zu einer wesentlich teureren Gewerbeausstellung unter dem Motto «Tag der Offenen Tür» der erste Arlesheimer *Gewerbetag* statt. Er fand ein gutes Echo, vor allem bei den Betrieben im Dorfzentrum. 1992 beschloss man jedoch, nach über 25 Jahren auf dem Areal des Curlingzentrums 1994 wieder eine Gewerbeausstellung durchzuführen.

Drei Dienstleistungsfirmen im Tal

Drei Dienstleistungsfirmen im Tal seien hier speziell erwähnt, stehen ihre Tätigkeiten doch im Dienste der ganzen Bevölkerung:

H. Vogelsanger & Co., Kehrichtabfuhr

Wie sehr sind wir doch auf die Kehrichtabfuhr angewiesen! Kämen die zuverlässigen Männer einmal nicht vorbei, wir würden bald im Dreck ersticken. Drum sei ihnen hier für ihre oft unangenehme Arbeit herzlich gedankt.

Hans Vogelsanger-Thommen begann 1944 als Bauer ohne Land im Nebenerwerb mit Ross und Wagen Kehricht abzuführen. Nach dem Krieg stellte er auf Motorfahrzeuge um, kaufte 1956 den ersten «Ochsner»-Wagen und bezog 1973 den Neubau an der Talstrasse 75. Heute werden von Heinz und seinen Leuten in der zweiten Generation mit zehn modernen Kehrichtwagen und drei Traktoren 19 Gemeinden bedient.

Gasverbund Mittelland AG (GVM AG)

Die Gasverbund Mittelland AG ist die älteste regionale Erdgaslieferantin der Schweiz. 1962 wurde in einem Partnerschaftsvertrag zwischen dem Kanton Basel-Stadt, den Gemeinden Bern, Biel, Burgdorf, Grenchen und Solothurn die Schaffung einer regionalen Gasversorgung Basel-Mittelland vereinbart. Zwei Jahre später, 1964, wurde die Aktiengesellschaft gegründet. Als 1967 die erste Ferngasleitung von Basel über den Jura ins Mittelland fertiggestellt war, begannen die Kompressoren in der Betriebszentrale Arlesheim das Stadtgas zu den Verwendern zu pumpen. Der Leitungsverlauf wurde durch Stangen mit orangen Dächlein gekennzeichnet. Im Jahre 1972 brach das Erdgaszeitalter an, und quasi mit dem Erdgas wurde 1974 der Firmensitz nach Arlesheim verlegt. Die GVM AG ist eine Erdgasgrossverteilerin, sie importiert und verkauft Erdgas. Mit 45 Mitarbeitern und technisch fortschrittlichsten Netzwerkanlagen stellt das Unternehmen die tägliche Gasversorgung ihrer Abnehmer sicher. Trotz zunehmender Energiesparmassnahmen rechnet die GVM AG langfristig mit weiteren Absatzsteigerungen des umweltschonenden Erdgases.

TT-Lager und PTT-Garage

Bei der Einfahrt zur J18 nördlich des Sundgauerviadukts steht seit 1975 das markante Gebäude der Fernmeldedirektion Basel mit dem TT-Lager (TT ursprünglich Telegraf/Telefon, heute Fernmeldewesen) und der PTT-Garage.

Der Baukörper A enthält das Magazin für Apparate, Werkzeuge, Formulare und das Linienmaterial für den Leitungsbau, vor allem die grossen Kabelrollen. Damit man auf Tragsäulen in der 130×70 m messenden Halle verzichten konnte, wurde das Dach an den gut sichtbaren blauen Tragkonstruktionen aufgehängt. Im Baukörper B mit den U-förmigen Sonnendächern (115×40 m) ist die Werkstatt zur Wartung der ca. 850 TT- und PTT-Fahrzeuge untergebracht.

Der dominierende Block C enthält Büros und Werkstätten zur Wartung, Kontrolle und Reparatur von Telefonen und andern Fernmeldeanlagen. In der Elektronik-Werkstatt werden zurzeit (1993) 24 Lehrlinge ausgebildet. 1992 wurde ein modernes Kunden- und Ausbildungszentrum eingerichtet, in dem sämtliche Fernmeldeanlagen vorgeführt werden können. Im ganzen Betrieb arbeiten gegen 400 Personen.

Banken

Folgende vier Banken haben in Arlesheim ihre Filialen:

Die Kantonalbank

Die Basellandschaftliche Kantonalbank wurde 1864 gegründet, hatte aber vorerst nur im Kantonshauptort Liestal einen Sitz. Die erste Aussenstelle war eine Einnehmerei in Arlesheim von 1874 bis 1910. Im Jahre 1910 übernahm die Kantonalbank die private Aktienbank «Spar- und Leihkasse des Bezirks Arlesheim». Dies bedingte den Ausbau der alten Einnehmerei in eine Filiale. Als Bankgebäude diente schon damals das Haus am Domplatz 7. Die Filiale als Hauptsitz für den ganzen Bezirk Arlesheim bekam immer mehr Platzbedarf, der am Domplatz nicht gedeckt werden konnte. Mit dem Kauf des Restaurants «Elsässer» an der Hauptstrasse im Dorfzentrum wurde es möglich, einen zweckmässigen Neubau zu erstellen. Am 18. September 1972 konnte das neue Bankgebäude im Dorfzentrum eröffnet werden.

Bereits 1988 musste das ganze Haus intern dem elektronischen Zeitalter und den neuen technischen Gegebenheiten angepasst werden. Damit wurden auch die für eine gedeihliche Entwicklung notwendigen Platzreserven geschaffen.

Heute präsentiert sich die Kantonalbankfiliale Arlesheim als grösste Bank im Ort und als eine der grösseren im Kanton.

Die Raiffeisenbank

1918 gründeten einige engagierte Arlesheimer (Pfarrer Max Kully, Willy Heller, Albin Meier, Joseph Leuthardt, Adolf Hänggi) eine Darlehenskasse. Ihre erste Kassenstelle war bei Lehrer Werner Gschwind in seiner Stube am Dornachweg. Später übernahm Willy Maritz an der Brachmattstrasse in gleicher Weise diese Aufgabe. Erst im Jahre 1971 bekam die Kasse am Mattweg 19 ihr erstes Büro. Zehn Jahre später wurde sie zur Raiffeisenbank – benannt nach dem deutschen Agrarpolitiker Friedrich Wilhelm Raiffeisen (1818–1888) – und eröffnete im Neubau an der Hauptstrasse 3 eine Filiale mit geräumigem Schalterraum. Trotz Modernisierung und Entwicklung konnte sie ihren familiären Charakter behalten.

Die Regiobank

Die ehemalige Basellandschaftliche Hypothekenbank entstand 1849. Im Jahre 1926 wurde die Liegenschaft Dorfplatz 13 in Arlesheim für 50 000 Franken gekauft, um als Filiale zu dienen. Im Geschäftsbericht von 1926 stand: «Dieses Gebäude haben wir erworben, da es sich an guter Lage in der Mitte der Ortschaft befindet und sich für unsere Zwecke eignet.» Das schöne Haus ist eine bauliche Dominante am Dorfplatz und schliesst ihn in östlicher Richtung ab. 1986 änderte die Hypothekenbank ihren Namen und nennt sich seither «Regiobank beider Basel».

Der Schweizerische Bankverein

Seit dem 10. Dezember 1979 an der Hauptstrasse 31 domiziliert, ist sie die jüngste der vier Banken in Arlesheim. Als erste der drei Grossbanken hat sich der Schweizerische Bankverein mit einer Filiale in Arlesheim niedergelassen.

Das Gebäude an der Hauptstrasse 31 konnte 1978 von der «Coop Basel ACV» übernommen werden, als diese ihr neues Center an der Ermitagestrasse eröffnete.

Einige alteingesessene Arlesheimer Firmen

Zahlreiche Firmen haben sich erst vor kurzer Zeit hier niedergelassen, andere sind seit über 50 Jahren in Arlesheim. Diese werden nachstehend kurz vorgestellt:

Garage Faller

1828 gründete Josef Faller an der Hofgasse eine Auto-Reparaturwerkstatt, die er anschliessend an den Dorfplatz 6 verlegte. 1954 bezog er die neuerbaute heutige Garage an der Birseckstrasse 5. 1966 übernahm die zweite Faller-Generation mit Walter und Ernst den leistungsfähigen Garagebetrieb, dem auch eine Taxi-Zentrale angeschlossen ist. Seit 1980 führt nun Dieter Faller dieses traditionsreiche Familienunternehmen in der dritten Generation.

Abb. 128 Der Gasthof zum Ochsen

Gasthof und Metzgerei Ochsen

Der Bossenstein, welcher heute den Wintergarten schmückt, trägt die Jahrzahl 1829; Arlesheim zählte damals 700 Einwohner, hatte zwei Weinschenken, fünf Tavernenwirte und vier Metzger.

258

Die fünf Tavernen (Gaststätten) waren

Krone   Hauptstrasse 41, heute Drogerie Schneeberger

Ochsen Ermitagestrasse 16

Rössli Ermitagestrasse 20

Adler   Hauptstrasse 15

Löwen   «Lion d'Or», Domplatz 9, heute Bezirksschreiberei

Die älteste bisher bekannte Eintragung zum Ochsen heisst «Concession vom 2. Marty 1692 für das Wirthsrecht Ochsen». 1923 ging der Ochsen in den Besitz der Familie Jenzer über, die ihn nun bereits in der vierten Generation führt. 1930 wurde die Taverne zu einem Hotel mit grossem Saal umgebaut, 1975 nach der Dorfgasse hin erweitert und 1989 nach einem vollständigen Abbruch als modernstes Hotel im Birseck wieder neu aufgebaut. Dabei wurde das Eichen- und Ulmentäfer aus den dreissiger Jahren erneut verwendet. Die Verbindung zwischen Gasthof und Metzgerei besteht nach wie vor.

Das grosse Haus an der Baselstrasse 93 – die nachmalige Cigarettenfabrik Madéhn – war früher ein Hotel, das «Hotel Viktoria».

s Dorfbeizli

1871 eröffnete Johann Peter Renz an der Ermitagestrasse 18 eine Bäckerei mit einer Wirtschaft, die seine Nachkommen 1943 an Hans und Sophie Wyss-Gilomen verkauften. 1964 wurde die Bäckerei aufgehoben und das Restaurant 1971 an die Tochter Elsbeth verpachtet.

1978 ging der Betrieb in den Besitz von Elsbeth und Hans Jordi-Wyss über, wobei durch sie die Räumlichkeiten zum heutigen gemütlichen Restaurant Wyss «s Dorfbeizli» umgebaut wurden.

Coop Center Eremitage

1895, vor bald 100 Jahren, wurde von der «Produktions- und Konsumgenossenschaft Birseck», Oberwil, in Neu-Arlesheim ein Verkaufsdepot eröffnet, der erste Konsumladen in unserer Gemeinde, zwei Jahre später folgte im Dorf ein zweiter. 1920 fusionierte die Konsumgenossenschaft Birseck mit dem ACV, dem Allgemeinen Consumverein beider Basel. Von 1928 bis 1969 bestand auch bei der Tramhaltestelle Baselstrasse eine Filiale. 1961 wurde diejenige in Neu-Arlesheim geschlossen. Dafür baute der ACV an Stelle der alten Filiale im Dorf einen Neubau, der bis 1978 diente. Er wurde aber für die Bedürfnisse unserer Gemeinde zu eng, so dass 1978 die Liegenschaft an den Bankverein verkauft und an der Ermitagestrasse (Gartenweg 4) der heutige Neubau errichtet wurde. Seit 1992 besteht auch wieder eine Filiale an der Birseckstrasse 99 in Neu-Arlesheim (Coop-Center Dornachbrugg).

Meier + Co., Eisenwaren- und Haushaltartikel

1903 verkaufte Albin Meier seine erste Nähmaschine und sein erstes Fahrrad. Dies war der Beginn einer langen Tradition. 1912 bezog er einen Neubau an der Baselstrasse 5. Aus der mechanischen Werkstatt von damals wurde bald ein renommiertes Fachgeschäft für «Bernina»-Nähmaschinen und für die selbst hergestellten «Jura»-Fahrräder. Automobile der Marke «Mathis» sowie Motorräder ergänzten in den zwanziger und dreissiger Jahren das Angebot. 1936 übernahm Albin Meier die Eisenwarenhandlung Sütterlin und 1967 das Glas- und Porzellangeschäft Fritz Bühlmann und legte den Grundstein für das Fachgeschäft der heutigen Zeit mit Eisenwaren, Handwerkzeugen, Maschinen, Haushaltartikeln, Glas, Porzellan und Gartenmöbeln. Das Sortiment umfasst über 20 000 Artikel. 1953 erfolgte die Umwandlung in eine Kommanditgesellschaft und 1980 in eine AG.

Gärtnerei Henner

1907 eröffnete Fritz Henner an der Neumattstrasse eine Gärtnerei und führte sie während Jahrzehnten als Einzelfirma. 1950 übergab er sie seinem Sohn Leonhard, der sie 1978 in die Gärtnerei Henner + Co. umwandelte und zusammen mit seinen Söhnen betreibt. Heute (1993) arbeiten 23 Beschäftigte in dieser traditionsreichen Gärtnerei.

Die Buckdruckerei Arlesheim AG

1909 wurde die Buchdruckerei Arlesheim AG gegründet. G. Schmidt gab damals das «Arlesheimer Bezirksblatt» heraus. Daraus entstand 1913 das «Tagblatt für das Birseck, Birsig- und Leimental».
1939 – die Armee holte Setzer und Drucker in ihren Dienst – gründete Josef Hofmeier das «Wochenblatt für das Birseck und Dorneck». Es ist kollektiv abonniertes Amtliches Publikationsorgan der Gemeinden Aesch, Arlesheim, Dornach, Gempen, Hochwald, Münchenstein, Pfeffingen und Reinach.
Es erscheint freitags und wird per Post allen Haushaltungen zugestellt, derzeit in einer Auflage von 26 351 Exemplaren. Die ganz dem heutigen Stand der Technik entsprechend eingerichtete Druckerei beschäftigt rund 30 MitarbeiterInnen und liefert ausser Endlosformularen praktisch jede Drucksache.

Schreinerei Brühweiler

1993 feiert die 1918 von Wilhelm Brühweiler-Studer errichtete Schreinerei ihr 75 Jahr-Jubiläum. Drei Generationen haben dieses Unternehmen auf- und ausgebaut. 1963 wurde der Familienbetrieb in eine Kollektivgesellschaft umgewandelt. Heute liegt die Leitung von Brühweiler & Cie. in den Händen der Schreinermeister Jürg Geiger und Ueli Streit (die ihrerseits die Nachfolge ihrer Väter Balthasar und Hansruedi angetreten haben) und des kaufmännischen Leiters Ruedi Studer, dessen Sohn Marc auch bereits im Betrieb arbeitet. Die Firma, die sich auf die Fensterfabrikation spezialisiert hat, beschäftigt zurzeit 25 Mitarbeiter. Sieben haben die Aera Brühweiler noch miterlebt; Stefan Huber kann gar auf 43 Dienstjahre zurückblicken.

Alispach Malergeschäft AG

Roland Alispach führt das von seinem Grossvater 1919 gegründete Malergeschäft am Mattweg 1 bereits in der dritten Generation weiter.

Meury Bau AG

1788 gründete Seraphin Meury in Reinach BL ein Baugeschäft, welches bis heute von Brüdern aus der Familie Meury weitergeführt wurde. Seit 1919 ist der Sitz des Baugeschäftes und der Zimmerei in Neu-Arlesheim. 1945 wurde die Firma als Adolf Meury AG gegründet.
1984 übernahm Paul Meury-Flury sämtliche Aktien der Ad. Meury AG und wandelte diese 1988 in die Meury Bau AG und die Meury Immobilien AG um. Seit 1982 führen seine drei Söhne jeweils eine Sparte. Rudolf Meury-Keller führt den Tiefbau, Felix Meury den Hochbau und Urs Meury-Brino die Zimmerei.

Drogerie Schneeberger

An der Hauptstrasse 41 stand bis 1920 die Wirtschaft zur Krone an der Kreuzung. Seither befindet sich in dieser Liegenschaft eine Drogerie, die einst «Kronen-Drogerie» hiess. Sie gehörte Werner Meier, von 1934 bis 1961 Alfred Spirig und seither der Familie Schneeberger, die sie zu einem modernen Drogerie-, Parfümerie- und Photogeschäft ausbaute, im ganzen Birseck bekannt besonders für natürliche Heilmittel und namhafte Parfümerie-Marken.

Spenglerei Saladin

Das Familienunternehmen wurde 1921 gegründet. Geschäftsführer ist heute Magnus Saladin, eidg. dipl. Installateur. In Arlesheim befindet sich der Hauptsitz, in Aesch eine Filiale. Das Unternehmen beschäftigt 12 bestandene Berufsleute. Saladin arbeitet auf fünf Fachgebieten: Spenglerei, Blitzschutzanlagen, Flachdächer, Sanitäranlagen und Heizungen.

Abb. 129 Fritz Babberger, um 1947: «Haus Leuthardt an der Hauptstrasse». An seiner Stelle steht heute das Coiffeurgeschäft Langenbach

Langenbach Coiffure

1931 eröffnete Karl Langenbach-Biedert an der Hauptstrasse 38 einen Coiffeursalon. 1949 liess er an der Hauptstrasse 44, wo früher die Liegenschaft Leuthardt stand, das Geschäft erbauen, das heute von der Tochter Ruth und dem Sohn Hans-Peter geführt wird.

Birseck-Apotheke

Am 1. April 1932 eröffnete Dr. Max Gyhr an der Hauptstrasse 38 eine Apotheke als eine traditionelle Offizin mit offizieller Rezepturabteilung. Mit Kollege Ernst Frei und einer Hilfe für «alles» begann er. Er führte auch ein grosses Sortiment von Weleda-Präparaten und homöopathischen Arzneien. Es sollten alle Einwohner der Region ihre Heilmittel bekommen können. Nach wenigen Jahren befiel ihn eine schwere Krankheit, die ihn zwang, seine Apotheke von zu Hause aus zu leiten. Mehrere Apothekerinnen, darunter auch Ruth Winzeler, die spätere Besitzerin, halfen ihm sein Geschäft bis zu seinem Tode anno 1967 weiterzuführen. Gemeinsam mit Dr. Louise Gyhr wurde ein Neubau geplant. Nach einem idyllischen Umzug nur mit den Händen einer Menschenkette setzte man die Arbeit am 1. Dezember 1981 ohne Unterbruch an der Ermitagestrasse 9 fort. 1992 konnte Frau Winzeler die Apotheke kaufen. Die Arbeit weitete sich aus. Die Birseck-Apotheke wurde zu einem Treffpunkt für alle. 1992 legte Frau Winzeler ihre Aufgabe in jüngere Hände. Seither führt Apothekerin Susanne Uebelhart die Apotheke als Verwalterin weiter.

Herrli AG, Heizungen/Sanitär

Walter Herrli aus Nidau richtete 1932 an der Austrasse 55 einen Spenglerei- und Sanitärbetrieb ein. Das mittelgrosse Unternehmen mit 20 Mitarbeitern und einer Filiale in Laufen wird heute in der zweiten Generation von Hansjörg Herrli geführt. Die Firma Herrli AG besorgt Sanierungen, Reparaturen und Neubauten in den Branchen Heizung, Sanitär, Spenglerei.

Holle-Nährmittel AG

Die «Holle-Bäckerei» wurde 1933 am Eingang zur landschaftlich reizvollen Ermitage am Fusse des Hollenberges errichtet. Die Firmenbezeichnung entsprang dem in der Umgebung herrschenden Flurnamen *Holle*. Unter der Marke Holle sollten vollwertige Grundnahrungsmittel aus Getreide produziert werden: zunächst Vollkornbrote, zwei Jahre später auch Getreideflocken und Säuglingsnahrungen. Als Rohstoff wurde schon damals biologisch-dynamisches Getreide verarbeitet, dessen Anbau sich auf den 1924 von Dr. Rudolf Steiner im «Landwirtschaftlichen Kurs» gegebenen Impuls gründet. Seit 1983 nicht mehr am Hollenberg, sondern im Arlesheimer Gewerbegebiet nahe der Birs gelegen, ist die Holle Nährmittel AG heute der grösste Verarbeiter und Anbieter von Produkten aus biologisch-dynamisch landangebautem Getreide, z.B. Säuglingsnahrungen auf Getreidebasis, Flocken, Müesli, Grützen und Mehl. Brot ist ein wichtiger Produktionszweig geblieben, und das Sortiment umfasst heute über zwanzig Sorten, vorwiegend dunkle Vollkornspezialitäten aus Roggen.

Spenglerei Maritz

Die 1933 gegründete Spenglerei Peter Maritz an der Birseckstrasse 38 wird seit dem Tod des Firmeninhabers von Max Vögtli im Einmannbetrieb weitergeführt.

Schreinerei Zehntner

Seit sechs Generationen sind Schreiner in dieser Familie. Durch die Zunftvor-schrift, dass die Wanderburschen ein Jahr nicht nach Hause durften, wurde Grossvater Zehntner hier in Arlesheim sesshaft. Zusammen mit G. Bühlmann, Spengler, baute er 1911 das heutige Wohnhaus. 1936 erwarb Vater Fritz den Haus-teil mit der Spenglerei und eröffnete darin für sich, seinen Bruder und seinen Vater eine mechanische Schreinerei, die mit Maschinen ohne Transmissions-riemen schon damals ein fortschrittliches Unternehmen war. 1969 übernahmen Martin und Paul den Betrieb mit dem Ziel: mehr Möbel und weniger Personal.

Bildung und Erziehung

Die Schule

Da flitzen die Kinder daher auf ihren Rollbrettern, in farbenfrohen Kleidern, den bunten Schulsack auf dem Rücken oder die vornehmere Mappe unter den Arm geklemmt. Brüsk stoppen sie ihr Skateboard, schnellen es in die Höhe und fangen es geschickt wieder auf. Andere spazieren, in Grüpplein plaudernd, den Schulhäusern zu, oder sie fahren per Velo mit sechs, zwölf oder noch mehr Gängen daher. Bald ist der Schulhof in der Gerenmatte leer, in den Blättern der Platanen raschelt ein leiser Wind, und der eigenwillige Brunnen plätschert versonnen vor sich hin. Aus diesem oder jenem Schulzimmer ertönt ein frisches Morgenlied. Ein ähnliches Bild zeigt sich jeden Morgen oben im Dorf beim altehrwürdigen Domplatzschulhaus.

1993 werden in Arlesheim 705 Kinder von 63 Lehrkräften unterrichtet. Kanton und Gemeinde lassen sich die Schule etwas kosten, machen doch die Ausgaben für Bildung und Erziehung 1992 rund 40% des Gemeindebudgets aus. In hellen, geräumigen Schul- und Lehrerzimmern stehen moderne Hilfsmittel zur Verfügung: Moltonwand, Hellraumprojektor, Radiorecorder, Fernseh- und Videogerät, Dia- und Filmprojektor, Sprachlabor, Umdrucker, Fotokopierer und Computer – daneben aber auch immer noch die praktische, umweltfreundliche, betriebssichere Wandtafel...

Nicht immer hatte die Schule diese Bedeutung wie heute, und doch war sie den geistlichen Herren schon verhältnismässig früh ein Anliegen. So hat Fürstbischof *Simon Nicolaus von Montjoie* 1768 die erste Arlesheimer Schulordnung erlassen, ein überaus aufschlussreiches Dokument. Nach einer ellenlangen Präambel in umständlichem Amtsdeutsch werden in 19 Punkten die Rechte und Pflichten eines Arlesheimer Lehrers aufgezählt. Da lesen wir beispielsweise:
«Wir ordnen und wollen:
1. dass Wir zwar der Gemeind Arlesheim gnädigst gestatten in Zukunfft... den Schulmeister, welcher weltlichen Standes seyn solle, zu ernamsen...
2. das solcher gestalt erwählt und bestellten Arlesheiml. Schulmeisters Amtt, und Dienst-Schuldigkeit anbelanget; so soll derselbe der Jugend durch seine selbst eigene gute Aufführung und ohntadelhafften Lebens Wandel, ein Beyspiel geben, hiebey aber denselben vor allen Dingen die Gottesforcht alss den Anfang aller Weisheit... einzuflössen, allen Fleiss anwenden».
Punkt 19 zählt in einer langen Liste die Natural-Entschädigungen des Lehrers auf, z.B. *«Item von jedem Schul Kind im Winter ein Scheitlein Holtz oder dafür wochentlich Ein Schilling in Gelt, samt einer Holtzgab von der Gemeind...»*

Schauen wir, wie sich das Arlesheimer Schulwesen entwickelt hat. Dabei stützen wir uns auf die Vorarbeiten zur Arlesheimer Schulgeschichte[1] von Max Gysin, auf die Heimatkunde von Dekan Sütterlin, auf Schulakten und auf eigene Erfahrungen.

Von den Anfängen bis zum Zweiten Weltkrieg

Zu Beginn des 17. Jahrhunderts sammelte der Arlesheimer Pfarrer im alten Amtshaus, dem heutigen «Fallerhof» an der Hofgasse, die Kinder um sich und unterrichtete sie. Gelehrt wurde Lesen, Schreiben und Rechnen, und als Lehrmittel dienten der Katechismus, Handschriften, Briefe und Quittungen, welche die Kinder mitzubringen hatten. 1760 vermachte der Domkaplan Franz Niklaus Köhl der Gemeinde seine Liegenschaft zugunsten der Schule. Möglicherweise war dieses *erste Schulhaus* bereits das Haus Ermitagestrasse 21 hinter der Trotte.

Der erste urkundlich erwähnte Lehrer in Arlesheim war *Karl August Birrbaum,* dessen Todesjahr 1691 im Sterberegister verzeichnet ist, doch war er gewiss nicht der erste Lehrer überhaupt. Von 1812 bis 1823 amtete *Martin Vogt,* ein berühmter Musiker, in Arlesheim (siehe S. 190). Sein Jahreslohn betrug Fr. 400.—. 1821 zog er mit seinen 74 Schulkindern ins grössere, *zweite Arlesheimer Schulhaus* um, ins sog. «Lochbrunnerhaus», das die Gemeinde für Fr. 4 571.43 «neuer Währung» erwerben konnte. Auch der Landjägerposten und die Feuerspritze fanden darin Platz. Dieses Schulhaus ist heute das Domizil der Regiobank, Dorfplatz 13.

Ein weiterer Lehrer soll hier erwähnt werden, *Anton Nebel,* hat er doch von 1831 bis 1884 während 53 Jahren in Arlesheim Schule gehalten. Aus Anlass seines 50jährigen Schuldienstes wurde auf Antrag von Schappe-Direktor Wilhelm Brüderlin die «Nebelstiftung» errichtet mit der Bestimmung, junge Leute in der Erlernung eines Berufes zu unterstützen[2]. Daraus ging 1884 die «Zeichnungsschule» hervor, in der technisches und Freihandzeichnen gelehrt wurde. Nach und nach kamen immer mehr gewerbliche Fächer dazu, so dass 1914 die Zeichnungsschule in *«Gewerbliche Berufsschule Arlesheim»* umbenannt wurde. Diese bestand bis 1970, als die Gewerbeschule in Muttenz ein eigenes Schulhaus bezog.

In die Amtszeit von Anton Nebel fiel die Kantonstrennung von 1833 und damit verbunden die Einführung des *ersten Basellandschaftlichen Schulgesetzes* von 1835. Darin wurde die Schulzeit auf sechs Jahre festgesetzt, gefolgt von der sog. «Repetierschule» während zwei bis drei Jahren mit wöchentlich sechs Stunden. Die maximale Schülerzahl pro Klasse betrug 120.

Im gleichen Jahr entstanden als untere Mittelschule die vier *«Bezirksschulen»:* für die Bezirke Liestal und Waldenburg je im Bezirkshauptort, für den Bezirk Sissach in Böckten und für den Bezirk Arlesheim in Therwil. Die Bezirksschüler aus Arlesheim legten den Weg nach Therwil anfänglich zu Fuss zurück. Diese traditionsreichen Bezirksschulen bestanden bis 1947, also über 100 Jahre.

Bis 1852 hatte Arlesheim eine Gesamtschule. Dann wurde eine zweite Lehrerstelle geschaffen. Anfänglich waren beide Klassen noch im «Lochbrunnerhaus» untergebracht, bis die Gemeinde als *drittes Schulhaus* die Liegenschaft Domplatz 8, die heutige Gemeindeverwaltung, für Fr. 34000.— erwerben konnte. Auf das Dach wurde ein Türmchen gebaut, und das Schulglöcklein rief die Kinder zur Schule. Heute träumt dieses Glöcklein in der Trotte von den Tagen, da es jeweils am Morgen und am frühen Nachmittag vom Abwart Ernst Richli geläutet worden war. 1890 wurde für Fr. 17000.– die *Domplatzturnhalle* gebaut.

1889 zog eine dritte Schulabteilung ein, 1903 eine vierte und damit erstmals eine Lehrerin, *Anna Ranft* aus Basel, die bei einer anfänglichen Jahresbesoldung von Fr. 1500.– 40 Jahre lang die Unterstufe führte. Sie erteilte auch den Handarbeitsunterricht für die Mädchen.

1900 beschloss die Einwohnergemeinde auf Antrag des Gemeinderates und der Schulpflege die Gründung einer *Sekundarschule,* die 1901 eröffnet wurde. So brauchten die Schüler, die eine höhere Schule besuchen wollten, nicht mehr nach Therwil in die Bezirksschule zu gehen. Erster Sekundarlehrer war *Otto Gutzwiller.* In jene Zeit fällt die Annahme des *zweiten basellandschaftlichen Schulgesetzes* von 1911. An Stelle der mangelhaften Repetierschule wurde ein obligatorisches 7. und 8. Schuljahr eingeführt, der Eintritt in die Sekundarschule sollte nach dem 5. statt nach dem 6. Schuljahr erfolgen, die maximale Schülerzahl pro Klasse wurde von 120 auf 65 herabgesetzt und die Besoldung der Lehrerschaft verbessert.

Abb. 130 Das Domplatzschulhaus von 1913

Bald zeigte sich, dass die Räumlichkeiten im heutigen Gemeindehaus nicht mehr genügten, und man erteilte nach einem Wettbewerb mit 73 Eingaben dem Architekten Erwin Heman aus Basel den Auftrag, auf dem Areal des damaligen Schulgartens für die Primar- und Sekundarschule einen Neubau zu erstellen. Es war ein grosszügiges Projekt, das viele Arlesheimer als überrissen ansahen. Gewiss, es wies anfänglich noch viele Reserveräume und ein vorläufig nicht ausgebautes Dachgeschoss auf, doch stimmte die Gemeinde dem Bau und damit den Kosten von Fr. 391 312.72 zu, und so entstand 1912/13 *als viertes Schulhaus* das heutige *Domplatzschulhaus.* Wie weise dieser Entscheid war, zeigte sich in den folgenden Jahrzehnten, indem dieses Schulhaus 50 Jahre lang genügte, während die umliegenden Gemeinden ständig neue Schulbauten erstellen mussten.

Mit diesem Schulhaus dokumentierte die Gemeinde, wie wichtig ihr Bildung und Erziehung stets waren. Um es ins Dorfbild einzubetten, hatte der Architekt Bauelemente des Domes und des Dorfkerns übernommen und abgewandelt. So übernehmen die Giebel, die nach Osten und nach Westen schauen, in freier Weise die Form des Domgiebels – wobei auch die steinernen Urnen nicht fehlen –, während das grosse Walmdach im Süden an das einzigartige, geschweifte Dach der Andlauerhof-Scheune erinnert. Über dem rückseitigen Eingang vom Bruggweg her heisst noch heute die freundliche Steinfigur des lesenden Schülers die Kinder willkommen. Der Arlesheimer Bildhauer August Heer hat diese Plastik der Gemeinde geschenkt.

Abb. 131 August Heer: «Lesender Schüler», Steinplastik am Domplatzschulhaus

Eine steinerne Erinnerungstafel an der Nordseite gegen die Domstrasse erinnert an die Soldaten, die ersten Benützer des Domplatzschulhauses, die während des Ersten Weltkriegs (1914–1918) dort einquartiert waren.

Nach Otto Gutzwiller trat 1910 als zweiter Sekundarlehrer *Josef Karl Häring* sein Amt an. Während 42 Jahren drückte er der Sekundarschule seinen Stempel auf. Daneben widmete er sich mit Hingabe dem Verkehrsverein.

Bald trat *August Sumpf* als Kollege an seine Seite, der bereits 1909 zuerst an die Primarschule gewählt worden war und dann jahrzehntelang als Sekundarlehrer wirkte. Musik, deutsche Sprache und Heimatkunde waren seine Anliegen. So hat er uns manche fein empfundene Schrift über Arlesheim hinterlassen (1954 Ermitage, 1958 Flurnamen, 1983 Us em frienere Arlese).

Als dritter im Bunde amtete seit 1918 *Josef Stäger*. Über 30 Jahre lang prägten diese drei Lehrer die Arlesheimer Sekundarschule, bis sie 1952 alle drei pensioniert wurden.

Aber auch der Primarschule blieben einige Lehrkräfte jahrzehntelang treu, so *August Feigenwinter, Anna Ranft, Karl Sauter, Jakob Grieder, Werner Gschwind* und *Max Gysin*. Er stand seit 1923 auch der Gewerblichen Berufsschule Arlesheim vor und übergab dieses Amt im Jahre 1963 seinem Kollegen *Jakob Thommen*, der es bis 1970 versah, als die Gewerbeschule nach Muttenz auszog. Diese beiden Lehrkräfte machten sich auch um das Musikleben im Dorf und im Kanton verdient.

Abb. 132 Die 4. Primarklasse mit Lehrer Jakob Thommen 1938

Vom Zweiten Weltkrieg bis heute

Hatte sich bis zum Zweiten Weltkrieg (1939–1945) die Arleseheimer Schule relativ kontunierlich entwickelt, so erfolgte in den fünfziger, sechziger und siebziger Jahren eine geradezu stürmische Entwicklung. 1948 betrug die Schülerzahl in der Primar- und Realschule gesamthaft noch 259, stieg dann bis zum Jahre 1973 auf 1107 (829 Primar/Real, 278 Sekundar/Progymnasium) und sank 1988 auf einen Tiefstand von 605 (458 Primar/Real, 247 Sekundar/Progymnasium), 1993 betrug sie wieder 705 (458 Primar/Real, 247 Sekundar/Progymnasium).

1947 trat nach 35 Jahren das *dritte basellandschaftliche Schulgesetz* in Kraft. Die Primar-Oberstufe (6.–9. Schuljahr) wurde durch die Einführung des Französischunterrichts aufgewertet und fortan Sekundarschule genannt. Dafür hiess die bisherige Sekundarschule nun Realschule. Nach wie vor hing der Eintritt in diese Schule von einer Aufnahmeprüfung ab. Die vier Bezirksschulen wurden aufgehoben und in die Realschulen integriert.

Abb. 133 Die Arlesheimer Lehrerschaft 1961 vor dem Auszug der damaligen Realschule in die Gerenmatte

Zwei wichtige Neuerungen dieses Schulgesetzes waren die Einführung der Sonderklassen und das Obligatorium des Hauswirtschaftsunterrichts. Auch die Bedeutung der Noten wurde geändert. Galten bisher die Ziffern 1–5 mit 1 als bester Note, so ist nun die 6 die beste Note – solange man noch Noten braucht. 1953 wurden das Schwimmbad und die Sportanlagen in den Hagenbuchen eröffnet und boten dem Sportunterricht neue Möglichkeiten.

Als eine der ersten Baselbieter Gemeinden erhielt Arlesheim 1962 auf Initiative des damaligen Reallehrers *Roman Huggel* eine *Jugendmusikschule*, eine Bereicherung, die man sich nicht mehr wegdenken könnte (siehe S. 283).

Nach 50 Jahren musste sich Arlesheim erstmals wieder mit Schulbauten befassen: 1961 entstand in der Gerenmatte als *fünftes Schulhaus* eine *Realschulanlage* mit

270

einem Klassentrakt, einem Spezialtrakt und einer Doppelturnhalle mit Abwart-wohnung. Architekt war Wilfried Steib aus Basel, dem es gelang, mit drei Back-steinkuben eine zukunftsweisende Anlage zu erstellen. Der als Dominante ge-plante Saalbau wurde vom Volk abgelehnt. Dafür wurde 1965 an seiner Stelle ebenfalls von Wilfried Steib im selben Stil das *Primarschulhaus Gerenmatte 1* mit der wunderbaren Aula erbaut – *das sechste Schulhaus.*
Als Mittelpunkt der ganzen Anlage schuf der Arlesheimer Bildhauer Albert Schilling 1966 den eigenwilligen Brunnen, der die Aufgabe der Schule trefflich

Abb. 134 Schulhofbrunnen Gerenmatte von Albert Schilling

symbolisiert. So haben die jungen Menschen eine bewusste Führung nötig, die durch die strenge, gerade Form des Brunnenstocks dargestellt wird. Gleichzeitig sollen sie sich aber auch frei entfalten können, worauf die drei angeschnittenen Kugeln des Brunnentrogs – perlenden Tropfen gleich – hindeuten.
1973 wurde schon wieder ein Schulhaus eingeweiht, das *Primarschulhaus Geren-matte 2 – das siebte* und vorläufig letzte. Architekt Steib hatte den Auftrag, ein funktionelles Gebäude zu erstellen, in dem jeweils zwei Klassenzimmern ein Gruppenraum zugeordnet ist. Heute stehen die beiden Beton-Baukörper am Ostrand der Schulanlage, rechtwinklig dazu die neue Doppelturnhalle mit Abwartwohnung. Eine Erweiterung war an der Stelle des heutigen Parkplatzes am Mattweg geplant; doch der plötzliche Rückgang der Schülerzahlen Mitte der siebziger Jahre machte dieses Projekt überflüssig.

271

Auch die Erweiterung der damaligen Realschule, die auf der Zirkusmatte westlich des Mattwegs vorgesehen war, konnte 1975 in letzter Minute abgeblasen werden, nachdem die Pläne schon weitgehend gediehen waren. Dafür hat sich die ehemalige Realschule zum Teil im neuen Primarschulhaus Gerenmatte 2 eingemietet. So

Abb. 135 Die Schulanlagen in der Gerenmatte

sind die Schülerinnen und Schüler der Real- und Sekundarschule nicht mehr streng getrennt, was der *«Kooperativen Oberstufe Arlesheim»* – der KOSAR – entgegenkommt. Dabei geht es darum, die Durchlässigkeit der beiden Schultypen zu

272

gewährleisten. Dieser im Kanton einmalige Versuch wurde 1979 auf Initiative von *Guido Wyss* sowie der Rektoren *Hans Berger* und *Bruno Weishaupt* begonnen. Er ermöglicht es begabten Schülern der heutigen Realschule, den Unterricht in Französisch und Mathematik in der Sekundarschule zu besuchen.

Arlesheim beteiligte sich neben andern Gemeinden auch an einem weiteren Versuch, der Einführung des «Frühfranzösisch» in den 4. und 5. Klassen der Primarschule. Heute ist dieser Unterricht im ganzen Kanton im Lehrplan integriert. Eine verhältnismässig kurze Episode war der Schwimmunterricht im Hallenbad Arlesheim. 1970 eröffnete ein privates Konsortium eine Curlinghalle mit Hallenbad. Unter der Bedingung, dass dieses auch der Schule zur Verfügung stehe, kam die Gemeinde der Bauherrschaft grosszügig entgegen. Das Lehrschwimmbecken entsprach in seiner Ausführung jedoch nicht den Erwartungen. So wurde 1978 das Hallenbad nach fruchtlosen Diskussionen geschlossen. Seit 1982 steht den Arlesheimer Schülern dafür das Hallenbad Dornach zur Verfügung, wobei ein Car sie hinführt und wieder zurückbringt.

1980 trat das *vierte Baselbieter Schulgesetz* in Kraft. Dabei wurde die Benennung von Sekundar- und Realschule, welche im Vergleich mit anderen Kantonen immer wieder zu Missverständnissen Anlass gegeben hatte, erneut vertauscht. Die Aufnahmeprüfungen fielen weg. Die Fünftklässler werden nun von den Primarlehrern nach Rücksprache mit Eltern der Realschule, der Sekundarschule oder dem Progymnasium zugewiesen. Die obligatorische Schulzeit erhöhte man auf neun Jahre, wobei für die Realschüler das neunte Schuljahr – die Berufswahlklasse – die Möglichkeit von bis zu drei Schnupperlehren bietet. Endlich wurde auch die wöchentliche Turnstundenzahl der Mädchen von zwei auf drei erhöht wie bei den Buben, und aus der bisherigen «Mädchenhandarbeit» wurde das Fach «Werken, textil und nichttextil», das nun für Buben und Mädchen obligatorisch ist. Die Differenzierung des Fächerangebotes bedingte auch die Einstellung zahlreicher Lehrkräfte für Teilpensen wie Werken, Legasthenie, Deutsch für Fremdsprachige, italienische sowie portugiesische Sprache und Kultur für Italiener- und Portugiesenkinder, Religion, Hauswirtschaft usw. Nach langen vergeblichen Versuchen wurde 1989 der Schuljahresbeginn vom Frühling auf die Zeit nach den Sommerferien verlegt.

Einzelne Lehrkräfte standen und stehen jahrzehntelang im Schuldienst. Sie alle aufzuzählen, würde den Rahmen dieses Beitrags sprengen. Nachfolgend seien lediglich diejenigen aufgeführt, die zwanzig und mehr Jahre in Arlesheim unterrichteten, sowie die jeweiligen Rektoren und Schulpflegepräsidenten, waren sie es doch, denen die Leitung der Schule durch Höhen und Tiefen in besonderem Masse oblag. Die Aufgabe, junge Menschen zu erziehen und zu unterrichten, erfordert je länger je mehr Kraft, Geschick, Liebe, Geduld und grossen Einsatz. *Paul Menz*, selber Lehrer an der Primarschule, fasst in einem seiner Aphorismen und in einem Gedicht die Aufgabe und das Ziel der Schularbeit in die Worte:

Wir haben
die Kinder
nicht nur
das Können
zu lehren –
sie müssen lernen
zu «werden»
um später
sich selbst
zu sein

Ich träume von Schulen
wo Kinder
nicht für die Wünsche der Eltern
zu lernen haben –
wo nicht die Note
wo gute Leistung
Belohnung ist –
wo sie sich messen üben
an sich
und auch für andere
da zu sein
lernen

Abb. 136 Die Klasse 2a mit Lehrer Daniel Müller 1993

Lehrkräfte, die 20 und mehr Jahre in Arlesheim unterrichteten (Stand Mai 1993):

S = Sekundarlehrer, A = Arbeitslehrerin, H = Hauswirtschaftslehrerin, die übrigen sind Primar- bzw. Reallehrerinnen und -lehrer

Beat Stutz   1699–1729
Anton Nebel   1831–1884

Wilhelm Wittlin		1885–1909
August Feigenwinter		1892–1937
Anna Ranft		1903–1943
Karl Sauter		1909–1945
August Sumpf	S	1909–1952
Josef Karl Häring	S	1910–1952
Jakob Grieder		1910–1952
Werner Gschwind		1916–1953
Max Gysin		1916–1956
Josef Stäger	S	1917–1952
Jakob Thommen		1932–1970
Eleonore Hänggi		1943–1977
Elisabeth Sommerhalder		1947–1969
Hans Pfaff		1948–1983
Oscar Studer		1951–1988
Josef Renggli		1951–1973
Hans Berger	S	1952–1988
Hans Niedermann		1952–1978
Vera Trepp		1953–1991
Helene Itin	A	1955–
Bruno Weishaupt		1958–1987
Rosmarie Gremlich		1958–
Leonore Heim	H	1962–1991
Guido Wyss	S	1964–
Felix Good		1965–
Paul Menz		1965–
Edwin Jöhri		1966–1991
Roland Meyer	S	1969–
Marianne Meyer	S	1970–
Roland Zumbühl		1970–
Jürg Schaller	S	1971–
Rosmarie Wyttenbach		1971–
Felix Müller		1973–

Rektoren Primar- und Realschule (1947–1980 Sekundarschule)

Max Gysin	1947–1956
Hans Pfaff	1956–1966
Klaus von Gunten	1966–1971
Bruno Weishaupt	1971–1985
Felix Müller	1985–

Abb. 137 Die Lehrerschaft im Domplatzschulhaus 1992

Rektoren Sekundarschule (1947–1980 Realschule)

Otto Gutzwiller	1901–1910
Josef Karl Häring	1910–1952
Willy Aeschbacher	1952–1962
Hans Berger	1962–1987
Jürg Schaller	1987–1990
Peter Schläfli	1990–

Schulpflegepräsidenten seit 1939

Emil Rudin	1939–1942
Gustav Guggenbühl	1942–1945
Heinrich Alioth	1945–1947
Ernst Keller	1947–1952
Wilhelm Leemann	1952–1961
Gustav Erbacher	1962–1968
Kurt Wildi	1968–1971
Otto Sommerer	1971–1977

Camille Steullet	1977–1981
Jakob Führer	1982–1985
Fränzi Fivian	1985–1989
Peter Leumann	1989–

Abb. 138 Die Lehrerschaft in der Gerenmatte 1992

Die «Rudolf-Steiner-Schule Unter den Weiden»

Immer haben einzelne Arlesheimer Kinder auch die Steinerschule besucht. Diese öffentliche Schule mit privater Trägerschaft ist ganz der Pädagogik Rudolf Steiners verpflichtet. Das Interesse daran wuchs stets, so dass ausser in Basel auch in unserer Gegend – in Aesch (Gemeindegebiet Duggingen) und Münchenstein – weitere Schulen entstanden.

Neuerdings besteht nun auch eine in Arlesheim mit dem Namen «Rudolf-Steiner-Schule unter den Weiden». Bei der ehemaligen Papierfabrik Stöcklin an der Birs fand sich ein dem Elternverein für fünf Jahre zur Verfügung gestelltes Areal, auf das ein geeigneter, qualitativ hochstehender Holz-Pavillon mit über 600 m² Grundfläche zu stehen kam. Im Oktober 1991 begann der Unterricht mit zwei Klassen, ab Sommer 1993 werden es vier sein.

Anmerkungen

1 Gysin Max: Schulchronik der Gemeinde Arlesheim, Entwurf, Arlesheim 1966

2 Gysin Max: Geschichte der Gewerblichen Berufsschule Arlesheim, Manuskript 1943, 15 S.

Der Kindergarten

Erfreulicherweise erkannten die Arlesheimer schon früh die Bedeutung eines Kindergartens für Kinder und Eltern. So wurde 1894 durch Herrn und Frau Pfr. Sarasin-Forcart (nicht Pfarrer in Arlesheim, sondern nur hier wohnhaft) eine «Kleinkinderschule» gegründet, die sich steigender Beliebtheit erfreute. Die Kosten für das neu erstellte «Schulgebäude» an der Hofgasse 8 und für den Betrieb des Kindergartens wurden während vieler Jahre vom Stifterehepaar sowie von Fräulein Forcart und Fräulein Lucie Alioth getragen.

1927 sah sich die katholische Kirchgemeinde durch die ständig steigende Kinderzahl veranlasst, am Andlauerweg 5 einen eigenen Kindergarten und 1956 am Mattweg 80 gar einen Doppelkindergarten zu führen. Unterdessen hatte nämlich Arlesheims Bevölkerung sprunghaft zugenommen.

1957 eröffnete die reformierte Kirchgemeinde einen zweiten Kindergarten im Oberen Boden 26, 1965 einen Doppelkindergarten in der Gerenmatte, und 1966 stellte auch die katholische Kirchgemeinde im neuen Lee-Quartier wieder einen transportablen Kindergarten auf, der 1969 ins Wolfmattgebiet zu stehen kam. Geführt wurden diese Kindergärten von den beiden konfessionellen Kindergartenvereinen. 1969 liessen diese gemeinsam einen Doppelkindergarten im Lee 9 errichten. Beide Körperschaften führten 1971 je fünf Kindergärten, was die damals allgemein gültige Bedarfsformel von einem Kindergarten auf 1000 Einwohner noch für lange Zeit übertraf.

Im gleichen Jahr wurden in der Gemeinde aber auch Stimmen laut, die konfessionell geführte Kindergärten als nicht mehr zeitgemäss erachteten. Auf eine entsprechende Eingabe einer Initiativgruppe und getragen vom ökumenischen Gedanken, schlossen sich die beiden Vereine zu einer Arbeitsgemeinschaft zusammen, was 1979 schliesslich zur Fusion und damit zum «Kindergartenverein Arlesheim» führte. Dieser unterhielt gemäss Paragraph 2 der Statuten «im christlichen Geist geführte Kindergärten» und war politisch neutral. Mit der Anmeldung eines Kindes erwarb man zugleich die Mitgliedschaft mit einem Jahresbeitrag von 20 Franken. Die Gemeinde kam für die Unterhalts- und Lohnkosten auf.

Das neue Schulgesetz von 1980 verpflichtete jede Gemeinde, mindestens einjährige Kindergärten anzubieten. Dadurch wurde eine privatrechtliche Führung erschwert. Auf Antrag der Generalversammlung löste der Gemeinderat den Kindergartenverein 1989 auf. Das Vereinsvermögen von Fr. 14000.– wurde einem zweckgebundenen Fonds zugeschrieben.

Heute ist die Kindergartenkommission der Schulpflege unterstellt. Sie hat bei der Wahl von Kindergärtnerinnen das Vorschlagsrecht und legt der Gemeinde Rechenschaft ab. Für die pädagogischen Belange ist eine Kindergarteninspektorin zuständig.

1993 werden in Arlesheim 138 Kinder in 8 Kindergärten von 9 Kindergärtnerinnen betreut. Wie ihre Vorgängerinnen in den vergangenen fast 100 Jahren vermitteln sie unseren Kleinen schöne Gemeinschaftserlebnisse mit Spielen, Erzählen, Singen, Basteln und Feiern. Sie fördern und erziehen die ihnen anvertrauten Kinder in vielseitiger Weise und begleiten sie auf ersten selbständigen Schritten ausserhalb des eigenen Familienkreises. Wer in Arlesheim zu den mittleren und älteren Jahrgängen oder gar zu den Glücklichen zählt, die «dabei waren», denkt mit Freude und Dankbarkeit an Tante Mötteli oder Schwester Magna zurück, aber auch an langjährige Kindergärtnerinnen späterer Jahre wie Dorothee Kummer und Margrit Fuelbier.

Quellen und Literatur

Sitzungsprotokolle des katholischen Kirchenrates

Statuten des Reformierten Kindergartenvereins Arlesheim vom 27. November 1967

Warum konfessionelle Kindergärten? Informationsblatt der beiden konfessionellen Kindergärten, Arlesheim 1971

Protokoll der Gründungsversammlung und Statuten des (neutralen) Kindergartenvereins (nach der Fusion), Arlesheim 1979

Antrag des Vorstandes zu Handen der Generalversammlung 1989 zur Auflösung des Kindergartens, Arlesheim 1989

Die Wielandschule

Am 7. Juni 1967 wurde in Arlesheim die Alfred und Rosalie Wieland-Stiftung errichtet. Sie bezweckt, hörgeschädigten und sprachgestörten Kindern und Jugendlichen zu helfen sowie bei der Ausbildung der Lehr- und Fachkräfte mitzuwirken. Am 16. April 1968 wurde dem Stiftungszweck entsprechend im herrschaftlichen Wohnhaus am Stollenrain 7 eine kleine Sprachheilschule, bestehend aus einem Kindergarten, einer ersten und einer zweiten Sprachheilprimarklasse, eröffnet. Neuerdings werden neben dem Kindergarten vier Sprachheilprimarklassen geführt.

Die Wielandschule ist eine Abteilung der Gehörlosen- und Sprachheilschule Riehen. Schwer sprachgestörte, normal begabte Kinder aus der Umgebung erhalten hier intensive Hilfe durch Therapie und Unterricht.

Eine schwere Sprachstörung behindert die zwischenmenschliche Kommunikation und vor allem die schulische Leistungsfähigkeit eines Kindes während kürzerer oder längerer Dauer. Wenn das Kind nicht mehr verstanden wird, wenn es die seiner Begabung entsprechenden Leistungen nicht mehr oder überhaupt nicht erbringen kann, ist seine gesunde Weiterentwicklung in höchstem Masse gefährdet.

Die Wielandschule nimmt solche Kinder auf, gewährt ihnen einen vorübergehenden Schutz, damit der gefährdeten Entwicklung begegnet werden kann. In kleinen Klassen streben die Lehrkräfte die Heilung an, damit die Kinder möglichst bald wieder in ihre Klasse am Wohnort zurückkehren können.

Neben der Hilfe für das Kind ist es den Mitarbeitern in der Wielandschule ein Anliegen, die Eltern als Co-Therapeuten zu gewinnen, sie zu beraten und in ihrer Erziehungsaufgabe zu unterstützen.

Auch die breite Öffentlichkeit, die Behörden, die Pädagogen, die Ärzte usw. werden immer wieder zur *Zusammenarbeit* aufgerufen. Nur gemeinsam können die Probleme der schwer sprachbehinderten Kinder gelöst werden.

Die stilvolle Atmosphäre des schönen Hauses und die Spielmöglichkeiten im Grünen tragen ebenfalls wesentlich zu den Fortschritten der Kinder bei.

Der Sonnenhof

Der Sonnenhof ist ein Heim zur Behandlung und Betreuung von Kindern, Jugendlichen und Erwachsenen mit beeinträchtigter geistiger und seelischer Entwicklung. Er gehört zum «Verein Klinisch-Therapeutisches Institut» in Arlesheim und ist als Sonderschule von der Erziehungsdirektion des Kantons und der Eidgenössischen Invalidenversicherung anerkannt. In enger Zusammenarbeit von Heilpädagogen, Heimärzten und Therapeuten wird angestrebt, die Aufgaben nach anthroposophischen Erkenntnissen zu erfüllen. In der gegenwärtigen Gesamtbelegung mit ca. 130 Plätzen sind 35 Erwachsene in Dauerbetreuung, 45 Kinder leben im Internat, und 50 kommen als Tagesschüler. Etwa die Hälfte aller Betreuten stammen aus dem Kanton Baselland, etliche wohnen in Arlesheim.

Zur Geschichte

1921 erwarb Frau Dr. Ita Wegman ihre Klinik am Pfeffingerweg und, da diese damals noch eine kleine Villa war, dazu auch den Suryhof, der den Namen Sonnenhof bekam. Sie wollte in der Zusammenarbeit mit Rudolf Steiner geisteswissenschaftliche Anregungen in der Medizin verwirklichen. Der grössere Teil der stationär aufgenommenen Patienten fand damals im Sonnenhof Platz. Unter ihnen kamen im Laufe der Zeit erstaunlich viele Kinder mit Entwicklungsbehinderungen zur Behandlung. Für dieses spezielle Aufgabengebiet wurde Rudolf Steiner um Rat gebeten und hielt dafür 1924 seinen Heilpädagogischen Kursus am Goetheanum, bei dem mehrere Kinder aus dem Sonnenhof vorgestellt wurden. Danach setzte Dr. Wegman sich intensiv für die Behandlung und Förderung dieser Kinder ein. Dr. Julia Bort wurde als Ärztin und Werner Pache als Heilpäda-

goge leitend eingesetzt. Sie entwickelten die therapeutischen Massnahmen besonders in der Heileurythmie, die unterrichtliche Schulung und die seelische Förderung im Tages-, Wochen- und Jahreslauf. Da die langjährig notwendige
Betreuung der Schützlinge durch Kindheit und Jugend damals allein von den
Eltern finanziert werden musste, waren die wirtschaftliche Basis des Heimes sehr
schmal und bauliche Verbesserungen kaum möglich. Erst die Einführung öffentlicher Hilfen, ab etwa 1960, liess grosszügigere Lösungen zu. Der Sonnenhof
konnte ausgebaut, durch Neubauten verbessert und durch den Zukauf von Liegenschaften in Arlesheim und Wengen den erzieherischen und betreuerischen
Notwendigkeiten angepasst werden.

Die Aufgaben

Im Zusammenleben von Kindern mit verschiedenartigen Behinderungen wird
eine gute Möglichkeit zur Förderung gesehen. Auch schwer behinderte und pflegebedürftige Kinder können so eine anregende Atmosphäre erleben. Dazu bedarf
es einer vielseitig ausgebildeten Mitarbeiterschaft. Im Kollegium sind rund sech-
zig Fachleute tätig: Ärzte, Therapeuten für Heileurythmie, Physiotherapie, Massage, Reittherapie, Sprachtherapie und Bewegungsbad, ferner Heilpädagogen für

*Abb. 139 Therapeutisches
Reiten im Sonnenhof*

die Wohngruppen und Schulklassen. Da im Sonnenhof eine vom Kanton und
von der Invalidenversicherung anerkannte 3jährige praxisbegleitete Ausbildung
durchgeführt wird, müssen die Mitarbeiter auch Ausbildungsaufgaben erfüllen.
Jeweils 30 bis 40 Kursteilnehmer arbeiten neben ihren Unterrichtsstunden bei den
Kindern mit. Etwa 30 Mitarbeiter in Verwaltung, Haushalt, Küche und Waschküche, Gebäudeunterhalt, Garten usw. schaffen den Rahmen für die heilpädagogischen und sozialtherapeutischen Tätigkeiten.

281

Ein Hauptanliegen der Wohngruppen ist es, den Betreuten Geborgenheit zu vermitteln. Lehrer und Erzieher sind bemüht, aus Kenntnis der Entwicklung des Kindes wie auch aus heilpädagogischem Verständnis für die verschiedenartigen Behinderungen eine Förderung anzustreben, mit dem Ziel, die Heranwachsenden möglichst gut auf die Forderungen des Alltags vorzubereiten und ihnen gleichzeitig ein Gefühl des Erfülltseins im Leben zu vermitteln.

Es ist erfreulich, dass das verhältnismässig grosse Heim nicht abseits, sondern im Dorf hinter dem herrlichen Dom liegt und Verbindung zu seiner Umgebung hat. Heute sind die betreuten Kinder und Erwachsenen im Dorf gut aufgenommen, und die Arbeit mit ihnen wird anerkannt. Gute und oft unerwartete Kontakte entstehen immer wieder zu einzelnen Bewohnern, Vereinen, Schulklassen und Geschäftsleuten. Die vielen Zuwendungen stimulieren, das Liebenswürdige und Verbindende der Schützlinge zur Geltung kommen zu lassen, die mit ihrer Originalität und Unkonformität Farbe in den Alltag bringen können.

Kultur und Freizeit

Musik

In früheren Zeiten lag das Arlesheimer Musikleben wie überall in den Dörfern hauptsächlich in den Händen der amtierenden Lehrer. Sie waren Organisten und leiteten die Chöre und den Musikverein. Drei herausragende Persönlichkeiten dieser Art, die auch heute noch in der Erinnerung vieler älterer Arlesheimer weiterleben, waren die Herren Lehrer Karl Sauter (1876–1961), August Sumpf (1887–1963) und Max Gysin (1891–1967).

Musizierende Vereine

Heute gibt es in unserer Gemeinde nicht weniger als neun Vereine, die den Musikliebhabern aus Arlesheim und Umgebung die Möglichkeit bieten, ihre Freizeit auf mannigfaltige Art musikalisch zu bereichern (siehe S. 318 ff).
In Ergänzung zur musikalischen Tätigkeit in den organisierten Vereinen werden in neuerer Zeit immer wieder grössere Konzert-Projekte durch ad hoc-Formationen aus Mitwirkenden von Arlesheim und Umgebung realisiert: so etwa durch den a cappella-Chor unter der Leitung von Edwin Jöhri, der Aufführungen im Dom veranstaltet und Gottesdienste umrahmt, oder von einem ad hoc-Chor der Jugendmusikschule, der sich in Zusammenarbeit mit Vokalsolisten und einem Lehrer/Schüler-Orchester grösserer Werke der Kirchenmusik, wie etwa Kantaten von J. S. Bach, annimmt.

Die Jugendmusikschule Arlesheim

Abb. 140
Das von Lotti Tosin gestaltete Signet der JMS

Ohne Zweifel spielt diese öffentliche Institution der Gemeinde seit ihrer Gründung im Herbst 1962 eine ganz wichtige Rolle im Arlesheimer Musikleben. Gründer und erster Leiter war Roman Huggel von 1962 bis 1963, auf ihn folgten Eduard Kaufmann von 1963 bis 1965, Oscar Studer von 1965 bis 1977 und Peter Koller seit 1977. Haben anfänglich 12 Lehrkräfte rund 100 Kinder unterrichtet, so besuchen gegenwärtig rund 700 Kursteilnehmer das vielfältige Fächerangebot der gut 30 professionellen Lehrkräfte, das den Unterricht auf fast allen gebräuchlichen Instrumenten und eine reichhaltige Auswahl von Ensembles umfasst. Was die Kinder und Jugendlichen bis zum 25. Altersjahr in der Jugendmusikschule lernen, wenden sie beim Musizieren in rund 100 musikalischen Auftritten jährlich innerhalb und ausserhalb der Schule an. Darüber hinaus veranstaltet die Jugendmusikschule auch Konzerte mit Berufsmusikern aus dem eigenen Lehrkörper oder zugezogenen. Wichtigster Konzertsaal für die Jugendmusikschule ist die *Aula des Schulhauses Gerenmatte 1,* welche insbesondere für die Wiedergabe von Kammermusik als sehr ideal gilt. Zudem verfügt sie über einen Steinway- und einen Schimmel-Flügel. Die Jugendmusikschule versteht sich also nicht nur als Lehranstalt für die musikalische Ausbildung der Arlesheimer Jugend, sondern auch als wichtige örtliche Kulturträgerin.

Abb. 141
Die vier bisherigen Leiter der Jugendmusikschule 1987 (25 Jahre JMS), von links: Roman Huggel, Eduard Kaufmann, Oscar Studer und Peter Koller

Weitere Träger der Musikkultur

Weitere Träger musikalischer Kultur sind die Vereinigung «Theater auf dem Lande», das Altersheim «Obesunne», die private Organisation «Kulturelle Nachmittage» und die beiden Kirchgemeinden, die regelmässig Konzerte anbieten.

Die Vereinigung *Theater auf dem Lande* veranstaltet pro Jahr mindestens einen Konzertabend, in der Regel im Parterre der *Trotte,* einem ebenfalls sehr guten Kammermusik-Saal. Speziellen Eingang in die Arlesheimer Musikgeschichte fanden aber zwei Freilichtaufführungen: 1985 im Rahmen des Jubiläums «200 Jahre Ermitage Arlesheim» die Opera buffa «La bella molinara» von Giovanni Paisiello hinter der Mühle beim Eingang zur Ermitage und 1987 die komische Oper «Doktor und Apotheker» von Carl Ditters von Dittersdorf auf dem Domplatz, beide unter der Regie von Gerold P. Kohlmann. Bei der letztgenannten Aufführung wirkten Mitglieder des Orchestre Baroque d'Ile-de-France und des Orchestra Barocca Italiana mit.

284

Einen veritablen Konzertbetrieb hat der bis Ende September 1992 amtierende Leiter des *Altersheims «Obesunne»*, Edwin Alt, im Laufe der letzten Jahrzehnte aufgezogen. In 20 bis 25 Konzerten pro Jahr wird den betagten Musikfreunden und den interessierten Arlesheimern aus dem Dorf eine reichhaltige Musikpalette angeboten. Auch unter der neuen Leitung ist die Kultur in der «Stiftung zur Obesunne» bestens aufgehoben.

Seit 1975 veranstaltet Gisela Schwabe zusammen mit ihrer Mutter, der Pianistin Nina Schwabe, ganz aus privater Initiative ihre bekannten und beliebten *Kulturellen Nachmittage* in den reichverzierten Parterre-Räumen des ehemaligen Domherrenhauses an der Domstrasse 2. Da treten in unregelmässiger Folge einheimische und auswärtige Künstler mit Programmen unterschiedlichster Stilrichtungen auf.

Konzerte in der reformierten Kirche

Schon seit 1977 war in der reformierten Kirche Arlesheim regelmässig die *Camerata Musicale Basel* zu Gast, die damals von ehemaligen Studenten der Schola Cantorum Basiliensis gegründet worden war. Sie pflegte ein mannigfaltiges Repertoire der Renaissance- und Barockmusik. Der Leiter war der in Arlesheim wohnhafte William Dickinson, der 1985 – mittlerweile zum Dirigenten des reformierten Kirchenchors gewählt – die Konzertreihe *Abendmusik in Arlesheim* gründete. Unter dem Patronat der reformierten Kirchgemeinde sind in diesem Zyklus rund 30 hochstehende Konzerte erklungen, die sich mehrheitlich in die Tradition der Aufführungen mit der Camerata musicale einreihten. Leider musste dieser Konzertzyklus im Oktober 1992 aus finanziellen Gründen wieder eingestellt werden, und es bleibt nur zu hoffen, dass Behörden und Publikum nach diesem bedauerlichen Rückschlag im Arlesheimer Konzertleben nach einem Neubeginn verlangen und dann die Bemühungen der Veranstalter künftig gebührend unterstützen und mittragen.

Auch die *Orgel der reformierten Kirche* erklingt seit ihrem Neubau von 1973 regelmässig in Konzerten. Besondere Erwähnung verdienen Orgelabende mit Eduard Müller, Basel, Hannes Kästner, damals Thomas-Organist Leipzig, und Endre Kovàcs, Budapest.

Die Silbermann-Orgel im Dom

Weltweit berühmt ist aber vor allem die Dom-Orgel. Sie wurde 1761 von Johann Andreas Silbermann[1] in Strassburg, weitgehend dem klassisch französischen Stil folgend, mit ursprünglich 32 Registern, verteilt auf drei Manuale und Pedal, erbaut. Ab 1888 wurde sie leider ziemlich verändert, 1959–1962 aber durch die Firma Metzler, Dietikon, unter Erweiterung das Pedalwerks um 5 Register, so re-

Abb. 142
Die Silbermann-Orgel im Dom

stauriert und rekonstruiert, dass sie heute immerhin als eine der besterhaltenen Orgeln von J.A. Silbermann gelten darf. Insbesondere befindet sie sich in einem der akustisch günstigsten Räume für Orgel- und Kirchenmusik überhaupt. Wen wundert's also, dass jährlich eine Vielzahl von Orgelliebhabern aus aller Welt das prachtvolle Instrument spielen oder zumindest hören möchten?

Konzerte im Dom zu Arlesheim

Seit 1974 veranstaltet die katholische Kirchgemeinde unter der künstlerischen Leitung der amtierenden Kirchenmusiker jährlich einen Dom-Konzertzyklus, in welchem schon die berühmtesten Organistinnen und Organisten aufgetreten sind wie etwa Marie-Claire Alain, Paris, Gustav Leonhardt, Amsterdam, Anton Heiler, Wien, Marc Schaefer, der Silbermann-Forscher[2] aus Strassburg, welcher als Fachexperte bei der Nachrestaurierung der Arlesheimer Silbermann-Orgel anno 1981 gewirkt und unser Instrument ausführlich beschrieben hat[3], Eduard Müller, Heiner Kühner, Rudolf Scheidegger, alle aus Basel, Hans Vollenweider, Zürich, und viele andere.

Als Glücksfall darf bezeichnet werden, dass seit 1978 der an der Schola Cantorum Basiliensis lehrende *Jean-Claude Zehnder* als Titular-Organist am Dom zu Arlesheim amtiert. So haben die Arlesheimer das Vergnügen, seine hohe Orgelkunst nicht nur in Konzerten, sondern auch in den Gottesdiensten zu erleben. In den Sommern 1981, 1986 und 1993 fand je eine internationale Orgelwoche unter seiner Leitung grosse Beachtung.

Doch nicht bloss für Orgelkonzerte eignet sich der Dom hervorragend. Auch Chormusik klingt darin ganz ausgezeichnet. Daher erstaunt es nicht, dass schon mehrere berühmte Chöre in den Domkonzerten mitgewirkt haben, so etwa der Cambridge University Chamber Choir unter Richard Marlow, der Chor des ungarischen Jugendensembles unter Kàlmàn Strausz, I Madrigalisti del Centro Musica Antica di Padova unter Livio Picotti, der St. Petersburger Kammerchor unter Nikolaij Kornev, die Einsiedler Choralschola unter Pater Roman Bannwart, der Klosterchor Wettingen unter Egon Schwarb, das Basler Vokalensemble unter Paul Schaller, der Singkreis Zürich mit dem Basler Kammerorchester unter Paul Sacher, die Basler Madrigalisten unter Fritz Näf oder die Knabenkantorei Basel unter Beat Raaflaub, um nur die wichtigsten zu nennen.

Radio-Übertragungen und Tonaufzeichnungen

Häufig werden Domkonzerte von Radio DRS aufgezeichnet oder gelegentlich auch live übertragen. Es gibt auch diverse Schallplatten- und CD-Einspielungen mit der Silbermann-Orgel, u.a. von Eduard Müller, Lionel Rogg, Karl Richter, Ewald Kooimann, Rudolf Scheidegger, Daniel Chorzempa und Jean-Claude

Zehnder, sowie mit Chormusik, interpretiert vom Basler Vokalensemble, der Knabenkantorei Basel und dem Klosterchor Wettingen. Platten- und Radio-Aufnahmen wurden in den letzten Jahren gelegentlich auch schon in der Aula Gerenmatte und in der reformierten Kirche produziert. Insbesondere die Knabenkantorei Basel schätzt die reformierte Kirche als Aufnahmeraum sehr.

Weitere berühmte Musiker in Arlesheim

Zum Schluss seien noch einige weitere berühmte Musiker erwähnt, die in Arlesheim gelebt oder gespielt haben: Beginnen wir mit *Josef Hartmann Stuntz:* Er war 1790 in der Arlesheimer Ermitage geboren. Seine Familie zog mit ihm aber als Folge der Revolutionswirren bereits 1792 nach Strassburg und später nach München. Nachdem er bei Salieri in Wien studiert hatte, komponierte er u.a. eine Oper[4], die immerhin in der Mailänder Scala uraufgeführt wurde. Er hinterliess auch ein Stabat Mater für Soli, Chor und Orchester. Dieses Werk wurde im Rahmen des 200jährigen Bestehens der Ermitage 1985 im Dom durch den Regio-Chor unter Thüring Bräm mit grossem Erfolg zu neuem Leben erweckt.

Der Lehrer und Musiker *Martin Vogt* wird im Beitrag «Persönlichkeiten» vorgestellt (siehe S. 190). Hier wollen wir bloss mitteilen, dass er als Organist an der Arlesheimer Silbermann-Orgel und Cellist im Basler Orchester eine ganze Reihe berühmter Musiker kennengelernt und nach Arlesheim gebracht hat. Sein bedeutendster Gast war sicher *Franz Xaver Mozart* (1791–1844), ein Sohn von Wolfgang Amadeus, selbst ein hervorragender Klavier-Virtuose und ganz passabler Komponist. Er stattete anlässlich seines Basler Klavierabends mit Werken von seinem Vater unserem Martin Vogt und wohl auch der Arlesheimer Silbermann-Orgel einen Besuch ab. Wir vermuten, dass die Familie Vogt damals im alten Schulhaus hinter der Trotte im sogenannten «Naldi-Gässli» wohnte. Noch heute wird von den Arlesheimer Nachfahren Vogts[5] mit Stolz berichtet: «Bi uns dahei isch emol dr Mozart gsi.»

Ein bekannter Komponist des 20. Jahrhunderts, der von 1930 bis zu seinem Tode im Jahre 1960 am Kirschweg 8 in Arlesheim lebte, war *Rudolf Moser*. Er wurde am 7. Januar 1892 in Niederuzwil/SG geboren, studierte 1912–1914 in Leipzig bei Max Reger und nach Ausbruch des Ersten Weltkriegs in Basel bei Hans Huber und Hermann Suter. Ab 1928 bis zu seinem Tode war er Lehrer für Komposition am Basler Konservatorium, wo Yehudi Menuhin und Paul Sacher zu seinen Schülern zählten. Mosers Lebenswerk umfasst 102 Musikstücke verschiedenster Gattungen: Es enthält eine Reihe von Orchesterwerken, teilweise auch unter Einbezug von Soloinstrumenten, Bühnenwerke, Vokalwerke, Kammer- und Orgelmusik. Am 20. August 1960 fand Rudolf Moser in der alpinen Bergwelt den Tod.

Im 1. Stock über dem Restaurant Domstübli an der Kirchgasse 4 wohnt der weit über unsere Grenzen hinaus bekannte Komponist *Hans Wüthrich*. Er ist am 3.

August 1937 in Aeschi/BE geboren. Sein Musikstudium am Konservatorium Bern in den Fächern Klavier, Theorie und Violine schloss er 1962 zunächst mit dem Klavierdiplom ab. 1968 bis 1972 folgte Kompositionsunterricht bei Klaus Huber, und 1973 promovierte er an der Universität Zürich (Deutsche Sprach- und Literaturwissenschaft, Philosophie und Musikwissenschaft). Seit 1985 ist er Lehrer für Musiktheorie am Konservatorium Winterthur. Ab 1972 wurde er mit mehreren Kompositionspreisen ausgezeichnet. 1991 erhielt er den *Anerkennungspreis Kultur* des Kantons Baselland. Seine Werke fanden grosse Beachtung bei Aufführungen in zahlreichen schweizerischen und europäischen Städten, die sich der Pflege zeitgenössischer Musik annehmen. Stellvertretend für sein Schaffen seien folgende Werke genannt: *Netz-Werk I, II und III* für Orchester ohne Dirigent, *Wörter Bilder Dinge* für Altstimme und Streichquartett, *Leve,* Szenen mit drei Frauen (Sopran, Alt, Schauspielerin) und drei Männern (Tenor und zwei Schauspieler). Last but not least sollen auch noch zwei Meister der Jazz-Welt in diesem kurzen Abriss über das Arlesheimer Musikleben genannt werden: Im Dom-Jubiläums-Jahr 1981 fand in der Mehrzweckhalle des Domplatz-Schulhauses ein Galakonzert mit Basels Jazz-Allstars statt, bei dem kein Geringerer als *George Gruntz* mitwirkte.

Am 25. Mai 1986 besuchte einer der bedeutendsten Exponenten der Jazzgeschichte die Jugendmusikschule Arlesheim: *Lionel Hampton.* Sein Freund Jean-Claude Forestier, Schlagzeuglehrer der hiesigen Jugendmusikschule, brachte das Kunststück fertig, den damals 78-jährigen weltberühmten Vibraphonisten zum Mitspielen in seinem Schüler-Ensemble «The Hamp-Tones» im Schlagzeugkeller des Gerenmattschulhauses 2 zu gewinnen. Es war für die wenigen «Auserwählten», die dabeisein durften, schon ein erhabenes Gefühl, diesem grossen alten Jazz-Musiker im eigenen Dorf hautnah zu begegnen.[6]

Seit dem Herbst 1992 besitzt Arlesheim eine Sehenswürdigkeit ganz besonderer Art: das erste und einzige *Schweizer Jazzmuseum.* Es befindet sich am Stollenrain etwas unterhalb der reformierten Kirche. Getragen vom Verein «Pro Jazz Schweiz», hat es sich zum Ziel gesetzt, Dokumente aus der lebhaften und vielseitigen Jazz-Geschichte zu sammeln und einer breiteren Öffentlichkeit zugänglich zu machen. Der schnell wachsende Bestand des Archivs umfasst zur Zeit einige tausend Platten und unveröffentlichte Tonbänder, unzählige Papierdokumente vom Klappentext bis zum Notenblatt, Fotografien und eigens zusammengestellte Dokumentationen. Aus Anlass des 80. Geburtstages von Fred Böhler und des 60. Geburtstags von George Gruntz wurde im Herbst 1992 eine Spezialausstellung über Leben und Werk dieser grossen Schweizer Jazzmusiker gezeigt. Eine weitere Ausstellung wurde im Frühling 1993 Lionel Hampton gewidmet. Jeden ersten Sonntag im Monat wird überdies in den Räumen des Museums eine Live-Jazz-Matinée veranstaltet.

Anmerkungen

1) Johann Andreas Silbermann (*24.6.1712 Strassburg, † 11.2.1783 ebd.) war nicht nur ein erstklassiger Orgelbauer, sondern auch ein tüchtiger Historiker. Er hinterliess ausser fünf Bänden mit Notizen zum Orgelbau des 18. Jahrhunderts eine Beschreibung der Stadtgeschichte von Strassburg und – im Zusammenhang mit Arlesheim von besonderem Interesse – eine Schrift über die Geschichte des Odilienberges.
2) Marc Schaefer ist Orgellehrer am Conservatoire de Strasbourg, staatlicher Orgeldenkmalpfleger für die Region Elsass und Spezialist für Silbermann-Orgeln. Er befasst sich mit der Veröffentlichung der genannten Silbermann-Notizen über den Orgelbau und der gründlichen Erforschung und Beschreibung von Leben und Werk der Silbermann'schen Familienmitglieder des Strassburger Zweigs.
3) In: «Die Orgeln des Doms zu Arlesheim», 1983
4) Es handelt sich um das zweiaktige, heitere Melodrama «La Rappressaglia». Dieses Werk wurde nach der Uraufführung am 2. Oktober 1819 noch fünfzigmal in Mailand, 1823 auch in München, 1824 in Wien und Stuttgart sowie 1827 in Berlin gespielt. Heute ist es in völlige Vergessenheit geraten.
5) Noch heute in Arlesheim wohnhafte Nachfahren von Martin Vogt sind sein Ur-Ur-Ur-Enkel Benedikt Wicki (dessen Mutter war Pauline Wicki-Vogt, 1918–1978) mit den Kindern Anita und Marc sowie Jean-Luc, Reto und Micha Wicki, drei Neffen des erstgenannten.
6) Das Ereignis, dem auch Dr. h.c. Paul Sacher beiwohnte, ist auf einer Video-Kassette festgehalten.

Literatur

Walter Rudolf und Schaefer Marc: Die Orgeln des Doms zu Arlesheim, Verkehrsverein Arlesheim 1983

Schaefer Marc: Das Silbermann-Archiv. Der handschriftliche Nachlass des Orgelmachers Johann Andreas Silbermann, Winterthur 1993 (im Druck)

Reinhardt Heinrich: Martin Vogt. Erinnerungen eines wandernden Musikers, Basel 1971

Hänggi Christoph E.: Martin Vogt (1781–1854). Ein Organist und Komponist der ersten Hälfte des neunzehnten Jahrhunderts. Vergleichende Untersuchungen zur beruflichen Stellung und zum Werk, Bd. 1, Reinach 1988.

Hänggi Christoph E.: Werk und Fundortverzeichnis zu den Kompositionen Martin Vogts, Lizentiatsarbeit Bd. 2, Reinach 1988

Bildende Kunst

Zählt man die von den Steinzeitmenschen als Kultgegenstände mit roten Streifen bemalten Kiesel, die man in der Höhle Birseck gefunden hat, zu den Kunstwerken, so ist die bildende Kunst in Arlesheim bereits Jahrtausende alt. Aber – Spass beiseite – auch in geschichtlicher Zeit lebten und leben in unserem Dorf Künstler von zum Teil beachtlichem Niveau und manche von nicht nur lokaler Bedeutung. In einer allgemein ruhigen Atmosphäre, die jedoch auf eine reiche kulturelle Vergangenheit baut und von einer inspirierenden Umgebung geprägt ist, scheinen sich künstlerisch Schaffende schon lange wohlzufühlen. Eine ganze Anzahl von Bildhauern, Malerinnen und Malern – für manchen Leser sicher überraschend

Abb. 143 Susanne Levi: «Telos», Acryl-Dispersion auf Leinwand, 1989

viele – soll nun in dieser Heimatkunde Aufnahme finden und in einem Kurz-
beitrag (manche auch mit Abbildung) vorgestellt werden.

Bildende Kunst muss, wenn sie ihre Wirkung entfalten soll, auch vermittelt wer-
den. Verschiedene Galerien, das Ortsmuseum Trotte und das Atelierhaus in
Arlesheim sind schöne Beispiele, wie anregend und befruchtend ein lebendiger
Kunstbetrieb auch in einem Dorf sein kann. Von der grossen Akzeptanz dieses
Betriebs in der Bevölkerung zeugen die «Arlesheimer Kulturtage», die – in
Zusammenarbeit verschiedenster künstlerischer Sparten – erstmals im Oktober
1992 abgehalten und zum grossen Erfolg wurden.

Beiträge auch zu diesen Aktivitäten sollen die traditionsreiche Geschichte der
bildenden Kunst in Arlesheim ergänzen und abrunden.

Einzelne Künstlerporträts

Johann Baptist Stuntz (1755–1836)

Er war einer der ersten bezeugten Arlesheimer Kunstmaler. 1785 kam er mit seiner
Familie nach Arlesheim und bewohnte die ehemalige Büchsenschmiede hinten in
der Ermitage. Mit grossem Können malte er die Ansichten dieses «Englischen
Gartens», die damals als Souvenir erworben wurden und heute zu hohen Preisen
gehandelt werden.

Abb. 144 Johannes Baptist Stuntz: Ermitage, Schloss und Weiher von Südosten, 1787

August Heer (1867–1922)

Dieser Bildhauer war seinerzeit weitherum berühmt und gefragt. Von der Geburtsstadt Basel fuhr er nach dem Schulabschluss zu seiner künstlerischen Ausbildung nach München, Berlin und Paris.
1900 baute er am Hollenweg 10 in Arlesheim ein Haus, das ihm zuerst als Atelier diente und später sein Wohnsitz wurde. Bekannt sind seine Denkmäler in Genf, das Monument de la République in Neuenburg und die Flachreliefs mit Frauengestalten als Verzierung der beiden Uhren am Bundesbahnhof in Basel. Viele anmutige Frauenfiguren, Porträtbüsten von General Ulrich Wille oder dem Maler Ferdinand Hodler, die ihm beide in Arlesheim Modell gesessen haben, sowie liebliche Kindergestalten zeugen von seinem Können. In Arlesheim erinnern «Der lesende Schüler» über dem Hintereingang und die Gruppe «Rütlischwur» im Gemeindesaal des Domplatzschulhauses an August Heer (siehe S. 268, Abb. 131). 1922 ist er in Arlesheim gestorben.

Fritz Babberger (1890–1961)

So wie wir dem Basler Bäckermeister Emanuel Büchel kostbare Zeichnungen aus Basel und Umgebung im 18. Jahrhundert verdanken, so verdanken viele Arlesheimer ein Ölbild mit einem Motiv aus dem Dorf dem Spenglermeister Fritz Babberger. Dieser gemütliche Badenser kam 1922 nach Arlesheim, wo er zuerst am Hollenweg 35 und später an der Oberen Holle 6 wohnte. Er war ein tüchtiger Spengler und Kunsthandwerker. Die Malerei lernte er als Autodidakt. Hin und wieder gab ihm sein Bruder August, Direktor der Kunstakademie Karlsruhe, gute Ratschläge. Sein offenes, leutseliges Wesen trug ihm den Namen «Guter Geist der Holle» ein (siehe S. 262, Abb. 129).

Albert Schilling (1904–1987)

Ein Bildhauer von internationalem Ruf war Albert Schilling. Nach der Matura wandte er sich dem Studium der Theologie zu, doch spürte er bald die Berufung zum Künstler. Seine Lehrjahre und die vorzügliche Ausbildung als Bildhauer in Berlin waren für sein Schaffen entscheidend. Zuerst arbeitete er in Zürich und Stans, dann liess er sich 1946 mit seiner Familie in Arlesheim nieder. Es entstanden grosse und kleine figürliche und abstrakte Skulpturen in Metall und vor allem in Stein. Öffentliche Werke stehen auf dem Gemeindeplatz in Pratteln, vor der Gemeindeverwaltung in Münchenstein, im Ebenrain in Sissach, vor der Kantonalbank in Liestal, auf Schulhausplätzen in Dornach und Reinach, drei Skulpturen auf dem Arlesheimer Trotteplatz – «Stehende», Bronze, 1942 / «Demeter Erinys», Bronze, 1958 / «Introvertierter Stein», Granit, 1985 – sowie schöne Brunnenanlagen bei uns und in der ganzen Umgebung (siehe S. 271, Abb. 134).
Albert Schilling war ein gläubiger Mensch. So erinnern Altäre, Madonnen, die Eingangstreppe und die Krypta des Arlesheimer Domes an diesen Aspekt seines

Abb. 145 Albert Schilling: «Rollstein» beim Eingang zum Friedhof Bromhübel

Schaffens. Sein Ansehen wuchs weit über die Grenzen hinaus: Der Altarraum im Würzburger Dom, ein Altar in Ottmarsheim und ein Kloster in Südfrankreich zeugen von seinem Können.
Albert Schilling zählt zu den bedeutendsten Künstlern unseres Landes. Er starb in Arlesheim im Sommer 1987.

Helmuth Mahrer (1934)

Wie der eingangs erwähnte Johann Baptist Stuntz wohnt auch heute ein bedeutender Maler in der Ermitage: Helmuth Mahrer.
Seine Ausbildung absolvierte er in der Grafikfachklasse der Kunstgewerbeschule Basel. Dabei spürte er, dass er sich zur Malerei hingezogen fühlte. Dies führte zu einem vorzeitigen Abbruch der begonnenen Ausbildung, doch die handwerkliche Basis für das sichere Beherrschen aller Techniken war gelegt.
1958 heiratete er seine Frau Esther. Seit 1971 hat er seine Wohnung und sein Atelier im Gebäudekomplex der Mühle bei der Ermitage in Arlesheim. Hier arbeitet er als freischaffender Maler.

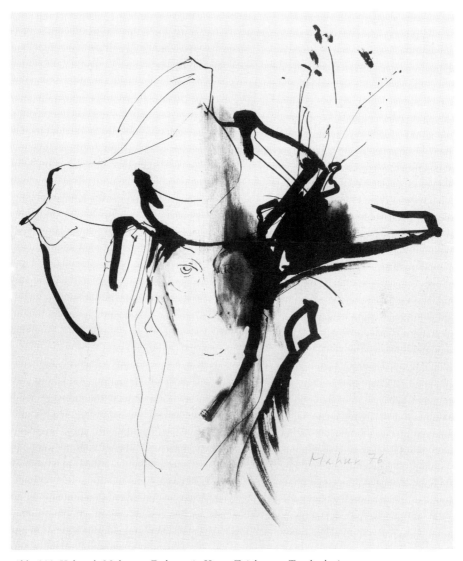

Abb. 146 Helmuth Mahrer: «Esther mit Hut», Zeichnung, Tusche lavis

Zunächst setzte sich Helmut Mahrer mit sozialkritischen Themen (Bedrohung
aus dem Alltag) auseinander. Dann wandte er sich mit Freude den kunstvollen
Arrangements und Interieurs zu, die seine Frau Esther stets von neuem schuf.
Portraits, Menschen, Narren und immer wieder all die Jahre hindurch bis heute:
Esther, welche er als Modell kennengelernt hatte.

Alle zwei Jahre schliesst sich eine Gruppe von Arlesheimer Künstlerinnen und Künstlern zu einer *Gemeinschaftsausstellung in der Trotte* zusammen. 1992 waren es:

Max Löw (1910)

Max Löw wuchs in Basel im Gundeldingerquartier auf. Er absolvierte eine kaufmännische Ausbildung, die er mit Diplom abschloss. Bald begann er aber vor

Abb. 147 Max Löw: «Zwei Pierrots», Terrakotta

allem zu malen. Bereits mit 20 Jahren hatte er ein Atelier am Winkelriedplatz. Dort entstanden u. a. unzählige, wunderschöne, differenzierte und sensible Fassadenansichten aus den Hinterhöfen des «Gundeli». Zu jener Zeit malte er vor allem in Öl. Weitere häufige Motive seiner Bilder waren Harlekins, Clowns, Blumen, Fenster und später, in Arlesheim, Dorfpartien.
Die Hinterglasmalerei faszinierte Max Löw seit seiner Jugend. Damit begonnen hat er aber erst mit 50 Jahren. Bald gelangen ihm mit dieser neu erarbeiteten Technik ganz wunderbare Kleinode. Mit den so direkt ansprechenden, wohltuenden Hinterglasbildern wuchs sein Bekanntheitsgrad weit über die Region hinaus.
Man würde indessen seinem Wirken nicht gerecht, wenn man nicht auch die selbst angefertigten Bilderrahmen, welche mit den Bildern zur Einheit verschmelzen, erwähnen würde. Oder die liebevoll gestalteten Terrakottafiguren, sein gross-

artiges, fast verwunschenes Atelier, den Garten, in dem er gestaltend der Natur zur Hand geht, und die wunderschönen Dekorationen, denen man in Haus und Garten begegnet.

Susanne Levy

Die Malerin Susanne Levy lebt seit 1962 in Arlesheim. In ihrem Heim verfügt sie über ein geräumiges Atelier, das sich zu einem weiten Blick nach Westen öffnet. Susanne Levys Bilder haben einen gemeinsamen Hintergrund: Sie entstehen aus einer Vision. Daher kommt auch die Transparenz, die ihren Bildern eigen ist.

Klaus von Gunten (1923)

Klaus von Gunten entdeckte seine Liebe zur Glasmalerei zufällig am Krankenbett seines Sohnes im Kinderspital. Dort bastelten die Kinder unter kundiger Anleitung aus farbigem Glas einfache Bilder. Er übernahm diese Technik und gab sie an seine Schüler weiter.

Abb. 148 Klaus von Gunten: «Vogelpredigt des Franz von Assisi», Glasmalerei 1986

297

Als Meilenstein bezeichnet er sein Praktikum an der «Ecole supérieure de vitrail» in Sion 1987. Dort hat er wichtige Erkenntnisse erfahren, die ihm sonst fehlen würden. «Seine» Scheiben erarbeitet er vom Entwurf bis zur Ausführung ohne fremde Hilfe.

Als Motive wählt er oft den Harlekin (Klaus von Gunten war aktiver Fasnächtler), Pfauen, Güggel, Katzen und Bäume. In neueren Arbeiten sucht er die Auseinandersetzung mit dem Kreuz oder der Geschichte des Franz von Assisi.

Erda Kaganas

In ihrer Jugend hätte sich Erda Kaganas nicht vorgestellt, Malerin zu werden. Durch häufige Besuche bei ihrem Grossvater, der Glasmaler war und vor allem Kirchenfenster schuf, wurde sie aber zum Malen motiviert und belegte als junge Ehefrau Kurse an der Kunstgewerbeschule Basel.

Die Lektüre verschiedener Philosophen erweiterte ihre Erkenntnisse, ebenso fernöstliche und christliche Mystik. Wen wundert's, wenn sich solchermassen Aufgenommenes in den Bildern niederschlägt?

Gret Spengler

Gret Spengler zeichnete von ihrer Kindheit an. Dies wurde im Laufe der Jahre für sie immer wichtiger. Nach ihrer kaufmännischen Ausbildung belegte sie Zeichen- und Malkurse an verschiedenen Kunstgewerbeschulen. Nach ihrer Hei-

Abb. 149 Gret Spengler: «Mensch und Tier», Zeichnung Tusche

298

rat, und nachdem die Kinder etwas grösser waren, besuchte sie die Kunstgewerbeschule Basel (Zeichnen, Malen, Portraitieren und verschiedene Drucktechniken).
Gret Spengler ist der Natur verbunden. Formen aus der Tier- und Pflanzenwelt
und auch Beobachtungen menschlicher Gesichter inspirieren sie zu rhythmisch
gestalteten Bildkompositionen.

Gabrielle Staehelin

Gabrielle Staehelin holte sich ihr Rüstzeug an der Kunstgewerbeschule und am
Seminar in Basel, wo sie sich zur Zeichnungslehrerin ausbildete. Bevor sie für
neun Jahre nach Amerika übersiedelte, übte sie für kurze Zeit den erlernten Beruf
aus.
In Amerika entstanden unter den Eindrücken des Gigantismus, der Wolken-
kratzer, der riesigen Masstäbe ungegenständliche Bilder, ausgeführt in zahlreichen Techniken: Öl, Tempera, Gouache, Tusche und Bleistift.
Seit 1970 – wieder in der Schweiz – malt Gabrielle Staehelin ausschliesslich in
Acryl. Hier ist es wie beim Aquarell: Entstandene Fehler sind irreparabel. Es
braucht ein hohen Mass an Können, zumal Gabrielle Staehelin fast ohne Entwurf
und Skizze arbeitet.

Abb. 150 Willi Engel: «Winterfreuden», Holzschnitt

Willy Engel (1935)

Willy Engel erlernte den Beruf des Schaufensterdekorateurs. Schon sehr bald übte er sich aber in verschiedenen Techniken vom Aquarell-, Öl-, Glas- und Hinterglasbild bis zum Holzschnitt. Heute interessiert ihn auch das Aquarell; der Schwerpunkt seines Schaffens liegt aber eindeutig beim Holzschnitt. In dieser Kunst hat er es zu hohem Können gebracht. Es fasziniert ihn, genau wie beim Aquarell, der hohe Schwierigkeitsgrad.

Kurt Aeberli (1939)

Als kleiner Knirps schon beschäftigte sich Kurt Aeberli mit Blei- und Farbstift. Parallel zu seiner Berufsausbildung als Mechaniker und Maschinenzeichner belegte er Kurse an der Kunstgewerbeschule Basel. Mit 18 Jahren reichte er seine ersten «Cartoons» ein, die er auf Anhieb plazieren konnte.
Heute ist er oft gefragt als Karikaturist, bekannt unter dem Pseudonym «TRUK». Die zweite Ebene seines Kunstschaffens ist die Malerei. Diese geht nicht über den Intellekt, vielmehr ist der emotionale Bereich angesprochen.
Kurt Aeberli bezeichnet sich als Realisten, der das Fortbestehen der Menschheit langfristig in Frage stellt. Dennoch würde er heute noch einen Baum in seinen Garten pflanzen.

Elsbeth Stöcklin

Elsbeth Stöcklin beschäftigt sich seit ihrer Kindheit mit Farben und Materialien wie Metall, Email und Ton. Ihren Beruf als Primarlehrerin ergänzte sie bald mit der Ausbildung zur Zeichnungs- und Turnlehrerin und mit dem Besuch der Malklasse bei Franz Fedier an der Kunstgewerbeschule Basel.
Elsbeth Stöcklin arbeitet auf zwei Ebenen. Da sind einmal die eher grossformatigen, manchmal zu Kompositionen zusammengestellten Acrylbilder. Sie sind dynamisch, oft mit Betonung der Diagonalen, aber auch mit grosszügigen Rundungen, stets in dezenter Farbgebung gemalt. Diese Bilder ziehen sich wie eine Leitlinie durch ihr ganzes Schaffen. Zum andern stösst man aber auf Serien kontemplativer Malerei auf kleinem Format, die zum Meditieren einladen.

Ernst Schneider (1949)

Der Oberbaselbieter Ernst Schneider bildete sich in der Bildhauer- und Malschule «Arteum» unter der Leitung von Hans Geissberger während vier Jahren zum Bildhauer aus, nachdem er zuvor einen handwerklichen Beruf ausgeübt hatte und dann viel gereist war. Dabei setzte er sich vor allem mit der Kultur der Antike und des Mittelalters auseinander.

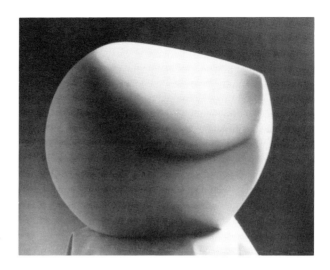

Abb. 151   Ernst Schneider:
«Keim», Gips

Als Betrachter steht man vor Skulpturen und Objekten aus Stein, Holz und Bronze, von welchen eine angestrebte Harmonie ausgeht.

Neben seiner Werkstattarbeit erteilt Ernst Schneider noch Werkunterricht. Er sieht darin einen direkten Beitrag zur Bildung und Ausbildung junger Menschen.

Andreas Hausendorf (1957)

Nach einer Berufslehre als Gärtner belegte Andreas Hausendorf an der Kunstakademie Kassel die Fächer Malen und Zeichnen. Mit einem einjährigen Atelieraufenthalt in der Malschule Assenza ergänzte er seine Ausbildung.

Anschliessend zog er sich zwei Jahre in den Schwarzwald zurück, um dort intensiv zu malen. Seit 1984 lebt er in Arlesheim und arbeitet in einem Atelier in Münchenstein. Im Arbeitsprozess werden zur Farbe zusätzliche Materialien wie Sand, Holz, Papier, Teer usw. zugefügt.

Malen bedeutet für Andreas Hausendorf Intensivierung des Lebens.

Jedesmal laden diese Arlesheimer Künstler einen Gast zu ihrer Gemeinschaftsausstellung ein. 1992 war es der junge Kunststudent Gregori Bezzola.

Galerien

Kunstausstellungen finden ausser in der Trotte, dem Kulturzentrum der Gemeinde, auch in drei privaten Arlesheimer Galerien und im Atelierhaus im Tal statt:

Seit 1989 führen Jürg und Barbara Reinhard an der Dorfgasse 18, in einem der ältesten Häuser Arlesheims, die in neutralem Weiss gehaltene *«Galerie 4»,* wo sie vor allem zeitgenössische Kunst zeigen.

301

Das Blumengeschäft von Jean Jacques Welz an der Ermitagestrasse 14 bietet einen originellen Rahmen für Kunstwerke und heisst *«Galerie und Blueme zu de 17 Sunnestrahle»*.
Schliesslich lädt Sylvia Spiess die Kunstfreunde in ihre *«Galerie im Dach»* am Hollenweg 46 ein.

Das Atelierhaus Arlesheim

Das Atelierhaus Arlesheim entstand 1989 auf Initiative und nach planerischen Ideen des Kunstmalers Martin Cleis. Zusammen mit anderen Kunstschaffenden wurde ein Fabrikgebäude erstellt, das acht loft-ähnliche Wohn-Ateliers von je ca. 140 m² Grundfläche im Stockwerkeigentum anzubieten hat.

Abb. 152
Das Atelierhaus im Tal

Zur Zeit arbeiten und leben im Atelierhaus die Künstlerinnen Fábia Lívia de Carvalho, Susanna Niederer und Therese Weber, sowie die Künstler Hans N. Galler, Bruno Meyer, Martin Cleis und der Schauspieler Henning Köhler.
Ein Atelier ist im Besitz des Kantons Basel-Landschaft. Es wird nach dem Vorbild der Internationalen Austauschateliers Basel IAAB der Christoph Merian Stiftung ausschliesslich von ausländischen Kunstschaffenden belegt. Bis jetzt haben Künstler aus den USA, Canada, Ägypten, Russland und Australien das Leben im Atelierhaus bereichert.
Neben dem jeweils im Herbst stattfindenden Tag der offenen Tür werden in der verglasten Mittelhalle, dem dominanten Kernstück des eigenwilligen Gebäudes, regelmässig öffentliche kulturelle Veranstaltungen (Konzerte, Theater, Performances, Ausstellungen) durchgeführt, die das bestehende Angebot in der Region befruchtend ergänzen.

«Arlesheimer Kulturtage 1992»

Auf Initiative der «Galerie 4» schlossen sich im Oktober 1992 alle Kunstschaffenden in Arlesheim erstmals zu einem grossen Projekt zusammen, zu den «Arlesheimer Kulturtagen», mit Konzerten in beiden Kirchen, Ausstellungen, Lesungen in der Gemeindebibliothek, einem ökumenischen Gottesdienst zum Thema Kunst und Schöpfung, Theateraufführungen, einem viel beachteten Skulpturenweg durch das Dorf und einem spanischen Abend in der Trotte. Es fand auch eine grosse Auktion statt. 58 Kunstschaffende hatten je ein Werk gespendet. Aus Arlesheim waren dabei ausser den bereits erwähnten: Martin Cleis, Hans Ulrich Ruppen, Heidi Overhage, Lin von Kaenel, Ulrich Stückelberger, Daniel Diggelmann, Bernhard Häring und Johannes Gass. Sie alle hatten in den letzten zehn Jahren in der Trotte ausgestellt.

Literatur

Levy Susanne: 10 Aquatinta mit eigenen Texten, in Kassette, Arlesheim 1977

Levy Susanne: 12 Prägungen mit eigenen Texten, Arlesheim/Basel 1987

Billeter Fritz: Die Malerin Susanne Levy, Zürich 1984

Schaller Marie-Louise: Susanne Levy, Zürich 1993

Gasser Bruno (Hrsg.): Max Löw. Das Werk von Max Löw, Basel 1985

Jagg Ursula und Monteil Annemarie (Hrsg.): Die schönsten Geschichten zur Weihnachtszeit. Mit Weihnachtsbaum- und Christrosenbildern von Max Löw, Basel 1991

Burkart Erika, Löw Max: Ich suche den blauen Mohn. Pflanzengedichte und Blumenbilder, Basel 1989

Hofmann Ernst (Hrsg.): Albert Schilling, Zürich 1966

Stoll Robert Th.: Helmuth Mahrer, Basel 1992

Die Gemeindebibliothek

Die Gemeindebibliothek Arlesheim ist eine der ältesten im Kanton Baselland. 1943 wurden die bereits in den dreissiger Jahren parallel geführten Bibliotheken des Katholischen Volksvereins und des Verkehrs- und Verschönerungsvereins zu einer Gemeindebibliothek zusammengeschlossen. Sekundarlehrer August Sumpf übte zu dieser Zeit als erster Gemeindebibliothekar sein Amt aus.
Als das Gerenmattschulhaus errichtet wurde, entstand im Kellergeschoss ein eigens als Bibliothek geplanter Raum. 1965 konnte die Gemeindebibliothek dorthin umziehen und unter Bibliothekar Klaus von Gunten als Freihandbibliothek eingerichtet werden.

Nach Klaus von Gunten führte auch der Berufswahlklassenlehrer Hans Pfaff die Gemeindebibliothek mit viel Freude und Einsatz.

In den achtziger Jahren begannen die Bibliotheken allerorts einen neuen Stellenwert in der Infrastruktur einer Gemeinde einzunehmen. Der Gedanke, die Gemeindebibliothek in den Dorfkern zu verlegen, um für die ganze Bevölkerung leichter erreichbar zu sein, festigte sich immer mehr. Dank des Verständnisses des Gemeinderates und des grossen Arbeitseinsatzes der Bibliothekskommission konnte die neue Bibliothek geplant und eingerichtet werden. Mit Freude und Elan wurden im September 1991 die neuen Räumlichkeiten bezogen.

Die neue Bibliothek liegt mitten im Dorf in der ehemaligen Post. Geleitet wird sie von Ursula Voyame. Die Räume sind ebenerdig und hell; es steht eine gemütliche Kaffee-Ecke mit Zeitschriften zur Verfügung. Ca. 15% der Bevölkerung benützen die Gemeindebibliothek.

1992 fand hier ein Lesezyklus über Märchen und Sagen statt. An einem dieser Abende erzählte Eleonore Hänggi, frühere Präsidentin der Bibliothekskommission, auf unvergleichliche Weise aus ihrem Arlesheimer Sagenschatz.

An den Arlesheimer Kulturtagen im Oktober 1992 lasen drei Arlesheimer Persönlichkeiten, welche literarisch tätig sind, in der Gemeindebibliothek:

Barbara Groher (1941), Werbefrau und Schriftstellerin, aus ihren Werken,

Paul Menz (1937), Primarlehrer, aus seinem Aphorismenschatz und

Jürg Seiberth (1955), Theaterwissenschaftler, aus dem Manuskript seines werdenden Buches.

Da die Bibliothek diese Lesungen während der Öffnungszeit angekündigt hatte, konnte so manche/r Leserin oder Leser sich unbefangen zu den Zuhörern gesellen; dadurch entstand eine warme, familiäre Atmosphäre.

Ausgewählte Literatur

Groher Barbara: Feierblau, Roman, Basel 1984

Groher Barbara: Fremdling, Fremdling, in: Gasthausschildereien, Bern 1989

Groher Barbara: Das Gegenteil von kaputt, Roman, Bern 1991

Menz Paul: Sprüche – Aphorismen – Gedichte, Basel 1992

Menz Paul: Momentaufnahmen. Gedichte, Basel 1993

Seiberth Jürg: Wunschtraum Limited 1982
Fortbewegen 1983
Blüemlisalp 1984
Le lavandou 1985
vier Hörspiele, produziert von Radio DRS

Seiberth Jürg: Männer im All. Unveröffentlichtes Manuskript

Das Ortsmuseum Trotte

Die Trotte einst und jetzt

Zum Trottengebäude an der Ermitagestrasse gibt es wenige gesicherte Daten. Nach dem Plan von Jakob Meyer 1665 muss das kleine Scheuerlein mit dem sundgauischen Eichenriegel westlich der Odilienkirche bereits bestanden haben. Vermutlich diente es zuerst als Pfarrscheune und Lagerraum für das Kirchengut, später den Arlesheimer Weinbauern – der sog. Trottengesellschaft – als Weinkellerei (Trotte). Zwei grosse Traubenpressen waren im Erdgeschoss installiert. 1925 wurde die Trottengesellschaft aufgelöst, die Trotte – jetzt im Besitz der Gemeinde – 1926 umgebaut und für die Fronmeisterei eingerichtet. Dabei wurde die Riegelkonstruktion entfernt. Schneepflug, Spritzenwägeli, Teerwägeli, Besen und Schaufeln – und auch der Totenwagen fanden darin Platz.
Nachdem 1979 an der General Guisan-Strasse ein neuer Gemeindewerkhof erbaut und bezogen worden war, suchte man nach einer neuen, sinnvollen Verwendung der Trotte unter Beibehaltung der schlichten Schönheit ihrer äusseren Gestalt. Nach erfolgtem Umbau und Ausbau – das Gebäude hatte keinen Keller – konnte die heutige Trotte 1981 eingeweiht werden.

Vom alten Heimatmuseum zum Ortsmuseum Trotte

Um die Jahrhundertwende – so hat uns die Grossmutter erzählt – haben immer wieder Händler an die Türen der Arlesheimer Bürger geklopft. Schlaue, listige Burschen sollen's gewesen sein. Der alte «Grümpel» sei nichts wert, und sie würden ihn gegen neueste Ware tauschen. So wanderten Möbel, Zinn, Fayencen und edles Geschirr als Arleser Kulturgut in die Antiquitätenläden. Zurück blieben in den Stuben Pappdeckel, glänzendes, wertloses Blech und Industriekeramik.
In den zwanziger Jahren fasste sich der engagierte Arlesheimer Sammler Karl Wagner-Rumpel ein Herz. Er gründete die Museumsgesellschaft Arlesheim. Mit Eifer und grosser Sachkenntnis sammelte er, zusammen mit einigen Getreuen, historische, alte Gegenstände. Versteinerungen, Höhlenfunde, Geschirr, Waffen, Uniformen, Stiche, ausgestopfte Vögel, Kuriositäten und anderes bildeten das Museumsgut. Im Hause Schulthess am Domplatz 10 konnte das erste Heimatmuseum eingerichtet werden. Am Sonntag nach der Kirche und nachmittags war es für die Besucher geöffnet. Ein Gästebuch von damals ist heute noch vorhanden. Nachdem die Gemeinde die Liegenschaft Domplatz 10 übernommen und mit der Kirchgemeinde abgetauscht hatte, musste das Material gezügelt werden. Teilweise in Kisten verpackt, landete die Sammlung auf dem Estrich der Gemeindeverwaltung, immer gut umsorgt und betreut von Karl Wagner. Nach seinem

Tode wurde das Material zum «Selbstbedienungsladen». Die Schule holte, was sie für den Unterricht interessant fand, die Vereine brauchten Degen und Brustpanzer fürs Theaterstück ...

Nach Fertigstellung der Trotte konnten die noch vorhandenen Objekte endlich ins neugeschaffene Kellerarchiv disloziert und sortiert, gesichtet, bestimmt und gereinigt resp. entrostet werden. Da relativ wenig Sammelgut vorlag, entschied man, auf ein permanentes, traditionelles «Heimatmuseum» zu verzichten. Im grossen Dachraum – dem «Ortsmuseum» – werden daher jährlich eine bis zwei längere Ausstellungen gezeigt, welche die Arlesheimer Kulturgeschichte aus der Frühzeit bis zur Gegenwart zum Thema haben. Der grosse Raum im Erdgeschoss indessen dient für kurzfristige Ausstellungen, Konzerte, Theater, Vorträge, Versammlungen und für den Markt. So ist die «neue» alte Trotte zur beliebten Arlesheimer Kulturstätte geworden, welche man sich aus dem Dorfe nicht mehr wegdenken könnte.

Theater auf dem Lande

Im Jahre 1980 gegründet, zählt der Verein 1993 über 200 Mitglieder, denen die Förderung des kulturellen Lebens auf dem Lande, die Organisation von Theatervorstellungen, musikalisch-literarischen Darbietungen und Ausstellungen in Arlesheim und in der Region ein Anliegen ist.

Waren in früheren Jahren glanzvolle Freilichtaufführungen der Lebensnerv des Vereins, so zählt heute mehr die Konstanz: 8–10 Anlässe pro Jahr, vorab in der Trotte, Kleintheater, Cabaret, Konzerte, Lesungen, exquisite Gastpiele, Pantomime, Figurentheater; dann der traditionelle Theatermarkt im Frühjahr mit seinem bunten Angebot an Marktständen und Darbietungen aller Güteklassen. Stellvertretend für viele Höhepunkte seien genannt: Mathias Gnädinger als Dorfrichter Adam in der Turnhalle, das Tanz- und Bewegungstheater «Sac!» am Herbstmarkt, «Der Ackermann und der Tod» im Dom, Auerbachs Kellertheater mit «Candide» in der Trotte, die Matinee mit dem Bläserquintett «gli staccati» auf dem Dorneckschloss und die Jazz-Matinee mit dem Althaus-Schönhaus-Express am Theatermarkt.

Abb. 154
Auerbachs Kellertheater zu
Gast in der Trotte mit «Candide»

Mit einer reichen Palette von Veranstaltungen, professioneller Pressearbeit und den vielen aktiven Mitgliedern hat sich Theater auf dem Lande einen Namen gemacht, der für Qualität bürgt. Dank regelmässiger Beiträge der Gemeinde Arlesheim und der Kulturdirektion Baselland konnte das Angebot weiter verbessert werden. Behutsam ist inzwischen auch der Bereich eigener Produktionen wieder angegangen worden: In Pantomimenkursen für Interessierte und Talentierte wurden erste kleine Vorstellungen erarbeitet. In weiteren Projekten sollen schlummernde Talente unter den Mitgliedern geweckt werden.

Sport

Die Bedeutung des Sports in unserer Gemeinde manifestiert sich durch nicht weniger als 19 Sportvereine, die der Arlesheimer Bevölkerung ein breites Angebot an körperlicher Betätigung bieten. Sie zählen über 1400 aktive Mitglieder, davon sind rund 600 Jugendliche im Alter zwischen 6 und 20 Jahren! Trotz der Vielfältigkeit und Verschiedenheit unserer Sportvereine ist ihnen eines gemeinsam: Kameradschaft, Geselligkeit, Freundschaft, Hilfsbereitschaft und Zusammengehörigkeit. Grosser Wert wird insbesondere auf den Nachwuchs gelegt, weshalb man den Jugendlichen ein breites Spektrum an sportlicher Freizeitgestaltung bietet. Damit unsere Sportvereine ihre Ziele und Aufgaben erfüllen können, sind sie seit jeher auf das anspornende Beispiel einzelner und das Mitmachen aller Mitglieder angewiesen, aber auch auf den Widerhall bei der Bevölkerung und die Unterstützung durch politische Behörden und Parteien.

Arlesheimer Sportlerinnen und Sportler

In unserer Gemeinde gibt es einige Spitzensportlerinnen und Spitzensportler, die nationalen, ja sogar internationalen Ruf geniessen. *Gaby Bühlmann,* die sich zu den weltbesten Schützinnen und Schützen zählen darf, ist ohne Zweifel die bekannteste Sportlerin von Arlesheim. Ihre Karriere begann 1979, als sie mit 15 Jahren einen Jungschützen-Kurs beim Kleinkaliber-Schützenverein Arlesheim absolvierte. Spitzenplazierungen an den Weltmeisterschaften 1986 und 1987, Rang einer Europameisterin mit der Armbrust und der achte Olympia-Platz mit dem Luftgewehr 1988 in Seoul (Korea) sind ihre bisher grössten Erfolge. *Roland Müggler, Markus Widmer, Andreas Oestreich* und *Stefan Traub* (Skip) vom Curlingzentrum Arlesheim errangen 1990 den Weltmeistertitel der Junioren, eine Sensation! An dieser Stelle ist gleich nochmals ein Arlesheimer Junior zu erwähnen: Der 1988 in Basel gegründete Freestyle-Club beider Basel ist aus jugendlichen Idealisten der offenen Jugend in Arlesheim hervorgegangen, und bereits vier Jahre später gewann *Lukas Husi* von Arlesheim den Junioren-Schweizermeistertitel in der Disziplin Skiballett. Die momentan jüngsten Sport-Talente mit den Jahrgängen 76, 78 und 79 kommen aus der Jugendriege des Turnvereins. Die *Gebrüder Bösch* (Abb. 155), stehen mit ihren kantonalen und nationalen Spitzenresultaten in der Leichtathletik immer wieder in den Schlagzeilen: Marcel bisher als

Abb. 155 Verheissungsvoller Turnernachwuchs

Turnfestsieger, fünffacher kantonaler Einkampf-Meister sowie Schülermehr-kampf-Meister beider Basel. Sein jüngster Bruder Robert gewann diesen Titel be-reits zweimal hintereinander und lief 1991 und 1992 am schweizerischen Sprint-Final als erster und somit schnellster Schweizer durchs Ziel. Sein älterer Bruder Johnny erreichte am selben Anlass 1990 den dritten Rang. In Arlesheim gibt es zwei ausgesprochene Langstreckenläufer-Talente: den 54jährigen *René Kleeb,* der praktisch an allen Volksläufen die ersten Ränge belegt, und den 32jährigen *Guy Villaume,* der zum Beispiel 1992 den hervorragenden siebten Rang am Bieler 100 Kilometer-Lauf erreichte. Die Aufzählung von Arlesheimer Sport-Kanonen lies-se sich beinahe beliebig fortsetzen ... Jedoch nicht nur sie haben für Arlesheim Sportgeschichte geschrieben, unsere Sportvereine sind daran ebenso beteiligt. Denn sie sind die Zellen, die Talenten das nötige Umfeld bieten und wo aus der Breite eine Spitze wachsen kann.

Abb. 156 Sportplatz Hagenbuchen mit Schwimmbad und Überbauungen Schneckenbünten, Dürrmatt, Neumättli

Seit den sechziger Jahren gehören die Kleinkaliberschützen Arlesheim zu den be-sten in unserem Land. Die Mitglieder der Nationalmannschaft können mit nationalen und internationalen Spitzenresultaten aufwarten. Die Jugendriege des Turnvereins Arlesheim gehört bis heute zu den erfolgreichsten der Schweiz, seit sie 1987 und 1989 am Eidgenössischen Jugendturnfest gleich zweimal hintereinander als Kategoriensieger hervorging. Als 1956 die Schweizer Meisterschaften der Schweizerischen Lebensrettungs-Gesellschaft in unserem Schwimmbad durchgeführt wurden, erreichte die Mannschaft von Arlesheim den Titelgewinn. Die erfolgreichste Ballsportart der letzten zehn Jahre in Arlesheim ist unbestritten Basketball. Die Damen-Mannschaft wurde 1988 Schweizer Meister der National-Liga B und stieg 1990 in die National-Liga A auf. Die Juniorinnen gewannen bereits 1982 und 1985 den Schweizer Vize-Meistertitel und 1990 sogar den Meistertitel. Auch hier liesse sich die Liste von erfolgreichen Sportvereinen beinahe beliebig fortsetzen...

Sportanlagen

Der Bevölkerung von Arlesheim stehen heute gut ausgebaute Sportstätten zur Verfügung. Dass dies nicht immer so war, beweist ein Blick in die Vergangenheit am Beispiel des ältesten Sportvereins in Arlesheim:
Der Turnverein konnte damals im Schulhof zwischen einem Garten und einer Scheune einen *Turnplatz* einrichten, wobei die Gemeinde das Holz lieferte für den Bau der entsprechenden Geräte, die dann die Turner selber anfertigten. Im Winter überliess der Gemeinderat den Aktiven einen zum Schulhaus gehörenden Pferdestall, allerdings ohne Heizung. Im Winter 1886/87 soll es in diesem Stall eiskalt gewesen sein, worauf sich der Gemeinderat erbarmte und dem Turnverein den Heuboden des Armenhauses, das sich damals am Ort der heutigen Mehrzweckhalle beim Domplatz befand, zur Verfügung stellte. Ein Jahr später brannte dieses jedoch vollständig nieder. Bis 1889 stand provisorisch der Schulhauskeller zur Verfügung, und dann war zum ersten Mal in Arlesheim von einer «besonderen» *Turnhalle* die Rede, die man bereits 1890 verwirklichte. Es wurde speziell hervorgehoben, dass sie mit elektrischer Beleuchtung ausgestattet sei. 1891 entstand der erste *Turnplatz im Freien,* der allerdings bekiest war. 1921 beschloss die Gemeindeversammlung die Renovation der Turnhalle nebst Einbau eines Schwingkellers. Rund 30 Jahre später ging mit besonderer Unterstützung des Gemeinderates ein langersehnter Wunsch der Sportvereine in Erfüllung: 1953 konnten die wunderschönen *Sportanlagen in den Hagenbuchen* mit Fussballplätzen, Leichtathletik- und Turnanlagen zusammen mit dem *Schwimmbad,* das nirgends in der Region seinesgleichen fand, eingeweiht werden, worauf die Gemeinde und insbesondere die Arlesheimer Sportler sehr stolz sein durften (siehe S. 179). Mit dem Bau des Primar- und Sekundarschulhauses Gerenmatte 1961 kamen, zur bis dahin einzigen Turnhalle beim Domplatz, zwei neue *Turnhallen* dazu. 1974 wurden im Rahmen der Schulbauerweiterung Gerenmatte 2 nochmals zwei weitere Turnhallen erstellt. Heute stehen den sporttreibenden Vereinen etliche Anlagen zur Verfügung, die zum einen von der Gemeinde und zum anderen von privater Seite gebaut und finanziert wurden.

Mit der Planung und baulichen Entwicklung haben sich heute zwei eigentliche Sportzentren in Arlesheim entwickelt, das eine in den Hagenbuchen und das andere im heutigen Gewerbe- und Industriegebiet in den Widen/im Tal.

In den Hagenbuchen befinden sich, nebst dem Freiluft-Schwimmbad, die 1986 ausgebauten schönen *Spiel- und Leichtathletikanlagen,* sechs *Tennisplätze* (erstellt vom Tennisclub Arlesheim, 1952/59 und 1982), zwei *Boccia-Bahnen* (erstellt 1955/60) und das 1970 von der Arlesheimer Sporthallen-Gesellschaft erbaute *Curlingzentrum,* das am Anfang auch ein Hallenschwimmbad besass. Somit bestand für die damalige Schuljugend auch im Winter in Arlesheim die Möglichkeit, schwimmen zu lernen. Allerdings entsprach das integrierte Lernschwimmbecken nicht den ursprünglichen Plänen und Vorstellungen der Gemeinde. Sie löste daher die Verträge mit der Sporthallen-Gesellschaft nach langen Verhandlungen auf, und 1978 wurde das Hallenbad geschlossen. Drei Jahre später baute das Curlingzentrum Arlesheim diese Räumlichkeiten für seine Zwecke um. Mit acht Rinks ist sie heute die *grösste Curlinghalle Europas.*

Im Tal bestehen seit 1981 eine *Tennishalle* mit vier Plätzen, die kommerziell geführt wird, und *in den Widen* seit 1983 vier weitere *Tennisplätze* mit Clubhaus (Tennisclub Reichenstein). 1984 konnten die grosszügigen *Fussballanlagen* dem Fussballclub übergeben werden, der bis dahin in den Hagenbuchen sein Zuhause hatte. Vier Jahre später baute gleich nebenan die PTT einen weiteren *Fussballplatz mit Mehrzweckplatz* und Clubhaus für die Interessengemeinschaft der PTT-Sportler. Mit zwei weiteren *Tennisplätzen,* die in den Schneckenbündten liegen und von der Basler Versicherungs-Gesellschaft 1979 erstellt worden sind, zählt man in Arlesheim insgesamt nicht weniger als 17 Tennisplätze!

Ein eigentliches drittes Zentrum bilden die Schulhäuser Gerenmatte 1 und 2 mit ihren vier Turnhallen, die insbesondere im Winter, abends und zum Teil auch am Wochenende von den Ortsvereinen stark belegt sind. Die Domplatzturnhalle wurde 1979 zu einer *Mehrzweckhalle* umgebaut und wird von Schule und Vereinen rege benützt. Im weiteren gibt es den *Kleinkaliberschützenstand «Plättli»* (50 Meter) beim Schloss Birseck und den *Schiesstand «Gobenmatt»* (300 Meter), der seit 1990 mit einer elektronischen Trefferanzeige ausgerüstet ist.

Trotz dieser vielfältigen Anlagen haben die Arlesheimer Sportler immer noch Raumprobleme. Viele Sportvereine wünschen sich eine *Dreifach-Sporthalle,* die vor allem im Winter die Belegungsengpässe aus der Welt schaffen soll, reglementskonforme Spiele, Turniere und sonstige Wettkämpfe ermöglichen würde und den wachsenden Sportvereinen neue Perspektiven und Impulse geben könnte. Nebst den künstlichen Sportstätten dürfen die natürlichen nicht unerwähnt bleiben, denn Arlesheim besitzt Naturgebiete von ausgesprochener Schönheit. Man denke da nur an die Ermitage bis hinauf zur Schönmatt oder dem Lauf der Birs entlang und andere idyllische Gebiete im Gemeindebann, wo Sportlerinnen und Sportler ideale Voraussetzunge vorfinden, um ihrem Hobby zu frönen.

Quellen

- Arlesheimer Vereine: «Wir stellen uns vor» (1985)

- Diverse Artikel aus dem Wochenblatt für das Birseck und Dorneck

- Basellandschaftliche Zeitung

- Jubiläumsschrift: 100 Jahre Turnverein Arlesheim (1963)

- Schriftliche Unterlagen diverser Sportvereine und Erhebungen bei Sportlern

- Sütterlin Georg: Heimatkunde des Dorfes und Pfarrei Arlesheim, Arlesheim 1910

Das Jugendhaus

Im Zuge der allgemeinen Aufbruchstimmung zu Beginn der achtziger Jahre suchte eine Gruppe Jugendlicher, sie nannte sich «Agasäng», den Kontakt zu den Arlesheimer Behörden und forderte ein Jugendhaus. Nach langem Ringen, vielen Sitzungen, reger Öffentlichkeitsarbeit und einer Theateraufführung war das Ziel erreicht: Am 6. Dezember 1986 öffnete das Jugendhaus Arlesheim unter der Schirmherrschaft des gleichnamigen Trägervereins seine Pforten im ehemaligen «Chäschäller» an der Birseckstrasse 2.

Bald schon wurde klar, dass die Vorstellungen der «Agasäng» von einem kreativen Jugendtreffpunkt mit endlosen philosophischen Diskussionen, verträumt gezupften Gitarrensaiten, politischem Engagement etc. einer anderen, neuen Realität weichen mussten – Discos, Spielautomaten, Beizenbetrieb, in Ruhe gelassen werden, Konsum: Das waren und sind heute die Hauptanliegen der Jugendhausbenützer im Alter von 14 bis 22 Jahren.

Das Leiterteam setzte sich anfänglich aus zwei Personen zusammen, die im Halbamt angestellt waren. Um die vielfältigen Aufgaben wahrnehmen zu können, musste das Team schon bald um eine dritte Leiterstelle im Halbamt erweitert werden.

Das Leiterteam hat in erster Linie den Aufenthaltsraum mit Beizenbetrieb zu betreuen sowie Ordnung und Infrastrukur aufrechtzuerhalten. Im weitern soll es Arbeitsgruppen (z. B. Photolabor, Werkstatt, Musikgruppen) sowie spontane Aktionen animieren und begleiten, Veranstaltungen und Anlässe organisieren und nicht zuletzt einzelne Jugendliche betreuen (Krisenintervention, längere Betreuung).

Die Jugendlichen benützen das Jugendhaus in erster Linie als Treffpunkt. Verschieden starke Gruppierungen verhindern oft, dass eine heterogene Benützerschaft entstehen kann. Sie verdrängen einzelne Jugendliche, die sich nicht den vorherrschenden Strömungen der Gruppen anpassen. Da in Arlesheim viele Vereine und Jugendgruppen existieren und auch die Kirchen intensive Jugendarbeit betreiben, sind für alle Jugendlichen genügend Freizeitmöglichkeiten vorhanden. Das Jugendhaus ist mehr oder weniger Zufluchtsort für Aussenseiter geworden. Sie bilden lose Cliquen, denen von der Öffentlichkeit oft undifferenziert und pauschal negatives Verhalten (Drogenkonsum, Gewalt, Lärm, Kriminalität) vorgeworfen wird.

Sinn und Zweck des jetzigen Jugendhauses könnte man von zwei Seiten her folgendermassen umschreiben:

1. Aus der Sicht der Jugendhausbenützer:
Ungezwungenes Zusammensein ohne fordernde Institutionen und ohne Druck und Zwang zu kreativem Arbeiten; Musik hören, Musik machen; Ansprechpartner und Kollegen mit ähnlichen Vorstellungen finden.

2. Aus der Sicht der Erwachsenen:
Jugendliche weg von der Strasse bringen und unter Aufsicht stellen; betreuten Treffpunkt für kreatives Schaffen anbieten. Jugendhausbenützer werden oft als «Sündenböcke» bei Zwischenfällen im Dorf (z.B. Sprayereien, Sachzerstörungen etc.) hingestellt.

Das Jugendhaus Arlesheim ist – ähnlich wie andere Jugendzentren in der Region – 1993 in eine Umstrukturierungsphase getreten. Rückläufige Besucherzahlen und veränderte, vorwiegend konsumorientierte Bedürfnisse der Benützer haben den Trägerverein des Jugendhauses dazu bewogen, ein neues Konzept zu erarbeiten. Die Jugendlichen selbst tragen mit ihren Vorstellungen zu diesem Konzept bei – ganz im Sinne des zentralen Anliegens des Trägervereins, die Arlesheimer Jugend ernst zu nehmen und mit ihr im Gespräch zu bleiben.

Die Säulizunft

Der 1992 verstorbene Ehrenzunftrat und Altchronist Hans Wirz, ein bis ins hohe Alter wacher, sportlicher und humorvoller Mensch, schreibt in seiner Gründungsgeschichte der «Säulizunft» u.a.:

«Man schrieb das Jahr 1968, als der Turnverein Arlesheim am brütendheissen 30. Juni das 60. Basellandschaftliche Kantonalschwingfest durchführte. Dr. Willi Schöb, alias «Pi», stiftete für dieses Fest als Spezialgabe ein junges Säuli, einen «Springer», dem er sinnigerweise den Namen Axel gab. Dieses quietschlebendige Säuli sei dem Rangletzten zu überlassen. Der aber erklärte sich ausserstande, das Borstenvieh mitzunehmen.

Als Retter in der Not sprang OK-Präsident Sepp Hofmeier in die Bresche und kaufte dem Gewinner das Säuli ab. Nachdem der Springer am Futtertrog im Weidenhof zur Sau herangewachsen war, erfolgte das Festmahl am 1. März 1969 im Gasthof zum «Rössli» in Arlesheim, woran auch der Vorstand des Kantonalschwingerverbandes teilnahm.

Nachdem männiglich von Speis und Trank am Rande des Fassbaren angelangt war, startete der unberechenbare Mathematiker «Pi» die nächste Überraschung, indem er dem Gastgeber für das nächstjährige Schlachtfest erneut einen Springer stiftete und zur Absicherung der Tradition die Gründung der Säulizunft vornahm.»

In den seither vergangenen 25 Jahren hat es sich die Zunft zur Aufgabe gemacht, in unserem Dorf kulturelle Belange zu pflegen; ja sie hat sogar den Grundstein für eine neue Tradition gelegt: die Silvesterfeier auf dem Domplatz, von der im Abschnitt über Bräuche die Rede sein wird (siehe S. 350).

1985 haben die Mitglieder der Zunft in Fronarbeit den abgebrannten Temple rustique in der Ermitage wieder aufgebaut und sind seither immer aufs neue mit Reparaturarbeiten beschäftigt.

Bei der Bannerweihe vom 24. März 1982, an der die Talzünfte der Region, aber auch solche aus Basel teilnahmen, wurde die kleine Standarte durch ein prächtiges neues Banner ersetzt und im Dom den Zunftbrüdern feierlich übergeben. Das Motto «cochon et bouchon», das auf dem kleinen Fähnlein stand, hat seine Bedeutung für die Zunft weiterhin beibehalten.

An den Dorffesten ist die Säulizunft ebenfalls gut vertreten, wenn sie es nicht vorzieht, ein eigenes Fest für die Dorfbewohner steigen zu lassen. Dann werden in origineller Art lokale Spezialitäten aus der Vergangenheit hervorgeholt und – wie z.B. bei einer Metzgete – Zusammengehörigkeit und Begegnung praktiziert.

Für die Säulizunft steht die Pflege des dörflichen Eigenlebens in Arlesheim an oberster Stelle.

Die Vereine

Arlesheim hat ein reiches Vereinsleben. Hier trifft man sich zu gemeinsamem Tun, setzt sich für die Mitmenschen ein und freut sich der Geselligkeit. Manche Zuzügerin, mancher Zuzüger ist durch die Mitwirkung in einem Verein, der den eigenen Interessen entspricht, in der neuen Wohngemeinde rascher heimisch geworden. Und wenn im Dorf ein Fest gefeiert wird, sind die Vereine dabei, sowohl mit ihren Darbietungen als auch durch gemeinsame Verantwortung für das leibliche Wohl. Kehren Vereine von eidgenössischen Festen zurück, so werden sie von den andern fahnentragenden Vereinen feierlich begrüsst und unter den Klängen des Musikvereins in einem Umzug durchs Dorf begleitet.

Im nachfolgenden Verzeichnis stellen sich die über 40 Arlesheimer Vereine kurz vor. Wie die Gründungsjahre zeigen, sind einige über hundert Jahre alt, andere haben sich erst in den letzten Jahren gebildet. Die meisten sind in der Interessengemeinschaft der Vereine von Arlesheim (IGVA) zusammengeschlossen. Diese koordiniert u.a. Anlässe und publiziert jährlich ein Adressenverzeichnis sowie einen Anlässekalender.

Sportliche Vereine

Turnverein   *1863*

Der TVA ist der älteste Arlesheimer Sportverein. Aus ihm sind die in dieser Zusammenstellung erwähnten Untersektionen entstanden. Der Turnverein besteht heute aus der Aktivsektion und der Jugendriege und betreibt die Sportarten Leichtathletik sowie Hand- und Volleyball. Ein weiteres Angebot ist der nicht vereinsgebundene «Sport für alle». Die Aktivitäten gehen von Meisterschafts-Spielbetrieb über Teilnahme an Turnfesten bis hin zu kantonalen und nationalen Wettkämpfen. Traditionelle Anlässe sind das Eierlesen (siehe S. 349, Abb. 167), der Turnerabend und die St.-Niklaus-Aktion.

Abb. 157 Hochsprungtraining der Mädchenriege

Frauen und Damenriege *(Untersektion des Turnvereins)* — 1943

Eine erste Gründung der Damenriege erfolgte bereits 1921, es gab dann aber mehrere Unterbrüche. Das Ziel der Frauen- und Damenriege ist die Erhaltung der Fitness durch Spielen, Turnen und Gymnastik sowie Geselligkeit und Kameradschaft. Eine Abteilung der Frauenriege spielt Volleyball und führt das jährliche Volleyball-Turnier «Ermitage-Cup» durch. Sie unterhält auch eine Jugendriege für Mädchen und eine gemischte polysportive Gruppe. Sie nimmt an verschiedenen Turnieren sowie am jährlichen Turnerabend teil.

Männerriege *(Untersektion des Turnvereins)* — 1947

Sie existiert, allerdings mit Unterbrüchen, seit 1910. Auch ihr Ziel ist die Erhaltung der Fitness durch allgemeines Turnen, Faustball- und Volleyballspiel mit Teilnahme an Meisterschaften und Freundschaftsturnieren. Jährlich wird der «Hagenbuchen-Cup» durchgeführt, ferner nimmt die Männerriege an Turnfesten teil und wirkt am Turnerabend mit; denn Kameradschaft und Geselligkeit werden in der Männerriege ebenfalls gross geschrieben.

Trampolin-Gruppe — 1973

Diese Jugendsektion fördert die Körperbeherrschung durch Schulung der Beweglichkeit, des Orientierungsvermögens und der koordinativen Fähigkeiten beim Trampolinspringen. Sie nimmt an regionalen Wettkämpfen teil und wirkt jeweils am Turnerabend mit.

Basketball-Club — 1976

Der BCA versteht sich als sinnvolle Freizeitbeschäftigung mit körperlicher Betätigung. Er legt auch Wert auf eine gute Kameradschaft, die besonders im jährlich stattfindenden Trainingslager gepflegt wird. Der BCA fördert vor allem die Juniorinnen- und Juniorenbewegung; so sind ca. 80% der Aktivmitglieder unter 20 Jahre alt.

Atmungsturngruppe — 1960

Aus rein gesundheitlichen Erwägungen und in der Überzeugung, dass bei den Turnübungen der richtigen und intensiven Atmung Vorrang eingeräumt wird, haben wir ein spezielles Turnprogramm gestaltet. Es besteht aus Körperübungen, die bezwecken, die gesamte Muskulatur zu stärken, die Gelenke beweglich und die inneren Organe gesund zu erhalten. Der verstärkten Blutzirkulation wird der lebenswichtige Sauerstoff mitgegeben. Wo dieser nicht in genügendem Masse hinkommt, bilden sich Krankheitsherde, und dem wollen wir vorbeugen nach dem Wahlspruch: «Vorbeugen ist besser als heilen.»

Sportfischer-Wandergruppe — 1968

Die Sportfischer-Wandergruppe Arlesheim war zunächst ein reiner Sportfischer-Verein. Die Erweiterung um die Wandergruppe erfolgte einige Jahre später im Zusammenhang mit unseren Volksmarsch-Aktivitäten. Zweck des Vereins ist die Teilnahme an Wettfischen, Volksmärschen und Exkursionen, Austausch von Erfahrungen mit Gleichgesinnten im In- und Ausland sowie Pflege der Kameradschaft. Traditionelle Anlässe sind der «Weihnachts-Volksmarsch» Mitte Dezember, ein Lottomatch, die regelmässigen Vereins-Wettfischen und -Ausflüge. Bei Dorf- und Vereinsfesten führen wir Festbeizen mit Fischgerichten.

Fussball-Club — 1933

Der FC Arlesheim zählt sechs Junioren-, drei Aktiv- und eine Seniorenmannschaft. Er spielt in der 3. und 4. Liga sowie in diversen Juniorenkategorien. Zur Nachwuchsförderung unterhält er eine Fussballschule für Jugendliche ab 7 Jahren. Alljährlich führt er das beliebte Grümpelturnier durch, 1991 zum 30. Mal.

Mit einem rauschenden Fest wurde 1984 das grosse, von Vereinsmitgliedern in Fronarbeit und Eigenregie erbaute Klubhaus auf der neuen Anlage in den Widen eingeweiht, und 1993 wird mit einem weiteren Fest das 60-Jahr-Jubiläum gefeiert.

Holle-Hoppers   1965

Am Grümpelturnier des FC Arlesheim hat jahrelang eine Mannschaft aus Angestellten der Holle-Nährmittel AG Arlesheim mitgespielt. Die Idee zur Vereinsgründung unter dem Namen Holle-Hoppers gab neben den sportlichen Erfolgen die gute Kameradschaft, die auch heute noch unser Hauptanliegen ist. Neben dem Fussballspiel sind unsere weiteren Aktivitäten Wandern, Exkursionen und gesellige Anlässe.

Lebensrettungs-Gesellschaft, Sektion Birseck   1955

Ihr Ziel ist es, Leben aus allen Notlagen zu retten, wobei der Rettung in Not geratener Mitmenschen aus Gewässern zentrale Bedeutung zukommt. Sie betreibt Öffentlichkeitsarbeit, Schwimmen und Freitauchausbildung für alle, Rettungsschwimmen, Nothilfe und Rettungsdienste.

Tauchclub «Redfish»   1978

Der Tauchclub «Redfish» zeichnet sich insbesondere durch seinen familiären Charakter aus. Nebst dem Unterwasser-Wettbewerb «Jamboree», dem Klausentauchen und dem Rheinschwimmen tritt der Club jedes Jahr im Schwimmbad Arlesheim aktiv in Erscheinung und bietet Schnuppertauchkurse für die Bevölkerung an. JEKAMI heisst dann das Motto, und unter kundiger Führung bekommt man einen tollen Eindruck von der Unterwasserwelt und dem einzigartigen Schwebegefühl vermittelt.

Tennisclub Arlesheim   1952

Seit der Eröffnung der ersten Tennisplätze beim Schwimmbad besteht der TCA. Er hat sich neben der sportlichen Zielsetzung auch die Aufgabe gestellt, den Tennis-Sport sowohl als Einzel- wie als Mannschaftssport zu fördern, und er soll ein Treffpunkt seiner Mitglieder aller Altersstufen sein. Der TCA nimmt an den Interclub-Meisterschaften teil und führt den «Birseck-Cup» durch.

Tennisclub Reichenstein   1981

Als zweiter Arlesheimer Tennisclub fördert auch der TCR den Tennis-Sport in kameradschaftlichem Rahmen. Er spielt auf den Anlagen im Tal. Besonderes Gewicht wird auf die Junioren-Förderung gelegt. An sportlichen Anlässen sind die Teilnahme an den Interclub-Meisterschaften, den Birstaler Meisterschaften und die Organisation des Seemann-Mixed-Turniers zu nennen.

Tischtennis-Club   1988

Den Tischtennissport speziell den Jungen und Junggebliebenen näherzubringen, ist das Ziel des TTC Arlesheim. Er spielt mit zwei Mannschaften in der 4. Liga der Nordwestschweizer Meisterschaft. Einstweilen trainiert er im Gang des Domplatzschulhauses, hofft aber, bald neue Trainingsräume beziehen zu können.

Boccia-Club   1954

Zweck und Ziel sind das Boccia-Spiel mit Turnieren und Vereinsmeisterschaften sowie die Pflege von Kameradschaft und Geselligkeit.

317

Auf dem von der Gemeinde zur Verfügung gestellten Land befinden sich zwei Bahnen. Das Clubhaus wurde 1966 eingeweiht, die Erweiterungsbauten mit Küche, Lager und WC entstanden 1977 und 1982. Gespielt wird nach den Regeln der Schweizerischen Boccia-Vereinigung.

Curling-Zentrum Arlesheim 1970

Es vereinigt 30 Clubs aus der Region.
In der grössten Curlinghalle Europas mit 8 Rinks herrscht ein reger Trainings- und Meisterschaftsbetrieb. Durch Kindercurling und die Curlingschule wird vor allem die Juniorenbewegung gefördert. Für Turniere mit nationaler und internationaler Beteiligung wird die Halle zur Verfügung gestellt.

Feldschützengesellschaft (Sportschützen) 1886

Die Feldschützengesellschaft Arlesheim bietet im Schiessstand «Gobenmatt» allen Schiesspflichtigen die Gelegenheit, das obligatorische Bundesprogramm zu erfüllen. Neben intensivem Training für die Teilnahme an Gruppenmeisterschaften und andern Schützenanlässen legen die Aktiv-Schützen grossen Wert auf Kameradschaft.
«Jungschützen» werden 17–20jährige Mädchen und Burschen genannt, die entsprechend ausgebildet werden. In der Jahreskonkurrenz, dem Schwerpunkt der Schiesstätigkeit, wird der Vereinsmeister erkoren.

Pistolensektion (Untersektion der Feldschützengesellschaft) ca. 1950

Die Pistolensektion pflegt das sportliche Schiessen und bietet Gelegenheit, das obligatorische Bundesprogramm zu erfüllen. Auch ermöglicht sie die Teilnahme am Eidgenössischen Feldschiessen und nimmt an Schweizer Gruppen-Meisterschaften sowie an regionalen Wettkämpfen teil. Für Buben und Mädchen ab 15 Jahren werden Jungschützenkurse durchgeführt.

Kleinkaliber-Schützen 1980

Bereits 1908 wurde der Flobertklub gegründet, der sich ab 1926 Freischützenverein nannte. Im heutigen Kleinkaliberschützen-Verein sind alle Altersgruppen und beide Geschlechter vertreten. Es sind reine Sportschützen, die sich im Schiessstand «Plättli» beim Schloss Birseck regelmässig zum Training und zur Pflege der Kameradschaft treffen. Als traditioneller Anlass wird jährlich das Volksschiessen durchgeführt, zu dem die ganze Bevölkerung eingeladen ist.

Schach-Club Birseck 1940

Der Schachklub Birseck mit Sitz in Arlesheim ist durch Fusion der Clubs von Arlesheim, Münchenstein und einer Gruppe aus Dornach gegründet worden. Im Clublokal bei der «Grün 80» treffen sich alt und jung.
Der Schachclub Birseck ist Mitglied des Schweizerischen und des Nordwestschweizerischen Schachverbandes. Er nimmt an den Meisterschaften dieser Verbände teil. Auch führt er regelmässig Einzelturniere, Kurse für Anfänger und Fortgeschrittene sowie regelmässige Anlässe für Jugendliche durch.

Musikalische Vereine

Katholischer Kirchenchor 1874

Der Chor ist ein Teil der singenden Gemeinde und übt ein wahrhaft liturgisches Amt aus. Er pflegt den mehrstimmigen Kunstgesang, den Gregorianischen Choral und widmet sich auch der Geselligkeit.
«Sprich, und du bist Mitmensch! Sing, und wir sind Brüder und Schwestern!»

318

Reformierter Kirchenchor   1889

Schon vor der Gründung des Kirchenchors hat der legendäre Gottfried Burgermeister, ein musikalischer Schreinermeister in Arlesheim, als «Vorsänger» die reformierten Gläubigen im Gemeindegesang angeführt. 1889 erfolgte dann die Gründung des Chors, der neben dem Singen im Gottesdienst anfänglich auch an Gesangfesten teilnahm, im «Ochsen» unvergessliche Theaterabende durchführte und grosse Reisen unternahm. Die Jubiläumsschrift zum 100jährigen Bestehen des Chors berichtet von unzähligen Gottesdiensten, Abendmusiken und Konzerten, seit 1970 auch immer wieder gemeinsam mit dem katholischen Kirchenchor gemäss dem Psalmwort: Gott loben, das ist unser Amt.

Frauenchor   1928

Sein Ziel ist die Pflege des Gesangs und der Geselligkeit. Dazu gehören jährlich ein Konzert und eine Reise. Durch Mitwirkung im Gottesdienst, an der Betagtenehrung in der «Obesunne», am beliebten Kindermaskenball und mit einem Stand am Weihnachtsmarkt nimmt der Frauenchor am Dorfleben teil. Sein musikalisches Repertoire umfasst Volkslieder, Wienerwalzer und geistliche Werke.

Männerchor   1844

Der Männerchor pflegt den Chorgesang nicht nur im Hinblick auf seine Konzerte und Wettsingen, sondern immer häufiger auch im Dienst der Öffentlichkeit. So hilft er, Gottesdienste und Feierlichkeiten zu gestalten, singt an Altersständchen und beteiligt sich an den Altersausfahrten der «Obesunne».
Auch der Pflege der Kameradschaft und Geselligkeit wird breiter Raum gewährt. Jedes Jahr lädt der Männerchor zu seinem traditionellen Unterhaltungsabend ein.

Abb. 158 Der Musikverein 1990

Jodler-Club 1928

Der JCA pflegt das heimische Jodellied, das Brauchtum, Kameradschaft sowie Kontakte mit andern Vereinen. Als Zeichen der Zugehörigkeit zum Club tragen die Mitglieder entweder die Baselbieter Männertracht bzw. Frauentracht oder den Chüejermutz. Der JCA belebt das Dorfleben durch Mitwirkung an Festen, an der traditionellen Badhof-Chilbi und in Gottesdiensten.

Musikverein 1872

Die Förderung und Belebung des musikalischen und kulturellen Lebens war bereits bei der Gründung des Musikvereins ein wichtiger Grundsatz und ist in unseren Statuten verankert. Mit regelmässigen Proben, öffentlichen Ständchen, Konzerten und durch die Teilnahme an Anlässen im Rahmen der kulturellen Bestrebungen versuchen wir, diese Vorgabe zu erreichen. Ein ebenfalls sehr wichtiger Artikel in unseren Statuten ist die Erhaltung, Förderung und Unterstützung des eigenen Nachwuchses. Mit der Gründung der Jugendmusik, in engster Zusammenarbeit mit der Jugendmusikschule Arlesheim, haben wir 1985 in dieser Richtung einen wichtigen Schritt getan. Gemeinsame Konzerte zeigen, dass wir auf dem richtigen Weg sind und die Zukunft des Musikvereins gesichert ist.

Jugendmusik JUMU 1985

Die Jugendmusik wurde 1985 vom Musikverein und von der Jugendmusikschule gemeinsam ins Leben gerufen. Der Dirigent gehört dem Lehrkörper der JMS an, soll aber nach Möglichkeit identisch mit dem musikalischen Leiter des Musikvereins sein. Die Mitglieder der Jugendmusik rekrutieren sich aus den Holz- und Blechbläserklassen sowie aus der Schlagzeugklasse der Jugendmusikschule, wo sie die technische und musikalische Ausbildung auf ihrem Instrument geniessen. Sie erhalten im Corps der Jugendmusik die Gelegenheit, unter kundiger Leitung einerseits das gemeinsame Musizieren, andererseits aber auch die Kameradschaft zu pflegen. Wer das 20. Altersjahr erreicht, muss aus der Formation austreten und kann freiwillig zum Musikverein wechseln, dem auf diese Weise mindestens teilweise der Nachwuchs gesichert wird. Die Jugendmusik tritt in mehreren Konzerten pro Jahr allein oder auch zusammen mit dem Musikverein innerhalb und ausserhalb unseres Dorfes auf.

Orchesterverein 1913

Das gemeinsame Musizieren, das Kennenlernen der Orchesterwerke und das Erlebnis des Konzertes sind einerseits Ziel, andererseits Motivation, das erlernte Instrument nicht beiseite zu legen. Das Frühlings- und das Adventskonzert sind jeweils die Höhepunkte der Probenabende. Der Leitspruch des OVA: Freude geben – Freude nehmen.

Akkordeon-Orchester Münchenstein/Arlesheim 1943

Der 1943 gegründete Handharmonika-Club Arlesheim ist bestrebt, Harmonikamusik einer breiten Bevölkerungsschicht zu präsentieren sowie einen guten kameradschaftlichen Geist zu pflegen. Wegen des kleinen Mitgliederbestandes schloss er sich 1963 mit dem Handharmonika-Club Münchenstein zusammen und trat 1975 dem Nordwestschweizerischen Handharmonika-Musikverband bei. An regionalen und eidgenössischen Wettspielen konnte der Verein meistens mit zwei Orchestern auftreten und erreichte immer sehr gute oder vorzügliche Leistungen. Jedes Jahr legt er in seinem Jahreskonzert Zeugnis von dem Gelernten ab.

Jugendvereine

Jungwacht/Blauring Arlesheim JUBLA 1933

Blauring und Jungwacht, eine Kinder- und Jugendorganisation, welche von der katholischen Kirche getragen wird, steht heute Kindern aller Konfessionen offen. Die wöchentlichen Gruppenstunden bieten Gemeinschaftsspiele drinnen und draussen, Erlebnisse in der Natur, kreative Bastelarbeiten, Theater, Geschichten, Singen, Kochen, Feste feiern und vieles mehr. Die Kinder erfahren dabei bleibende Erlebnisse, aber auch Konflikte, und lernen, Verantwortung mitzutragen. Zu den Höhepunkten zählen Spielnachmittage, Waldweihnacht und Scharanlässe mit den Eltern, Seifenkisten- und Buschiwagenrennen, Jugendgottesdienste, vor allem aber das zweiwöchige Sommerlager.

Pfadiabteilung Rychestei 1993

Anfangs 1993 haben sich die Arlesheimer «Pfadfinderinnen Dorneck» (Mädchen) und die «Pfadfinderabteilung Hilzenstein» (vorwiegend Knaben) zur «Pfadiabteilung Rychestei» zusammengeschlossen.

Unsere Jüngsten, die 7- bis 11jährigen *Wölfe,* sind an den samstäglichen Übungen meist im Wald anzutreffen. Spielerisch und mit der reichlich vorhandenen Phantasie lernen sie, sich in einer Gruppe von 20 bis 30 Wölfen richtig zu verhalten, die Umwelt, die Freunde und auch vermeintliche «Feinde» zu achten und zu schätzen; alles nach dem Leitspruch «Unser Bescht's».

Die *Pfadi,* also die 12- bis 15jährigen, sind in kleinere Gruppen eingeteilt. «Junge leiten Junge» wird in diesen sog. Fähnlis sehr präzis angewandt, die Gruppen stehen unter der Leitung eines etwa 15jährigen Venners. Die Ziele sind ähnlich wie bei den Wölfen, einige kommen dazu, die Mittel ändern sich, und der einzelne trägt mehr Verantwortung für das Gelingen der Sache. Der Leitspruch «Allzeit bereit» mag dies zeigen.

Den Bedürfnissen der älteren Jugendlichen zwischen 15 und 18 Jahren sollen die *Pionniers* (französisch) gerecht werden. Der Erfahrenste leitet die Geschicke einer Equipe mit etwa 8 Pionniers so, dass er nur Ideenvorschläge macht, die Durchführung der Aktion aber in den Händen aller Equipenmitglieder liegt. Das Motto «Zämeschto – wytercho» beschreibt die Arbeitsweise und Idee sehr treffend.

Fliessend ist der Übergang zu den *Rovern.* Die Aktivitäten spielen sich in ähnlichem Rahmen ab wie bei den Pionniers. Die Rover sind in der Regel älter als 18 Jahre, der Leiter fehlt nun vollständig, und die Rotte, so wird eine Gruppe mit 5 bis 10 Rovern genannt, gründet und organisiert sich selbst.

Trägerverein Jugendhaus 1985

1984 erliess der Gemeinderat nach jahrelangen Bemühungen der «Agasäng» – einer Gruppe Jugendlicher – einen Aufruf an die Mitbürger, sich für die Mitarbeit an dem zu gründenden Jugendhaus zu melden. Aus den interessierten Frauen und Männern wurde an der Gründungsversammlung vom 6. Mai 1985 der Vorstand des Trägervereins erkoren, in dem auch behördliche, schulische und kirchliche Delegierte sowie die jungen Benützer selbst vertreten sind und ihre Ansichten direkt einbringen können.

Die Arbeit mit den jungen Frauen und Männern ist spannend und abwechslungsreich und wird hie und da gekrönt von einem gemeinsamen Fest (siehe S. 312).

Weitere kulturelle und gemeinnützige Vereine

Theater auf dem Lande (siehe S. 306) 1980

Gewerbeverein (siehe S. 254) 1924

Verkehrsverein 1904

Ihm obliegen u.a. folgende Aufgaben: Unterstützung des Schutzes von Kunst- und Naturdenkmälern, Erschliessung und Erhaltung von Naturschönheiten und Aussichtspunkten, Aufstellen von Ruhebänken und Feuerstellen, Anregung zur Markierung von Spazier- und Wanderwegen,

Pflege sinnvoller Bräuche (Fasnachtsfeuer), Herausgabe und Vertrieb ortskundlicher Schriften, Propagierung des Naturschutzes, Organisation von Vorträgen, Konzerten etc., Förderung des Ortsmuseums Trotte sowie touristische Werbung für unser schönes Dorf.

Naturschutzverein 1989

Im Anschluss an eine Nistkastenreinigung institutionalisierte eine Gruppe engagierter Naturfreunde aus Arlesheim die Anliegen der Lebenserhaltung und Biotopverbesserung für Flora und Fauna vorab in unserem Gemeindebann. Arlesheim mit seinen vielfältigen und zum Teil noch intakten Lebensräumen ist es besonders wert, dass diese gehegt und gepflegt werden. Um dies zu erreichen, veranstaltet der Naturschutzverein regelmässig Nistkastenreinigungen, Pflegen von trockenen und feuchten Magerwiesen sowie Lurch-Rettungsaktionen während der Wanderzeit. Zum besseren Verständnis werden Exkursionen, Führungen und Vortragszyklen angeboten.

Freunde des Domes zu Arlesheim 1981

Anlässlich des Jubiläums «300 Jahre Dom zu Arlesheim» wurde dieser Verein gegründet mit dem Zweck, die Kirchgemeinde in der Erhaltung des soeben restaurierten Domes zu unterstützen. Dies geschieht durch persönliches Engagement der Mitglieder, regelmässige Information durch Presse, Publikationen, Führungen etc., Förderung der Geschichtsforschung, um die kulturelle und historische Bedeutung des Bauwerks und der Silbermann-Orgel bekanntzumachen.

Verein Ferienhaus für die
Evangelisch-reformierte Kirchgemeinde Arlesheim 1982

Abb. 159 Das «Lerchhaus» in St. Stephan

1981 wurde der reformierten Kirchgemeinde das «Lerchhaus», ein Ferienhaus in St. Stephan im Simmental, zum Kauf angeboten, das sich für die verschiedensten Bedürfnisse der Jugend- und Kursarbeit bestens eignet. Zu allen Jahreszeiten können Familienlager durchgeführt werden. Für Wanderlager im Herbst stehen viele schöne Höhenwege zur Auswahl, und die Nähe zum weissen Hochland und zum Lenker/Adelbodner Skigebiet verlockt zum Skisport. All dies sprach dafür, auf das Angebot einzugehen. Das Projekt des 1982 gegründeten Vereins fand in der Gemeinde die nötige Resonanz. Unzählige grössere und kleinere Beiträge ermöglichten es, 1984 das Haus zu kaufen, das unter grossen Opfern von Arlesheimer Handwerkern modernisiert wurde. Es versteht sich als ökumenisches Angebot: Alle Vereine und Gruppierungen von Arlesheim werden bei der Vermietung gleich behandelt.

Das Erwachsenen- und Jugendforum 1972

Das Erwachsenen- und Jugendforum ist eine Ortsgruppe der Elternbildung Baselland. Es wurde 1972 gegründet als «Elternschule Arlesheim». 1984 wurde sein Name geändert, da er als zu einschränkend empfunden wurde. Es richtet sich nicht nur an Eltern, sondern an alle Erwachsenen und Jugendlichen. Das Forum ist für vieles und viele offen. Seine Anliegen sind, die Sicherheit der Eltern in ihrer Erziehungstätigkeit zu stärken, dem Erwachsenen die Möglichkeit zu bieten, seine Persönlichkeit besser kennenzulernen und zu entfalten, Diskussionen und Gespräche zwischen Partnern, Eltern und ihren Kindern, zwischen Familien und ihrer Umwelt zu fördern.

322

Das Angebot besteht aus Vorträgen und Kursen zu aktuellen Themen der Erziehung, der Persönlichkeitsentwicklung und aus Kursen zur Förderung der Kreativität. Daneben werden auch schöpferische Kurse für Kinder und Jugendliche angeboten.

Frauenverein   1957

Der politisch und konfessionell neutrale Frauenverein ermöglicht seinen Mitgliedern Beteiligungen an kulturellen Veranstaltungen, Industriebesichtigungen und Ausflügen sowie an sozial-karitativen Werken. Er ist der Frauenzentrale Baselland angeschlossen und organisiert Fabrik- und Museumsbesuche, Kurse und Vorträge, hilft bei der Altersbetreuung in der «Obesunne» und in der «Landruhe», bei Spitalbesuchen, am Missionsbazar und bei der Weihnachtsbescherung für kranke oder einsame Mitmenschen.

Katholischer Frauenverein   1883

Der Verein erfüllt religiöse, soziale, karitative und kulturelle Aufgaben. Durch ihn wurden die Koch- und Haushaltungsschule, der Kranken- und Hauspflegeverein und die Kindergärten mitbegründet. Beteiligt war er auch bei der Gründung des Tagesmuttervereins, der Durchführung der Wintersportbörse und des Mittagstischs.
Seine Angebote umfassen die von der Frauen-Liturgiegruppe gestaltete Frauengemeinschaftsmesse, die Pflege der Ökumene, Besinnungstage, Vorträge, Kurse, Ausflüge, Besuche bei Kranken und Einsamen, bei Buschimüttern sowie Spiel- und Bastelnachmittage für Kinder.

Tagesmutterverein   1981

Der politisch und konfessionell neutrale Tagesmutterverein wurde aus privater Initiative gegründet. Er arbeitet nach den Richtlinien der Pro Juventute und vermittelt Tagesplätze für Kinder von Eltern und Alleinerziehenden, die berufstätig oder in Ausbildung sind. Je nach Bedarf und Möglichkeit betreut die Tagesmutter das Kind bei sich zu Hause ganztags, halbtags oder stundenweise. Der Tagesmutterverein Arlesheim ist eine anerkannte Fachstelle und wird von der Gemeinde finanziell unterstützt.

Katholischer Männerverein   1943

Der aus dem Katholischen Volksverein hervorgegangene Katholische Männerverein versteht sich als Ortssektion des Schweizerischen Katholischen Männerbundes mit Zentralstelle in Luzern.
Pflege der Freundschaft und des Zusammengehörigkeitsgefühls innerhalb und ausserhalb der kirchlichen Aktivität sind sein Ziel. Dieses wird erreicht durch Führungen, Besichtigungen, Vorträge, Übernahme von Pfarreiaufgaben, Spitalbesuche, Jassabende, Fahrten und Wanderungen. Zu den Anlässen werden gelegentlich auch die Gattinnen und weitere Familienangehörige eingeladen. Für Verstorbene wird ein Gedächtnis-Gottesdienst gefeiert.

Katholischer Vinzenzverein Arlesheim   1943

Nach dem Vorbild des heiligen Vinzenz, der im 17. Jahrhundert in Frankreich segensreich gewirkt hat – u.a. durch die von ihm gegründete «Conférence des Dames de la Charité», eine Frauenvereinigung zur Betreuung armer Kranker – und getreu der Devise «Deus caritas est» gründet der Verein seine praktische Nächstenliebe auf Gott. Die Unterstützungen werden ermöglicht durch Mitgliederbeiträge, Kirchenopfer, Spenden, Legate, Zinsen, Erlöse aus festlichen Anlässen und aus der St. Niklaus-Aktion. Aufgabe des Vereins ist es, auch heute noch bestehende Not aufzuspüren und zu lindern, diskret und ohne bürokratische Umtriebe.

Altersverein 1938

Der parteipolitisch und konfessionell neutrale Verein bezweckt die Förderung gemeinsamer Altersinteressen, Pflege der Kollegialität und einer gesunden Unterhaltung. Jährlich finden zwei Car-Ausflüge zu stark ermässigten Preisen sowie eine Weihnachtsfeier mit kulturellen Darbietungen und einer vom Verein gestifteten Mahlzeit statt.

Samariterverein 1928

Am Nordwestschweizerischen Schwingfest von 1927 in Arlesheim musste der Sanitätsposten mit auswärtigen Samaritern besetzt werden; denn im Bezirkshauptort bestand kein Samariterverein. Schon ein Jahr später wurde einer gegründet, und er übt seither eine rege Tätigkeit aus: Weiterbildung der Mitglieder, Betreuung des Sanitätspostens bei Veranstaltungen im Dorf, Organisation des Blutspendedienstes, Veranstaltung von öffentlichen Vorträgen und Filmen zum Gesundheitswesen und anderes mehr.

Kranken- und Hauspflegeverein 1988

Unter dem Namen Kranken- und Hauspflegeverein Arlesheim besteht seit 1. Januar 1988 ein Verein, welcher mit seinen Dienstleistungen für Menschen aller Altersgruppen das Wohnen und Leben zu Hause ermöglicht, die der Hilfe, Pflege, Behandlung, Betreuung und Beratung bedürfen.
Der Verein ist durch Fusion der nach der Jahrhundertwende entstandenen, konfessionell getrennt geführten Organisationen mit ähnlicher Zielsetzung hervorgegangen.
Der Kranken- und Hauspflegeverein hat rund 1000 Mitglieder. Auf den 1. Januar 1994 ist ein Zusammenschluss mit dem Verein Betagtenhilfe geplant. Der Verein wird dann seinen Namen in «Ambulante Dienste Arlesheim» ändern (siehe S. 214).

Donatori del Sangue del Birseck 1974

Wie sein Name sagt, will dieser von italienischen Einwanderern gegründete Verein Blut spenden und damit Leben retten. Er ist vor allem bemüht, die ausländische Bevölkerung zum Blutspenden zu animieren – mit Erfolg, gehören doch dem Verein zur Zeit Mitglieder und Gönner aus fünf verschiedenen Nationen an. Der Geselligkeit dienen ein Tanzabend, ein Lottomatch und ein Jahresessen im Kreise der Mitglieder, wobei besonders fleissige Blutspender mit einer Medaille honoriert werden.

Comitato Italiano d'Intesa del Birstal 1977

Dieser Verband bezweckt die Unterstützung und Förderung aller Italiener des Birstals auf kulturellem, sportlichem und sozialem Gebiet sowie in der Elternberatung über Schulfragen und in der Erwachsenenbildung im allgemeinen. Seine bisherigen Aktivitäten erstrecken sich auf soziale Fürsorge, berufliche Weiterbildung und kulturelle Freizeitgestaltung. Das Comitato möchte auch in geeigneter Weise dazu beitragen, die hiesigen Ausländer in die schweizerische Bevölkerung zu integrieren.

Eremite-Waggis 1985

«Der Verein bezweckt die Förderung des Fasnachtsbrauches in Arlesheim. Mit Aktivitäten aller Art soll die Dorffasnacht erhalten und die Fasnacht der Bevölkerung nähergebracht werden». Dies geschieht durch den «Masggeball» und die Kinderfasnacht mit einem Umzug durch das Dorf sowie Informationsständen und Präsenz am Herbstmarkt und andern Anlässen.

Initianten des Arleser Fasnacht-Comités waren die Eremite-Waggis, die Fidlepfätzer sowie Vertreter der Arlesheimer Beizen und der Säulizunft. Das Interesse der Bevölkerung an der von den Eremite-Waggis bereits 1985 wiederbelebten Arleser Fasnacht wurde immer grösser. Um weitere Kreise aus Arlesheim an der Fasnacht zu beteiligen, hat das Arleser Fasnachtscomité die Fasnacht unter seine Schirmherrschaft gestellt. Sein Ziel ist es, die Arleser Fasnacht weiter zu beleben und mit neuen Ideen noch attraktiver zu gestalten (siehe S. 348).

Kaninchenzüchterverein Arlesheim und Umgebung *1909*

Er hat seinen Sitz in Arlesheim und ist dem Kantonalverband beider Basel sowie der Schweizerischen Ornithologischen Gesellschaft angeschlossen. Fachmännische Beratung durch den Obmann bei der Zucht und Haltung von Rassetieren, ferner Referate und Kurse sowie Bereitstellung von Fachzeitschriften fördern die wirtschaftliche Selbständigkeit seiner Mitglieder. Die periodischen Ausstellungen, die turnusgemäss mit den benachbarten Sektionen stattfinden, dienen vor allem der Propaganda und Belehrung.

Cardinalino *1976*

So nennt sich der Vogel-Liebhaberverein Arlesheim und Umgebung. Er bezweckt durch regelmässige Versammlungen, Hocks und Vorträge eine artgerechte Vogelhaltung und -zucht. Jedes Jahr findet in der Mehrzweckhalle Domplatz eine zweitägige Sing- und Ziervogel-Ausstellung statt. Durch Aufhängen von künstlichen Nisthilfen für freilebende Vögel leistet er einen Beitrag zum aktiven Vogelschutz.

Köstliche Episoden aus alten Vereinsprotokollen

Blicken wir zum Schluss noch in Jubiläumsschriften, die einige Vereine anlässlich ihres hundertsten Geburtstages herausgegeben haben und wo zwischen gewissenhaften Berichten auch köstliche Episoden eingestreut sind. Stellvertretend für viele seien hier diejenigen des Turnvereins und der beiden Kirchenchöre erwähnt.

Der Turnverein schonte seine Mitglieder nicht:
«Dienstag und Freitag war Turnstunde, jeden Sonntag nachmittag Sitzung und anschliessend wiederum Turnstunde. Mit reglementierten Bussen suchte man Disziplin zu halten (10 Cts. Busse pro unentschuldigte Absenz, wobei die Bestimmung amüsiert, dass Krankheit als Entschuldigungsgrund nur galt, wenn sie mehr als acht Tage dauerte). Verpönt war das Rauchen, auf welchem eine fünfmal höhere Busse stand als auf dem Schwänzen der Turnstunde.»

Früher waren die Turnfahrten des Turnvereins sehr beliebt:
«Man darf sich diese Turnfahrten jedoch nicht etwa als harmlose Sonntagsspaziergänge vorstellen. Man vergegenwärtige sich etwa die erste in den Protokollen festgehaltene Turnfahrt von 1885, bei welcher zusammen mit der Musikgesellschaft um 4.00 Uhr Richtung Bölchenfluh gestartet wurde und von welcher die müde gewordene Wanderschar erst eine halbe Stunde vor Mitternacht wieder in

Arlesheim anlangte; gefahren wurde nur auf dem Heimweg von Waldenburg bis Liestal.»

Aber nicht nur die Turner, auch die Sänger liebten ihre Chor-Ausflüge:
«Der katholische Kirchenchor unternahm am 12. August 1894 einen Ausflug an den Vierwaldstättersee. 5.00 Uhr Abmarsch nach Basel.» Das Tram fuhr ja erst seit 1902.

Und der reformierte Kirchenchor berichtet:
«Kirchenchorausflüge geben Durst. Auf einem Chorbummel am Sonntagnachmittag, dem 20. Juli 1901, wird sechsmal eingekehrt: auf der Schönmatt, im Bad Schauenburg, im Kurhaus Bienenberg, im Rebstock in Frenkendorf, im Rössli in Muttenz und schliesslich noch in Arlesheim, wo im Jägerstübli der Abschiedstrunk eingenommen wird. Hier verabschiedete man sich gegenseitig, jedes mit dem Gedanken, einen recht gemütlichen Nachmittagsbummel mitgemacht zu haben, welcher jedem in steter Erinnerung bleiben wird.» Gefahren wurde nur von Frenkendorf nach Muttenz.

Dass die Kirchenchöre nicht nur in der Kirche sangen, sondern sich auch an Lorbeeren bei Gesangfesten freuten, geht aus den Berichten über das XII. Solothurnische Kantonalgesangfest in Dornach vom 6./7. Juli 1907 hervor. Beide errangen einen Lorbeerkranz, der katholische Kirchenchor im schwierigen, der reformierte im leichten Volksgesang.

Aber auch ein guter Imbiss wurde geschätzt. Im Bericht über die Generalversammlung 1907 rühmt Protokollführer Emil Rudin:
«Nachdem wir einige Lieder gesungen und der Phonograph sich hatte hören lassen, harrten unser bereits ellenlange Bratwürste nebst einem dickbezwiebelten ‹Härdöpfelsalat›, um in brüderlicher Vereinigung den letzten Gang anzutreten, von wo es kein ‹Zurück› mehr gab.»

Wenn der Männerchor 1994 seinen 150. Geburtstag feiert, wird auch viel Interessantes und Köstliches aus dieser langen Zeit zu erfahren sein...

Quellen

Hans Balmer: 100 Jahre Turnverein Arlesheim 1863–1963

Guido Wicki: Hundert Jahre katholischer Kirchenchor Arlesheim 1874–1974

Oscar Studer: 100 Jahre reformierter Kirchenchor Arlesheim 1889–1989

Die Kirchgemeinden

Die Römisch-katholische Kirchgemeinde

Geschichte der katholischen Pfarrei Arlesheim

Wann Arlesheim eine eigene Pfarrei geworden ist, lässt sich nicht mehr feststellen. Wahrscheinlich gehörte es ursprünglich wie die übrigen Gemeinden des unteren Birstales zur Pfarrei Pfeffingen, deren Kirche dem heiligen Martin geweiht ist. Laut Urkundenbuch Baselland steht fest, dass sich Arlesheim im 14. Jahrhundert von der Pfarrei Pfeffingen löste. Spätestens seit 1396 hatte Arlesheim einen eigenen Pfarrer.

Die erste Kirche soll unter den Stäpfelireben gestanden haben, sei jedoch schon früh abgebrochen und ins Areal des heutigen «alten» Friedhofs (zwischen Andlauerweg und Hotel Ochsen) verlegt worden. Im ersten Drittel des 17. Jahrhunderts wich diese einem grössern Neubau, den Pfarrer Grob 1682 renovieren und nochmals vergrössern liess. In der Kirche standen drei Altäre, ein Haupt- und zwei Seitenaltäre, die der heiligen Odilia und wahrscheinlich der Muttergottes und dem heiligen Sebastian geweiht waren. 1631 wurde an die Kirche noch eine Kapelle angebaut. Sie hatte einen eigenen Altar und einen Beichtstuhl und war der heiligen Jungfrau und Johannes dem Täufer geweiht.

In der alten Pfarrkirche fanden verschiedene hohe Persönlichkeiten ihre letzte Ruhe, so u. a. der letzte Obervogt auf Birseck, Franz Karl von Andlau, Gemahl der Balbina von Andlau geb. Staal. 1814 erwarb die Gemeinde die 1680/81 erbaute Domkirche, worauf die alte Pfarrkirche, im Volk Odilienkirche genannt, 1816 abgebrochen wurde.

Das religiöse Leben in Arlesheim hat im Verlaufe der Jahrhunderte einige Erschütterungen erlitten, eine heftige zur *Reformationszeit.* So wurde das Birseck während 50 bis 60 Jahren evangelisch und erst in der Gegenreformation unter Fürstbischof Jakob Christoph Blarer von Wartensee rekatholisiert. Im Jahre 1581 feierte man in Arlesheim wieder den alten Gottesdienst.

Die Pfarrei Arlesheim gehörte zum grossen Landkapitel «Leymenthal», stellte mehrere Male den Dekan dieses Kapitels und gehörte in geistlicher Beziehung zum alten Bistum Basel.

Wohl die heftigsten Wirren brachte die *Französische Revolution.* Arlesheim kam 1792 zu Frankreich, die Pfarrei wurde dem Bistum Strassburg unterstellt und der Pfarrei Laufen zugeteilt, so dass der Pfarrer von Arlesheim nur noch Hilfspfarrer war. 1793 musste Pfarrer Froidevaux aus Arlesheim fliehen, weil er den vom

Abb. 160 In einer Nische über dem Hauptportal des Domes stht die Kirchenpatronin Maria mit dem Jesuskind.

Heiligen Stuhl verworfenen Staatseid nicht leisten wollte, wie er dies in seinem Taufbuch selber erwähnt. Die Gläubigen mussten meist im geheimen religiös betreut werden. Ein Glück für die Arlesheimer war die Nähe des eidgenössischen Dornach.

1814 wurde Arlesheim eidgenössisch, und die Pfarrei kam 1828 mit dem ganzen Birseck zum neuen Bistum Basel.

1873 fand auf dem Domplatz eine interkantonale Protestversammlung gegen das Dogma der Unfehlbarkeit des Papstes statt; aber dank dem loyalen Verhalten von Geistlichkeit und Behörde konnten zu dieser *Kulturkampfzeit* schwere Konflikte verhindert werden.

Die *Pfarrer* lassen sich seit der Gegenreformation zuverlässig ermitteln. Pfarrbücher wurden erst ab 1581 geführt. Es ist nicht möglich, hier alle Pfarrherren aufzuführen, wohl aber die der letzten hundert Jahre:

Johann Georg Sütterlin	1874–1906
(Verfasser der ersten Heimatkunde)	
Albert Brunner	1906–1908
Josef Hohler	1908–1913
Max Kully	1913–1936
Gottlieb Dietiker	1936–1939
Robert Meyer	1939–1943
Erwin Ludwig	1943–1972
Walter Gut	1972–1978
Josef Schwegler	seit 1979
Alex Wyss	seit 1982

Die Organisation der Kirchgemeinde

Durch das Kirchengesetz von 1950 und die Annahme der Kirchenverfassung durch das Volk im Jahre 1952 wurde auch die katholische Kirchgemeinde Arlesheim eine öffentlich-rechtliche Körperschaft mit dem Zweck, die konfessionellen Belange auf ihrem Gebiete zu wahren und zu fördern. Alle vier Jahre wird der *Kirchenrat* gewählt, eine administrative Behörde, die die folgenden Aufgaben zu lösen hat: den Unterhalt von Kirche, Pfarrhaus, Pfarreizentrum Domhof und Diakonatshaus, die Rechnungsabnahme der Ottilienstiftung, ferner die Erhebung der Kirchensteuer, die durch die Einwohnergemeinde zusammen mit der Gemeindesteuer eingezogen wird.

Der Kirchenrat

Der Kirchenrat besteht aus sieben Mitgliedern (1993 sind es zwei Frauen und fünf Männer). Der Pfarrer gehört ihm von Amtes wegen an.

329

Der Kirchenratspräsident leitet das oberste Organ der Kirchgemeinde, die *Kirchgemeindeversammlung*. Sie tritt zweimal jährlich zusammen, als Budget- und als Rechnungsgemeinde. Seit der landeskirchlichen Volksabstimmung von 1966 besitzen auch die Frauen das Stimm- und Wahlrecht (ab 18. Altersjahr).

Die katholischen Gastarbeiter aus Italien werden von einem italienischen Seelsorger der *Missione Cattolica del Birseck* betreut. Centro: Bahnhofstrasse 14, Neu-Arlesheim; Asilo: Brachmattstrasse 5, Arlesheim.

In die *Synode* (Oberstes Organ der Landeskirche) delegiert die Kirchgemeinde vier Mitglieder, in den *Seelsorgerat* deren zwei. Der Seelsorgerat (auf diözesaner Ebene) besteht fast ausschliesslich aus Laien. Zusammen mit dem Priesterrat nimmt er von der Basis her pastorale Anliegen entgegen, bespricht sie und unterbreitet sie dem Bischof. Der Seelsorgerat ist nicht beschlussfähig.

Der Pfarreirat

Im Jahre 1972 wählten die Katholiken von Arlesheim ihren ersten Pfarreirat. Das ist eine «kirchliche Arbeitsgemeinschaft von Seelsorgern und Laien, bestrebt, alle Kräfte der Pfarrei zu koordinieren, um die seelsorgerische Arbeit zu aktivieren und zu fördern.»

Dem Pfarreirat gehören von Amtes wegen an: der Pfarrer, ein Diakon und ein hauptamtlicher Katechet, ferner 14 gewählte Mitglieder und sieben Delegierte der kirchlichen Vereine. Die Amtsdauer beträgt vier Jahre.

Der Pfarreirat bewältigt seine *Aufgaben* in verschiedenen Arbeitsgruppen wie Liturgie (Gottesdienstgestaltung), Jugendorganisationen, Offene Jugendarbeit, Katechese (Religionsunterricht), Dritte Welt, Neuzugezogene, Organisation von Pfarreianlässen, Kontakt zur «Missione Cattolica del Birseck».

Alle zwei Jahre findet die sogenannte *Pfarreiversammlung* statt, zu der der Pfarreirat einlädt (nicht zu verwechseln mit der Kirchgemeindeversammlung, die vom Kirchenrat, dem Verwaltungsorgan, einberufen wird). Stimmberechtigt sind die Pfarreimitglieder vom zurückgelegten 16. Altersjahr an.

Höhepunkte im Wirken des Pfarreirates

1980: Ausstellung im Domhof «Pfarrei Arlesheim unterwegs», eine Information über die Pfarreitätigkeit anhand von 40 Tafeln für 80 Themenkreise.

1981: Feier «300 Jahre Dom», ein Fest der Ortskirche und des ganzen Dorfes mit kirchlichen und kulturellen Anlässen von Ostern bis Jahresende.

Nach Möglichkeit führt der Pfarreirat jedes Jahr ein *Weekend* durch. Alle Jahre findet in der Fastenzeit eine *Impulswoche* über ein aktuelles Thema statt. Je ein *Domhoffest* und ein *Pfarrei-Picknick* werden alternierend alle zwei Jahre durchgeführt.

330

Es gibt zwar im Pfarreirat Arlesheim keine eigentliche Gruppe für *Ökumene;* aber der Pfarreianlässe-Kalender und das Pfarrblatt enthalten Angebote praktischer Ökumene, so das «Ökumenische Abendlob» in der Krypta, das «Dachboden-gespräch» im Diakonat, das «Offene Singen» in der Krypta, Mithilfe bei der «Wintersportartikel-Börse», ferner den Ökumenischen Weltgebetstag usw.

Ein Blick in die Pfarreibücher im Jahre 1992

37 Taufen, 63 Trauungen, 25 Todesfälle und 45 Erstkommunionen.

Von der Kaffeehalle zum Domhof, die Geschichte des Pfarreizentrums

Dass Pfarrer Meyer im Jahre 1940 in einem Privathaus Räume für die katholische Jungmannschaft und den Marienverein mieten musste, zeigt, wie dringend unsere Pfarrei ein Vereinshaus benötigte. Ein Komitee brachte durch zwei Bazaranlässe (1947 und 1950) Fr. 15 000.– zusammen und konnte 1951 dem Kirchenrat den Vor-schlag unterbreiten, die *Kaffeehalle* an der Baselstrasse 11 zu kaufen und als Ver-einshaus zu verwenden (Baujahr: 1904). Am 1. Oktober 1951 schloss Kirchenrats-präsident Dr. W. Schöb mit dem Besitzer, Herrn Sommer, den Kaufvertrag ab. Die Kaffeehalle stand – vor allem zur Zeit, als die Schwestern Zahnd die Liegen-schaft noch besassen – in ausgezeichnetem Ruf, besonders wegen der «Wähen», die man hier zum Kaffee erhielt. Die katholische Kirchgemeinde war daher gut beraten, den Kaffeebetrieb weiterzuführen; doch 1953 verpachtete sie ihn an Fräulein Christina Weibel.
Trotz ständiger Erneuerungsarbeiten verfiel der Bau zusehends. Für einen ge-planten Umbau war die Parzelle zu klein, wie eine Studienkommission und die Architekten Kunz & Jeppesen 1962 erklärten. So kaufte die Kirchgemeinde die Nachbarliegenschaft Baselstrasse 13 dazu und beschloss 1965 einen Neubau. Zu diesem Zwecke konstituierte sich 1966 ein Organisationskomitee für einen Bazar, der im Mai 1968 durchgeführt wurde und dessen Erlös von Fr. 84 160.– einem neuen Vereinshaus zugute kommen sollte. Das Projekt des Architekten Philipp Fasnacht von 1969 fand wenig Zustimmung, auch nicht nach Abänderungen.
Unterdessen war das Bedürfnis nach einem gemeindeeigenen Saal akut gewor-den, nachdem feststand, dass der Ochsensaal in absehbarer Zeit nicht mehr zur Verfügung stehen werde. Man erwog eine finanzielle Beteiligung der Kirch-gemeinde an einem Kultur- und Gemeindezentrum im Bereich des Badhofs, also in unmittelbarer Nähe des Doms.
Nach dem abschlägigen Bescheid des Architekturbüros Zimmer & Ringger, das die Möglichkeit einer Renovation der Kaffeehalle zu prüfen hatte, wurde deren endgültiger Abbruch beschlossen. 1973 erhielt der noch junge Pfarreirat den Auf-trag, im Hinblick auf ein Pfarreizentrum vorerst eine Seelsorgeplanung durchzu-führen. Im Mai gleichen Jahres unterbreitete der Katholische Männerverein dem

Abb. 161
Die ehemalige Kaffeehalle
im Lee war für kurze
Zeit katholisches Pfarrei-
zentrum.

Kirchenrat einen Vorschlag, der in der Hauptsache den Ausbau des heutigen Pfarrhauses für die Bedürfnisse der Pfarreigruppierungen und den Bau eines neuen, kleineren Pfarrhauses vorsah.

Da erklärte sich gegen Ende 1973 ganz unerwartet Herr Lukas Martz-Wassmer zum Verkauf des Domhofs (Domplatz 12) bereit. Im Mai 1974 wurde der Kauf getätigt, und 1976 fanden die Parzelle der ehemaligen Kaffeehalle und die Liegenschaft Baselstrasse 13 einen Käufer.

Der *Domhof* war zusammen mit dem heutigen Pfarrhaus 1682/83 als Doppelhaus erbaut worden und diente zuerst als Dompropstei, dann als Kapitelhaus. Nach der Französischen Revolution machten ihn Basler Ärzte zu einem Kur- und Gesundheitshof. 1818 verkaufte Pierre Marie Pageot aus Besançon das inzwischen baufällig gewordene Gebäude an Victor von Sury, der darin einen Bad- und Gasthof einrichtete (letzerer wurde 1844 aufgehoben). Die Fortsetzung des geschichtlichen Abrisses kann man am Deckenfries der Eingangshalle lesen: «...ward es 1844 von Dr. med. J.J. Löliger erkauft und blieb sein und seiner Nachfahren Eigen bis anno 1926. Darnach, als man zählte 1927, haben Dr. Ernst Martz, Ing. Chem., und seine Ehefrau Wyla, geb. Trümpin, den Domhof als ihr Besitztum und Heim umgebaut und renoviert...».

Wie erwähnt, ist der Domhof mit dem heutigen Pfarrhaus zusammengebaut. Dieses konnte 1951 von der Kirchgemeinde gegen das ehemalige Pfarrhaus an der Domstrasse 1 getauscht werden. So war es möglich, bei der Renovation die beiden Keller zu vereinen und damit zweckdienliche Räume für die verschiedenen kirchlichen Gruppierungen zu erhalten.

Im Parterre sind ein Saal, kleinere Räume und eine Küche; der erste Stock steht der Jugend zur Verfügung, und im zweiten Stock wohnt der Sigrist/Abwart mit seiner Familie. Bestimmte Räumlichkeiten werden auf Anfrage an Personen und Gruppierungen Arlesheims (auch an nichtkirchliche) für verschiedene Anlässe vermietet. So dient der Domhof nun als Pfarreizentrum, als Begegnungsort für jung und alt.

Quellen und Literatur

Sütterlin Georg: Heimatkunde des Dorfes und Pfarrei Arlesheim, Arlesheim 1910

Verfassung der Römisch-katholischen Landeskirche des Kantons Basel-Landschaft, Liestal 1976

Muggli Hugo W.: Arlesheim und seine Landschaft, Basel 1960

Piller Robert: Ein Informationsbeitrag zum Domhoffest vom 13./14. September 1975

Sitzungsprotokolle des Kirchenrates und des Pfarreirates

Wegleitung für die Pfarreiversammlung und den Pfarreirat, Arlesheim 1972

Pfarreibücher

Pfarreianlässekalender 1992

Text am Deckenfries in der Eingangshalle zum Domhof

Die Evangelisch-reformierte Kirchgemeinde

Die reformierte Kirchgemeinde Arlesheim ist noch nicht alt, gehörte doch das Birseck und damit unser Dorf über 300 Jahre zum Fürstbistum Basel. Nur für gut 50 Jahre nahm es nach der Basler Reformation von 1529 den neuen Glauben an. Der streitbare Bischof Jakob Christoph Blarer von Wartensee ruhte nämlich nicht, bis im Birseck 1581 wieder der alte Glaube eingeführt war.

Die Patronatskirche

1830 gründete der Basler Fabrikherr Johann Sigmund Alioth-Hornung am Mühleteich in Arlesheim eine Filiale der Basler Schappe-Spinnerei. Nach seinem Tod übernahm sein ältester Sohn Daniel August Alioth-Falkner die Hauptleitung der Fabrik. Er war wie sein Vater ein tüchtiger Kaufmann und zugleich ein gläubiger Christ, und es war ihm ein Anliegen, dass seine aus Basel zugezogenen reformierten Arbeiterinnen und Arbeiter in Arlesheim den Gottesdienst besuchen konnten. Kurz entschlossen liess er 1856 in seinem Garten eine kleine *Kapelle* errichten und stellte selbst einen reformierten Pfarrer an. So entstand im Kanton Baselland eine Patronatskirche. Kirchenpatron war indessen nicht wie im Mittelalter ein reicher Gutsbesitzer, sondern ein initiativer Fabrikherr.
Eine derartige *Patronatskirche* hatte es im Baselbiet bisher noch nie gegeben; daher dauerte es zwei Jahre, bis die Regierung 1858 durch ein Dekret diese Diasporagemeinde staatlich anerkannte.
Am Weihnachtstag 1856 hielt Pfarrer Christoph Eppler in der Arlesheimer Kapelle den ersten Gottesdienst und betreute fortan die 294 Reformierten im Birs-

333

eck. Das kleine Gotteshaus stand etwas hinter dem Wegkreuz oben am Bruggweg und ist 1950 nach einem Brand abgebrochen worden, während die von I.I. Schnegg in Basel gegossene Glocke, die damals die Gläubigen zum Gottesdienst gerufen hatte, heute im Entrée des Kirchgemeindehauses aufgestellt ist.

Die Kirchgenossenschaft

Daniel August Alioth war es daran gelegen, dass nach seinem Tode die protestantische Kirche im Birseck weiter bestehe und Teil der reformierten Baselbieter Kirche werde. Weil aber diese Diasporagemeinde die Kantonsgrenzen überschritt, entsprach die Regierung diesem Begehren nicht, und die Birsecker Kirche musste sich genossenschaftlich organisieren und hiess nun *Reformierte Kirchgenossenschaft Arlesheim und Umgebung.* Dazu gehörten die basellandschaftlichen Gemeinden Arlesheim, Reinach, Aesch und Pfeffingen, die solothurnischen Gemeinden Dornach, Gempen und Hochwald und im bernischen Laufental bis 1912 Grellingen und Duggingen. Der Staat richtete eine bescheidene Subvention aus, die einzelnen Gemeinden erhoben Kirchensteuern, und die Schappe trug einen hohen Betrag an die Kosten bei.

Erst im Kirchengesetz von 1952 wurden die Birsecker Gemeinden den andern Gemeinden gleichgestellt und hiessen fortan *Reformierte Kirchgemeinden des Birsecks.* Jede hat ihre eigene Kirchenpflege, doch wird die Kasse für die basellandschaftlichen Gemeinden Arlesheim, Reinach und Aesch-Pfeffingen nach wie vor zentral geführt.

Kirchliche Bauten

1891 schenkte Achilles Alioth-Franck, ein Nachkomme des Kirchengründers, der Gemeinde ein Stück Land zum Bau des heutigen *Pfarrhauses* am Stollenrain, das 1892 bezogen werden konnte. Daneben stand das «Stöckli» mit einer Waschküche im Parterre und einem Unterrichtsraum im ersten Stock. 20 Jahre später stellte seine Frau – er selber war 1898 gestorben – hinter dem Pfarrhaus das Land für eine Kirche zur Verfügung, so dass ein Spassvogel meinte, die Arlesheimer hätten den Kohlenwagen vor die Lokomotive gespannt.

Zur Errichtung der *Kirche* schrieb man einen Wettbewerb aus. Nach langen Hin und Her wurde aus insgesamt 107 Projekten dasjenige der Basler Architekten E. La Roche und A. Staehelin zur Ausführung bestimmt.

In der *Würdigung* dieser Kirche schreibt Hans Rudolf Heyer: «... Die Freiheit der Stilwahl jener Zeit führte auch in Arlesheim zu einem Pluralismus der Stile und schliesslich ... zu einer Art Stimmungsarchitektur. Unter dem Einfluss des englischen Landhauses wird an die heimische Bautradition angeknüpft, verbinden sich am Turm romanische, barocke und gotische Elemente, erhält das Schiff mit

Abb. 162 Die reformierte Kirche von 1912

dem Krüppelwalmdach eine profane Note und die Eingangsfront mit den Annex-
bauten einen schlossähnlichen Charakter. Gleiches gilt für das Innere, wo der offene Dachstuhl das Einströmen der skandinavischen Kunst demonstriert und
dem Raum den Eindruck einer Festhalle vermittelt. Der Einfluss des Jugendstils
zeigt sich vor allem in der Gestaltung der Leuchter und Fenstergitter, aber auch
der Türrahmen und Fensterrahmen und somit in Werken des Kunstgewerbes.
Dieses findet einen neuen Platz in den Dekorationsmalereien, deren Ornamentik
beispielsweise im Chorbogen an Brokatmuster erinnert und der Architektur
dadurch eine verhaltene Stimmung verleiht. La Roche versuchte, dem in der pro-
testantischen Kirche nicht unbedingt notwendigen Chor eine neue Funktion als
Gehäuse der Orgel zu geben. Die Orgel nimmt deshalb hier in Arlesheim den
Stellenwert eines barocken Hochaltars ein.»

Abb.163 Das Innere der reformierten Kirche nach der Renovation von 1971

336

Diese Orgel von 1912 war ein Werk von I. Zimmermann aus Basel. Sie enthielt 13 klingende Register, verteilt auf zwei Manuale, und ein Pedal. Die Kosten beliefen sich auf Fr. 9 767.63.

Die Gesamtkosten der Kirche betrugen Fr. 152 621.77, eine grosse Summe für die damalige Zeit, die kaum hätte aufgebracht werden können, wäre der Gemeinde 1910 nicht die Reformationskollekte von rund 67 000 Franken zugesprochen worden.

Die vier *Glocken* wurden 1912 in der Glockengiesserei Rüetschi in Aarau gegossen. Auf jeder steht «Reformierte Kirchgemeinde Arlesheim» sowie ein Bibelvers, und zwar von der kleinsten bis zur grössten.

H-Glocke, 310 kg
«Lasset die Kindlein zu mir kommen und wehret ihnen nicht, denn ihrer ist das Reich Gottes.» Matth. 19, 14

As-Glocke, 517 kg
«Lobet, ihr Völker, unsern Gott, lasst seinen Ruhm weit erschallen.» Psalm 66, 8

Ges-Glocke, 747 kg
«Lasset uns dem nachstreben, das zum Frieden dient.» Röm. 14, 19

Es-Glocke, 1281 kg
«Nun aber bleibet Glaube, Liebe, Hoffnung, diese drei, aber die Liebe ist die grösste unter ihnen.» 1. Kor. 13, 13

Die Glocken kosteten Fr. 11 519.75 und waren von einem hochherzigen Gemeindeglied gestiftet worden.

60 Jahre lang diente nun diese Kirche der Gemeinde. Da zeigten sich mit der Zeit bauliche Mängel, so dass man eine *Restauration* ins Auge fassen musste – oder sollte man die Kirche als nicht mehr zeitgemässes Bauwerk etwa abreissen und dafür in der Dürrmatt ein kirchliches Zentrum aufbauen? Man entschied sich für die Restauration und erteilte Architekt Hans Roduner aus Basel den Auftrag. Der Bau sollte auch den neueren liturgischen Anforderungen entsprechen. So wurden die Kanzel tiefer gesetzt, die verglaste Wand unter der Empore und die Chorschranken entfernt, die Bankreihen durch eine mobile Bestuhlung ersetzt und schliesslich die Orgel unter Beibehaltung des bestehenden Gehäuses neu gebaut. Orgelbauer Neidhardt aus St. Martin (NE) gelang es, unter den gegebenen Bedingungen ein Meisterwerk zu schaffen. Die renovierte Kirche konnte 1971 eingeweiht werden, die Orgel zwei Jahre später.

Die neue *Orgel* hat drei Manuale und ein Pedal und zählt 32 Register mit 2199 Pfeifen. Im Orgelprospekt sind die vier Werke (Hauptwerk, schwellbares Oberwerk, Brustwerk, Pedalwerk) nicht gut erkennbar. Da das Instrument vom Architekten ursprünglich als wichtiger Bestandteil des Kirchenraumes geplant worden

Abb. 164
Das reformierte Kirch-
gemeindehaus

war, musste der Prospekt beim Orgelneubau übernommen werden. Hinter den markant erscheinenden Prospektpfeifen hat der Orgelbauer die verschiedenen Werke geschickt eingebaut. Die Disposition ist so gehalten, dass ein grosser Teil der Orgelliteratur gespielt werden kann. So befriedigt die 1973 feierlich eingeweihte Orgel auch in klanglicher Hinsicht, und sie darf sich neben der bekannteren Schwester im Dom durchaus sehen und hören lassen.

Im Sommer 1992 wurde das Instrument durch die Manufacture d'orgues St.-Martin überholt und teilweise neu intoniert. Die Nachfolger von J. Neidhardt, Alain Aeschlimann und Jacques André Jeanneret, haben dabei sorgfältige Arbeit geleistet. So wird denn die reformierte Kirche Arlesheim dank ihrer guten Akustik immer mehr auch für Konzerte und Plattenaufnahmen geschätzt.

1952 konnte das *Kirchgemeindehaus* eingeweiht werden, und damit ging ein lange gehegter Wunsch der Gemeinde in Erfüllung. Architekt Peter Sarasin hatte das Land neben dem Pfarrhaus geschenkt und erstellte für Fr. 383 500.24 ein schönes, zweckmässiges Haus, das für die zahlreichen Arbeitsgruppen der Gemeinde zu einem richtigen Heim geworden ist. Nach vierzig Jahren erfuhr es 1992 eine gründliche Renovation und Neugestaltung.

Nachdem 1959 erstmals ein zweiter Arlesheimer Pfarrer angestellt worden war, baute man 1965 an der Blauenstrasse auch ein *zweites Pfarrhaus.*

Gegen *20 Pfarrer* wirkten in den 137 Jahren (1993) seit Bestehen unserer Kirchgemeinde Arlesheim, sieben über 10 Jahre, drei über 20 Jahre und Pfarrer Kündig gar während 35 Jahren. Ihnen allen sowie ihren Frauen gebührt herzlicher Dank, haben Sie doch unermüdlich und lauter – jeder auf seine Art – Gottes Wort verkündet und zum Aufbau der Gemeinde beigetragen. Nachfolgend seien sie alle namentlich erwähnt, wobei die Verweser (Stellvertreter) mit einem V bezeichnet sind. Ältere Gemeindeglieder erinnern sich gewiss noch an die eine oder andere Pfarrerpersönlichkeit:

Christoph Friedrich Eppler		1856–1867
Rudolf Staehelin		1867–1871
Theodor Breitenbach		1872–1876
Jakob Kündig		1876–1911
Eduard Riggenbach		1911–1919
Hans Senn		1919–1932
Fritz La Roche	V	1924–1927
Jürg Mangold	V	1927–1929
Hans Noll		1932–1955
Carl Wagner	V	1955–1956
Rudolf Bohren		1956–1958
Andreas Brassel		1958–1984
Hans Bieri		1959–1967
Karl Hammer	V	1967
Marcus Ruf		seit 1967
Robert Ziegler		1984–1986
Hanno Niemeijer		1986–1991
Matthias Grüninger		seit 1992

Die reformierte Kirchgemeinde heute

Sonntag für Sonntag rufen die Glocken die Gemeinde zum *Gottesdienst*. Er bildet nach wie vor den Kern der Wortverkündigung. Einmal im Monat findet ein Familiengottesdienst statt. Spezielle *Bibelarbeiten* und Vorträge dienen der Vertiefung des christlichen Glaubens. In den letzten Jahren fanden im Birseck regionale *ökumenische Veranstaltungen* statt, so 1989 zum Thema «Schöpfung», 1990/91 zum Thema «Islam» und 1992 über «Die Schweiz und Europa».

In der *Sonntagsschule* hören Kindergarten-Kinder und Primarschüler biblische Geschichten.
Im *Religionsunterricht* in der Schule werden die Schulkinder von speziell ausgebildeten Katechetinnen im biblischen Glauben unterrichtet. Die Konfirmandinnen und Konfirmanden besuchen ein Jahr lang den *Konfirmandenunterricht* und werden seit der Verlegung des Schulschlusses auf Ende Juni an einem Sonntag zwischen Ostern und Pfingsten – bisher am Rogate-Sonntag – konfirmiert.

Im Dienst der Gemeinde stehen zahlreiche Arbeitsgruppen: Pfarrer und Laien bereiten gemeinsam die *Besinnung am Samstag abend* vor, an der in der Kirche jeweils am 1. und 3. Samstag des Monats mit Musik und Stille die Woche beschlossen wird. Auch die *Meditationsgruppen* setzen der Hektik unserer Zeit Stille und Kontemplation entgegen.

Seit einigen Jahren treffen sich ältere alleinstehende Menschen abwechslungsweise im Kirchgemeindehaus und im Domhof zum *Mittagstisch*. Dem Aufbau lebendiger Gemeinschaft dienen die *Gemeindenachmittage* an Sonntagen.

Der *Kirchenchor* singt im Gottesdienst und führt in Abendmusiken und Konzerten geistliche Musik auf.

Ein *Arbeitskreis für die Mission* sowie eine *Bastelgruppe* stellen sich in den Dienst für den jährlichen Missionsverkauf im November, der im Lauf der Jahrzehnte zu einer Tradition geworden ist.

Nach besonderer Vereinbarung trifft sich eine *Lesegruppe* für Frauen im Kirchgemeindehaus.

Der weiblichen und der männlichen Jugend stehen die «Pfadi Rychestei» offen. Im Sommer und im Winter werden Jugendlager angeboten, die zum Teil in St. Stephan (BE) durchgeführt werden. Der Verein *«Ferienhaus für die evangelisch-reformierte Kirche Arlesheim St. Stephan»* hat 1982 dort ein Haus gekauft und baut es laufend aus. Jeden Frühling sind die Frauen zu einer *Ferienwoche* und die Betagten zu einer *Altersausfahrt* eingeladen. Einmal im Monat treffen sich die über 60jährigen im Kirchgemeindehaus zur *Altersstube*.

Um Neuzugezogene zu begrüssen, besteht ein *Besucherdienst*. Die *Dritt-Welt-Gruppe* setzt sind für die Anliegen der Entwicklungsländer ein, eine Aufgabe, die heute mehr und mehr an Bedeutung gewinnt.

Ökumene

Es gab in Arlesheim Zeiten mit besonderen Spannungen zwischen Katholiken und Reformierten. Erwachsene und Kinder plagten einander wegen ihrer Konfession, und bei Lehrerwahlen wurde peinlich darauf geachtet, dass nicht ein Reformierter gewählt wurde, wenn ein Katholik an der Reihe gewesen wäre und umgekehrt.

Auch die Pfarrer waren nicht immer gut aufeinander zu sprechen, doch bestanden auch echte Freundschaften. So erfahren wir, dass der katholische Dekan Georg Sütterlin – etwa auch «Sohn des Birsecks» geheissen – und der reformierte Pfarrer Jakob Kündig, der wegen seiner hohen, hageren Gestalt liebevoll «der lange Israel» genannt wurde, sich sehr gut verstanden und sich gegenseitig über den «Gartenhag» viel Liebes und Gutes erwiesen.

1992 gehörten in Arlesheim 3384 Personen (40,7%) der römisch-katholischen, 2919 (35,1%) der evangelisch-reformierten und 40 (0,5%) der christkatholischen Konfession an, 1957 Personen (23,7%) andern Glaubensrichtungen oder keiner Konfession (siehe Grafik «Konfessionen in Arlesheim», S. 110).

Abb. 165 Die vier Arlesheimer Pfarrer 1993, von links: Josef Schwegler, Alex Wyss, Marcus Ruf, Matthias Grüninger

Heute wird das Gemeinsame in den verschiedenen Bekenntnissen mehr betont als das Trennende. So finden jedes Jahr mindestens drei *ökumenische Gottesdienste* im Dom und in der reformierten Kirche statt. Seit 1970 singen die beiden Kirchenchöre immer wieder gemeinsam in beiden Kirchen, sei es in der Heiligen Nacht, sei es bei festlichen Anlässen. Auch ihre 100 Jahr-Jubiläen 1974 und 1989 haben sie gemeinsam gefeiert. Viel zum gegenseitigen Verständnis haben seit 1974 auch die *ökumenischen Familien-Skilager* beigetragen, die aus den schon viele Jahre bestehenden Familien-Skilagern von reformierten Gemeindegliedern herauswuchsen, ebenso die *ökumenischen Reisen* der beiden Kirchgemeinden: 1974 und 1984 nach Israel, 1989 auf Moses' Spuren in den Sinai und nach Ägypten, und für 1993 heisst das Thema «Altrussische Städte, christliche Stätten und die orthodoxe Kirche». Unvergessen bleibt der tragische Tod unseres verehrten Pfarrers Andreas Brassel, der 1984 am Abreisetag zur zweiten Israelreise einem Herzversagen erlegen ist. Er hatte sich für eine Reise ins Heilige Land vorbereitet, dann aber die Reise in die Ewigkeit angetreten. –

Die Zusammenarbeit der beiden Seelsorger jeder Konfession wird heute intensiv gepflegt. Zum *Abendlob* versammeln sich jeden Mittwochabend Gläubige aus beiden Konfessionen, *Bibelarbeiten, Erwachsenenbildungs-Kurse* und *Suppentage* finden ebenfalls gemeinsam statt.

Es ist sinnvoll und notwendig, in unserer Zeit des Zusammenrückens das Gemeinsame unseres Glaubens zu leben und unnötige Grenzen zu überwinden.

Quellen und Literatur

Bericht über die Einweihung der reformierten Kirche in Arlesheim, Arlesheim 1913

Sarasin Peter, Achtzig Jahre Evangelisch-reformierte Kirchgemeinde Arlesheim, Arlesheim 1938

König Ernst: Hundert Jahre reformierte Kirchgemeinden des Birsecks, Jubiläumsschrift, Arlesheim 1956

Heyer Hans-Rudolf: Die reformierte Kirche Arlesheim. Schweizerischer Kunstführer, Basel 1976 (das Zitat S. 10)

Sumpf August: Bilder aus dem ersten Jahrhundert der Reformierten Kirchgenossenschaft Arlesheim und Umgebung, Gedenkspiel, Arlesheim 1956

Studer Oscar: Hundert Jahre Reformierter Kirchenchor Arlesheim, Jubiläumsschrift, Arlesheim 1989

Kirchenakten im Staatsarchiv Liestal

Diverse Begrüssungsschriften an Neuzugezogene

Protokolle der reformierten Kirchenpflege Arlesheim

Feste und Feiern

Abb. 166 Blick von Norden auf das im Grünen liegende Dorf

Bräuche

Mehr und mehr erinnert man sich heute wieder der alten Bräuche, die lange Zeit vergessen waren. Vor allem die katholische Kirche ist reich an solchen Gedenktagen. Aber auch mehrere weltliche Bräuche geben dem Jahreslauf das Gepräge:

Religiöse Feiern und Bräuche

Sternsingen

Am 6. Januar, dem «Dreikönigsfest», ziehen drei Ministranten (-innen) von Haus zu Haus und singen und sprechen einen Segen. Das erhaltene Geld wird vorwiegend für ein Projekt in der Dritten Welt verwendet. Dieser Brauch wurde anno 1934 von der «Jungwacht», einer katholischen Jugendorganisation, eingeführt.

Kerzenweihe

2. Februar, «Maria Lichtmess». An diesem Tag werden während des Gottesdienstes Kerzen gesegnet, die im Laufe des Jahres in der Liturgie verwendet werden, ebenso die Kerzen, welche die Gläubigen mitbringen. In der dunklen Kirche findet dann eine Lichterprozession statt. Der Grund: Bei der Darbringung Jesu im Tempel sprach der greise Simeon die Worte: «Erschienen ist das Licht zur Erleuchtung der Heiden.»
Die geweihten Kerzen werden in den Familien bei besonderen Anlässen und bei schweren Gewittern angezündet.

Blasiussegen

3. Februar. Blasius, Bischof und Märtyrer, wird als Patron gegen Halskrankheiten verehrt. Nach der Legende hat er einem Knaben das Leben gerettet, der durch eine verschluckte Fischgräte am Ersticken war. Der Priester berührt Kopf und Hals der Gläubigen mit zwei gekreuzten Kerzen mit den Worten: «Auf die Fürsprache des heiligen Blasius bewahre dich der Herr vor Halskrankheiten und jedem Schaden des Leibes und der Seele.»

Segnung von Brot, Mehl und Salz

5. Februar, Tag der heiligen Agatha. Die Gläubigen bringen Brot, Mehl und Salz zum Altar, das vom Priester während des Gottesdienstes gesegnet wird (Agathabrot). Dieser Brauch geht auf das Martyrium der Heiligen zurück.

Aschermittwoch

Mit dem Aschermittwoch – 40 Tage vor Ostern – beginnt die Fastenzeit. Im Gottesdienst streut der Priester gesegnete Asche aufs Haupt der Gläubigen mit den Worten: «Gedenke, Mensch, dass du Staub bist und wieder zum Staub zurückkehren wirst.»

Palmsonntag

Zur Erinnerung an den Einzug Jesu in Jerusalem werden die schön geschmückten Palmen der Kinder gesegnet, und den Gläubigen werden gesegnete Oliven- oder andere Zweige ausgeteilt. Diese Zweige werden daheim gewöhnlich hinter das Kreuz gesteckt.

Gründonnerstag

Am Gründonnerstag – 40 Tage nach Ostern – erinnert eine Abendmahlsfeier an das letzte Abendmahl Jesu mit seinen Jüngern.

Karfreitag

In der reformierten Kirche wird er mit einem feierlichen Abendmahlsgottesdienst begangen, in der katholischen Kirche still, ohne Glockengeläute. Die Verehrung des Kreuzes steht im Mittelpunkt des Gottesdienstes, umrahmt von Gebeten, Fürbitten und der Lesung der Passionsgeschichte nach Johannes.

Rärre

Aus Trauer über den Tod Jesu schweigen die Glocken vom «Hohen Donnerstag» an, bis das Gloria in der Karsamstagnacht erklingt. An Stelle der Glocken werden im Turm «Rärren» angebracht, die beim Drehen einen knarrenden Ton hervorbringen. Früher sagte man den Kindern: «Die Glocken sind nach Rom geflogen.»

Osterfeuer

Am Karsamstag abend, beim Einnachten, wird vor der Kirche das Osterfeuer entzündet. Früher musste es aus einem Stein geschlagen werden. Das Feuer ist das Symbol der Auferstehung Christi. Aus der dunklen Nacht des Todes ist er auferstanden als das Licht der Welt. Am Feuer wird die grosse Osterkerze entzündet, die bei jedem Gottesdienst während des Jahres brennt. Sie wird vom Priester in die dunkle Kirche getragen mit dem dreifachen Ruf «Lumen Christi» (Licht Christi). Vom Licht der Osterkerze werden alle Kerzen der Gläubigen angezündet.
Während dieses Gottesdienstes weiht der Priester auch das Tauf- und Weihwasser. Dann wirft er in jede Himmelsrichtung eine Handvoll Wasser (die vier Ströme im Garten Eden) und segnet die versammelten Gläubigen.

Osternacht

Auch in der reformierten Kirche wird seit einigen Jahren vom Karsamstagabend an die Osternacht gefeiert mit Wort, Musik, Stille und Licht.

Kurrendesingen

Seit über zwanzig Jahren lädt der reformierte Kirchenchor zum Kurrendesingen ein. Dabei werden in der Frühe des Ostermorgens in den Strassen – jedes Jahr in einem andern Dorfteil – Osterlieder gesungen.

Weisser Sonntag

Am Sonntag nach Ostern erhalten die katholischen Kinder der unteren Primarklassen erstmals die Eucharistie, die erste heilige Kommunion. Sie sind weiss gekleidet wie seinerzeit die urchristlichen Täuflinge.

Rogate

Am Sonntag Rogate (Sonntag vor Christi Himmelfahrt) findet in der reformierten Kirche die Konfirmationsfeier statt. Dabei werden die Jugendlichen als erwachsene Glieder in die Gemeinde aufgenommen.

Christi Himmelfahrt

An Stelle der früheren Bittprozessionen wird seit dem Konzil ein Feldgottesdienst beim Wegkreuz (Eingang Ermitage) gehalten. Es wird für gutes Wetter und Gedeihen der Ernte und der Früchte gebetet.

Wettersegen

Vom 25. April bis 14. September wird nach jedem Gottesdienst der Segen mit dem «Wetterkreuz», das eine kleine eingelegte Reliquie enthält, erteilt. Gott wird gebeten, die Früchte der Erde und die Arbeit des Menschen zu segnen und uns vor Hagel, Blitzschlag und jeder Unbill zu bewahren.

Segnung von Kräutern und Blumen

15. August, «Mariä Himmelfahrt». Der Priester segnet Heilkräuter und Blumen, die von den Gläubigen mitgebracht oder vom Pfarrer ausgeteilt werden.

Eidgenössischer Dank-, Buss- und Bettag

Am dritten Septembersonntag wird der vom Staat verordnete Bettag gefeiert. Jede Kantonsregierung erlässt ein «Bettagsmandat», das von der Kanzel verlesen wird und zum Dank, zur Einkehr und zum Gebet aufruft.

Ernte-Dankfest

Dieses wird zusammen mit dem Bettag gefeiert. Kinder bringen Blumen, Früchte und Gemüse zum Altar. Am Ende des Gottesdienstes, nach der Segnung, wird alles ausgeteilt. Ein Teil davon wird den Kranken gebracht.

Reformationssonntag

Der 31. Oktober 1517 (Martin Luthers Thesenanschlag in Wittenberg) gilt als Beginn der Reformation. Am ersten Sonntag nach dem 31. Oktober feiern die reformierten Gemeinden den Reformationssonntag zur Erinnerung an diese Glaubenserneuerung.

Allerheiligen

1. November. Heute wird der Gräberbesuch auf den folgenden Sonntag, den «Totensonntag», verlegt. Mit Predigt, Gebeten und Musik wird der Toten gedacht. Seit einigen Jahren wird die Feier ökumenisch durchgeführt.

Allerseelen

2. November. Früher fand auch an diesem Tag ein Gräberbesuch statt. Jetzt wird im abendlichen Gottesdienst für jeden Verstorbenen der Pfarrei ein Licht am Altar angezündet, sein Name genannt und für alle gebetet.

Ewigkeitssonntag

Am letzten Sonntag im Kirchenjahr, dem Ewigkeitssonntag (Sonntag vor dem 1. Advent), gedenkt die reformierte Gemeinde der Toten.

Roratemesse

Während des Advents wird wöchentlich ein «Rorate-Amt» gehalten, hauptsächlich zu Ehren Mariens. Am frühen Morgen versammeln sich die Gläubigen in der Krypta, wenn alles noch dunkel ist. Alle tragen eine brennende Kerze in der Hand. Der Name «Rorate» kommt vom gottesdienstlichen Eingangsvers: Rorate coeli... (Tauet, Himmel, den Gerechten). Jes. 45,8.

Odilia-Segen

13. Dezember. Odilia ist die Patronin unserer Pfarrei. An ihrem Namenstag oder am darauffolgenden Sonntag segnet der Priester die Gläubigen mit einer kleinen Reliquie mit den Worten: «Durch die Fürbitte der heiligen Odilia bewahre dich der Herr vor jedem Augenleiden und führe dich zum Licht des Glaubens.»
Nach der Legende wurde Odilia blind geboren und erhielt bei der Taufe das Augenlicht. Die Reliquie wurde vom Bischof von Strassburg der Pfarrei Arlesheim geschenkt (siehe S. 85).

Heilige Nacht

Am 24. Dezember findet um 22 Uhr in der reformierten Kirche ein festlicher Heiligabendgottesdienst statt, um 24 Uhr im Dom der Mitternachtsgottesdienst, in dem das Kind in der Krippe mit Gebeten, Musik und Weihrauch geehrt wird. Dabei singen die Kirchenchöre seit 1970 zuweilen gemeinsam in beiden Gottesdiensten.

Glocken

Die «Taufglocke» (heller Ton) wird nach jeder Taufe geläutet. Die «Totenglocke» (dumpfer Ton) wird beim Tod eines Pfarreiangehörigen geläutet. Bei einer Frau wird das Läuten zweimal, bei einem Mann dreimal unterbrochen.
Früher wurde bei schweren Gewittern die «Wetterglocke» geläutet.

Weltliche Bräuche

Fasnacht

In katholischen Landen – also auch in Arlesheim – wird die sog. «Herrenfasnacht» (die Fasnacht der geistlichen Herren) begangen, während im reformierten Basel eine Woche später die sog. «Bauernfasnacht» (ursprünglich Fasnacht des Volkes) stattfindet. Neuerdings organisiert das 1990 gegründete Fasnachtscomité die Arlesheimer Fasnacht und gibt auch eine Plakette heraus. Am Donnerstag nachmittag vor dem Aschermittwoch beginnt die Fasnacht mit dem Kinderumzug im Dorf. Der Frauenchor offeriert den Kleinen anschliessend ein Zobe. Am Abend findet in der Mehrzweckhalle die «Konfetti-Kultur» mit einem abwechslungsreichen Rahmenprogramm statt, organisiert von den «Eremite-Waggis». Da werden die Arlesheimer unbarmherzig aufs Korn genommen. Am Freitag steigt dann in den Beizen der traditionelle «Masggeball».

Eine Woche später, am Sonntag abend nach dem Aschermittwoch – am Abend vor dem Basler «Morgestraich» – brennt auf dem Steinbruch das Fasnachtsfeuer. Zu diesem Brauch laden der Verkehrsverein und die Säulizunft ein. Klöpfer werden gebraten, und beim Scheibenschlagen, auch «Sprängredlischiessen» genannt, hält man Holzscheibchen an einem Haselstecken ins Feuer, schiesst die brennenden Scheibchen vom Schlagbrett aus in die Nacht und begleitet sie mit frohen Sprüchen. Mit einem Fackelzug ins Dorf hinunter, angeführt von der Guggemusig «Ermitage-Schränzer», klingt die Arleser Fasnacht aus.

Bannumgang

Am Auffahrtstag lädt die Bürgergemeinde alle zwei Jahre zum Bannumgang ein. In früheren Zeiten schritt die Bürgerschaft dabei die Gemeindegrenzen (Banngrenzen) ab, um zu kontrollieren, ob die Grenzsteine noch am richtigen Ort stehen. Heute ist der Banntag ein Volksfest, zu dem die Bürger und die Einwohner von Arlesheim eingeladen werden. Nach einem gemütlichen Bummel durch den Wald trifft man sich an einer Grillstelle bei Wurst und Brot, und der Musikverein spielt.

Eierlesen

Jeweils am Sonntag nach Ostern führt der Turnverein das Eierlesen durch. Dies ist eine Geschicklichkeitsstafette, bei der die Läufer am Ende ihres Parcours rohe Eier, die in Sägemehlhäufchen aufgestellt sind, in eine mit Spreuer gefüllte Kornwanne werfen. Es bedarf grosser Geschicklichkeit beim Werfen wie beim Auffangen, damit die Eier nicht in die Brüche gehen. Am Schluss des Festes gibt es einen Eierschmaus.

Abb. 167 Eierlesen am Sonntag nach Ostern

Glückshämpfeli

Nach der Kornernte liess der Bauer neun Halme stehen (dreimal dreifache Kyrie-Anrufung). Alle Erntearbeiter standen im Kreis und dankten für den guten Ertrag. Die Halme wurden anschliessend von einem Kind mit der Sichel geschnitten und mit Feldblumen zusammen zu einem Büschel gebunden. Dieses «Glückshämpfeli» steckte man daheim hinter das Kreuz oder den Spiegel. Bei der neuen Aussaat wurden die zerriebenen Ähren unter das Saatgut gemischt. Dadurch sollte die Saat besser gedeihen.

Bundesfeier

Am 1. August gedenken wir des Geburtstages unseres Landes. Diese Feier organisiert der Verkehrsverein. Auf dem festlich geschmückten Domplatz findet ein ökumenischer Gottesdienst statt, der Musikverein spielt, eine Ansprache erinnert an unsere Aufgaben in der jeweiligen Zeit. Mit einem Feuerwerk auf dem Domplatz und einem Höhenfeuer auf dem Steinbruch wird dieser Tag beschlossen.

Räbeliechtli

In Arlesheim ist dieser Brauch erst in den letzten Jahren aufgekommen. In den Kindergärten werden Räben (Runkelrüben) ausgehöhlt und geschnitzt, die unteren Primarklassen basteln Laternen. Um die Zeit von Martini (11. November) ziehen die Kinder mit ihren Lampions durch die Strassen und singen Lieder wie «Ich geh mit meiner Laterne...»

St. Niklaus

Am Abend des 6. Dezember kommt der «Santiklaus» mit seinem «Schmutzli» in die Häuser, um die Kinder mit Äpfeln, Mandarinen, Nüssen, Lebkuchen und «Grättimännern» zu beschenken. Auch in die Kindergärten, in Schulklassen und zu Vereinen kommt der «Santiklaus» und sagt den Leuten, was sie gut und was sie falsch gemacht haben. Jedes Jahr nehmen sich der Vinzenzverein und der Turnverein dieses schönen Brauches an.

Silvester

Neben den vielen Silvesterbräuchen hat sich in den letzten Jahren die Begegnung auf dem Domplatz eingebürgert.
Eingeladen von der Säulizunft, trifft man sich dort in der Silvesternacht. Die Simsen der Domherrenhäuser sind mit flackernden Kerzen geschmückt, und im Dom erklingt feierliche Orgelmusik. Beim Glockengeläute nach dem Zwölf-Uhr-Schlag stösst man mit Freunden, Bekannten und Fremden an und wünscht sich ein gutes neues Jahr.

Abb. 168 Silvesternacht auf dem Domplatz

Die grossen Dorffeste

Die grossen traditionellen Vereine und die Kirchgemeinden verstanden es seit langem, mit kleineren und grösseren Sänger-, Musik-, Turn-, Schwing-, Jodler-, Kirchen- und Jubiläumsfesten, die Menschen aus dem Dorf und der Region «auf die Beine» zu bringen. Die Chroniken und Festschriften zeugen davon, dass sich Feste in «Arlese» grosser Beliebtheit erfreuen.

Besonders hervorgehoben seien an dieser Stelle drei Festanlässe, die wie alle andern eine markante Gemeinsamkeit aufweisen: das ökumenische Miteinander.

1952: Einweihung des reformierten Kirchgemeindehauses am Stollenrain mit zahlreichen Buden, Beizen, Theater, Musik und Tanz. Im eigentlichen Sinne «das» Dorffest, bei dem richtig sichtbar konfessionelle und politische Grenzzäune gefällt wurden.

1981: 300 Jahre Dom zu Arlesheim, ein Festjahr mit zahlreichen kirchlichen, kulturellen und «weltlichen» Anlässen. Den Höhepunkt bildete das 3tägige grosse Dorffest mit dem unvergesslichen Festzug. Ein Festjahr, in dem wohl kaum ein Einwohner nicht in irgendeiner Form mitmachte. Diese Anlässe strahlten in die ganze Region aus. Das Organisationskomitee setzte sich aus Mitgliedern aller Konfessionen zusammen.

1991: Jubiläumsjahr 700 Jahre Eidgenossenschaft. Die «Arleser» wählten als Jubiläums-Partnergemeinde das Weindorf Satigny im Kanton Genf. Mit dem Besuch der Arleser Fasnacht («Masggeball», «Gugge-Umzug», «Sprängredli-Schloh») eröffnete eine stattliche Delegation von Vereinen und kirchlichen Organisationen aus Satigny eine ganze Reihe von Besuchen und Gegenbesuchen. Davon zwei Höhepunkte:

Das 3tägige «Winzerfest» (Ende September), initiiert von der «Säulizunft», mitgetragen von den Vereinen. Nach einem farbenprächtigen Festumzug mit «Winzerinnen und Winzern», Trachtengruppen, Wagen, Musikkorps, den Zünften aus dem Birseck und aus Liestal, Behörden aus Satigny und Arlesheim, der legendären «Compagnie des Vieux-Grenadiers» aus Genf und der «Union Folklorique» aus Basel wurden anschliessend in den «Winzerstuben» unvergessliche Kontakte zwischen «Romands» und «Arlesern» geknüpft.

Die «Escalade de Genève»: Erstmals organisierten die Gastgeber in Satigny am 14./15. Dezember für die rund 300 Besucherinnen und Besucher aus Arlesheim ihre eigene «Escalade». Nach Empfangs-Apéro, Festumzug, Feuerwerk, Ansprachen, Unterhaltungsprogramm mit der Arleser Jugendmusik, den Ermitage-Schränzern, der Union Folklorique und der spektakulären «Casse de la Marmite» wurden in einer fröhlichen Festnacht die bereits gewachsenen Beziehungen zwischen den beiden Gemeinden aufs schönste vertieft. Nach einem ökumenischen Gottesdienst am Sonntagmorgen und einem währschaften Mittagessen dislozierte man nach Genf, um die herrlichen zwei Tage mit Stadtbesichtigung und dem Erlebnis der «veritablen» Escalade de Genève zu beschliessen.

All diese Feste wurden in den letzten Jahrzehnten von der ganzen Bevölkerung getragen. «Arlese» darf sich hier einer ganz besonderen «Kultur» der gegenseitigen Achtung und Wertschätzung erfreuen. Das Sprichwort «Geteilte Freude ist doppelte Freude» möge den festenden Arlesern immer als Leitsatz gelten!

«Es war einmal...»

Sagen

Die Sage vom Bildstöcklein

Bei Dornachbrugg, unten an der Birs, klapperte einst das Rad der Bruggmühle. Der Müller Leu wohnte dort mit Weib und Kind.

Eines Tages lief das kleine Mädchen heimlich von daheim fort. Nach süssen Erdbeeren stand sein Sinn. Immer weiter lief es in das Waldesdunkel. Es wurde Abend, es wurde Nacht, das Kind fand den Rückweg nicht mehr. So legte es sich im Walde schlafen.

Voller Angst suchten die Eltern und Freunde das Kind. Der nächste Tag, die nächste Nacht vergingen. Das Kind wurde nicht gefunden. In ihrer Not flehten die verzweifelten Eltern die Muttergottes um Hilfe an und gelobten, ihr ein Denkmal zu setzen, wenn das Kind gesund gefunden würde.

Und siehe da... gegen Abend des dritten Tages sah man das kleine Mädchen

Abb. 169 Das Bildstöckli

wohlbehalten zur Mühle gehen. In ihrer Dankbarkeit errichteten die Eltern das Stöcklein mit dem Bild Mariens an jenem Ort, wo es heute noch steht; denn der Wald soll damals bis dorthin gereicht haben.

s Wälsch-Elseli

Vor viele Johre, wo s Birseckschloss no gross und schön gsi isch, het dört e Magd dient, wo Elisabeth gheisse het und us em Wälschland gsi isch; drum het me re Wälsch-Elseli gseit.

Sie het jede Tag de Arme, wo an d Schlosstüre klopft hän, müesse z Ässe bringe.
– Näbe viele andere Arbete het sie au müesse d Säu füetere im Burehof näbedra.

353

Das het sie gärn gmacht, denn wenn d Säu verchauft worde sin, het sie immer e Teil vom Erlös übercho als Dank für ihri Arbet.

Mit der Zyt hets Elseli dänkt, es wer eigetlich schön, wenn me schnäller und mehr Gäld tät verdiene. So hets agfange, das Ässe, wo für die Arme bestimmt gsi isch, de Säu z bringe, und die Arme hets unbarmhärzig furtgjagt. Das isch viel Johr eso gange, und niemer hets gmerkt, bis churz vor sym Tod.

Wos gstorbe isch, het sy Seel aber kei Rueh gfunde. Sie isch als Gschpängscht im Schloss ume geischteret. Der Herrschaft uf em Schloss isch das Trybe mit der Zyt leschtig worde. Sie hän e Kapuziner lo cho, und dä het mit viel Gebät dä Geischt in e Fläsche bannt. Die Fläsche het me in däm Wald vergrabe, wo rächterhand liggt, we me uf d Schönmatt goht – und zwor bim erschte Felseli, wo zum Wald us luegt. Dä Wald heisst Eichhölzli oder Wälschhölzli, und der Felse heisst hüt no «Elseli-Fels». Wemme unde dure lauft, stoh blibt und rüeft: «Wälsch-Elseli, wo bisch?» so fallt als Antwort e Stei abe.

Die Sage vom Mönchsgraben

Kennen Sie den Mönchsgraben? Wo liegt er?

Wenn wir beim hinteren Weiher dem Dorfbach aufwärts folgen, gelangen wir in ein schönes Tälchen, an dessen Ende die Quelle des Dorfbaches entspringt. Zu Füssen des steilen Hanges, der das Tälchen abschliesst, soll vor vielen Jahren ein Klösterlein gestanden haben und von Dominikanermönchen bewohnt gewesen sein. Bis vor kurzem waren noch Mauerreste und ein Gewölbe zu sehen.

Die Sage erzählt, dieses Klösterlein sei durch einen schrecklichen Wolkenbruch zerstört worden. Während alle Insassen umkamen, konnte sich ein Mönch auf einem Balken oder Brett retten. Mit diesem schwamm er die Schlucht und das Tälchen hinunter bis zu jener Stelle, wo heute Münchenstein liegt. Dort ging er an Land. Es gefiel ihm dort, und er liess sich daselbst nieder. So legte er den Grund zum heutigen Dorf Münchenstein (Mönchenstein), das einen Mönch in seinem Wappen zeigt.

Die historische Begründung des Namens und Wappens soll von der Adelsfamilie derer von Mönch oder Münch stammen.

Die Sage von der Mühle

In der alten Mühle in der Ermitage geht ein Geist um. Plötzlich öffnen sich die Türen lautlos, ein kalter Hauch weht durch den Raum, und in einem leichten Nebel erscheint ein weiss gekleideter Mann. Mit einem traurigen Gesicht geht er durch die Räume. Spricht man ihn an, verschwindet er, wie er gekommen.

Die alten «Arleser» erzählen folgende Geschichte:

Der Müller hatte zwei flotte Burschen als Gehilfen angestellt. Unglücklicherweise verliebten sich beide in die schöne Müllerstochter. Diese entschied sich für jenen,

354

den sie liebte. Der Verschmähte konnte diese Demütigung und Zurückweisung nicht ertragen. Er begann seinen Nebenbuhler zu hassen und zu quälen. Der Müller drohte ihm mit der Entlassung. Bald darauf verreiste der Meister mit seiner Familie. Als er nach zwei Tagen zurückkehrte, war der Verlobte verschwunden. «Er ist zu einem Fest nach Dornach gegangen», murmelte der Geselle. Alles Warten und Suchen blieb erfolglos – der Bräutigam blieb verschwunden. Im Dorf begann man zu munkeln, aber dem Verdächtigen konnte nichts nachgewiesen werden. Nach kurzer Zeit verschwand auch er bei Nacht und Nebel.

Als nach vielen Jahren im Boden der Mühle gegraben werden musste, entdeckte man das Skelett eines Mannes. Es war jenes des Bräutigams. An seiner Hand steckte noch der Verlobungsring, den ihm die schöne Müllerstochter geschenkt hatte.

Nun findet der Geist des Mörders keine Ruhe und muss immer wieder an den Ort seiner bösen Tat zurückkehren.

Die Sage von den Waldvögeln als Wahrzeichen

«Eine sonderbare Erscheinung waren im Jahr 1570 eine Art Waldvögel, den Spechten nicht unähnlich, mit blutfarbenem, weissgestreiftem Gefieder, gelben Schwänzen mit Sträussen, die sich in überaus grosser Menge bei Arlesheim und Dornach sehen liessen. Weissagende hielten sie für Zeugen und Vorboten künftiger wichtiger Ereignisse, die auch kurz darauf durch die Annäherung fremden Kriegsgesindels gegen die Bistum-baslerische Grenze eintraten.»[1]

Die Sage von den Schatzgräbern auf Reichenstein

Die Begierde nach Geld trieb schon vor vielen Jahren einige, bei der Ruine Reichenstein die Erde zu durchwühlen. Es wurde ein Magister der schwarzen Künste aufgesucht und mit ihm gedungen, um welchen Preis er das verborgene Gold heben wolle. Der Meister erschien und benutzte die Leichtgläubigkeit der Dummen. Er gebot bei der Arbeit gänzliches Stillschweigen. Als sie eifrig drauflos schaufelten, kroch zufällig eine Schnecke vorüber. «Potz Blitz, eine Schnecke!» rief plötzlich ein Arbeiter, sein Gelübde vergessend. Jetzt war alles vergeblich gewesen. Auf den ersten Laut senkte sich der Schatz in eine bodenlose Tiefe.

Die Sage von der Blume des Dornachtals

Der Sigrist der Kirche zu Arlesheim hatte eine liebliche Tochter, Maria, genannt die Blume des Dornachtals. Der Burgvogt auf Schloss Birseck, Ritter Bodo von Ramstein, verliebte sich in sie, aber Maria, die den Bauernsohn Beno liebte, entzog sich ihm. Da besuchte Maria mit ihrer Mutter in Münchenstein deren erkrankte Freundin. Auf dem späten Heimweg überfielen wilde Gesellen die beiden auf Befehl des Vogtes, und die halbtote Maria wurde auf das Schloss gebracht. Dort bedrängte sie Bodo, aber vergeblich, und liess sie darauf ins Burgverlies werfen. Durch einen Hirtenknaben benachrichtigte sie ihren Verlobten, und dieser konnte bei Nacht ein Loch in die Mauer brechen und die Verlorengeglaubte befreien. Bodo aber wurde auf Birseck bei der Besichtigung des Schadens von einem herabstürzenden Stein zerschmettert. Als Beno mit seiner eben angetrauten Maria aus der Kirche trat, begegnete ihnen ein Trupp Reisiger, welche die schwarze Bahre mit dem toten Ritter nach seiner Stammburg Ramstein geleiteten.

Die Sage vom Galgenboden

Vor vielen Jahren stand in unserem Dorf ein Galgen. Heute noch wird jenes Gebiet (Langacker-Bruggweg) «Galgenboden» genannt. Damals wagte kein Mensch, um Mitternacht dort vorüberzugehen. Und wenn einmal ein verspäteter Heimkehrer doch beim Galgenboden vorbei musste, beschleunigte er seine Schritte, denn es konnte geschehen, dass dunkle Gestalten auftauchten, ihn am Kittel oder am Ärmel zupften und zerrten und mit flehender Stimme um ein «Vaterunser» baten.
Im letzten Jahrhundert noch beteten die jungen Mädchen ein oder zwei «Vaterunser», wenn sie in winterlicher Dunkelheit auf ihrem Weg zur Arbeit in der «Schappe» den Galgenboden passieren mussten.
Heute sind die gespenstischen Gestalten verschwunden. Durch die vielen Gebete sind sie wohl erlöst worden und haben den Frieden gefunden.

Die Sage vom Basler Spitalwald und der Milchsuppe

Der Spitalwald, gegen Münchenstein zu gelegen, hat ursprünglich einer alten Jungfrau gehört. Diese habe ihn der Gemeinde Arlesheim zum Geschenk angeboten, wenn diese sie in das Bürgerrecht aufnehme und im Alter bei Krankheit für sie sorge. Die Gemeinde habe sich jedoch vor den Kosten gefürchtet und das Anerbieten abgelehnt, worauf die Eigentümerin den schönen Wald nebst einem Hofe bei Basel dem Bürgerspital in Basel vergabt habe. Dort sei sie bald darauf gestorben, und zwar, nachdem sie eine Milchsuppe genossen, weswegen der erwähnte Hof «zur Milchsuppe» genannt wurde.

Geister im Spitalwald

In früheren Zeiten soll es im Spitalwald nicht geheuer gewesen sein. Geister hätten dort auf einem bestimmten Platz ihre Sitzungen abgehalten. Es gab sogar

Leute, die behaupteten, die Stühle gesehen zu haben, auf welche sich die Geister setzten.

Leider ist nie bekannt geworden, worüber sich die Geister unterhalten haben.

Ein verkannter Künstler

Über die Erstellung eines im Jahre 1897 in der Nähe des Dorfes zerstörten Kruzifixes wurde erzählt: Sein Schöpfer soll ein Bregenzer gewesen sein, der zur Zeit der Erbauung der Domkirche (1680) oder des Umbaues (1750) nach Arlesheim verschlagen wurde. Vergeblich habe der Geselle dem Dombaumeister seine Dienste angeboten. Aus Erbarmen habe der Baumeister ihm schliesslich die Anfertigung eines steinernen Troges für den Schweinestall eines des Domherren übertragen. Nach wenigen Tagen lieferte der verkannte Künstler einen Trog ab, dessen Vorderfläche das fein ausgeführte Bild eines Schweines und seiner Jungen zeigte. Ein Domherr bewirkte, dass ihm das Kapitel die Erstellung eines Kruzifixes übertrug. Da stellte der Künstler nicht den mit dem Tode ringenden Heiland dar, sondern wie er, den Mund zu einem seligen Lächeln verzogen, zu rufen scheint: Es ist vollbracht. Diese Auffassung soll den gelehrten Herren und namentlich dem Dompropst nicht gefallen haben. Er fuhr deshalb den Künstler an, das sei noch nie erhört worden, dass man den Heiland am Kreuz mit lächelndem Munde darstelle. Der Gescholtene gab zur Antwort: «Wenn der Heiland die Herren da droben in Arlesheim sieht, wird ihm das Lachen schon vergehen und das Weinen von selbst kommen.»

Anmerkung

1 Gemäss Baselbieter Sagen, S. 18, handelt es sich um den Seidenschwanz, auch Sterbevogel, Pestvogel oder Winterdrossel genannt.

Quellen

Suter Paul und Strübin Eduard: Baselbieter Sagen, Liestal 1976

Sütterlin Georg: Heimatkunde des Dorfes und Pfarrei Arlesheim, Arlesheim 1910

Gemeinde Arlesheim: Arlesheim, ein Helfer für die erste Kontaktnahme, o. Jg.

Aus dem alten Arlesheim

Ein paar Müsterli

Befehl ist Befehl

Nachtwächter S. musste täglich die Strassenlampen mit Petroleum füllen. Immer wieder überliefen die Laternen, und das Petrol tropfte auf den Boden. Wenn

Vorübergehende riefen: «Halt, es überlauft», so kam die Antwort: «Der Gmeinrot het gseit, s muess e Liter dry.»

Vornehm muss es klingen

Ein Knecht aus Duggingen arbeitete bei einem hiesigen Bauern. Auf die Frage: «Hans, wo chunnsch här?» kam prompt die Antwort: «Vo Duggenheim.»

Eine merkwürdige Todesanzeige

Luise war eine aussergewöhnlich robuste und resolute Frau. Ihr Mann hatte nicht viel zu sagen. So ergab er sich dem stillen Trunk. Als er starb – er erhängte sich – band Luise all ihren Schweinen schwarze Bändel an die Ringelschwänzchen und trieb sie zum Stall hinaus. Diese sprangen grunzend und schreiend durch Gassen und Strassen. So tat Luise den Arlesern den Tod ihres Mannes kund.

Wie du mir...

Anwalt Lochbrunner wohnte im Haus der heutigen Regiobank am Dorfplatz. Sein Freund, ein Tierarzt, musste seinen Hund behandeln. Daraufhin kam folgende Rechnung: «Dem Lochbrunner, dem Hund, die Ohren gestutzt: 20 Franken.» – Einige Zeit später musste der Tierarzt die Hilfe seines Freundes bei einem Rechtsfall in Anspruch nehmen. Er erhielt folgende Rechnung: «In der Nacht erwacht und über den Fall nachgedacht: 20 Franken.»

«...auf geradezu wunderbare Weise gerettet»

Am 14. Juni 1891 stürzte die Eisenbahnbrücke von Münchenstein ein, weil ein Zug, der Sänger und viel Publikum ans Sängerfest nach Münchenstein bringen sollte, hoffnungslos überladen war. Dabei fanden 73 Menschen den Tod. «Von Arlesheim scheint nur der erste Sekretär der Bezirksschreiberei, Xaver Heller, in dem fatalen Zuge sich befunden zu haben, der aber, obwohl im vordersten Personenwagen sitzend, auf geradezu wunderbare Weise gerettet wurde.»

Hygiene muss sein

Wenn die Kinder auf dem Dorfplatz spielten, konnte es vorkommen, dass Mama S., die ein kleines Lädeli besass, ihrem Kinde rief: «Karlineli, chumm heim, du muesch der Muusdräck usem Mähl useläse.»

Abb. 170 Das Lee um 1910

Baden in alter Zeit

Vor Jahrzehnten besassen nicht alle Einwohner unseres Dorfes ein Bad. Weil man dennoch sehr auf Hygiene achtete, eröffnete Emma Meyer an der Kirchgasse 10 eine Badanstalt mit blitzsauberen Kabinen, versehen mit Badewannen und allem, was dazugehörte. Die freundliche Eigentümerin sorgte liebevoll für ihre Gäste. Überall hatte sie palmenartige Pflanzen aufgestellt, so dass man sich mitten in der Natur wähnte. Als Emmeli starb, vermissten viele Arlesheimer noch lange ihren Dienst.

Für die Schulkinder waren im Souterrain des Domplatzschulhauses kleine «Brausebäder» eingerichtet, mit Vorhänglein versehen. Nach dem Ausziehen wurde man unter der strengen Aufsicht von Frau Schaulin, der Abwartsfrau, mit einem Schürzlein «beschenkt», und dann wurde mit Waschlappen und Seife «geriebelt». Auf Befehl musste man fertig sein. Der Besuch der Baderei war obligatorisch; nur eine schriftliche Entschuldigung der Eltern konnte vom Baden befreien.

Zum ersten Mal Wasser aus dem Wasserhahn

... Mer hänn dä Tag als Fescht gfyrt, wo mer en eigene Wasserhahne in d Chuchi ibercho hän. Grad iber der Wasserstanden isch er zue der Muuren uus cho. Me het fascht e weneli Angscht miesse ha vor dem bruuschige Wasser, wo so use-

359

Abb. 171 Schulpause auf dem Domplatz

zschiesse cho isch. Dorum het me das Wasser zerscht emol in d Stande lo laufe,
wo es sich het chenne berueige. Vo dert ewägg het mes mit em Gätzi in Pfannen
und Häfe geschepft.
I gsehs noo, wie wenns erscht geschter gsi weer, wie mir alli um d Wasserstande
mit däm glitzrige Hahne versammlet gsi sin, so fyrlig wie Taufilyt um e Taufstei.
– Ais ums ander het derfe uf- und abdrille. Unsere Vatter isch nie e Reedner gsi,
und au der Mueter sin die grosse und gwichtige Wort ehnder in Wäg cho, wenn
ebbis gründlig hätt selle gseit sy. Wäge däm hämmer si doch guet verstande, wenn
si gseit het: «Gänt Sorg zum Wasser – es isch e Gottessäge drin.» Es isch is gsi,
si lueg in speeteri Joohr uuse, wo mir alli nonemol ums uurig und suufer Wasser
Chummer ha miese...

Originale

Ernst Schad (1911–1976)

Schaad-Ernst war ein *Gemeindearbeiter* von Weg und Steg, eine Fluh von einem
Mann. Stolz zeigte er seine Tätowierungen auf dem Oberarm, die er aus der
Fremdenlegion mitgebracht hatte. Köstlich war, wenn er sich mit seinem winzigen
Zwergpinscherlein, das mit aller Kraft neben seinem gewaltigen Herrchen einher-

beinelte, in den Strassen zeigte. An einer Bagatelle ist der stämmige Mann 1976 gestorben. Er erstickte beim Essen an einem Knochen.

Schlangenhansi (1891–1975)

Ein Original besonderer Art war «*Schlangenhansi*», der zwar nicht in Arlesheim wohnte, aber in den vierziger und fünfziger Jahren hier oft anzutreffen war. Eigentlich hiess er Hans Schweizer, wohnte in Neuallschwil und war Versicherungsangestellter in Basel. Sein Hobby waren Reptilien, vor allem Schlangen. Er hielt sie in Terrarien in seiner Wohnung und suchte immer wieder neue Exemplare, unter anderem auch im Gempengebiet. So sah man ihn oft durchs Dorf wandern mit seinen hohen Schuhen, dem Rucksack mit den Reptilien und seinem «Baslerhietli». An der BEB-Haltestelle Arlesheim-Dorf stieg er ein und fuhr baselwärts.

Seine Schlangenforschungen, die ihn auch ins Ausland führten, wurden ernst genommen. Vier Reptilienarten der West-Kykladen – darunter auch die grösste Giftschlange Europas, die *Vipera lebetins* Schweizeri – tragen heute seinen Namen.

«s Määss näh»

Das war eine Redensart des originellen Schreinermeisters *Gottfried Burgermeister,* der in seiner schalkhaften Art auch ernsten Dingen wie dem Tod eine heitere Note abzugewinnen wusste. Weil er für die Arlesheimer jeweils auch den Sarg zimmerte, so konnte er behaupten:

«I chumm derno grad nonem Doggter und nonem Heer Pfaarer.» Wenn der Doggter ame Chranggebett nimme chenn hälfe, so rief men em Heer Pfaarer. Und wenn au dä mit em letschte Gibätt fertig worde syg, derno mies me halt im Schryner Bricht mache wägenem Totebaum (Sarg). – Er het s letscht Wort gha z Arlese, ihm isch keine meh us der Schuel gloffe, er het alli nonemol in d Finger ibercho, d Heere und d Buure, d Halbheere und d Fabriggler, die Gerächte und die andere. Alli het er se in Sarg gleit, do hets kei Uswyche gää, me het chenne zelle uf en.

Sy Määss, der Doppelmeter, het er immer und iberall bi sich gha. Isch em eine ibere Wäg cho mit eme zeeche Wueschte (Husten), so het er chenne sage: «Ohä – do schynts Arbet welle z gää, das goht allwäg nimme lang mit dir, me chennt efange s Määss näh...»

Adam, der «Gempen-Adi» (1872–1944)

Ein weiteres Original war der mit dem Schlangenhansi gut befreundete *Adam Berger,* der Onkel von Frau Bethli Born-Berger in Arlesheim. Er lebte als Jungeselle einsam in seinem mit Tannenzapfen verkleideten und von Affen und zahlreichen Vögeln bewohnten Waldhäuschen am Weg von der Schönmatt gegen die

Stollenhäuser. Dort sah man ihn oft mit seinem langen, schwarzen Gehrock, den Zylinder auf dem Kopf. Einmal wettete er in einer Wirtschaft in Gempen mit einigen Bauern, dass er der Stärkste von ihnen allen sei. Es ging darum, einen hundert Pfund schweren Sack mit Weizenkörnern ohne abzustellen von Muttenz zu seinem Häuschen bei der Schönmatt zu tragen. Damit alles mit rechten Dingen zuging, musste einer mitlaufen. Adam nahm die Wette an und gewann sie tatsächlich. Als Preis durfte er den Sack samt Inhalt behalten und noch ein Goldvreneli dazu.

Obwohl er oft in Arlesheim herumtanzte und sang: «Der Adam muess en Eveli ha», blieb er dennoch ledig. Seine Schwester, die ein Holzbein hatte, besorgte ihm den Haushalt. An einem Nagel am Holzbein hatte sie den Hausschlüssel aufgehängt.

D Sproch vo den Arleser

«Si het e tiefi inneri Chraft»

Es isch nit e Sproch zum Plagiere, es goht fyn und still zue, aber si het e tiefi inneri Chraft und e stilli Traulichkeit.

Wemme gheert: «Rouseli, de muesch gou Brout haule, zouberscht im Dorf aube», so isch s eim, me spüri no s Strychele zum Gsaiten ane. – Däm «Reesli vo Münchestei sy scheen Cherbli mit deene fyrrote Bliemli» isch halt lang nimme das, wenns imen andere Muul heisst «Rösli und Chörbli, schön und fürrot». Bi uns «sin si, tien si, hän si, wän si, gän si, gsehn und leen si», aber hinterem Schämprg (Schauenburg) «sy si, tüeje si, hai si, wai si, gäbe si, gseje si und löije si». Z Arlese riemt eine «unseri fümf Seyli», z Rynech heissts «eyseri feyf Seyli», aber z Dornech sins «euseri föif Söili»...

Alte Redensarten

D Muetter seit zum chrangge Chind: «Muesch nid gryne, i mach dr jetzt e guets Chachelmüesli.» (Breilein)

«Wenn d in d Chirche gohsch, nimm s Nuschter mit.» (Pater noster – Rosenkranz)

«s isch chalt, nimm dr Schlupfer mit.» (Muff)

«Wenn d furt gohsch, vergiss dr Paraply und s Ridicule nit – und legg s Capötli a.» (Schirm, Stoffbeutel, Hütchen)

«Tue nid immer frette.» (schimpfen, nörgeln)

Dr Vatter rüeft sim Hund: «Chumm do ane. Wotsch folge, mill de die.» (mille de dieu)

D Muetter jommeret: «I find mi Brille nit, dr Deihängger hets gseh.» (Teufel)

Dr Santichlaus nimmt dr Rupelz mit (heute Schmutzli).

Dorf-Scherznamen

Wie die Dorfbewohner ihre «Dorfnamen» hatten, so hatte im letzten Jahrhundert auch jedes Baselbieter Dorf seinen Scherznamen. So nannte man die Arlesheimer zum Spass «Challezeller», weil sie den Rosenkranz beteten – für die benachbarten Münchensteiner ein ungewohntes Tun. Ein weiterer Name für die Arlesheimer war «Säubohne». In schlechten Zeiten wurde das Mehl zum Backen mit der Saubohne (Vicia faba) – eigentlich ein Viehfutter – gestreckt. Noch in den fünfziger Jahren stand auf dem Arlesheimer Fasnachtsplakat: «D Säubohne laden y.»

Von den Baselbieter Nachbarn der Arlesheimer hiessen die Reinacher «Linseschnitzer» im Sinne von Rappenspalter, Geizkragen. Man nannte sie auch «Hoggemässer» als Hinweis auf den einst bedeutenden Rebbau. Die Münchensteiner waren «Chabissterzli» oder «Chabisstorze» wegen des ausgedehnten Kohlanbaus. Die Muttenzer schliesslich hiessen «Chrucke». Hier wurde Bezug genommen auf die Krückstöcke, die auf den Grenzsteinen im Spitalholz abgebildet sind.

Zum Schluss eine Hommage an Arlesheim

Bei Hans Feigenwinter, der 1909 in Arlesheim geboren ist und heute noch hier lebt (1993), spürt man die Liebe zu seinem Dorf, wenn er in der ersten und der letzten Strophe seines bekannten Arlesheimer Gedichtes schreibt:

Me hört und liest, s Dorf Arlese sig s schönschti in der Schwyz,
im Birstal uf're lieblige Terrasse-n-obe lyt 's.
En Usbligg gniesst me-n-einzig schön vom alte Räbehang,
und prächtig isch an klare Täg der Sunnenuntergang.
Me gseht ins Badisch, s Elsass und uf Basel an sym Rhy:
Gar niene suscht, nur z Arlese, möchtsch dyner Läbtig sy!

's gseht d Winzerin vom Dorfplatzbrunne beides: Freud und Leid.
Sie weiss gar über mänggs, wo goht, au über d Bürger, Bscheid.
Sie freut sich, dass sich d Lüt bemüehn, enander nöcher z'cho
und zämme mit vereinte Chreft dr Wäg wän wyter go.
Wenn's gmeinsam an en Ufgob goht, sin alli gärn derby:
Jä z Arlese, nur z Arlese, möchtsch Dyner Läbtig sy!

Abb. 172 Die Winzerin auf dem Dorfplatz-Brunnen

Hauptsächliche Literatur

(VVA = herausgegeben vom Verkehrsverein Arlesheim)

Amtsbericht der Einwohnergemeinde Arlesheim, erscheint jährlich seit 1976 (ca. 30–70 S.)

Detjen Claus: Der Dom zu Arlesheim. Schnell Kunstführer, München und Zürich, 5. Aufl. 1985 (22 S.)

Fridrich Anna C. und Grieder Roland: Schappe. Die erste Fabrik im Baselbiet, Arlesheim 1993 (167 S.)

Fritz Ernst: Unsere Vogelwelt in der Umgebung von Arlesheim, VVA Arlesheim 1970 (32 S.)

Heyer Hans-Rudolf: Der Dom zu Arlesheim, Arlesheim 1981 (103 S.)

Heyer Hans-Rudolf: Die reformierte Kirche Arlesheim. Schweizerische Kunstführer, Basel 1976 (10 S.)

Heyer Hans-Rudolf: Die Kunstdenkmäler des Kantons Basel-Landschaft, Bd. 1, Bez. Arlesheim, Basel 1969 (468 S.)

Jülich Hermann: Arlesheim und Odilie, 3. Aufl. Arlesheim 1967 (79 S.)

Meyer Werner: Burgen von A–Z. Burgenlexikon der Regio, Basel 1981 (232 S.)

Muggli Hugo W.: Arlesheim und seine Landschaft, VVA Arlesheim o. Jg. (16 S.)

Sumpf August: Die «Ermitage» in Arlesheim, VVA Arlesheim 1963

Sumpf August: Die Flurnamen von Arlesheim, VVA Arlesheim 1958 (82 S.)

Sumpf August: Us em frieneren Arlese. Radio-Plaudereye 1956–1962, herausgegeben von Sumpf Hansueli, Riehen 1984 (87 S.)

Suter Paul und Strübin Eduard: Baselbieter Sagen, Liestal 1976 (409 S.)

Sütterlin Georg: Heimatkunde des Dorfes und Pfarrei Arlesheim, Arlesheim 1910 (295 S.), vergriffen, in der Gemeindebibliothek vorhanden

Walter Rudolf und Schaefer Marc: Die Orgeln des Doms zu Arlesheim, VVA Arlesheim 1983 (119 S.)

Wyss Gottlieb: Geschichte der Burg Reichenstein, Arlesheim 1974 (115 S.)

Wyss Gottlieb: Geschichte der Burg Reichenstein ob Arlesheim, VVA Arlesheim 1955 (14 S.).

Wyss Gottlieb: Das Schloss Birseck ob Arlesheim, VVA Arlesheim 1973 (16 S.).

Autorenverzeichnis

Daniel Anex, Arlesheim
Markus Belzung, Arlesheim
Niklaus Bischof, Arlesheim
Samuel Blattner, Reinach BL
Catherine Bosshart-Pfluger, Fribourg

Hans Egli, Dornach
Peter P. Epple, Arlesheim
Dieter W. Frei, Arlesheim
Eleonore Hänggi, Arlesheim
Hannes Hänggi, Arlesheim

Emil Heller, Arlesheim
Heinz Heller, Arlesheim
Christian Heydrich, Basel
Martin Huber, Thusis
Jugendhaus-Team, Arlesheim

Hellmut Klimm, Arlesheim
Peter Koller, Arlesheim
Peter Kübel, Arlesheim
Franz Leuthardt, Arlesheim
Peter Leuthardt, Arlesheim

Olga Leuthardt, Arlesheim
Peter Mahler, Arlesheim
Werner Manz, Arlesheim
Peter Matzinger, Arlesheim
Gustav Meier, Arlesheim

Joseph Meier, Arlesheim
Marius Menz, Arlesheim
Paul Menz, Arlesheim
Hansruedi Plattner, Münchenstein
Gerhard Roeber, Arlesheim

Christian Schmuckli, Münchenstein
Jürg Sedlmeier, Himmelried
Jean Pierre Siegfried, Arlesheim
Bruno Steiger, Arlesheim
Peter Stingelin, Arlesheim

Erhard Strom, Dornach
Brigitta Strub, Basel
Oscar Studer, Arlesheim
Hans Thöny, Arlesheim
Dieter Traub, Arlesheim

Ursula Voyame, Arlesheim
Hans Walther, Arlesheim
Franz Waser, Arlesheim
Guido Wyss, Arlesheim
Annemarie Zwicky, Arlesheim

Bildernachweis

Christian Baur, Basel   143
Werner Blaser, Basel   66, 71
Ueli Blass, Reinach BL   23, 24
Samuel Blattner, Reinach BL   17
Niggi Bräuning, Basel   80
Brigitte Briner, Münsingen   121
Martin Bühler, Basel   147
Heinz Buser, Sissach   18
Martin Cleis, Arlesheim   152
Severino Dahint, Naturhistorisches Museum Basel   7
Jouks Dijkstra, St. Gallen   69, 169
I. Dornacher, Arlesheim   103
Willi Engel, Arlesheim   150
Aus O. Gass: Geschichte der Landschaft Basel..., Bd. 2, Liestal 1932   35, 54, 74
Gemeinde Arlesheim   26, 110
Klaus von Gunten, Arlesheim   148, 151
Felix Gysin, Mikrofilmstelle Baselland, Liestal   81, 82, 160, 163
Benedikt Hänggi, Pratteln   51
Hildegard Härter, Tübingen   41, 43
Felix Heiber, Dornach   Umschlagbild, 8, 56, 68, 70, 94, 97, 105, 106, 108, 109, 113, 118, 124, 126, 127, 130, 134, 135, 137, 138, 156, 165, 166
Bruno Heiz, Basel   79
Karl Heller, Arlesheim   104
Aus H. R. Heyer: Der Dom zu Arlesheim, Arlesheim 1981   52
Aus H. R. Heyer: Die Kunstdenkmäler des Kantons Basel-Landschaft, Bd. 2, Liestal 1969   95
Sammlung Leonhard Henner, Arlesheim   114, 115, 161, 170
Martin Huber, Thusis   61, 64, 65, 72
Werner Huber, Zunzgen   20, 21, 22
Gisela Jermann, Basel   119
Renato Jost, Basel   19
Ueli Kienzle, Basel   2, 25
Thomas Kohler, Arlesheim   91, 111, 136
Baptiste Kunz, Arlesheim   57
Kupferstichkabinett Basel,   34, 88, 89, 90
Konrad Lauber, Verlag Paul Haupt, Bern   30, 31, 32, 33
Roland Leuenberger, Amt für Museen und Archäologie BL, Liestal   46, 47
Heinrich Leuthardt, Oberwil   168
Carl Lüdin, Basel   39, 45
Peter Mahler, Arlesheim   98, 155, 157

Die nicht datierten Flugbilder wurden am 19. Oktober 1992 aufgenommen.
Wir danken dem Verkehrsverein Arlesheim für die Finanzierung des Fotofluges.